A GUERRA DO FIM DOS TEMPOS

GRAEME WOOD

A guerra do fim dos tempos

O Estado Islâmico e o mundo que ele quer

Tradução
Laura Teixeira Motta

Copyright © 2016 by Graeme Wood

Publicado nos Estados Unidos pela Random House, um selo e uma divisão da Penguin Random House LCC, Nova York.

Partes deste trabalho foram originalmente publicadas, em formato diferente, nas revistas *The Atlantic* e *The New Republic*.

Grafia atualizada segundo o Acordo Ortográfico da Língua Portuguesa de 1990, que entrou em vigor no Brasil em 2009.

Título original
The Way of the Strangers: Encounters With The Islamic State

Capa
Kiko Farkas e Ana Lobo

Foto de capa
Anadolu Agency/ Getty Images

Preparação
Carina Muniz

Índice remissivo
Luciano Marchiori

Revisão
Thaís Totino Richter
Clara Diament

Dados Internacionais de Catalogação na Publicação (CIP)
(Câmara Brasileira do Livro, SP, Brasil)

Wood, Graeme
  A guerra do fim dos tempos : o Estado Islâmico e o mundo que ele quer / Graeme Wood ; tradução Laura Teixeira Motta. — 1ª ed. — São Paulo : Companhia das Letras, 2017.
  Título original: The Way of the Strangers: Encounters With The Islamic State
  ISBN 978-85-359-2926-3

  1. Estado Islâmico (Organização) 2. Oriente Médio – História 3. Repórteres e reportagens 4. Terrorismo – Aspectos psicológicos 5. Terrorismo – Aspectos religiosos – Islamismo 6. Terrorismo – Oriente Médio I. Motta, Laura Teixeira. II. Título.

17-03846 CDD-956.054

Índice para catálogo sistemático:
1. Oriente Médio : Estado Islâmico : Organização : História 956.054

[2017]
Todos os direitos desta edição reservados à
EDITORA SCHWARCZ S.A.
Rua Bandeira Paulista, 702, cj. 32
04532-002 — São Paulo — SP
Telefone: (11) 3707-3500
www.companhiadasletras.com.br
www.blogdacompanhia.com.br
facebook.com/companhiadasletras
instagram.com/companhiadasletras
twitter.com/cialetras

Abu Huraira contou: o Mensageiro de Deus, que a paz e as bênçãos estejam com ele, disse, "O islã começou como algo estranho e estranho voltará a ser; assim, abençoados sejam os estranhos".

Sahih Muslim 1/130

Eles eram criados em casas iguais à dele. Eram criados por pais iguais a ele. E tantos desses jovens eram moças, moças cuja identidade política era total, moças que não eram nem um pouco menos agressivas e militantes, nem um pouco menos propensas à "ação armada" do que os rapazes. Existe algo aterradoramente "puro" na violência delas e na sua sede de autotransformação. Elas renunciam às suas raízes para tomar como modelos os revolucionários cuja convicção é levada a efeito da forma mais implacável. Como máquinas que não podem ser desligadas, elas fabricam a abominação que impele o seu idealismo duro como aço. A raiva delas é combustível. Estão dispostas a fazer qualquer coisa que possam imaginar para mudar o rumo da história.
[...]
Essa era sua filha e estava irreconhecível. Essa assassina é minha.

Philip Roth, *Pastoral americana*

A HUMANIDADE SEGUNDO O ESTADO ISLÂMICO

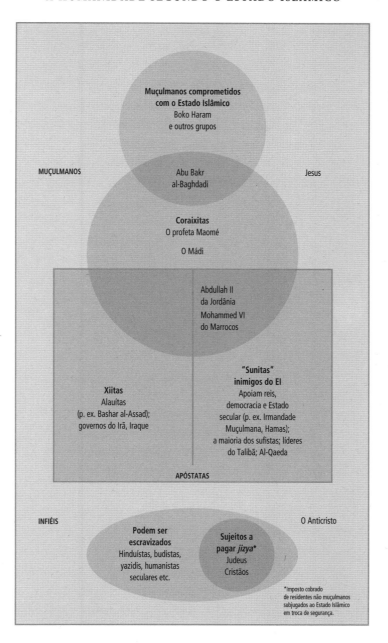

Sumário

Nota sobre terminologia..................11
Prólogo..................16

1. A seita escolhida..................31
2. A fábrica de *fatwas*..................78
3. Musa Cerantonio..................131
4. Yahya, o americano..................191
5. Um sonho adiado..................233
6. Dissensão..................275
7. Apocalipse..................313

Posfácio..................341
Agradecimentos..................352
Glossário..................355
Notas..................357
Índice remissivo..................391

Nota sobre terminologia

A guerra contra o Estado Islâmico não é essencialmente uma guerra de palavras, embora às vezes seja tratada como tal. Para desacreditar e irritar o Estado Islâmico, seus inimigos com frequência insistem em referir-se à entidade como "Isis", "o chamado 'Estado Islâmico'", "Da'esh" ou "o Estado Não Islâmico". Esses nomes depreciativos até agora não mostraram nenhum efeito palpável. "Gostamos de ver vocês discutirem sobre nos chamar de 'Da'esh', 'Isil' ou 'Isis'", me disse um partidário do Estado Islâmico. E acrescentou: "Enquanto vocês estão falando sobre isso" — e não sobre teologia, política ou operações militares —, "sabemos que não estão nos levando a sério".

Em todo este livro, emprego a designação "Estado Islâmico". Alguns leitores detestarão minha decisão de usar o nome com que o próprio Estado Islâmico se intitula. Até agora nenhum escritor descobriu termos neutros para se referir ao Estado Islâmico ou a suas crenças, e minha escolha não significa endosso. Quando digo "Estado Islâmico" não estou apoiando a organização, assim como não aludo à graça divina para o Hezbollah quando uso seu nome, que significa "Partido de Deus".

O Estado Islâmico tem muitos nomes, e todos eles designam a mesma entidade:

- Estado Islâmico do Iraque e do Levante (Isil)
- Estado Islâmico do Iraque e do Sham (Isis)
- Daesh ou Da'esh
- Estado Islâmico

Sham, em árabe, significa Levante, a área geográfica que abrange algo como a Síria e o Líbano modernos e, possivelmente, a Cisjordânia e a Jordânia.[1] Os acrônimos "Isil" e "Isis" diferem apenas porque "Isil" leva o termo em inglês para Levante [The Islamic State in Iraq and the Levant], ao passo que "Isis" emprega a palavra em árabe, com as demais letras representando termos em inglês [The Islamic State in Iraq and Sham].

O equivalente em árabe a "Estado Islâmico do Iraque e do Sham" é *al-Dawla al-Islamiyya fi-l'Iraq wa-l Sham*. Oponentes do grupo que são falantes do árabe preferem o acrônimo "Da'esh", porque o som da palavra lembra termos de significados diversos, como "pisotear" e "bronco".[2] Em árabe, o *a* de "Da'esh" representa a palavra "Islâmico", e o *d* representa "Estado" (*d*awlah). A letra ' é a letra árabe *'ayn* (ع), cuja pronúncia os falantes do inglês raramente conseguem reproduzir. (Meu primeiro professor de árabe ensinou-me a praticar cantando a música "Angie", dos Rolling Stones. Mick Jagger, na quarta vez em que canta o nome "Angie", pronuncia perfeitamente o som de *'ayn*.)

Chamar a entidade de "Da'esh" não nega, de modo algum, sua pretensão de ser um estado islâmico. No entanto, esse termo irrita bastante os partidários do Estado Islâmico. A designação que eles preferem é "o Estado Islâmico", e já açoitaram pessoas e ameaçaram cortar a língua de quem disse "Da'esh". Também aceitáveis para eles são as designações *Al-Dawlah* ("o Estado") e *Al-Khilafah* ("o califado", governado por um *khalifah* [califa]). O grupo afirma que a entidade conhecida como "Isis" ou "Isil" foi dissolvida quando se declarou califado, em junho de 2014, tornando-se o Estado Islâmico.

O Estado Islâmico mantém seu próprio arsenal de insultos e louvores. Seus membros, um grupo de sunitas extremistas, reservam a palavra "muçulmano" para um pequeno grupo que, como eles, é sunita, e veem de modo muito negativo a teologia xiita. Além disso, para eles, outros que se autodenominam muçulmanos não são muçulmanos de modo algum. Anularam seu islã por atos ou crenças e devem se arrepender ou ser mortos.

Os primeiros dentre esses são os xiitas. O Estado Islâmico os considera *ex*-muçulmanos, ou seja, apóstatas que abandonaram a fé. A cisão entre sunitas e xiitas tem origem na questão de quem devia suceder a Maomé como líder dos muçulmanos depois que ele morreu, em 632. Os xiitas queriam seguir os membros da família de Maomé, e os sunitas desejavam escolher líderes provenientes da comunidade de muçulmanos como um todo, sem dar preferência a descendentes do Profeta. O Estado Islâmico afirma que os xiitas ainda hoje "recusam" a liderança legítima, por isso os chama de *rawafidh* ou *rafidah* [recusantes]. Sobre essas questões, a propaganda do Estado Islâmico é clara:

> Os estudiosos também chamavam assim [os xiitas] porque os *Rāfidah* rejeitavam a *imāmah* [liderança] de Abū Bakr, Omar e Uthmān [os primeiros califas sunitas], porque rejeitavam os *Sahābah* [Companheiros do Profeta], porque rejeitavam a suna [exemplo do Profeta] e porque rejeitavam essencialmente o Alcorão e a religião do islã.[3]

Ao recusarem o Alcorão, os xiitas *deixaram* o islã, por isso todo xiita é um *murtadd* [apóstata] e deve ser morto.

A maioria daqueles que o Estado Islâmico chama de apóstatas considera-se muçulmana. No Estado Islâmico, afirmar ou insinuar que o profeta Maomé e o Alcorão Sagrado são imperfeitos, que seus comandos são opcionais ou, ainda, que precisam de revisão ou reinterpretação representam atos de apostasia em potencial, provavelmente sujeitos a pena de morte. Como o Estado Islâmico acredita que muitas ações e crenças constituem apostasia, é em um sentido muito restrito que seus seguidores usam o termo "muçulmano", ao qual a imensa maioria dos que se autoidentificam como muçulmanos faria veemente objeção.

Qualquer governante que se reconheça como muçulmano mas governe contra a vontade de Deus (por exemplo, organizar eleições, legalizar o consumo de carne suína e bebida alcoólica ou não apedrejar adúlteros) é um apóstata. Esse critério implacável produz resultados nada razoáveis, pois, para o Estado Islâmico, até os mais célebres islamitas (inclusive Recep Tayyip Erdoğan, político da Turquia, ou os líderes do Hamas e da Irmandade Muçulmana) são apóstatas. Uma vez que substituem a lei de Deus pela sua própria lei, são culpados de *shirk* [elevar outro que não Deus à posição de prestígio de Deus; literalmente, atribuir um "parceiro" a Deus] e, portanto, são *mushrikin* [politeístas; singular: *mushrik*].

O Estado Islâmico chama as autoridades políticas de países árabes de *tawaghit* [tiranos; singular: *taghut*]. Os clérigos que servem aos tiranos são apóstatas quando alardeiam seus erros e *munafiqun* [hipócritas; singular: *munafiq*] quando pregam a verdade sem praticá-la. Eles também são expulsos do islã. O Estado Islâmico chama a família real saudita e seus partidários de *Al-Salul*. Esse nome é uma referência a ʻAbdullah ibn Ubayy (morto em 631), conhecido como Ibn Salul, um líder de Medina que jurou lealdade a Maomé, mas o traiu depois. Ele foi o primeiro *munafiq*. A crítica aos sauditas pressupõe que eles pregam as coisas certas, porém não acreditam nelas.

Na história, a maioria dos muçulmanos doutos foi sufista (místicos que buscam a unidade com Deus através de meditação, poesia, dança e vinho) ou seguidora de escolas teológicas (em especial maturiditas ou asharitas) às quais o Estado Islâmico e seus predecessores se opõem. O Estado Islâmico exige a crença literal no Alcorão, com mínima interpretação figurativa ou alegórica. (Quando o Alcorão diz *yadu llahi* ["a mão de Deus"], a maioria dos muçulmanos interpreta *yadu* [mão] como "poder". Já para o Estado Islâmico, o significado é "mão".)[4] Eles insultam os sufistas por reverenciarem sepulturas e sacrários de santos e pessoas veneráveis. Essas práticas são *shirk*, ou idolatria, segundo o Estado Islâmico, e anulam o islã para quem as adota.

Este livro contém o menor número possível de palavras em árabe. No entanto, é impossível escrever sobre o Estado Islâmico sem às vezes recorrer aos termos árabes que acabo de mencionar. Muitos defensores não árabes do Estado Islâmico entremeiam suas conversas com palavras árabes, mesmo nos casos em que existem equivalentes exatos em suas línguas maternas — por exemplo, *Allah* [Deus] e *dawla* [Estado]. Para reduzir os entraves aos leitores que não falam árabe e manter a fluência das citações originais, conservei as palavras em árabe e inseri a tradução entre colchetes.

Prólogo

Em novembro de 2004 fui trabalhar para uma transportadora no Iraque e me instalei em um trecho de cascalho vizinho do aeroporto de Mossul. Duas pequenas construções temporárias serviam como local de trabalho e alojamento. Eu as dividia com dois *gurkhas* [soldados nepaleses] saudosos de sua terra e um soldado britânico aposentado. Nossos aviões chegavam do Bahrein, e nós quatro trabalhávamos com uma turma de cinco iraquianos descarregando e entregando as cargas. Soldados americanos recebiam pacotes com mimos mandados pela família e equipamentos vindos de bases distantes. Iraquianos vinham buscar motores a diesel, máquinas de raios X para o hospital da região e caixas e mais caixas de cigarros jordanianos não tributados para revender. À noite, os *gurkhas* inflavam suas contas telefônicas ligando para o Nepal de nosso aparelho via satélite, enquanto o britânico assistia a filmes, tomava uísque, engraxava as botas e limpava a arma.

A ocupação do Iraque, então com mais de um ano, não chegara à sua fase mais perigosa, e os ataques de insurgentes ainda eram esforços de aprendiz, não as obras-primas de calamidade em que se transformariam nos três anos seguintes. As forças militares americanas conseguiam proteger o aeroporto, mas não a cidade ao redor. Insurgentes lançavam morteiros e foguetes regularmente, e o CABUM! distante do fogo iminente servia como um alerta de cinco segundos para eu mergulhar no pequeno bunker de concreto contíguo à minha sala de trabalho e aguardar a explosão. Uma saraivada de morteiros podia durar segundos ou horas, e às vezes eu ouvia o rugido de helicópteros que voavam na direção dos adversários e o rasgo dos disparos que os matavam. No terceiro ataque, tratei de equipar o bunker com um livro e uma lanterna, para nunca ser pego, vivo ou morto, sem ter alguma coisa para ler.

Durante aquelas noites longas e geladas, amontoado com os *gurkhas* numa cama dobrável debaixo de quinze centímetros de concreto, eu matutava sobre o homem que tentava nos matar. Teria provavelmente a minha idade, 25 anos, ou menos. Seria iraquiano, ou um estrangeiro amante de aventuras como eu? Neste segundo caso, como chegara aqui, e por quê? Se eu não sabia nem mesmo a razão que tinha me levado a Mossul — empregos melhores acenavam mais perto de casa —, como esperava entender as motivações daquele homem desconhecido? Teria ele também opções melhores? Enquanto ele aguardava o momento certo para carregar um morteiro, estaria também grudado numa brochura?

Este livro nasceu da curiosidade a respeito desse homem.

Em 21 de dezembro de 2004, um homem-bomba infiltrou-se em uma das duas lanchonetes do aeroporto e explodiu 22 iraquianos e americanos. Eu estava almoçando na outra lanchonete naquela hora. Salvei-me porque meu estômago roncou defronte de um balcão de comida e não de outro. Quando fiquei sabendo dos detalhes do ataque — o homem tinha enchido suas roupas de pregos e parafusos para multiplicar os estilhaços —, minha empatia sofreu pane. Eu era capaz de me imaginar raivoso, até mesmo violento. Mas, ao imaginar a sensação física do assassinato — um colete vergando sob o peso de uma loja de ferragens inteira —, cheguei ao limite e me resignei à perplexidade.

Ao longo da década seguinte, os insurgentes mudaram, e eu também. Voltei ao Iraque como jornalista. Os *gurkhas* foram para o Bahrein, e o britânico agora protege a vida de um embaixador em Londres. Os últimos soldados americanos deixaram Mossul no fim de 2011. Os soldados iraquianos que os substituíram roubaram e venderam grande parte dos equipamentos que os americanos deixaram no país, contaram meus amigos iraquianos.

Na ausência dos americanos, os insurgentes saíram das sombras. Alguns anos depois da explosão na lanchonete, membros do grupo responsável juraram lealdade ao Estado Islâmico do Iraque (ISI, na sigla em inglês), o precursor do Estado Islâmico do Iraque e do Sham (Isis). Na última vez que estive em Mossul, em agosto de 2012, a cidade estava supostamente sob o controle do governo iraquiano, mas a população vivia com medo do ISI, que eles ainda chamavam de "Al-Qaeda" (um nome que o próprio grupo já não usava desde 2006). O ISI/ Al-Qaeda extorquia os comerciantes. Matava e sequestrava. Quando saímos de carro, meu amigo Yasir pediu que eu me abaixasse no banco e tirasse os óculos de sol de estilo aviador, pois as ruas estavam tão perigosas que eu poderia ser confundido com um soldado americano ou um mercenário e ser sequestrado pela Al-Qaeda, ou até ser fuzilado se o carro parasse por causa do trânsito.

Em 10 de junho de 2014, a Al-Qaeda — já chamada de Isis — venceu com uma força de quinhentos a mil homens. O Exército iraquiano quase não ofereceu resistência. A população de Mossul, na maioria árabes sunitas que desprezavam o governo de Bagdá dominado por xiitas, saudou os combatentes sunitas do Isis com apreensão, e depois com aterrorizada aquiescência. O Isis impôs a lei da Xaria e governou Mossul inconteste até que o Exército do Iraque iniciou o ataque para retomar a cidade, em outubro de 2016. O homem que eu imaginava nos idos de 2004 agora estava no comando.

Observar a conquista de Mossul pelo Isis foi testemunhar algo ao mesmo tempo familiar e novo. Uma década de guerra ininterrupta havia passado desde a ocupação da cidade pelos americanos, e o surgimento de mais um bando de atacantes armados num caminhão não era visto como revolucionário. Os ex-integrantes do governo de Hussein entre os líderes do Isis também me eram muito familiares. Poucas insurgências no Iraque, seculares ou religiosas, nasceram sem a influência dos baathistas, e alguns baathistas passaram ao conservadorismo religioso com espantosa facilidade. Antes bigodudos como Saddam, deixaram crescer a barba e impuseram os códigos islâmicos na lei, no vestuário e no comportamento. Abu Muslim al-Turkmani, um ex-oficial do Exército, tornou-se o chefe de operações do grupo no Iraque. Izzat Ibrahim al-Douri, o baathista ruivo que comandou o maior contingente de fugitivos saddamistas, elogiou o grupo e aliou-se a ele. Para alguns observadores de fora, as digitais dos baathistas eram uma garantia de que nada mudara e de que o inimigo não era novo.

Entretanto, dedicados estudiosos da jihad — que observavam atentamente o Isis e frequentavam os fóruns on-line de seus combatentes e propagandistas — detectaram algo preocupante. Os jihadistas não consideravam a tomada de Mossul uma vitória local, muito menos uma vitória cujos principais beneficiários eram os capangas de Saddam. Em vez disso, primeiro em sussurros e depois aos berros, alardearam que a ascensão do Isis era um acontecimento de importância para a história mundial. Na verdade, fazer referência à história mundial seria diminuir sua importância, pois era o cosmos inteiro que estava em jogo. Afirmaram que o Isis estava realizando uma profecia: ressuscitava leis e formas de governo adormecidas havia mais de mil anos e continuaria a derrotar os inimigos do islã até que o próprio Jesus retornasse como um guerreiro muçulmano para matar o Anticristo.

Tanto a escavação de um passado distante e imaginado como as projeções do futuro eram calculadas para explorar uma narrativa bem conhecida. Entre os muçulmanos — e também entre não muçulmanos — a palavra "califado" (um território governado por um sucessor do Profeta, cujo estabelecimento o Isis identificara como seu objetivo) conjurava uma memória coletiva de um passado islâmico imaginado: as cortes de Bagdá, *As mil e uma noites*, triunfos científicos e filosóficos como a invenção da álgebra e as primeiras teorias da óptica. Crianças adormeciam com visões de palácios e tapetes voadores. Muitos pequenos muçulmanos pediam para dormir com a luz acesa depois de ouvir histórias sobre confrontos de Exércitos muçulmanos com o Anticristo e as tribulações do fim do mundo. O Isis invocava essa narrativa. Para todos os que aderissem ao seu movimento, prometia glória e virtude e nada menos do que a honra de participar do *gran finale* do próprio Universo.

Toda geração de cristãos e muçulmanos produz sua safra de lunáticos e candidatos a profeta, e eles sempre provocam calafrios em seus contemporâneos racionalistas. Uma geração anterior preocupou-se com a retórica apocalíptica da Revolução Iraniana. Mais de metade dos evangélicos americanos acredita, ou diz acreditar, na iminência do Juízo Final.[1] Por sorte, a maioria dos movimentos apocalípticos se extingue aos poucos, ameniza seu tom ou é flagrada no blefe. Muitos dos revolucionários iranianos que pensavam que o aiatolá Khomeini se revelaria como o Mádi — uma figura messiânica que, segundo a maioria dos xiitas, andava escondida desde 941 — agora negam ter algum dia acreditado numa coisa dessas. Os mulás governantes no mínimo se interessam por acordos comerciais tanto quanto por armas nucleares. E os evangélicos americanos, ao mesmo tempo que afirmam crer que vivem no fim dos tempos, não deixam de fazer seus depósitos na poupança para a aposentadoria. Por analogia, de certa forma nos tranquilizamos pensando que são apenas frases de efeito quando ouvimos um jihadista dizer que deseja nos matar, junto com bilhões de outros, para ocasionar o fim do mundo.

O que me preocupou no caso dos novos senhores de Mossul foram as crescentes provas de que eles — com uma sociedade cada vez maior de apoiadores, de todos os cantos do globo — estavam falando sério. Em vez de tagarelar sobre morte iminente mas planejar uma vida longa, eles falavam em morte iminente e a buscavam com sofreguidão. Em meados de 2014, combatentes do Isis já vinham, fazia tempo, postando no Instagram e no Twitter imagens medonhas — cestos com cabeças, montes de corpos, vídeos de execuções. Ao abordarem as etapas de seu automassacre, intensificaram a discussão sobre o anseio pelo martírio em batalha, e recrutas apressaram-se a emigrar para a pior zona de guerra do planeta. Àquela altura, o Isis havia transformado o nordeste da Síria em seu reduto. Segundo fontes militares americanas, até então cerca de 20 mil pessoas haviam viajado para lá a fim de combater, e depois disso outras 20 mil desobedeceram ao governo de seus países e ludibriaram a polícia e as patrulhas de fronteira para fazer o mesmo.

Muitos dos que imigraram — ou, no jargão do Estado Islâmico, "fizeram *hijrah* [hégira]" — logo morreram em combate. Morrer era o objetivo. Muitos outros, porém, continuaram vivos e incentivaram amigos a se juntar a eles. Alguns alertaram sobre as agruras, declarando-se arrependidos, e com isso puseram sua vida em risco, pois o Estado Islâmico executa desertores. No entanto, nenhuma campanha de propaganda podia disfarçar o inquietante fato de que, para os que imigravam para o Estado Islâmico, a matança era profundamente gratificante.

As cartas que eles mandavam para sua terra combinavam dignidade serena com absoluta insanidade moral. Em maio de 2015, doze membros da família Mannan, de Luton, na Inglaterra, viajaram juntos para Raqqa, na Síria, a oficiosa capital do Estado Islâmico. Suas idades variavam de um a 75 anos, e uma carta aberta da família repreendia quem desconfiasse de que eles tivessem sido enganados para se decidir a ir. "Que ninguém se surpreenda quando dizemos que nenhum de nós veio forçado, contra a vontade", escreveram. "É um absurdo pensar que uma família inteira poderia ser raptada e obrigada a migrar dessa maneira." Eles fizeram a viagem "obedecendo ao comando do *khalifah* [califa] dos muçulmanos". E encontraram o que queriam: "uma terra que instituiu a Xaria, onde um muçulmano não sofre opressão [...], na qual uma pessoa não teme perder seu filho para a imoralidade da sociedade [...], na qual os doentes e idosos não esperam em sofrimento".[2]

Em junho de 2015, um médico australiano, Tareq Kamleh, apareceu em um vídeo do Estado Islâmico elogiando o sistema de saúde de Raqqa, na Síria. O Estado Islâmico, como qualquer outro governo, tinha de administrar seu território e população, e se empenhava em formar burocracias para tributação, saúde, educação e outras funções oficiais. A mídia australiana investigou o passado de Kamleh e descobriu indícios de que ele se tornara devoto havia pouco. Noticiaram que ele tinha sido um "playboy" que colecionava fotos das "garotas sexy" com quem saía.[3] O Departamento de Regulação da Prática dos Profissionais de Saúde da Austrália comunicou por escrito ao médico que seu serviço ao Estado Islâmico representava uma violação ética que invalidava sua licença para praticar a medicina. Ele respondeu:

> Tomei uma decisão calculada e muito bem-informada quando vim para cá, e não houve lavagem cerebral. Desde que cheguei aqui, tenho visto que não estão, de modo algum, como descrevem os bombásticos políticos australianos, "assassinando e estuprando por onde passam"... [Não são] "um culto da morte". As únicas mortes com que tenho de lidar desde que cheguei têm sido causadas por patologias ou ataques de drones da coalizão. Ao cuidar das vítimas pediátricas dos ataques, meu momento favorito foi quando tive de dizer à mãe de uma menina de seis anos que o fato de o cérebro da filha estar no rosto significava que ela estava morta. [...] Belo trabalho, "Time da Austrália"! Pelo que tenho visto, vocês têm mais sangue nas mãos do que o Isis em suas facas...
>
> [...] Não será também o meu dever humanitário ajudar essas crianças?!... ou apenas crianças de pele branca e passaporte azul? Nego formalmente ter sido participante de qualquer conduta profissional que pusesse em risco minha relação médico-paciente.
>
> Não pretendo retornar à Austrália; voltei, enfim, para a minha terra.[4]

A extensão do fascínio pelo Estado Islâmico era tão chocante quanto sua profundidade. Três gerações de muçulmanos conservadores dos arredores de Londres, um solteirão mulherengo do sul da Austrália e dezenas de milhares de outros haviam, todos, bebido nas mesmas fontes quando se inspiraram. Além do califado físico, com território, guerra e economia para administrar, havia um califado da imaginação, para o qual toda essa gente já tinha emigrado muito antes de transpor a fronteira da Turquia. Eles acreditavam que o Estado que os aguardava purificaria suas vidas, proibindo o vício e promovendo a virtude. Seu líder, Abu Bakr al-Baghdadi, unificaria os muçulmanos de todo o mundo, restauraria sua honra e lhes permitiria residir na única sociedade virtuosa. Seus cidadãos muçulmanos desfrutariam da igualdade perfeita, livres das iniquidades que haviam sofrido em razão de diferenças de raça, riqueza ou nacionalidade no país natal.

Para realizar esse sonho, eles aderiram a um movimento fascista e expansionista de alcance global. Rejeitaram os valores que antes pautavam suas vidas e esposaram práticas como escravização, mutilação e extrema violência contra não muçulmanos e muitos autointitulados muçulmanos. Foram persuadidos pela mesma propaganda e, em muitos casos, pelas mesmas pessoas.

Comecei a procurar esses sedutores. Alguns ainda não haviam emigrado, por uma razão ou outra, portanto estavam ao alcance de um jornalista infiel. Muitos adoraram a atenção. Fiz sempre perguntas ingênuas: o que você quer? Quem é você? Por que, dentre todas as versões do islã, essa mais implacável o atraiu?

Em dezembro de 2014, numa tarde quente em Melbourne, na Austrália, comecei a obter as respostas. Um dos mais prolíficos defensores do Estado Islâmico é Musa Cerantonio, de 32 anos, um convertido do catolicismo que na época vivia sob vigilância do governo em Footscray, subúrbio de Melbourne. Há palestras, ensaios e traduções de sua autoria por toda a internet jihadista, e, em meados de 2014, analistas do terrorismo consideravam-no uma das principais influências sobre os partidários do Estado Islâmico. Autoridades localizaram-no no sul das Filipinas, deportaram-no para Melbourne e confiscaram seu passaporte. Os tabloides australianos acharam o máximo ter um jihadista por perto — uma cara barbuda para estampar abaixo das manchetes estridentes sobre terrorismo. Quando ele voltou para Melbourne, o enxame de repórteres lembrou um desfile de inimigo cativo para fins de humilhação pública. Em 2014 o Facebook excluiu a página pessoal dele, que atingira um pico de 12 mil devotos, e ele se aquietou por alguns meses.

Quando o encontrei, ele estava pronto para falar. Aliás, estava tão ansioso para responder às minhas perguntas que me pagou o almoço: carne de cordeiro com quiabo em um modesto restaurante sudanês. Reconheci nele uma forma familiar de fervor missionário: ao falar comigo sobre sua religião, ele me vinculava a ela, removia a ignorância da lista de desculpas que eu pudesse usar perante Deus no Dia do Juízo Final. Através de mim, ele vincularia os meus leitores também. Nessa conversa, a primeira de muitas, ele descreveu em linhas gerais o dever dos muçulmanos de escolher um califa, um sucessor do Profeta, e obedecer-lhe. Explicou que o Estado Islâmico fizera exatamente isso, portanto cumprira uma obrigação desconsiderada por muitas gerações anteriores, passível de risco para suas almas. "Eu diria até que o islã foi restabelecido", afirmou.

Avisou-me que não demorariam a chegar os últimos dias profetizados por Maomé. A Terra sofreria secas — um terço do planeta ficaria sem chuva por um ano, e dois terços no ano seguinte. Viveríamos em uma era de milagres, tanto falsos como reais, de sofrimentos, massacres e tribulações inimagináveis, de guerra global travada com os mais variados instrumentos, do sabre à bomba termonuclear. Os que sobrevivessem, muçulmanos ou não, ansiariam pela morte.

Isso tudo ele relatou com a maior calma enquanto eu o ouvia e comia o meu cordeiro. A cada minuto o almoço perdia o gosto para mim. Diante de batalhas finais e apocalipse, quem é que vai ligar para comida? Quem é que vai ligar para qualquer coisa? As preocupações cotidianas que tinha carregado comigo àquele encontro (meu gravador está funcionando? Tranquei mesmo meu quarto no hotel?) perderam importância. Por um momento, senti a contracorrente da crença e consegui imaginar por que alguém poderia renunciar ao mundo sem graça em que eu vivo em troca do mundo encantado de Musa.

"O sol nascerá no oeste", ele disse. "Desse momento em diante, Alá não aceitará arrependimento, e a hora final estará sobre nós." Ele fez uma pausa. Pensei, de início, que ele havia parado porque eu parecia perturbado, absorto na crescente distância emocional e imaginativa entre nossos respectivos universos. Depois percebi que ele parara porque sua narrativa apocalíptica havia terminado junto com o próprio Universo.

Ficamos em silêncio por alguns segundos, olhando um para o outro — não de forma hostil, mas para avaliar se valia a pena conversar mais. Ele havia relatado aquelas profecias como fatos triviais, como se descrevesse sua rotina matinal ou me desse uma receita de pudim. Para mim, aquilo podia muito bem ser ficção científica ou uma narração de *O crepúsculo dos deuses*, de Wagner, uma cosmologia apocalíptica reduzida — alguns diriam elevada, mas, de qualquer modo, dessacralizada — à condição de literatura. Contudo, Musa estava me convidando para acompanhá-lo na crença de que aqueles acontecimentos eram tão concretos quanto a mesa e os pratos de comida à nossa frente. *Eis o que o Estado Islâmico vai fazer*, ele estava dizendo, *e como o mundo vai acabar. E ninguém pode impedir.*

Era uma conversa grandiosa para um australiano desempregado que lambia os dedos engordurados. Se ele fosse uma voz solitária a falar sobre apocalipse, eu não teria prestado mais atenção. Acontece que, depois de dúzias de entrevistas, com ele e com dezenas de seus companheiros em quatro continentes nestes dois últimos anos, acabei por enxergá-los como a superfície visível de uma causa que estava mexendo com as emoções e convicções de milhões de outros, e que continuaria a inspirá-los ainda por décadas, mesmo se perdesse seu território central na Síria e no Iraque. Aqueles homens e mulheres não eram autômatos psicopatas. Na verdade, muitos eram inteligentes, alguns até refinados e muito polidos. E o que eles estavam seguindo era mais do que um sistema de crença. Era um modo de pensar e viver, de compartilhar alegria e devoção; era uma cultura em si mesma.

A dissonância cognitiva ainda me perturba: são pessoas inteligentes que têm crenças extraordinariamente perversas. É tentador procurar resolver essa tensão duvidando de sua sinceridade — com certeza eles não desejam o genocídio, com certeza não querem me ver morto. Mas procurei por sinais de embuste, e, se houver algum, eles são as vítimas, não os autores. Quando alguém diz algo maldoso demais para que acreditemos, nossa resposta não é duvidar de sua sinceridade, mas expandir nossa capacidade para imaginar o que podem desejar pessoas que, não fosse por isso, pareceriam íntegras. Essa é a resposta apropriada ao Estado Islâmico, concluí. Ouvir suas vozes e ver seu interminável currículo de apedrejamentos, imolações e balas na cabeça me dá a mesma sensação daqueles pesadelos apavorantes que acabam nos acordando por serem vívidos demais. O terror parece tão intenso que nos arranca do sono. Entretanto, esse pesadelo só tem feito tornar-se mais real, sem um retorno ao estado de vigília, e ainda não concluiu sua expansão da nossa intimidade com o mal.

Alguns continuarão a ver os partidários do Estado Islâmico como maníacos e duvidarão do valor de analisar em detalhes a loucura, quanto mais a propaganda nauseante. Que benefício pode haver na leitura do palavrório desatinado de gente maluca, mesmo que estejam citando o Alcorão corretamente? Isso me faz lembrar da história do falecido crítico de cinema Roger Ebert sobre seus tempos de repórter novato, quando ele entrevistou um pregoeiro de parque de diversões.

Sua estrela era um ganso que arrancava com o bico a cabeça de galinhas vivas e bebia o sangue delas.

"Este é o melhor ganso nesse ofício", me garantiu o homem.

"Qual a diferença entre um ganso bom e um ganso ruim?", perguntei.

"Quer examinar as galinhas?"[5]

Boa parte deste livro é dedicada a examinar as galinhas. Não é bonito, porém traz mais resultados do que os detratores do Estado Islâmico poderiam pensar. Já faz anos que o Estado Islâmico e seus partidários produzem ensaios, *fatwas* (determinações religiosas), filmes e tuítes em escala industrial. Quando estudamos essas mensagens, percebemos uma visão de mundo coerente, alicerçada na interpretação da escritura islâmica por uma minoria, uma interpretação que existe, em várias formas, há quase tanto tempo quanto a própria religião. Essa versão do islã tem apenas uma ligeira semelhança com o islamismo praticado ou adotado pela maioria dos muçulmanos. Os seguidores da corrente principal do islã ressentem-se porque o Estado Islâmico afirma ter acesso exclusivo à sua religião; em solidariedade a essa repulsa, muitos não muçulmanos olham para o outro lado e desconsideram propositalmente as especificidades das afirmações religiosas do Estado Islâmico. Essa desatenção premeditada tem sido um erro muito caro. Nosso inimigo nos convida a conhecer mais sobre ele, mas nos sentimos tão enojados que recusamos a oferta.

Os seguidores do Estado Islâmico deleitam-se com sua condição de minoria. Veem o fato como prova de que a maioria, e não eles, está errada e ressaltam que os primeiros muçulmanos, a quem procuram imitar tão ostensivamente, também foram uma minoria perseguida que triunfou e remodelou o mundo. E a confiança dos partidários do Estado Islâmico em sua própria retidão se fortalece quando alguém — em geral um inimigo que nunca se deu o trabalho de examinar o que eles afirmam — lhes diz que eles não sabem nada sobre sua religião, quando, na verdade, o mais das vezes eles sabem muito (quase sempre mais do que seus críticos) sobre a escritura, a lei e a teologia, ainda que não sobre as virtudes humanas básicas que a maioria dos muçulmanos considera fundamentais em sua fé. Acontece que eles preferem sua interpretação violenta, e não a pacífica favorecida por seus críticos.

Ao retratar uma visão de mundo, este livro retrata também as pessoas que a adotam. Esses indivíduos, em todos os casos, tomaram decisões desastrosas para si e para outros, e em nenhum momento nas minhas entrevistas escondi que discordava deles. Por outro lado, também procurei apresentar suas ideias de um modo que eles reconheceriam. Eles falaram comigo sabendo muito bem que eu me opunha às suas ideias. No entanto, sua confiança levou-os a continuar falando, mesmo quando pensavam que conversar comigo significava ajudar um inimigo. Como um deles me escreveu depois de conversarmos:

> O que eu vejo bem e outros parecem não discutir muito é que o Estado Islâmico, Osama [bin Laden] e outros agem como quem segue um roteiro escrito 1400 anos atrás. Não só seguem essas profecias como também fazem seu planejamento com base nelas. Portanto, seria de supor que os inimigos do islã perceberiam isso e se prepariam adequadamente, e no entanto [é] quase como se achassem que, se agirem com base nesse conhecimento, isso significaria que eles também acreditam nas profecias, e por isso não fazem caso delas e agem lá do jeito deles... [Os] inimigos dos muçulmanos podem estar conscientes do que os muçulmanos estão planejando, mas isso não vai adiantar nada para eles, porque preferem fingir que não veem ou porque lutam sua guerra imaginária baseados em [uma ideia de] democratas que amam a liberdade contra loucos ter-

roristas malvados e irracionais... Nós sabemos que os que comandam irão [nos] ignorar e pôr tudo a perder mesmo.⁶

Meu correspondente e muitos de seus colegas "Vagueiam entre dois mundos, um morto,/ o outro incapaz de nascer", como escreveu o poeta vitoriano Matthew Arnold. Esse impasse, já fatal para muitos, terá graves consequências por décadas.

1. A seita escolhida

> *O homem por fim começará resolutamente a harmonizar-se. Ele se empenhará para alcançar a beleza dando ao movimento de seus membros a máxima precisão, determinação e economia ao trabalhar, andar e brincar. Procurará dominar primeiro os processos subconscientes e depois os conscientes do seu organismo, como a respiração, a circulação do sangue, a digestão [e] a reprodução. [...] A espécie humana, o* Homo sapiens *coagulado, mais uma vez entrará em um estado de transformação radical.*
>
> Liev Trótski, *Literatura e revolução* (1924)

A guerra do Estado Islâmico pelo fim do mundo começou para mim do mesmo modo que para muitos outros: com uma lição de etiqueta.

Em outubro de 2011, dois anos e meio antes da declaração do califado de Abu Bakr al-Baghdadi, fui para o Cairo, capital do Egito e maior cidade do mundo árabe. Não há dúvida de que o Cairo é a cidade mais incivil daquele mundo; se alguém irá amá-la ou detestá-la por esses maus modos é uma questão de gosto.

Quem lá chega para uma breve visita é ludibriado por taxistas e intimidado por guias turísticos, e embarca de volta para sua terra criticando o Cairo como uma cidade de patifes. No entanto, muitas vezes a desobediência no Cairo gera uma engenhosidade — artística, social, literária — produtiva e admirável. Nove meses antes, ela fizera do Cairo um cadinho de renovação política, quando a revolução na praça Tahrir depôs Hosni Mubarak e levou a seu lugar um governo provisório liderado pela Irmandade Muçulmana, portanto muito mais simpático à política religiosa. O país estava diante de um destino incerto, e todas as facções tramavam, com variados graus de competência, para obter vantagens.

Ao anoitecer, depois de o sol se pôr e antes de as luzes das lojas e ruas se acenderem, o Cairo se torna uma cidade iluminada por faróis, e pó e partículas de areia pairam visivelmente no ar. Numa noite assim, em um comício político nas imediações da praça Tahrir, encontrei Hesham Elashry, então com cinquenta e poucos anos, e aceitei seu convite para jantar e dar um passeio. Hesham era um muçulmano engajado. Não havia na época um Estado Islâmico a apoiar, mas ele se aliou a outras pessoas e grupos de claras inclinações jihadistas.[1] Ele não escondeu sua intenção ao conversar comigo: queria que eu me tornasse muçulmano.

Estávamos no centro da cidade, em uma área próxima de vários ministérios e departamentos do governo. De vez em quando, o tráfego interrompia nosso diálogo. Por vezes, porém, passávamos perto de alguma construção estratégica, onde barreiras de segurança impediam a entrada da maioria dos carros, e assim tínhamos alguns minutos de paz pedestre. Hesham preenchia os silêncios. Sua instrução começou com lições sobre porte, atitude e vestuário. Eu andava aos pulos para evitar as crateras das calçadas quebradas. Hesham aprovou meu ritmo e comentou que o profeta Maomé também andava depressa. "O Profeta andava rápido, como se fizesse exercício", disse. Literalmente a cada passo, ele me corrigia com delicadeza. Os carros que vinham em sentido contrário passavam rente; o ar que eles deslocavam eriçava os pelos do meu antebraço e nos polvilhava com carbono. "Ande por aqui", ele disse; pegou meu braço esquerdo com seu braço direito e, num gesto cortês, interpôs-se entre mim e o tráfego. "O Profeta disse que devemos tocar em outra pessoa com a mão direita, para manter o que é bom à nossa direita." Ele explicou a virtude do andar elegante, especialmente para as mulheres; de manter os pelos curtos em certas partes do rosto e do corpo e permitir que cresçam emaranhados em outras partes; da linguagem refinada, para homens e mulheres; de abster-se de reles dialetos do árabe em favor da linguagem rebuscada e complexa do árabe clássico e do Alcorão.

Senti que endireitava a espinha e a língua sob a tutela dele. Na mesma sentença ele era capaz de ser gentil e insultante. "No islã, tudo tem seu modo de ser feito", ele me disse — o modo de palitar os dentes (com um *miswak*, um palito com sabor de gengibre), o modo de vestir-se (com calças largas até metade das canelas, deixando os tornozelos à mostra), o modo de comer e de beber. "Sem o islã, você é como um animal", tomando decisões apenas com base no instinto, governado por prazeres inferiores. ("Pior do que um animal", disse-me depois outro jihadista. "Um animal tem de obedecer a Alá. Não tem alma, não tem vontade. Você pode desobedecer. Você pode ser pior.") Hesham me assegurou de que Deus seria paciente. "Se você se tornar muçulmano esta noite, será um bebê muçulmano", explicou. Assim como uma criança aprende a andar agarrando-se a alguma coisa para se pôr em pé, tropeçando e cambaleando, seria de esperar que eu vacilasse e errasse no começo. Mas ele prometeu que logo eu deslizaria pelo mundo com o porte dos justos. Flutuaria três polegadas acima da imundície da calçada e da podridão do mundo mortal — no mundo, mas não mais do mundo.

Essa encenação do xeque à la Henry Higgins* — oferecer um *extreme makeover* para minha alma — tinha um propósito político além de pessoal. Quando os predecessores do Estado Islâmico no Iraque começaram seu recrutamento global nos anos seguintes, ressaltavam o tema da metamorfose através do islã. Reconheci isso graças à minha experiência com Hesham, uma experiência que não terminou naquele passeio empoeirado, pois ele estava me recrutando para que eu me filiasse a algo além de sua religião. Recrutava-me para um organismo político que ainda não existia, um estado islâmico que poderia assemelhar-se, em última análise, ao Estado Islâmico prestes a nascer.

Uma das ilusões a respeito do Estado Islâmico é a de que ele teria surgido do nada, de que se desenhou numa página em branco. No entanto, a entidade não poderia ter avançado tanto e tão depressa se já não existissem milhões de pessoas famintas por aquilo que o Estado Islâmico prometia. No proselitismo de Hesham detectei um apetite voraz.

Tanto Hesham como o Estado Islâmico adotam uma categoria abrangente de interpretação islâmica conhecida como salafismo.[2] O termo "salafista" provém do árabe *al-salaf al-salih* [os devotos antepassados] e se refere às três primeiras gerações de muçulmanos. Todos os muçulmanos sunitas professam adoração por esses muçulmanos pioneiros e os consideram, depois do Profeta, modelos de comportamento.[3] A razão de serem venerados é um dito do Profeta: "Os melhores da minha comunidade são a

---

* Alusão ao personagem de George Bernard Shaw na peça *Pigmalião*, o professor de fonética Henry Higgins, que consegue ensinar uma florista grosseira a passar-se por dama da alta sociedade, ensinando-lhe o modo de falar e se comportar da aristocracia inglesa. (N. T.)

minha geração, os que vêm depois dela e os que vêm em seguida a estes".[4] Os salafistas tomam como fontes primárias de autoridade religiosa o Alcorão, o exemplo do Profeta e as ações e crenças desses homens e mulheres, e rejeitam as opiniões de muitos muçulmanos de épocas posteriores.

Ao reviverem os costumes dos salafistas, eles tendem a ver o mundo atual como degradado e a considerar a maioria dos muçulmanos — que não são salafistas — equivocada por modificar ou modernizar a fé que teve um princípio perfeito. Os salafistas reservam um desprezo especial aos sufistas e aos xiitas. Ambas as correntes, argumentam, são culpadas de *shirk* por suas práticas inovadoras, em especial a veneração de santos e a construção de santuários. A primeira missão dos salafistas é expiar o pecado livrando o mundo dessas inovações. Para isso, alguns salafistas estão dispostos a usar a força. A maioria dos jihadistas violentos bem conhecidos, incluindo Osama bin Laden e Abu Bakr al-Baghdadi, do Estado Islâmico, são salafistas jihadistas. Como o Profeta e seus seguidores viveram em um período de conquistas militares, seu exemplo histórico oferece aos jihadistas modernos amplos precedentes para a violência.

No entanto, imitar o Profeta e seus seguidores não requer necessariamente adotar a violência, e lutar em nome do islã não é ser salafista. (Na Chechênia e na Líbia, para citar dois lugares recentes, sufistas devastaram exércitos infiéis.) E a maioria dos salafistas são quietistas políticos que evitam a violência política e se concentram na devoção pessoal. O salafismo, em uma forma evangelizada por Muhammad ibn 'Abd al-Wahhab (1703-92), é a religião de Estado da Arábia Saudita, e a classe política dirigente desse país vê o salafismo como um modo de manter a aquiescência da população com a ordem vigente.

Acontece que salafistas bem-comportados raras vezes fazem história, e nem Hesham nem Abu Bakr al-Baghdadi estão entre os mais polidos de sua classe. Eles acreditam que é virtude e obrigação resistir, com violência, a uma ordem política infiel. O nome dessa resistência é jihad. Quem pensa que a ideologia do Estado Islâmico surgiu da cabeça de Abu Bakr al-Baghdadi como Atena, de supetão e completamente formada, teria sua ilusão dissipada se observasse a transformação de Hesham e a ascensão do salafismo como um todo.

Durante anos, os movimentos predecessores do Estado Islâmico pareceram adormecidos. Acordaram de um período de hibernação simultaneamente a muitas outras ideologias — socialismo, pan-arabismo, nasserismo — na época da revolução da praça Tahrir. No trigésimo ano de poder de Mubarak, ativistas tomaram a praça principal do Cairo para protestar contra o governo autoritário. O local era um zoológico de ação política, e os jihadistas constituíam apenas uma pequena parte da fauna. A diversidade explicava, ao menos em parte, seu amplo atrativo. Todo mundo ali, desde os islamitas militantes até os secularistas adeptos dos movimentos ocupacionistas, podia encontrar heróis nas barricadas.

A praça, porém, tinha um ciclo circadiano que favorecia diferentes grupos em diferentes momentos do dia e da noite. Ativistas democráticos jovens e seculares faziam seu planejamento em pequenas assembleias no gramado à noite. Depois da meia-noite, no entanto, enquanto os mais jovens dormiam ou iam para casa, a praça se rarefazia, e seus habitantes envelheciam vinte anos. Salafistas de barbas grisalhas apareciam como lobisomens — velhos demais para lutar nas barricadas, mas não para assistir aos acontecimentos com atenção e um interesse pessoal no resultado.

Os da geração mais velha sentavam-se sozinhos ou em pequenos grupos, e muitos falavam livremente sobre a vida que passaram esquivando-se dos serviços de segurança de Hosni Mubarak e seus antecessores, Nasser e Sadat. Depois do assassinato de Sadat, em 1981, por Khalid al-Islambouli, um jovem oficial do Exército da cidade de Mallawi, do Médio Egito, Mubarak ordenou a prisão desses suspeitos devotos e inusitados. Mais de um velho na praça dizia ter conhecido Ayman al-Zawahiri, então o braço direito de Osama bin Laden e depois seu sucessor na liderança da Al-Qaeda. Muitos haviam sido presos e torturados. Os outros foram forçados a viver na clandestinidade e, nos anos 1980 e 1990, quando eles punham a cabeça para fora da toca, o governo os caçava como coelhos.

Durante esse período, os islamitas egípcios dividiram-se em dois grandes grupos. O primeiro operava sob a bandeira da Irmandade Muçulmana, cujos membros haviam flertado com a violência desde a fundação da organização, em 1928, mas, em sua maioria, já não eram mais violentos. O segundo consistia em adeptos da violência, perseguidos muito mais obsessivamente pelo governo de Mubarak. Os mais proeminentes grupos dessa segunda divisão eram a Jihad Islâmica e o Gama'a al-Islamiyya [Grupo Islâmico], envolvidos no assassinato de Sadat e que se destacavam pelo puritanismo salafista. A não violência da Irmandade Muçulmana, que assumiu a forma de um ativismo comunitário e, mais tarde, de militância democrática, conquistou amplo apoio popular, e seu sucesso em outros países sugeria que sua estratégia poderia ser compensadora. Na Turquia, o Partido da Justiça e Desenvolvimento, de Recep Tayyip Erdoğan — uma versão engravatada da Irmandade —, obteve o controle do país em uma eleição em 2002, e o Hamas, um grupo de homens-bomba ligado à Irmandade, governa Gaza desde que derrotou o Fatah, um partido comparativamente secular, em janeiro de 2006.

Os salafistas da praça desconfiavam dos islamitas defensores das urnas ligados à Irmandade Muçulmana. Receavam que a Irmandade ascendesse como principal beneficiária da revolução, pondo fim às chances de uma derrubada violenta. Nada nas escrituras nem na história dos *salaf* corroborava a ideia de que Maomé queria que sua comunidade fosse governada por todo o povo — devotos e ímpios, doutos e leigos —, com votos individuais de peso idêntico para todos. A Irmandade aceitava uma noção moderna de Estado, incluindo políticas forjadas com base em acordos e fronteiras e relações firmadas com países não muçulmanos. Os salafistas mais extremistas descartavam claramente esses acordos e limitações; preferiam um processo constante de expansão islâmica pela força — o jihadismo *sans frontières*. Também alarmante na esteira da revolução era o desenvolvimento de uma categoria de salafistas democratas, uma categoria que outrora alguns teriam considerado um oximoro. As tentações da democracia ameaçavam solapar um modelo autoritário que muitos jihadistas se empenhavam fazia tempo em estabelecer.[5]

No entanto, os salafistas odiavam Mubarak, e muitos estavam dispostos a esperar para ver se a Irmandade iria governar e se era capaz de exercer o poder de um modo rigorosamente islâmico. Dezessete dias após o início das manifestações, no momento em que o vice-presidente Omar Suleiman anunciou a renúncia de Mubarak, eu estava ao lado de um homem mais velho, a alguns metros do Museu Egípcio, o marco neoclássico cor-de-rosa que guarda a máscara dourada do rei Tut. O homem desenrolou uma bandeira com dizeres que comparavam o presidente ao corpo mumificado do faraó. A comparação reflete tanto a história recente como a antiga. "Faraó" [*fir'awn*] — mencionado 74 vezes no Alcorão — é, para muçulmanos e judeus, o opressor arquetípico. Quando o assassino Islambouli despedaçou o corpo de Sadat com salvas e mais salvas de seu fuzil AK-47, gritou: "Matei o faraó!".

Até eu, que não era egípcio, estava impaciente por mudanças diante da década de estagnação política sob Mubarak, e relutava em imaginar que a mudança poderia trazer maldições tanto quanto bênçãos. O primeiro presságio veio uma noite em que passei a pé pela praça Simón Bolívar e encontrei uma pequena manifestação não violenta defronte à Embaixada dos Estados Unidos.

Homens portavam cartazes em árabe e inglês, junto com imagens toscas da cabeça de um homem de barba branca e grandes óculos escuros. Em muitas dessas imagens ele usava o pequeno chapéu vermelho e branco (o tarbuche) de um douto religioso ou xeque. Aquela aglomeração de cabeças sem corpo dava a impressão de uma plateia de fãs de alguma versão sunita do grupo gospel americano Blind Boys of Alabama.

Na verdade, o que eu via ali era uma vigília em favor do preeminente teórico egípcio vivo da jihad, Omar Abdel-Rahman, o chefão espiritual dos movimentos que haviam inspirado o assassinato de Sadat. Nascido em Daqahliyya, norte do Cairo, em 1938, Abdel-Rahman perdeu a visão devido ao diabetes antes de seu primeiro aniversário, daí seu apelido oficioso "o Xeque Cego". Ele estudou teologia na Universidade do Cairo e na Universidade de Al-Azhar, o centro de ensino religioso no Egito, mas afastou-se do establishment religioso depois de proibir seus seguidores de rezar diante do túmulo do presidente Gamal Abdel Nasser.

Nos anos 1980, todo o Egito já reconhecia em Abdel-Rahman a força teológica por trás do Gama'a al-Islamiyya e, em menor grau, da Jihad Islâmica Egípcia, os principais grupos salafistas-jihadistas do país. Ele foi a julgamento por incentivar o assassinato de Sadat, mas escapou de ser condenado em acusações importantes. Nos escritos do Xeque Cego anteriores à sua prisão, ele delineou o programa legal que um governo islâmico deveria implementar. E em seu julgamento, em 1984, resumiu o destino de qualquer governante que se desviasse daquele programa:

"É lícito derramar o sangue de um governante que não governa segundo as ordens de Deus?", perguntou um dos juízes ao xeque Omar, que estava diante da bancada dos magistrados.

"É uma pergunta teórica?", redarguiu o xeque.

Disseram-lhe que sim, e ele respondeu que era lícito derramar aquele sangue.

"E quanto a Sadat?", prosseguiu o juiz. "Ele havia transposto a fronteira da infidelidade?"

O xeque Omar hesitou e se recusou a responder.[6]

A recusa em responder era característica dos salafistas quando acuados: esboçar um caminho lógico para uma conclusão e deixar que o ouvinte desse o último passo por si mesmo. Essa é uma tática que ganhou fama graças a Ahmad ibn Hanbal (780-855), um gigante do saber sunita e grande influência teológica para os salafistas. Segundo a crença popular, Ibn Hanbal teria dito que o Alcorão é eterno e não foi criado, e todo aquele que negasse isso era infiel. O califa da época, Almamune (786-833), dizia que o Alcorão fora criado por Deus. Assediado por seus seguidores, Ibn Hanbal declarou: "Todo aquele que disser que o Alcorão foi criado é infiel". Assim, ele enunciou o começo do silogismo e deixou o último passo por conta da imaginação de seus discípulos. Sua opinião ficou clara para todos, apesar de ele se recusar a excomungar Almamune nominalmente.[7]

O Xeque Cego recuperou a voz quando lhe ofereceram a chance de falar ao tribunal:

> Ó chefe de justiça da Suprema Corte, a prova foi estabelecida e a verdade tornou-se visível, clara como a luz do dia para quem tem olhos; é vosso dever governar com a Xaria de Deus e implementar a lei de Deus; se não o fizerdes, sereis um infiel, um opressor e um malfeitor, pois as palavras de Deus terão revelado sua verdade no

tocante a vós: todo aquele que não julga segundo o que Deus revelou é um descrente.

Durante o julgamento, ele se sentou na maior camaradagem ao lado de Khalid al-Islambouli, o homem que matou o faraó. Agora alertava os que o julgavam de que um veredicto de culpa — e até mesmo a decisão de julgá-lo segundo uma lei feita pelo homem — constituiria inequívoca descrença e anularia o islã para eles.[8]

Durante vários anos depois disso, o Xeque Cego percorreu o Paquistão e o Sudão dando apoio moral a movimentos jihadistas. No começo dos anos 1990, morou e pregou em New Jersey. Em 1993, com base em gravações feitas por um informante, promotores públicos americanos condenaram-no por conspirar para derrubar o governo dos Estados Unidos por meio de explosões de prédios, pontes e túneis em Nova York. Hoje é residente do Complexo Correcional Federal de Butner, nos arredores de Durham, na Carolina do Norte, junto com seu colega de detenção de longo prazo, Bernie Madoff.

Eram os partidários desse homem que se reuniam próximo à praça Tahrir naquilo que me parecera, à primeira vista, um comício de grupo gospel. Eles puseram cobertores e esteiras na calçada, e a presença de cabos de extensão e chaleiras levava a crer que já estavam lá fazia meses. Ali dormiam e comiam pacificamente, e, na maioria dos dias, nem os diplomatas americanos viam qualquer ameaça na presença deles. (Uma funcionária do consulado contou que entrava para trabalhar na ponta dos pés pela manhã para não acordá-los.) À noite eles recorriam a todas as bem-conhecidas ferramentas de protesto egípcias: bandeiras, mesa, amplificador ajustado além da capacidade para transmitir sinais compreensíveis. Mencionaram a idade do xeque, a saúde precária, a barbaridade de manter um idoso cego em confinamento prolongado em solitária.

Salvo os tímpanos dos presentes, a manifestação não feriu ninguém. Recorrendo a meios pacíficos, obedeceu a uma reforma pública encabeçada pelos líderes do Gama'a al-Islamiyya, que renunciou à violência a partir de 1997, quando o governo de Mubarak permitiu que eles se reunissem na prisão e mudassem formalmente o credo de seu movimento. No começo dos anos 2000 esses líderes foram libertados, e em 2012 seu partido político concorreu nas eleições. Não se sabe se o Xeque Cego, que nunca teve nenhum papel oficial no grupo, teria participado dessa guinada pacífica. Muitos de seus seguidores confessaram-me que não.

Em uma manifestação posterior nas proximidades da embaixada, conheci 'Abdullah Abdel-Rahman, o filho mais velho do xeque Omar. (Entre os outros filhos de Omar estão Muhammad, que passou um tempo em prisões secretas nos Estados Unidos por suspeita de terrorismo, e Ahmed, que morreu em um ataque de drone no Afeganistão em 2011.) Depois de uma breve conversa, 'Abdullah entregou-me aos cuidados de Hesham Elashry, que mais tarde naquela noite seria meu guia em um passeio teológico pelo centro do Cairo.

Alfaiate habilidoso, Hesham passara anos em Nova York fazendo ternos ocidentais. Depois voltou para o Egito e abriu uma alfaiataria no centro da cidade. Como falava inglês fluentemente, tornou-se na prática um porta-voz do xeque. Quando nos encontramos pela primeira vez, pensei que talvez Hesham estivesse me confundindo com outra pessoa. Ele gastou no mínimo os cinco primeiros minutos do nosso encontro sorrindo radiante para mim enquanto falávamos — ou melhor, sorrindo radiante *por cima* de mim, pois ele é alto, e eu, baixo. Trocamos detalhes biográficos e notamos que tínhamos algo em comum conversando sobre estações de metrô conhecidas no Brooklyn. Ele perguntou minha religião; falei que tinha estudado em escolas cristãs, mas, antes que eu pudesse refinar a resposta e dizer que devia meu ateísmo àquela educação, ele exclamou: "Que bom, então você é cristão", e mudou de assunto. "Gostaria de jantar comigo?", perguntou com um sorriso tão possante que eu me virei para ver se ele estava olhando para além da minha orelha esquerda, vendo algo mais interessante, talvez uma mulher seminua na janela do hotel atrás de mim. A animação dele era lisonjeira mas inquietante, e quando ele juntava as pontas dos dedos em feitio de templo, me fazia pensar numa aranha fitando uma mosca.

Quando a manifestação terminou, comemos ali mesmo no acampamento. A reverberação dos amplificadores ainda ricocheteava nos prédios à nossa volta, e o pessoal do Xeque Cego flanava na área. Serviram-nos uma refeição modesta: cebola fatiada, um cozido de tomate e outras hortaliças, o rústico pão ázimo que os egípcios chamam de *'aish*, derivado da palavra "vida". Eu não me importaria de tomar o chá que todo mundo estava bebendo, mas Hesham mandou um rapaz ir buscar um refrigerante sabor laranja só para mim.

Nesse meio-tempo, fui bebendo o chá enquanto Hesham contava sua história. Ele nasceu no Cairo em 1959 e emigrou para a cidade de Nova York no começo dos anos 1980, um garoto magricela à procura de trabalho. Encontrou emprego na alfaiataria Three Stars, próxima do prédio das Nações Unidas, e também trabalhou como importador, ora com êxito, ora sem, viajando entre Egito e Estados Unidos nos 25 anos seguintes. Durante a maior parte desse período, ele não foi religioso. Vestia-se como um típico ocidental e, nas fotos dessa época, que ele me mostrou mais tarde, lembrava qualquer outro imigrante que procurava subir na vida em Nova York: posando diante de monumentos turísticos, trabalhando duro, zoando com amigos nas ruas do centro da cidade. Se ele se envergonhava dessa fase de sua vida, não me contou. Em vez disso, parecia estar falando sobre outra pessoa, uma casca ou segunda pele que ele trocou e deixou para trás.

Sua "conversão" — ele se encolheu quando usei essa expressão, mas admitiu que poderia ser correta —[9] aconteceu em fins dos anos 1990, quando ele encontrou colegas devotos no Egito que não mostravam interesse pela corrida por dinheiro que até então lhe vinha consumindo a vida. "Eles não eram tão ricos quanto eu, mas isso não tinha importância", ele contou. "Tinham encontrado o islã." Ele começou a ouvir os sermões do Xeque Cego e se tornou um seguidor.

O momento dessa guinada na vida de Hesham foi significativo. Eram os anos 1990. Já se sabia que Abdel-Rahman estivera envolvido no assassinato de Sadat, embora não o tivessem condenado, e antes e depois de seu julgamento nos Estados Unidos, em 1995, seus seguidores estavam matando turistas estrangeiros. Em 1997, num ataque de 45 minutos que matou 62 pessoas no templo de Hatshepsut, em Luxor, os assassinos esquartejaram suas vítimas e espetaram bilhetes nos corpos. A maioria dos egípcios horrorizou-se com a chacina. Com o tempo, os serviços de segurança de Mubarak acabaram notando a devoção de Hesham e, depois de prendê-lo e torturá-lo em 2000, deram-lhe a escolha: exílio ou morte.

Ele escolheu o Brooklyn. E gostou: ninguém ali se importava se ele tentasse ganhar convertidos, e ele podia orar quando e como bem entendesse. Trabalhava como mestre alfaiate, fazendo ternos de 5 mil dólares para clientes endinheirados, entre eles Paul Newman. ("Judeu", bufou Hesham. "Dava todo o dinheiro dele para Israel.") Quando Newman entrava na alfaiataria para tirar as medidas, Hesham era o único empregado que não se afobava para ir atendê-lo, embora aceitasse meio a contragosto um pacote grátis de Fig Newmans, o biscoito de figo fabricado por Newman.

Hesham tornou-se especialista em conversões. Em 2009, o Departamento de Segurança Interna dos Estados Unidos o expulsou por violar as regras de imigração, e ele foi forçado a voltar para o Cairo com a mulher e dois filhos. Retido em Manhattan enquanto aguardava a ordem final de deportação, converteu outros seis detentos e um guarda, ele me contou.

Na época em que nos conhecemos, no Cairo, Hesham tinha uma alfaiataria e se sustentava fazendo roupas masculinas e femininas. Mas sua paixão continuava a ser o islã. O xeque é um grande homem, ele disse, e tem mais: é inocente. E, mesmo se fosse culpado, os crimes não eram crimes. "Ele pregou o islã — e aquele não era um direito dele, se é que os Estados Unidos levam a sério a liberdade religiosa?" O xeque, um sábio idoso e frágil, não ferira ninguém, por mais que suas opiniões pudessem ser malvistas. Hesham afirmou que, aliás, os Estados Unidos prenderam o xeque não por sedição, e sim por revelar as mentiras no cerne das relações daquele país com o mundo muçulmano. O Xeque Cego tivera grande êxito em "despertar" o mundo muçulmano para sua religião e suas consequências políticas, e o governo americano não podia permitir que aquele sono fosse perturbado. "*Inshallah* ele também despertará", Hesham disse.

Eu morava a apenas alguns minutos da penitenciária de Butner, e disse a Hesham que gostaria de conhecer o xeque. Poucos jornalistas haviam falado com ele durante sua prisão, e eu queria saber o que ele pensava sobre a revolução de Tahrir. Hesham fez uma prece em voz alta para que meu desejo fosse concedido.

"*Inshallah* quando o conhecer você fará *shahadah*" — ou seja, recitar a sentença em árabe que representa a conversão.

Até aquele momento, Hesham e seus amigos seriam meus tutores e me salvariam da minha sórdida crença. Não me lembro de ter pedido para ser salvo, mas aquiesci assim mesmo e suportei muitas horas de interrogação e doutrinação. Essas horas tiveram algum efeito. Meus tutores falaram com arrogância sobre o destino da minha alma e me convidaram a questionar meu papel no Universo e a dor que poderia estar à minha espera se eu recusasse seu convite para o islã. Esse próprio mal-estar significava que a dúvida fora semeada — e esse era o objetivo. Como um indivíduo secular, eu não estava acostumado a contemplar daquela maneira a incerteza cósmica. Sem falar na sutileza da técnica da abordagem deles. A hospitalidade que ele e seus amigos me concederam fez com que eu me sentisse em dívida — partilhar do pão e do cozido com Hesham e seus amigos depois da manifestação gerou a sensação de que seria uma obrigação aturar a companhia deles por mais tempo. Tirei uma semente de tomate dos dentes e engoli, pensando na mitologia grega e nas seis sementes de romã que Hades deu a Perséfone: para cada uma que ela comia, um mês no inferno por ano. Cada bocado obrigou-me a mais uma hora de conversa, que, por coincidência, versava frequentemente sobre o inferno.

Mais tarde, naquela noite, fizemos nossa primeira caminhada; Hesham de mãos nas costas e dedos entrelaçados, os tornozelos se enchendo de terra. Pelo caminho, ele procurou tirar proveito de dúvidas que eu nem sabia que tinha e me iniciou no conhecimento secreto sobre temas que nunca tinham me interessado até então. Eu não tinha opinião formada quanto ao comprimento certo das calças. Ouvi-lo descrever seus critérios sobre o vestuário foi como ler uma daquelas listas de "certo" e "errado" em revista de moda: o que antes era deixado ao acaso agora requeria atenção e intenção.

Enquanto passávamos por cafés, autoescolas e lanchonetes de falafel no centro da cidade e chegávamos finalmente à alfaiataria dele nas proximidades da praça Muhammad Farid, ficou claro que ele vivia em um estado de paz e autoconfiança que muitos poderiam invejar. Eu, que tinha família, amigos e amor na vida, não sentia nenhum grande vazio na alma (nem no guarda-roupa) que o salafismo pudesse resolver. Mas logo me encontraria com outros menos abençoados e mais à deriva neste mundo, em busca justamente do norte firme da certeza que Hesham oferecia.

Voltei à alfaiataria várias vezes nos dias, semanas e meses seguintes. Hesham sempre me recebeu bem, e durante um ano fui seu projeto especial. Quando eu entrava na sua sala — um cômodo espartano em um prédio sem elevador, com rolos de tecido empilhados num canto —, ele largava agulhas e linhas e parava de trabalhar. Ou melhor, começava seu trabalho comigo. Acabamos por fazer uma amizade inconvencional. "Odeio você", ele me disse sorrindo em agosto de 2012, nove meses depois de nos conhecermos. "Odeio todos os judeus e cristãos, qualquer um que não seja muçulmano."

Apreciávamos nossas conversas, mas por motivos diferentes. Eu só queria falar sobre religião e política egípcia. E Hesham só queria mais uma chance de transformar aquele bárbaro cristão em salafista. Ele gostava de falar sobre a fase das penalidades após a morte. Descrevia em detalhes grotescos o destino dos pecadores no além. Nossa pele engrossaria com intermináveis camadas macias, finas, delicadas, uma mais sensível do que a outra. As camadas acumuladas teriam quilômetros de profundidade. E então Deus as queimaria uma por uma, até chegar à carne. Depois as restauraria, como o fígado de Prometeu, para mais uma vez tostá-las e arrancá-las, ininterruptamente, por toda a eternidade.[10]

"Sente isto?", Hesham me perguntou uma ocasião ao me passar um copo quente de chá servido da chaleira fumegante. Ele nunca perdia a chance de ilustrar um argumento. Com as pontas dos dedos queimadas, estremeci e entornei um pouco do chá. "Já deve ter percebido por que Alá escolheu o calor", ele disse. "Porque é a pior tortura que existe." *Se pensa que este chá é quente, experimente o inferno!* Hesham não estremeceu quando me entregou o copo. Seus dedos eram acolchoados pelos calos da costura ou por entregar muitos copos de chá escaldantes. A mensagem estava dada: siga as minhas orientações, e as chamas do inferno pouparão você. Ganhar uma alma para o islã traz recompensa imediata para o muçulmano na vida após a morte; a julgar pela expressão extasiada de Hesham quando ele me contou sobre os detentos na imigração que conquistara para a fé, traz recompensa psicológica nesta vida também.

Uma das dificuldades especiais dos recrutadores salafistas é o perigo de, sem querer, acabar recrutando alguém para outra forma de islã. Eles precisam acolher o recruta na religião sem que ele seja exposto a tradições desviantes como o sufismo, a escolástica [*kalam*] ou o neoplatonismo [*falsafa*], e a muitas outras coisas que os salafistas desprezam como inovações repreensíveis [*bidaʻ*]. O que a maioria dos muçulmanos vê como progresso, os salafistas consideram descrença. Hesham tinha de me fazer passar ao largo dessas atrações como um pai que tenta arrastar depressa a criança para longe dos doces que ladeiam o caixa no supermercado. Alguns salafistas dizem que o canto de sereia do sufismo é tão sedutor que os santuários sufistas deveriam ser dinamitados ou demolidos na primeira oportunidade. A tolerância é um perigo para a alma do homem. Como a maioria dos muçulmanos não se identifica como salafista, reage a essa intolerância sentindo-se pessoalmente insultada, como se dissessem que eles descartam o próprio islã. Muitos muçulmanos não veem nada de mais em interpretar os textos antigos de forma alegórica e hoje se sentem satisfeitos com este último milênio de cultura e realizações muçulmanas, sem demonstrar um impulso específico de podá-las até voltar ao século IX, ao tempo anterior aos poemas de Rumi e Hafez, ao Taj Mahal, à música de Nusrat Fateh Ali Khan e Umm Kulthum, aos chutes de esquerda de Zinédine Zidane, a uma tradição filosófica que inclui desde Ibn 'Arabi a Taha Hussein. Para eles, essas não são obras de Satã, e sim glórias da civilização islâmica.

Os críticos dizem que o salafismo é contra a interpretação e o debate, além de profanar a tradição que diz purificar. Eles afirmam que o Profeta preferiria a união entre seus seguidores à intolerância salafista. Os muçulmanos deveriam viver juntos e evitar separações na comunidade. Desprezar um conjunto imenso de comportamentos como descrença [*kufr*], segundo essa linha crítica, e exortar a violência contra os muçulmanos praticantes de *kufr* — como fazem alguns salafistas — é desobedecer a esse comando inequívoco. Além disso, a interpretação retrógrada dos salafistas os leva a defender práticas que seus críticos consideram grotescas e obsoletas, como a escravidão e a punição corporal tal qual praticadas no século VII.

Os salafistas reagem com três réplicas. A primeira está contida em um hadith que Hesham me citou várias vezes: "Esta comunidade [*ummah*] se dividirá em 73 seitas, as quais irão para o inferno, com exceção de uma: aquela que seguir o que eu e meus companheiros estamos fazendo". Os salafistas consideram-se a seita escolhida [*al-firqah al-najiyyah*] e não se importam que seus supostos correligionários detestem suas excentricidades.

A segunda réplica apela para fatos históricos. Os salafistas retrucam que sua interpretação da história islâmica é absolutamente *correta* quando eles dizem que os primeiros muçulmanos — aqueles a quem se ordena que todos os muçulmanos imitem — tinham escravas sexuais, decepavam as mãos de ladrões, decapitavam os apóstatas e apedrejavam os adúlteros. Essas práticas podem ser rejeitadas hoje pela corrente principal dos eruditos muçulmanos, mas durante a maior parte da história islâmica dificilmente ocorria a um muçulmano duvidar de que sua religião as permitia. No passado, sociedades muçulmanas decapitavam apóstatas com menos júbilo em comparação com o que o Estado Islâmico faz hoje. Mas duvidar de que a apostasia alguma vez foi crime capital é interpretar de modo errado as escrituras e a história. Para complicar ainda mais, muitos dos leigos muçulmanos que desprezam os salafistas conhecem pouquíssimo suas próprias escrituras e os debates de suas tradições sobre elas. Os salafistas não têm o monopólio da verdade histórica, muito menos da interpretação, mas eles leem o Alcorão atentamente e, em certos assuntos, ocupam um terreno no mínimo tão sólido quanto o de seus oponentes.

A prática da escravidão pelo Estado Islâmico ilustra essa disparidade. Em setembro de 2014, dezenas de clérigos islâmicos criticaram o Estado Islâmico e afirmaram que "nenhum estudioso do islã contesta que um dos objetivos do islã é *abolir* a escravidão. [...] Por mais de um século, muçulmanos, e, na verdade, o mundo inteiro, uniram-se na proibição e criminalização do escravagismo, um marco na história da humanidade quando foi enfim implementado". Esse mesmo documento declara que a escravidão foi "abolida por consenso universal".[11] Qualquer estudioso competente do islã reconheceria instantaneamente esses argumentos como equivocados ou contrários aos fatos. A escravidão foi posta em prática por muçulmanos durante a maior parte da história islâmica, e foi praticada sem desculpas por Maomé e seus companheiros, que possuíam escravas e tinham relações sexuais com elas. Pelo menos duas das escravas sexuais de Maomé, Safiyya e Juwayriyya, foram prisioneiras de guerra. Maomé mais tarde as libertou e desposou. (Ele não é o único profeta abraâmico com experiência nessa área. Abraão tinha relações sexuais com a escrava Hagar, e Davi e Salomão tinham literalmente centenas de concubinas.) Os muçulmanos ressaltam que o Profeta exigia bom tratamento às escravas — salvo pelo cativeiro e pelo sexo forçado — e repetidas vezes lembrava seus seguidores sobre as recompensas destinadas aos que libertavam cativos. (O Estado Islâmico informa a seus combatentes que libertar um escravo é um dos atos mais louváveis.)[12] No entanto, ele não aboliu a escravidão e a praticou até o dia da morte.

Quase não existem textos do período pré-moderno sobre as leis islâmicas da guerra que deixem de mencionar as regras para a escravização de mulheres e crianças [*saby*]. Juristas clássicos arrolaram quatro destinos permissíveis [*al-mubahat al-arba*] para os prisioneiros de guerra: execução, liberdade, resgate ou escravização. Hoje, longe de concordar que o islã abole a escravidão, estudiosos renomados como Muhammad Taqi Usmani (n. 1943) e Yusuf al-Qaradawi (n. 1926) afirmam que o líder de um Estado muçulmano validamente constituído pode escravizar cativos de guerra como bem entender. Usmani defende sua posição contra estudiosos (em especial o indiano Chiragh Ali) que dizem que, em suas origens, o islã permitiu a escravidão, mas depois a aboliu. Esse argumento, diz Usmani, é tão absurdo "que faria rir até uma mãe enlutada".[13] Nenhum estado muçulmano importante pratica a escravidão, mas na Arábia Saudita ela só foi proibida em 1962 (e não "há mais de um século") e na Mauritânia, onde foi formalmente proibida em 1981, ainda é praticada até hoje, segundo a maioria dos relatos. Quando os clérigos dissidentes condenam o Estado Islâmico, essa entidade está sempre preparada para citar evidências históricas e argumentos classicamente fundamentados em defesa de suas posições.

O forte precedente da escravidão na história islâmica é um fato que não força os muçulmanos a aprovar essa prática no presente. Usmani e Qaradawi são figuras de destaque, mas não têm a última palavra. No entanto, suas posições mostram por que aqueles que afirmam que a escravidão é contrária ao islã "por consenso universal" ainda não convenceram seus oponentes — e por que os salafistas com frequência parecem orgulhar-se de seu conhecimento superior da lei e da história islâmicas. Duvido que haja entre os signatários originais da petição citada anteriormente alguém que verdadeiramente ignorasse os fatos históricos e legais básicos da escravidão na história islâmica. Eles, porém, relutam em falar sobre a escravidão ou o fazem em termos propositalmente obscuros, com constrangimento e, às vezes, prevaricação.[14] Em certa medida, podemos atribuir essa postura ao medo de macular a imagem dos muçulmanos, que são uma minoria acossada nas sociedades de alguns desses estudiosos. Muitas vezes também os acadêmicos desejam evitar que instituições ultrapassadas como a escravidão sejam tratadas como assuntos atuais importantes, uma vez que a maioria dos muçulmanos não vive nem deseja viver em sociedades escravocratas. Os salafistas pró-escravidão aproveitam os silêncios nessas conversas e se deleitam em ver os outros se crisparem quando confrontados com o fato histórico de práticas embaraçosas.

Os muçulmanos salafistas leigos de propensões seculares são ainda menos capazes de confrontar os contra-argumentos dos salafistas. O muçulmano leigo médio é como o leigo médio de qualquer fé: sabe muito pouco e tende a acreditar em uma versão sanitizada de sua crença. Bernard Haykel, acadêmico de Princeton, chama isso de "versão algodão-doce da religião" e salienta que essa visão se dissolve, ocasionalmente com catastróficas consequências psicológicas, ao contato com a ambiguidade moral da realidade. Parte da tarefa dos salafistas quando fazem proselitismo entre seus companheiros muçulmanos é alcançá-los nesse estágio de dissonância cognitiva — divididos entre as sensibilidades modernas e a percepção de que a escravidão é parte da história e do presente do islã — para então convencê-los de que as sensibilidades modernas têm de ser descartadas. Alguns salafistas chegam até a dizer que é preciso cultivar o *amor* pela escravidão e por outras práticas antigas para permanecer muçulmano.

Muitos muçulmanos não lidam bem com a notícia da existência do escravagismo em sua tradição. Recebi pilhas de correspondências de muçulmanos indignados porque eu me referi, em publicações impressas, ao fato de que Maomé teve escravos. Eles argumentam que o Profeta tratava bem os seus supostos "escravos" — ao menos os tratava melhor do que outros escravagistas na história — ou dizem que eram criados, não escravos. A primeira réplica não nega que o Profeta possuiu cativos; diz apenas que ele não desceu ao nível dos sulistas americanos pré-Guerra de Secessão no tratamento dispensado à escravaria. A segunda não é convincente: por qualquer definição de "escravidão", esses "criados" eram escravos, e historicamente poucos muçulmanos protestaram quando foram chamados com esse nome. Os "escravos", usando aqui os critérios de David Brion Davis, eram "propriedade de outro homem [...], sujeitos à autoridade de seu dono" e forçados a trabalhar; "sua condição é hereditária e a posse de sua pessoa é inalienável", podendo ser "comprados, vendidos, trocados, alugados, legados, dados de presente, penhorados em dívidas [ou] incluídos em um dote".[15] Os muçulmanos podem negar — e o fazem com argumentos refinados — que a escravidão seja permissível em nossos dias, mas, quando a questão é a história, os salafistas têm razão. É a interpretação dessa história, e não o fato histórico em si, que está em debate.

A terceira réplica salafista confronta a acusação de que eles dividem a comunidade muçulmana. Os salafistas *parecem* ser uma pequena minoria de muçulmanos — é provável que não cheguem a ser dez por cento globalmente —, mas afirmam representar uma maioria silenciosa. Dizem que a noção mais fundamental do que significa ser muçulmano é a deles: ler o Alcorão, aprender sobre o Profeta e fazer o que ele diz. É nisso que todos os muçulmanos acreditam até terem o azar de ser convencidos de outra coisa, dizem os salafistas. Durante a maior parte da história, quase todas as pessoas, inclusive os muçulmanos, foram analfabetas, e, ainda que soubessem qualquer coisa sobre doutrina religiosa, viviam submissas à elite douta. Essas massas analfabetas eram afortunadas. Como a maioria dos eruditos não era salafista, desviava as massas do caminho certo, dizem os salafistas. No entanto, a imensa maioria iletrada de muçulmanos nunca foi desviada de sua sabedoria simples e da noção básica correta do islã. O próprio Alcorão é ambíguo quanto a pensar muito sobre as coisas. O livro alerta que a descrença e a inteligência andam juntas e que a resposta humana imperfeita a fatos desagradáveis é fabricar desculpas para rejeitá-los.[16] Os estudiosos salafistas criticam interpretações modernas do Alcorão, as quais, segundo eles, procuram significados ocultos para justificar a anulação da punição corporal, da escravidão e da jihad. Segundo a interpretação salafista, a esperteza excessiva é um grande perigo. Deus ordena que usemos o cérebro, mas o cérebro nos ludibria para que descartemos o islã. A solução proposta é a humildade: siga os textos e tradições ao pé da letra e imite o comportamento dos primeiros muçulmanos, mesmo quando isso não condiz com as normas modernas. E nessa toada prossegue o debate entre os salafistas e aqueles que são receptivos às influências da modernidade.

Como os salafistas são tão hostis aos muçulmanos majoritários, para engrossar suas fileiras eles precisam aliciar pessoas de fora, que não têm uma teologia islâmica preexistente que possa ser ofendida. Um manual de recrutamento jihadista-salafista de 2009 classifica tipos de pessoas segundo a probabilidade de serem convertidas. Os *não* religiosos ocupam o primeiro lugar; o último fica para os profundamente religiosos, em especial os "memorizadores do Alcorão". (O autor também sugere aos recrutadores jihadistas "levar o recruta a um piquenique", um conselho que parece simpático e que Hesham seguiu no meu caso.)[17] Maajid Nawaz, o fundador da Quilliam Foundation, uma organização antirradicalização de Londres, tem posição semelhante. "Em geral, o recrutamento islamita tende a concentrar-se extraordinariamente em muçulmanos não religiosos", ele diz. "Como provêm de um meio com menos formação religiosa, esses recrutas são muito mais fáceis de impressionar quando alguém faz com que se sintam muito ignorantes de sua religião, criando neles, assim, uma atitude mental de 'renascimento'."[18]

Por esses critérios, eu me qualificava como um recruta promissor. Vivera em países muçulmanos por tempo suficiente para detectar em Hesham suas singularidades no comportamento, vestuário e alheamento da cultura popular. Mas eu não era muçulmano e, embora não fosse um ignorante quando o assunto era islã, tampouco tinha algum comprometimento com qualquer versão específica da religião; portanto, não me sentiria culpado de traição se acabasse concordando com Hesham na noção de que meus amigos e parentes estavam condenados ao fogo do inferno.

Vale a pena mencionar, porém, que, para um homem tão obcecado pela escritura, Hesham fazia gato e sapato com os fatos quando isso lhe convinha. Por exemplo, seu comprometimento com a fidelidade histórica e factual sumia ou afrouxava quando ele falava sobre a vida após a morte. Ele não se importava de mentir ou exagerar para me converter. Tempos depois, um partidário do Estado Islâmico me disse que os detalhes das punições eternas descritos por Hesham "não têm base na revelação". A maioria das fontes descreve o processo de ser queimado para expurgar os pecados como algo que é aplicado unicamente a muçulmanos, e não a um infiel como eu. (Eu devo ser muito sortudo, pois a descrença é um pecado que não se expia através do fogo.) Os textos islâmicos de fato contêm descrições medonhas de punições e recompensas nas quais se incluem pele queimada e regenerada: "Cada vez que suas peles se consumirem, trocá-las-emos por outras peles, para que experimentem o castigo".[19] Já a parte que fala em engordar não se encontra rigorosamente no texto. Aparece apenas em textos secundários, não canônicos, e a intenção de ampliar o corpo físico é aumentar a intensidade de *todas* as sensações físicas, e não da punição. No paraíso, os muçulmanos sentirão prazeres maiores com seus corpos aumentados. Em geral, a ênfase em prazeres e punições corporais é maior do que na tradição cristã, na qual glorificar o Criador é a maior recompensa.

Nossas sessões prosseguiram, regadas a chá quente. Eu continuava a ir porque, apesar de toda a sua prepotência, Hesham ainda era um idealista. Democratas, membros da Irmandade Muçulmana e todos os demais de vez em quando desanimavam. Os salafistas, não. Eu queria saber de onde vinha aquela visão de mundo à prova da realidade.

Não conversávamos apenas sobre religião. Hesham falava sobre sua alfaiataria, ensinou-me a distinguir um terno de lã feito sob medida — sua especialidade, que ainda rendia milhares de dólares por peça — de uma imitação chinesa. No entanto, o assunto sempre voltava para a teologia. Com o tempo, comecei a notar que Hesham usava material preparado. Ele tinha uma técnica de entretenimento, um roteiro de venda, um estoque pronto de retórica missionária. Quando me pediu para defender a doutrina cristã da Santíssima Trindade, admiti sem rodeios que ela não fazia sentido. Ele detectou (com acerto) minha deficiência em apologética cristã e desembestou durante quinze minutos em uma obsoleta crítica muçulmana, aprimorada ao longo de mais de mil anos. A Santíssima Trindade era uma incoerência, pois um não pode ser três; atribui características humanas a Deus, e características humanas implicam imperfeição; o Alcorão suplanta a Bíblia em estilo e coerência. E assim por diante.

Eu, que não via razão para defender uma doutrina que não era a minha, perguntei por que ele se deleitava em discutir as partes mais sinistras de sua religião — o corte de cabeças e mãos, o fogo eterno — em vez de falar sobre o lado da bondade e da misericórdia. Novamente, uma resposta robótica: "Deus fez o islã para tratar você com complacência, e não com severidade", ele explicou. As punições desencorajam o mau comportamento e nos conduzem para a felicidade. "Ele quer que você se case porque o casamento é o melhor. Por isso, quando ele diz que existe punição para a fornicação, essa punição é para o bem do fornicador, para que ele pare de fornicar." Açoitar é uma expressão de amor. "Se seu filho vai para a rua e quase é atropelado, você vai apenas sugerir que ele não faça mais isso?", Hesham argumentou. "Não! Vai se assegurar de que ele não faça", com palavras duras e uma sova.

Mas com certeza não vai queimá-lo vivo, repliquei. Ele explicou que a punição tem de ser de acordo com o crime. Nenhum crime é maior do que a rejeição a Deus; nenhum castigo deve ser mais severo — em especial porque ele fez o fardo de aceitar o islã ridiculamente leve. Tudo o que eu precisava fazer era proferir algumas palavras que tantos outros já haviam dito com êxito.

Esse passou a ser o ritmo do nosso diálogo. Ele me sondava em busca de questões. Eu perguntava. Ele respondia, respondia e continuava a responder, asfixiando-me em respostas. Depois de algum tempo, a sensação naquelas visitas era a de um ataque mental. Possuo uma capacidade fenomenal de ouvir arengas. Faz parte do meu trabalho de jornalista. Mas a companhia dele tornou-se cansativa. Havia um limite para o que eu conseguia suportar daquele fanatismo monomaníaco, de suas histórias idiotas sobre embates com judeus nova-iorquinos, de dicas sobre alta-costura. Eu remexia o meu chá e inventava desculpas para ir embora.

Ele estava pronto. "Você precisa ir a Alexandria. Alexandria é a capital mundial dos salafistas", Hesham disse, teclando no celular. "O Cairo não é o melhor lugar para aprender sobre o islã." Era secular, moderno, cheio de distrações mundanas. "Se você procurar os nossos irmãos em Alexandria, eles o ajudarão." Antes que eu pudesse decidir se estava a fim de me submeter àquele revezamento de tarefa por outro esquadrão de conversão salafista, os "irmãos" já tinham mandado uma mensagem de texto dizendo que estariam à minha espera dali a dois dias, nas orações de sexta-feira em Alexandria.

No dia seguinte, quando meu trem de segunda classe desacelerou nas proximidades de Alexandria, minhas narinas começaram a registrar o característico odor do Mediterrâneo e das culturas sobrepostas de Egito, Turquia, Sicília e Magreb nas imediações. Aquele aroma lembrou-me da ironia da afirmação de Hesham sobre Alexandria ser a capital mundial do salafismo: histórica e culturalmente, Alexandria rivaliza com o Cairo como cidade aberta e cosmopolita. Séculos antes do islã, missionários budistas desembarcaram ali em busca de prosélitos. Como porto importante, ela também já foi uma cidade internacional do vício. O poeta grego Caváfis podia contemplar com malícia de cima de sua sacada as prostitutas e os rapazes, e bebidas alcoólicas — consumidas em abundância nos lares do Cairo, mas nem sempre disponíveis na rua — eram vendidas sem disfarce.

Partes de Alexandria haviam sido reconquistadas para o islã, Hesham me dissera. Convertidos do mundo todo eram atraídos para lá, segundo ele. Mais ou menos como os anabatistas criaram colônias para eles na Pensilvânia rural e em Manitoba, ou como os judeus fizeram no Brooklyn, os salafistas ocuparam bairros. Hesham me deu o nome de um contato — Ahmad — que me encontraria em uma mesquita em um bairro chamado Medinat al-Zuhur, ou Cidade das Flores.

Cheguei a tempo para as orações do meio-dia a uma mesquita com caligrafia elegante na fachada. Segundos depois de entrar, porém, recebi um telefonema de um dos agentes de Hesham, avisando que eu estava na mesquita errada. Ele parecia irritado por eu tê-la confundido com a mesquita deles. Instruiu-me a descer a rua por dois quarteirões. Ali encontrei um bairro sem flores e sem qualquer outro tipo de beleza física. A menos de dois quilômetros de um Sheraton, com restaurantes à beira-mar e surfe, as ruas eram de terra e os prédios quadradões e monótonos pareciam ter sido desenhados por um arquiteto durante uma pausa para o cigarro.

Ahmad me interceptou. Ele estava na casa dos vinte, vestia camisa polo marrom de manga comprida e calça de agasalho esportivo preta com os reveladores punhos enrolados para cima no estilo salafista. Falava mal o inglês e não tinha nada da simpatia conversadora de Hesham, mas compensava essas deficiências com objetividade. "Você é um novo muçulmano", ele me informou. "Venha comigo." Levou-me a um prédio, e subimos até um apartamento quase sem mobília para uma sessão diagnóstica antes das orações. "Você era cristão? E é americano?", ele indagou. "Temos americanos aqui. Um holandês. E outros... Vieram viver como muçulmanos." Entregou-me um copo gelado de néctar de laranja grosso e adoçado e me observou enquanto eu entornava a bebida.

O despojamento do seu apartamento era, em parte, obra da pobreza: Ahmad, um estudante religioso, presumivelmente tinha os estudos financiados por seus correligionários frequentadores da mesquita. Como Hesham, ele era indiferente ao dinheiro, não tanto por resignação, e mais por sentir-se superior a isso. Hesham certa vez me perguntara: "Você já pôs a mão no bolso pensando que tinha uma moeda lá dentro e descobriu que ela desaparecera? Quando Deus arrancar sua pele com rajadas de fogo, levará em conta todos os seus sofrimentos mundanos, por menores que sejam, até mesmo a decepção passageira de dar falta de uma moedinha no bolso", ele predisse. "Um pobre não sofrerá tanto [no outro mundo] quanto um rico", explicou Hesham. No fim, todos são igualmente punidos. Só quando os doentes e os pobres puderem estar em pé de igualdade com os sadios e os ricos Deus fará a separação final, baseado em quem acreditou nele e em quem viveu segundo seus mandamentos.

Quando a sopa de laranja no meu copo acabou, descemos para a mesquita. Era tão desnuda quanto o apartamento. Já tínhamos passado por ela, mas eu não notara. Na verdade, não era bem um prédio, e sim um barracão de tamanho médio. A luz vinha de frestas na parede e de algumas lâmpadas fluorescentes espiraladas baratas que pendiam do telhado pré-fabricado e que me fizeram pensar, blasfematório, em rabinhos de porco. Era provável que a austeridade refletisse a pobreza dos devotos, além de uma versão salafista de uma estética sunita que rejeitava o excesso de adorno. Pensei nos interiores desadornados das igrejas holandesas quinhentistas, depois que um fanatismo semelhante ao dos salafistas possuiu os protestantes e os fez livrar-se da decoração, das relíquias e da arte da Igreja católica. Talvez os holandeses que Ahmad mencionara se sentissem em casa aqui.[20]

O holandês chegou poucos minutos depois, mas não quis falar comigo. Ahmad me estacionou num canto, em uma cadeira de plástico dobrável, e lá fiquei enquanto os outros devotos entravam. A diversidade étnica e nacional me surpreendeu. Havia alguns africanos subsaarianos e vários outros europeus. Um folheto desbotado pregado na porta com os dizeres "авиабилеты" anunciava passagens aéreas em russo.

Durante as orações, fiquei sentado constrangidamente na minha cadeira, que, por ser a única peça de mobília na mesquita, parecia imponente como um trono. No final, enquanto Ahmad trocava saudações e despedidas com os companheiros devotos, alguns outros me rodearam para me examinar melhor. O cabeça daquele diagnóstico era Sherif, um engenheiro de New Jersey. Eles não sabiam como lidar comigo. Eu não era um convertido, nem me apresentara como tal. Mas até agora só fizera perguntas razoáveis, e seria falta de caridade mandar-me embora. Ignoravam o quanto eu sabia da língua árabe, por isso, durante algum tempo, pude entreouvir suas deliberações.

Sherif, que vivia parte do tempo nos Estados Unidos, liderou a conversa quando se começou a falar em inglês. Eles introduziram os temas de costume: a unidade de Deus, as deficiências da teologia cristã, meus conhecimentos sobre o islã. Decidi provocá-los neste último assunto. Eu estava me educando a respeito do islã, e na véspera, no caminho para Alexandria, havia parado para uma visita ao santuário de Sayyid Ahmad al-Badawi (596-675), um santo sufista. A menção de um santuário sufista motivou um assobio baixo, grave, como quem diz *o caso é mais grave do que pensávamos*. Eles conferenciaram mais em árabe, em tons menos amistosos. "Ele está questionando a unidade de Deus", enfureceu-se um deles. "Politeísmo", disse outro. Por fim, decidiram que não poderiam confiar que eu seria capaz de trilhar o caminho da conversão por conta própria.

"Escute, onde você está hospedado?", Sherif perguntou em inglês. Dei o nome de um bairro no centro da cidade, dotado de comodidades como um KFC e vários bons hotéis. Ele sugeriu que seria melhor para mim permanecer na Cidade das Flores. Fiquei firme e disse que já tinha pagado pelo quarto e deixado a bagagem lá. Alguém pediu a Sherif para traduzir. Ele replicou, em um árabe frustrado: "Ele está no meio de infiéis".

"Infiéis" é um brado de guerra quando aplicado a muçulmanos. E Sherif estava apontando descrença em uma comunidade muçulmana. Essa prática de declarar infiéis pessoas que se apresentam como muçulmanas é chamada de *takfir* [excomunhão] e, historicamente, os muçulmanos procuram não empregá-la. Em teoria, quem deixa o islã está sujeito à pena de morte. Portanto, é uma acusação grave. Autoridades muçulmanas quase sempre aplicam salvaguardas para evitar implementá-la. Essas salvaguardas incluem a interrogação das crenças do acusado, para assegurar que ele de fato pretende deixar o islã; rodadas de doutrinação por eruditos, a fim de corrigir o apóstata e oferecer a oportunidade de retornar ao caminho certo; e uma avaliação psiquiátrica, para verificar se o acusado não está louco. Além disso, é preciso confrontar o acusado com as consequências de sua apostasia. Primeiro, mostram-lhe uma adaga. Se a visão da adaga não produzir o arrependimento, ela é encostada em seu peito. Se isso não bastar, é encostada em sua garganta. Se em qualquer uma dessas fases ele se arrepender, não sofrerá nenhuma punição.

Como não existe uma autoridade religiosa central para os muçulmanos, qualquer muçulmano pode excomungar outro. E, devido à óbvia discórdia social que o *takfir* irresponsável pode causar, a excomunhão também traz sérios riscos para o acusador. Um conhecido dito do Profeta alerta que, se um muçulmano acusar outro de descrença, então (no mínimo) um dos dois é um descrente.[21] Entram dois muçulmanos, sai um muçulmano: uma acusação falsa invalida a crença do acusador. "Rotular pessoas de 'infiéis' é uma questão grave", escreveu o filósofo Ghazali no século XII; "permanecer calado, por sua vez, não traz nenhum prejuízo."²² Assim, não é de admirar que a maioria dos muçulmanos prefira não se arriscar.

Eu não sabia se Sherif seria capaz de acusar *indivíduos* de descrença e pôr sua alma em risco dependendo de a acusação ser correta. Mas suas palavras me surpreenderam. Talvez não devessem surpreender. Hesham também dissera que a "descrença" prevalecia na sociedade egípcia. Muitas pesquisas de opinião discordariam: em média, os egípcios superam os americanos do Cinturão da Bíblia na importância que atribuem à religião em suas vidas. No entanto, Hesham disse que boa parte da religião deles é falsa. "O Profeta Maomé, que a paz esteja com ele, disse que nem mesmo um em mil dentre os seus seguidores se juntará a ele no paraíso."

Se existe um pai intelectual da ideia do *takfir* irresponsável — uma prática que o Estado Islâmico leva ao extremo e defende sem ressalvas —, esse homem é Taqi al-Din ibn Taymiyya (1263- -1328), um erudito favorito não só do Estado Islâmico, mas também da Al-Qaeda e dos wahabitas da Arábia Saudita. É fácil perceber a atração que o pensamento de Ibn Taymiyya teria para um movimento violento e puritano, embora o takfirismo sem freios seja apenas uma interpretação de sua obra.

O primeiro registro público de uma manifestação de Ibn Taymiyya está ligado ao caso de um cristão, 'Assaf al-Nasrani, que havia sido acusado de blasfêmia por insultar Maomé. Ibn Taymiyya intitulou seu primeiro texto "The Sharp [Sword] Drawn Against the Reviler of the Prophet" [A cortante espada usada contra o ofensor do profeta] e se posicionou firmemente do lado da espada.²³ Entre outras razões para exultar com a execução do homem, Ibn Taymiyya citou o fato de que Maomé estava morto, portanto não podia exigir desculpas. Essa opinião, assim como outras, desagradou aos líderes mamelucos em Damasco e no Cairo, e por essa dissensão Ibn Taymiyya ficou preso durante seis meses. Suas opiniões radicais, expressas a um grande custo pessoal, impressionaram muitos estudiosos, tanto muçulmanos quanto infiéis. Um tema em seus escritos é a inflexibilidade. "Se tivesse se casado, talvez fosse um sujeito mais simpático", disse-me um acadêmico. Um pós-graduando de Harvard deu tratos à bola para encontrar o termo teológico certo que descrevesse o lugar de Ibn Taymiyya no pensamento islâmico. "Um cara brilhante", ele concluiu. "Mas pedante."[24]

Alguns atribuem esse pedantismo, ao menos em parte, ao fato de ele ter vivido em uma época conturbada. Em 1258, alguns anos antes de ele nascer, os mongóis saquearam Bagdá e mataram nada menos do que um milhão de muçulmanos em uma semana, entre eles o último califa da dinastia dos abássidas, Al-Musta'sim-Billah. Quando Ibn Taymiyya tinha seis anos, os mongóis arrasaram sua cidade natal, Harran, e o mandaram para o exílio junto com sua família. Essa foi uma calamidade pessoal que ele nunca superou.

Em praticamente qualquer questão podemos encontrar uma opinião severa ou inflexível de Ibn Taymiyya. No que diz respeito a tratados com infiéis, ele disse que não se podia fazer nenhum, a menos que não fossem vinculantes ou que fossem temporários; a paz permanente era inadmissível. Ele não demonstrava coleguismo com outros eruditos muçulmanos, e acusou os seguidores do místico andaluz Ibn 'Arabi não só de estarem errados, mas de defenderem o incesto.[25] Propôs que o governo tivesse como objetivo principal impor a ordem religiosa, proibindo o errado e comandando o certo. Suas ações pessoais confirmam um temperamento intratável ou sem senso de humor. Um admirador contemporâneo de Ibn Taymiyya comentou:

Dizem, entre outras coisas, que ele raspou a cabeça de crianças, liderou uma campanha contra a libertinagem em bordéis e tavernas, esbofeteou um ateu antes de ele ser executado em público, destruiu uma suposta pedra sagrada em uma mesquita, desferiu ataques contra astrólogos e obrigou xeques sufistas desviantes a fazer atos de contrição em público.[26]

Politicamente, seus maiores inimigos foram os mongóis, que haviam conquistado sua cidade natal. O chefe mongol Ghazan esposou o islã, ou pelo menos afirmou fazê-lo, em 1295 — porém não antes de sua gente ter saqueado as maiores cidades do islã e extinguido sua última grande dinastia de califas. Para agravar o ultraje, os mongóis não governavam segundo o islã, mas segundo a Yassa, uma forma tradicional de lei marcial que herdaram de Gêngis Khan. Com o tempo, eles adicionaram elementos da lei islâmica, contudo sua contínua rapacidade dava margem a dúvidas quanto à sua sinceridade. Assim, Ibn Taymiyya viu-se pressionado pelas circunstâncias para delinear a fronteira entre a legitimidade e a ilegitimidade de um governo "muçulmano".

Ibn Taymiyya condenava os mongóis. "Todo aquele que estiver com os mongóis no Estado que eles governam deve ser visto como [membro da] mais perversa classe de homens", ele escreveu. "É um ateu e um hipócrita [...] ou pertence à pior classe de gente, o povo da *bida'*."[27] Ele conclamou seus companheiros sírios a resistir. "Qualquer grupo de pessoas que se rebele contra qualquer um dos claros e confiavelmente transmitidos preceitos do islã deve ser combatido [...] mesmo se os membros desse grupo enunciarem a confissão de fé islâmica." Em épocas anteriores, assim como nas posteriores, a maioria dos muçulmanos concordou que obedecer era obrigatório, inclusive a um governante muçulmano pecador. Ibn Taymiyya afirmou que a descrença dos governantes mongóis removia-os do islã. Mais perigosamente, ele adotou a linguagem da excomunhão e escreveu sem rodeios que a descrença [*kufr*] dos mongóis constituía uma razão para que fossem combatidos por indivíduos muçulmanos — em especial os líderes mamelucos a quem ele servia.

Porque abriu as portas para o *takfir*, ele se tornou o favorito dos assassinos.[28] 'Abd al-Salam Faraj, um jihadista egípcio que em 1979 fundou a Jihad Islâmica, citou as *fatwas* de Ibn Taymiyya para justificar o assassinato de Sadat. Quase todos os grupos jihadistas da era moderna declaram-se a favor de Ibn Taymiyya e inspirados por ele, em geral em uma tática de três passos bem conhecida. Primeiro, declarar que um líder muçulmano não governa segundo o islã. Segundo, afirmar que não governar segundo o islã constitui um afastamento do islã, ou seja, apostasia. Terceiro, declarar guerra. Faraj, seguindo esses três passos até o assassinato de Sadat, comparou-o desfavoravelmente com os mongóis — pois pelo menos a lei tribal mongólica continha traços das leis islâmica, judaica e cristã. "Não há dúvida de que a Yassa mongólica foi um pecado menor do que as leis que o Ocidente impôs [a países como o Egito]", Faraj escreveu, "as quais não têm ligação com o islã nem com qualquer outra religião revelada."[29]

Sadat havia escolhido a paz com Israel, o que, segundo Faraj e sua geração de jihadistas, estava em primeiro lugar na lista de atos de apostasia. De muitos modos, ao assassiná-lo, os jihadistas começaram com um dos casos mais difíceis. Sadat era um muçulmano religioso: intitulava-se o "Presidente Crente" do Egito e em sua testa via-se o calo escuro (um *zabibah*, literalmente "uva-passa") de um homem que se prostra para orar com muita assiduidade.[30] Nas três décadas seguintes, esses jihadistas também atacariam xiitas, membros de uma seita mística síria conhecida como alauítas e líderes políticos declaradamente seculares. A justificativa para excomungá-los, fazer-lhes oposição e matá-los ficou mais fácil e mais conhecida. Na época em que surgiu o Estado

Islâmico, os jihadistas podiam praticar a dança do *takfir* com um pé nas costas.

Nesse meio-tempo, em Alexandria, o árduo trabalho da conversão prosseguia a passo acelerado. Os homens da mesquita continuavam a me pressionar — e a me tratar com sufocante hospitalidade. Ahmad levou-me para almoçar em um restaurante que servia frango; comemos bem, e ele, apesar dos meus protestos, pagou a conta com seu estipêndio de estudante. Ele corrigia meu árabe vezes sem conta, diligentemente substituindo o dialeto de rua que eu tinha mais facilidade para usar pelo registro superior preferido pelos salafistas. "Frango" não era *firakh*, e sim *dajaj*. Toda vez que eu pronunciava a letra *jim* com um *g* oclusivo, como fazem os egípcios, ele corrigia para o *j* mais clássico, como em "Julieta": "Jamal", e não "Gamal", era o nome do governante egípcio morto, Nasser. A letra *qaf*, em vez de desaparecer sem deixar vestígios como na fala egípcia normal, tinha de ser pronunciada no fundo da garganta, onde o palato mole encontra a língua: *qalam* [caneta] e não *alam*. Minha língua estava sendo purificada, palavra a palavra, bocado a bocado.[31]

Apesar de toda a intolerância e todo o ódio, esses esforços de conversão ainda poderiam ser descritos como uma missão de amor. Eles queriam poupar-me do fogo do inferno, permitir que eu partilhasse dos êxtases do paraíso. Se às vezes suas respostas se tornavam ríspidas ou suas lições eram dadas sem detalhes, o que movia aquela aspereza era a urgência, não o rancor. Eles eram pescadores de homens, e observando seu trabalho pude ver que estavam usando as redes em larga escala. Depois do almoço, Ahmad mandou-me para um departamento de divulgação próximo ao centro da cidade para mais instrução. Ali dei uma espiada em uma sala de conferências onde rapazes estudavam atentamente mapas do Benim, o país sul-africano mais conhecido como o berço do vodu. Preparavam-se para uma missão na área. Aqueles missionários lembraram-me dos mórmons, não só na empolgação alegre, mas também na aptidão linguística. Um homem mais velho pegou-me folheando uma tradução alemã do Alcorão e veio se apresentar em um alemão fluente e idiomático. Disse que nunca estivera em um país de língua alemã, mas que estudara a língua para poder conversar pela internet.

Nem todos ali eram salafistas, e de modo algum eu poderia ter certeza de que eram todos jihadistas. Desconfio que muitos não eram. Alguns falavam em inferno e paraíso, outros, em justiça e amor. No entanto, tinham em comum um evangelismo que tornava previsível pelo menos parte de sua conversa. No fim de cada troca de ideias, eles me convidavam, como fizera Hesham em nosso primeiro encontro, para esposar o islã com uma profissão de fé, a *shahada*: "Testemunho que não há divindade senão Deus, e que Maomé é seu Mensageiro". Eu sempre me recusava, e eles raramente me atormentavam por isso.

Logo voltei para o Cairo e para a alfaiataria do mais tenaz de todos aqueles pescadores. Hesham me pedia, cada vez mais insistente, que eu recitasse a *shahada* — que dissesse as palavras, não importava como eu me sentisse no íntimo. Segundo a teologia ortodoxa, um elemento necessário da conversão é a intenção. Não se pode dizer as palavras por acaso, ou quando se está bêbado ou mentindo, senão a conversão não é válida. Mas para ele a frase era talismânica, algo que, por ser proferido, poderia levar-me a passar irreversivelmente de uma categoria de seres a outra. "*La ilaha ilallahu, wa Muhammad ar-Rasulillah.*" Diga. Pronto, agora você é muçulmano.

"Vamos, diga", ele exortava. "Repita comigo."

"Não posso", eu dizia.

"Por quê?"

"Porque não acredito que seja verdade."

"Não faz mal", ele replicava. "Alá gosta de quando seus escravos dizem isso. Vamos, diga!" *Escravos!*, pensei. Mas ele falava com a maior naturalidade. Que vergonha poderia haver na servidão ao criador todo-poderoso do Universo?

"Eu não estaria mentindo?", eu perguntava. "E mentir não seria pior do que não dizer nada?"

A intenção, contudo, não era a prioridade de Hesham. "Você tem sua parte a fazer, e Alá tem a parte dele", explicou. "A sua parte é dizer as palavras. E, se Alá amar você, porá a crença em seu coração. Mas você tem de fazer sua parte com a língua, e então ele o ajudará com o coração." Perguntei se, quando dissesse as palavras, eu seria muçulmano mesmo sem ter a crença.

"Sim", ele respondeu, entrando em um terreno mais movediço. Explicou que havia uma divisão do trabalho, e que minha tarefa nesta fase era dizer as palavras, não comer carne de porco, aprender a orar. Um dia isso levaria a um belo momento no qual ação, fala, intenção e compreensão se uniriam. Para ele o mundo estava repleto de salafistas em potencial que poderiam, com um mero empurrãozinho, ser convertidos e purificados. O principal era trazê-los à porta de entrada. Novos muçulmanos podiam ser criados aos montes todos os dias, se fossem levados à presença de Hesham, instruídos nos rudimentos da teologia e induzidos a recitar algumas palavras em árabe.

Eu tratava nossos encontros como uma combinação de jornalismo, etnografia e esporte intelectual. Por fim, ele deve ter concluído que nossas conversas eram muito fecundas — ou talvez muito maçantes — para que ficassem na privacidade, então arranjou uma plateia. Hesham tornara-se uma pequena celebridade no Al-Hafez, um canal de TV a cabo islamita que brotou como uma das flores da Primavera Árabe. (O governo de Mubarak teria proibido qualquer programa apresentado por um defensor do Xeque Cego.) Ele me convidou para uma aparição em seu programa (*O Pátio dos Doutos*) como participante de um painel que tinha como astros ele próprio e Jamal ʻAbd al-Sattar, um professor de credo e filosofia islâmicos da Universidade Al-Azhar. De início eu recusei, sentia-me constrangido com minha ignorância e temia dizer acidentalmente algo que me levasse a ser atacado e assassinado ao sair do estúdio. Mas ele insistiu e me deu ampla margem de manobra: "Você pode perguntar até mesmo se o Profeta Maomé, que a paz esteja com ele, foi um molestador de crianças".

Assim, lá fui eu para a frente da câmera. O professor veio de terno e gravata. Eu, como tinha sido convidado em cima da hora, apareci com uma camisa listrada amarrotada. Eu falava em inglês e Hesham traduzia para os ouvintes. Pressionei Hesham e ʻAbd al-Sattar para que explicassem como era possível conciliar o sadismo da punição eterna com um Deus amoroso, e eles replicaram dos modos habituais: Deus nos pune porque nos ama, como um pai; somos seus servos, por isso qualquer coisa que ele faça é escolha e prerrogativa dele. Essas respostas satisfizeram aos crentes, mas não a mim. Perguntei se eles achavam que a punição para os não crentes, em especial os apóstatas, podia ser considerada uma forma de compulsão, a qual é (celebremente) proibida pelo Alcorão em assuntos de religião.[32] No final, essa farsa foi bem-sucedida em fazer com que eu aparecesse aos ouvintes como um sujeito tosco, na aparência e na fala — o que, em parte, era o objetivo. Nenhuma alma foi salva, mas nos divertimos e, a julgar pela resposta da audiência ("O estrangeiro já se converteu?", era a pergunta que aparecia vezes sem conta), foi um bom programa de TV.

No entanto, as plateias mais interessantes eram menores. Duas vezes, na alfaiataria, Hesham discutira minha conversão acompanhado por trainees, como se ele fosse um médico chefe de departamento em um hospital-escola salafista. Eram mulheres — todas cobertas dos pés à cabeça por um manto preto com um *niqab* —, e ele não me explicou a presença delas (nem por que estavam ali sem um *mahram*, ou parente do sexo masculino). Disse apenas que estavam aprendendo com ele. Senti que seria falta de educação fitá-las nos olhos, e elas não falavam, embora às vezes assentissem vigorosamente com a cabeça quando ele marcava pontos contra mim.

Um dia, no começo de 2012, deparei com outra jovem na alfaiataria. Ela não usava o *niqab*, apenas um véu enrolado muito rente ao rosto oval. Permaneceu calada e de olhos grudados no chão, e eu, como de hábito, tentei não olhar para ela. Mas vinte minutos depois de iniciada a contenda, ela ergueu a vista e os nossos olhos se encontraram. Fiquei surpreso: os dela tinham o epicanto de uma mulher asiática. Supus que fosse malásia ou indonésia. Mas como chegara aqui? Minha vontade era continuar olhando, porém desviei o foco e fiquei torcendo para logo conseguir outro vislumbre.

Hesham pediu licença e foi preparar o chá. Assim que ele entrou na cozinha, a mulher me fez um sinal discreto. "Você tem um número de telefone?", sussurrou em inglês. "É para emergências." Pude ver, então, que o véu dela estava torto, como se ela tivesse começado a usá-lo agora. Pela voz e pelo sotaque, deduzi duas coisas: era japonesa e tinha pavor de Hesham.

Depois de me pedir o telefone, ela perguntou se eu já tivera "problemas" no Egito e como eu me safara. Resmunguei alguma coisa sobre me assegurar de ter amigos para me socorrer. Depois, tentei ser amigo. Perguntei de onde ela era, e ela explicou que vinha de Yokohama e, até pouco tempo antes, lecionava japonês em Vladivostok.

"Você fala russo?", indaguei em russo, na esperança de que ela pudesse falar com mais liberdade em uma língua que Hesham não entendia. Ela então encheu os pulmões de oxigênio e fez um longo, amedrontado e inquietantemente alto relato de suas tribulações.

Chamava-se Hoshi, formara-se em língua russa numa universidade japonesa. Desobedecendo aos pais, mudara-se para Vladivostok, onde se apaixonou por um instrutor de tiro siberiano. O romance malogrou, e ela buscou refúgio da solidão na internet. Dois egípcios atraíram-na para o Cairo com a promessa de amizade e emprego. Ao chegar, por insistência deles — agora seus melhores e talvez únicos amigos —, ela se convertera ao islã.

"Eram salafistas?", perguntei.

"O que é salafista?", ela redarguiu.

Depois da conversão, tudo piorou. O emprego não deu certo. Seu senhorio roubou-a. Seus dois amigos a deixaram à porta de Hesham, quase sem dinheiro, e então sumiram de sua vida. Ela me disse que ele dirigia a "Organização" — quando perguntei a Hesham, ele a chamou de "Caridade para Novos Muçulmanos". Era uma iniciativa sistemática para fisgar convertidos e ensinar-lhes o islã puro. Pareceu-me que uma tática fundamental era isolá-los.

Os pescadores de homens tinham fisgado um peixe raro. Pensei no sujeito que falava alemão que eu tinha encontrado em Alexandria e me perguntei se os ex-amigos de Hoshi não a teriam abordado falando em russo ou japonês bem-treinado. O convite para ir ao Cairo pareceu suspeito, uma armadilha — um ardil para pegá-la sozinha, à mercê de estranhos, fácil de pressionar. Hoshi não quis arriscar nenhuma suposição quanto a ter sido atraída como parte de um plano. (Ainda sentia um certo carinho pelos dois homens que a incentivaram a vir para o Egito.) Agora, porém, ela estava sendo alvo das técnicas salafistas de venda direta, e queria cair fora.

Os salafistas da Organização não a deixariam escapar rumo

à descrença sem antes lutar. Hesham a acomodara em um apartamento onde ela podia ser monitorada. Hoshi não se sentia segura ali. Se fosse embora, Hesham poderia supor que tinha deixado o islã. Eu não quis sequer perguntar a ele como puniria alguém que cometesse apostasia enquanto estava sob seus cuidados. Considerando o que estava em jogo, a violência parecia uma possibilidade, e a fúria, uma certeza. Não a incentivei a deixar o islã. Nada do que Hoshi me disse me fez pensar que ela quisesse isso. Apenas queria deixar Hesham.

Suas preocupações eram mais imediatas do que a apostasia. Ela temia que, se ficasse, seria isolada do mundo. "O alfaiate me deixou conversar com uma americana que se converteu", Hoshi comentou. "Ela disse que eles não lhe permitiam sequer sair do apartamento." Já andavam insinuando que ela deveria entregar o celular e o computador. Hoshi tinha recebido uma proposta de emprego em um spa, mas Hesham telefonou para o chefe dela e disse que Hoshi estava pedindo demissão. Sua carteira estava quase vazia. Ela temia que o próximo passo seria tirarem seu passaporte.

Hesham voltou com o chá, desconfiado porque nos ouvira conversar em uma língua que ele não entendia. Contei que ela tinha explicado que precisava de um lugar para ficar, e que eu lhe oferecera um quarto vago no apartamento que eu e minha mulher alugávamos. "Não se preocupe!", ele replicou. "Tenho um ótimo lugar para ela em Mohandessin." Essa era a parte da cidade onde a americana dissera que estava confinada.

Hoshi pareceu chocada. "Se precisar de acomodação, teremos prazer em ajudá-la durante alguns dias", eu disse a ela em inglês. "E, se precisar de socorro, me telefone", acrescentei em russo.

Poucas horas depois, as mensagens de texto começaram a chegar. "Quero deixar a Organização", dizia uma delas. "Por favor, poderia vir me ver hoje assim que possível?", dizia outra. Como ela tinha dito que seu telefone estava grampeado, pedi que, para um pouquinho mais de segurança, ela escrevesse em russo, e assim fez. Uma amiga que falava russo ajudou-me a responder. Mas com relutância. "Quero viver nesta cidade", ela disse, irritada por poder incorrer no desagrado de jihadistas.

No dia seguinte, Hoshi saiu furtivamente de seu apartamento quando ninguém estava olhando e, seguindo minhas instruções, pegou um táxi para o Zamalek Marriott. Era um resort cinco estrelas com um jardim exuberante, um bar irlandês e um cassino com o nome do poeta amante do vinho Omar Khayyam. O local fora antes um palácio real, e suas colunatas douradas conservavam um esplendor régio. Em comparação com a alfaiataria de paredes nuas de Hesham, aquele parecia o palácio de Calígula.

Quando Hoshi passou pelas colunas, eu a reconheci apenas pelo formato arredondado do rosto. Sem ninguém para temer, ele se iluminava e transitava pelo jardim como uma lua no horizonte. Seu véu caíra para os ombros.

Eu disse que, se ela sentisse que estava em perigo, eu a ajudaria. Dei-lhe meu celular, que tinha o cônsul japonês à espera do outro lado da linha, e por uns quinze minutos eles discutiram as alternativas. Certifiquei-me de que ela estava satisfeita com seu plano, dei-lhe dinheiro para o táxi e lhe disse para ir embora.

Alguns dias depois ela telefonou de novo e disse que conseguira se livrar Organização. Eu tinha indicado a ela dois hotéis baratos que acolhiam bem os japoneses, e creio que ela se hospedou em um deles por uma ou duas noites. "Cuidado com o alfaiate", ela avisou no final do nosso chat. "Ele disse que eu não devia conversar com você. Acha que você é um espião."

Logo depois a linha dela ficou muda, e não tive mais notícias.

Meses depois, Hoshi me mandou um e-mail: ainda estava no Cairo e queria me encontrar no jantar. Eu a levei a um restaurante francês, e ela contou como tinha deixado a Organização, resistindo às persistentes investidas dos salafistas, que haviam descoberto seu novo número de telefone. Por fim os telefonemas cessaram, e agora seu principal problema era com os estupradores que rondavam os corredores do pensionato no centro da cidade onde ela vivia.

Hoshi foi trabalhar no spa, encarregada de criar minúsculos peixes carnívoros que comiam a pele morta das pernas de egípcios ricos, com fins cosméticos. Estava feliz? Não. "É nojento", ela disse. "Os peixes morrem muito depressa." Mas ela não estava pedindo ajuda. Tentava economizar dinheiro para voltar para sua terra, e um dia conseguiria.

Explicou que permanecera no Cairo não por causa de religião ou de dinheiro, e sim por uma questão pessoal. Sentia-se em dívida com os amigos egípcios que a tinham convidado a vir e cujas famílias, ela pensava, não queriam mais saber deles por terem se associado com ela. E acrescentou: "Acima de tudo, não quero que o Egito seja uma experiência ruim".

Quando ouvi isso, tive vontade de chorar. Para mim, esquivar-se de criminosos sexuais e pajear tanques de peixes quase não parecia muito melhor do que ser prisioneira de Hesham. De forma irônica, sua falta de raízes e baixas expectativas, que a tinham posto em perigo de início, talvez a tenham salvado daquele destino pior: muitos outros que se juntam a grupos jihadistas metidos a devotos anseiam por tomar parte em uma narrativa cósmica que conduz a algo mais sinistro. Ela queria apenas ter amigos. A disposição de Hoshi para ficar satisfeita só por "não ter uma experiência ruim" significava que suas ambições eram modestas e que ela podia resistir ao apelo potencialmente fatal de um grupo de fato megalomaníaco como o Estado Islâmico. Tristeza e solidão tinham-na trazido para o Egito, e mais tristeza e mais solidão poderiam acabar por levá-la à Síria.

Ainda assim, ela era um caso perdido, imune a ajuda. Afinal de contas, se considerava aquela experiência no Cairo recuperável, isso significava que ela era incorrigível, e seria ilusão pensar que eu poderia salvá-la. A ilusão dela havia criado a minha. "Você não está em um romance de Murakami", minha amiga que fala russo me alertou. Ela se referia ao escritor japonês cujas heroínas tendem a desaparecer ou a cair em situações difíceis.

Eu praticamente perdi a esperança por ela. Seu lar desfeito tinha sido apenas o começo. Depois veio a rejeição em seu romance na Sibéria e agora outra experiência devastadora na terra onde ela esperava encontrar uma nova vida, religião, talvez amor. Voltar para Tóquio significava retornar a uma das mais caras civilizações do planeta, e também uma das mais solitárias.

Pouco depois de Hoshi despedir-se de mim no Marriott, e antes de eu saber que ela havia se desvencilhado, dei um pulo na alfaiataria de Hesham. Perguntei por ela, e ele me respondeu que eu não devia me preocupar, pois ele tinha "cuidado" de Hoshi. Provavelmente a intenção dele era que essas palavras soassem paternais. Mas depois que eu o vira enevoar a fronteira entre compulsão e convite, elas tinham um quê de mafiosas. Seu rosto amistoso iluminava-se com o sorriso cruel de um carcereiro.

"Acha que sou um espião?", perguntei.

Ele respondeu que não importava se eu era ou não um espião. Ele me falava sobre o islã. E a mensagem não variava conforme a pessoa que a ouvisse, assim como o islã não havia mudado entre o século VII e o XXI.

Repliquei que, para ele, talvez não importasse se eu era ou não um espião. Mas eu não queria que ele pensasse que eu o procurara com falsos pretextos. Eu tinha me apresentado como um jornalista cético ao chegar, e logo partiria tal qual viera. Ele não devia pensar que as horas que passamos queimando os dedos com chá tinham sido um plano da CIA.

Ele repetiu: Deus não liga se você é ou não um espião. A única coisa que importava era se eu diria ou não as palavras e se, ao encontrar meu criador, eu responderia às perguntas dele como muçulmano. Chegara o dia em que eu proferiria a *shahadah*?

Eu tinha dito não a Hesham muitas vezes, mas aquela foi a mais fácil.

2. A fábrica de *fatwas*

> *Nossa tarefa não é decidir o debate. Aliás, no presente isso é objetivamente impossível, pois não dispomos da maioria dos dados necessários. Conhecemos a pornografia de Jonestown; não conhecemos sua mitologia, sua ideologia, sua soteriologia, sua sociologia — desconhecemos quase tudo o que precisaríamos saber para arriscar um argumento seguro.*
>
> Jonathan Z. Smith, "The Devil in Mr. Jones"[1]

Toda geração de jihadistas tem seus intelectuais precoces. Os anos 1970 e 1980 tiveram o Xeque Cego (nascido em 1938), e na década de 1990 destacou-se Abu Muhammad al-Maqdisi (nascido em 1959), um clérigo jordaniano que se tornou o arquiteto intelectual da Al-Qaeda. Bolar razões para matar gente é um jogo de homens jovens, por isso mais ou menos a cada década surgem novas mentes para encarnar as piores ideias.

Em 2013, Cole Bunzel, um doutorando em Princeton que estuda o Estado Islâmico, notou que um clérigo pregava e escrevia sob muitos pseudônimos — Abu Human al-Athari, Abu Sufyan al-Sulami, Abu Hazm al-Salafi — e conquistava proeminência com grande rapidez. Com esses e outros disfarces, o homem defendia estridentemente o Isis e seu líder, Abu Bakr al-Baghdadi, contra a Al-Qaeda. Baghdadi procurara dissolver e absorver a Jabhat al--Nusra, uma milícia síria aliada da Al-Qaeda, e o clérigo murmurava esperançoso sobre a vitória de Baghdadi e a futura ascensão ao posto de califa. No começo de 2014, Bunzel relatou, esse homem chegara à Síria e revelara sua identidade: Turki al-Binali, "o erudito em armas do califado".[2] Nascido no Bahrein, ele tem aproximadamente 33 anos, mais ou menos a idade de Bunzel.

Binali vem de uma conhecida família do Bahrein e cresceu em Busaiteen, próximo ao aeroporto do reino. Essa área de ruas poeirentas e casas confortáveis é densamente povoada por oficiais da Força Aérea oriundos da minoria sunita que governa o país. Segundo as biografias de Binali publicadas on-line por seus alunos, ele viveu e estudou em Dubai, na Jordânia e na Arábia Saudita, e foi prisioneiro em estados do Golfo por pregar a jihad. Depois disso, vários parentes seus foram presos ou acusados de apoiar o Estado Islâmico, e o Bahrein destituiu o próprio Binali da cidadania em janeiro de 2015.[3] Como mufti — um cargo análogo ao de presidente do supremo tribunal e procurador-geral juntos — do Estado Islâmico, Binali é responsável pelos assuntos mais importantes da política religiosa: quem é muçulmano, quem é apóstata, quem se qualifica para ser escravizado e quem tem de ser morto. Como aplicador da doutrina, ele mantém o movimento puro e lidera os esforços para educar — e, quando necessário, punir — os membros do Estado Islâmico que se desviam.[4]

Depois de assistir pela primeira vez a um vídeo on-line de uma palestra de Binali, Bunzel compartilhou o vídeo com Bernard Haykel, seu orientador em Princeton. Os dois concordaram que o jovem xeque era "um gênio — aloprado, mas um gênio". Nos ditames e sermões gravados de Binali, podemos ver um jurista temível e brilhante, um prazer em demolir a lógica dos oponentes e uma confiança adolescente na exatidão de seus julgamentos.

O mais impressionante, disseram-me mais tarde Haykel e Bunzel, é a memória computadorizante de Binali. Seus sermões são um espetáculo de retórica, voltados para a recitação de hadiths — os relatos sobre as palavras de Maomé — e dos detalhes do milenar jogo de telefone sem fio que começou com a primeira pessoa que ouviu esses ditos dos lábios do Profeta e prosseguiu através de todos os que transmitiram essa recordação até nossos dias. "Quando ele fala, é um show de oratória de nível internacional", diz Haykel. "Ele é um mestre de seu ofício, um artista do mesmo quilate de um Laurence Olivier ou um John Gielgud."[5]

Se os sermões e textos de Binali despertam admiração ou náusea é uma questão de perspectiva. Ele cita profusamente Ibn Taymiyya e Ibn 'Abd al-Wahhab e, como esses homens, não demonstra respeito por precedentes eruditos ou legais. Binali ateia fogo em séculos de teologia e lei muçulmanas não salafistas. Desconsidera todos os precedentes, exceto os iniciais, e favorece a escritura, filtrada por Ibn Taymiyya. Por tradição, os argumentos de estudiosos exercem grande influência sobre a prática do islã, mas, em última análise, são apenas opiniões — trata-se de religião, sem respostas certas a serem determinadas conclusivamente nesta vida. Binali rejeita a maioria deles. Só a autoridade do Alcorão e a suna do Profeta têm importância; precedentes e interpretações anteriores quase não contam. É inegável que uma analogia com o direito americano não funcione nos detalhes, mas talvez seja útil como ilustração: imagine que um homem muito inteligente deparasse com a Constituição dos Estados Unidos como ela foi redigida em 1791 e tentasse construir um sistema legal sobre essa base, sem levar em conta nenhuma das opiniões da Suprema Corte, nem as leis que foram aprovadas nos dois séculos subsequentes. Binali incumbiu-se de uma tarefa de ousadia comparável para o islã.

Todos os muçulmanos doutos a quem mostrei os sermões de Binali exasperaram-se com a arrogância, a violência e o estilo retórico. "*Mutakallaf*", disse um deles (em tradução livre: "que grande presunçoso"). Alguns reagem com expressões de dor, como se, de repente, tivessem de aguentar música alta saindo de uma gaita de foles ou um passageiro malcheiroso no transporte público. Como um erudito islâmico pode discutir com alguém que nega a existência do saber islâmico do último milênio? Ao mesmo tempo, contudo, alguns reconhecem a criatividade e a audácia de Binali. Ele cita as escrituras com erudição e brilhantismo. Mas sem deferência por estudiosos anteriores.

Também ajuda o fato de seu árabe ser impecável, tanto quanto o do califa Baghdadi. O árabe com instrução média não sabe falar o árabe clássico, com suas vogais completas. É uma língua tão diferente dos dialetos modernos falados quanto o espanhol do latim. Por isso, falar sem anotações ou sem um texto preparado é um assombroso truque retórico, e Binali faz isso durante quase uma hora inteira enquanto discute temas teológicos complexos, usando intermitentemente uma forma de verso livre árabe chamada *saj'*.[6] Quando uma nova declaração jihadista é enunciada, Bunzel compara o texto escrito com as palavras proferidas, marcando em vermelho os erros gramaticais, como se corrigisse a prova de um aluno. "Em geral há muitos erros", Bunzel me disse. "Baghdadi e Binali são perfeitos."[7]

Em que Binali acredita? A sala de trabalho no Estado Islâmico que ele divide com outros estudiosos tornou-se uma verdadeira fábrica de *fatwas*, assinadas e não assinadas. Bunzel catalogou muitas delas, e outros pesquisadores (por exemplo, o polímata iraquiano-galês Aymenn Jawad Al-Tamimi e o americano Aaron Y. Zelin) fizeram o mesmo. Coletivamente, os escritos de Binali demonstram indiferença às vidas terrenas de muçulmanos e infiéis, ódio à idolatria e uma obstinação intelectual tão pronunciada que ele sem dúvida considera uma virtude. A mais destacada influência sobre seu pensamento é, de longe, 'Abd al-Wahhab, o clérigo e seguidor árabe de Ibn Taymiyya. Bunzel cita Binali como o autor provável de uma das mais inequívocas declarações da ideologia do Estado Islâmico, um panfleto doutrinador intitulado *This Is Our Creed, This Is Our Methodology* [Este é nosso credo, esta é nossa metodologia]. A principal mensagem desse texto é que os seguidores do Estado Islâmico devem evitar os anuladores do islã, uma clássica lista wahabita de crenças e ações que invalidam a pretensão de um indivíduo à condição de muçulmano.[8]

Para um homem de sua idade, Binali tem uma longa ficha corrida de mau comportamento. Foi um aluno brilhante, mas suas ideias — que incluem o endosso da violência contra o Estado — tornaram impensável que ele pudesse ocupar um cargo no governo como acadêmico em seu país natal e o desqualificaram para estudar nas instituições mais prestigiosas da Arábia Saudita e Egito.[9] Mas em Amã, a capital da Jordânia, ele encontrou o patrono ideal: Abu Muhammad al-Maqdisi, o mandachuva da Al-Qaeda desde os anos 1990. Jordaniano de ascendência palestina, Maqdisi pode-se intitular, com razão, o mais importante jihadista desconhecido do americano médio leitor de jornais. Ele permanece alinhado com a Al-Qaeda e alia-se ao grupo contra o Estado Islâmico — e agora também contra seu ex-aluno.

Nascido na Cisjordânia em 1959, Maqdisi estudou em várias partes do mundo árabe e, por algumas semanas, na Iugoslávia (mas achou a língua servo-croata complicada e as saias das mulheres curtas demais). Esposou o salafismo jihadista, e ditadores árabes foram seus primeiros alvos de excomunhão. Nos anos

1990, ele declarou infiéis os reis da Jordânia e da Arábia Saudita, e os jordanianos o mandaram para a prisão. Ali encontrou muitos alunos aplicados, entre os quais Abu Musab al-Zarqawi, que depois fundaria a entidade afiliada da Al-Qaeda que se tornaria o Isis e, por fim, o Estado Islâmico.[10]

Depois de libertado, Maqdisi deu aulas a Binali por telefone e pela internet de sua madraçal em Amã. A essa altura, seu ex--aluno Zarqawi participara da Guerra do Iraque, e as divisões entre o futuro Estado Islâmico e a Al-Qaeda se ampliavam. Estavam em questão, a partir de 2004, a predileção de Zarqawi por espetáculos sangrentos e seu ódio pelos outros muçulmanos. Zarqawi deleitava-se com sangue, em especial o de xiitas e outros apóstatas, e foi o pioneiro na prática da decapitação diante da câmera e das explosões calibradas para maximizar o número de muçulmanos mortos. Maqdisi escreveu a seu ex-pupilo para alertar que ele precisava ter cautela e "não fazer proclamações de *takfir* abrangentes" nem "declarar apóstatas as pessoas por causa de seus pecados".[11]

A distinção entre apóstata e pecador pode parecer sutil, mas é um tema central de controvérsia entre a Al-Qaeda e o Estado Islâmico. Ambos os grupos consideram inequivocamente apostasia negar a santidade do Alcorão ou as profecias de Maomé. Mas Zarqawi e o estado que ele gerou adotaram a postura de determinar que a apostasia também se revela em muitos outros atos. Entre eles estão, em certos casos, vender bebida alcoólica ou drogas, usar roupas ocidentais ou raspar a barba, votar em uma eleição — mesmo se for em candidato muçulmano — e mostrar relutância em chamar outras pessoas de apóstatas. Em si, nenhuma dessas ofensas em geral constituiria uma transgressão capital. Porém, se praticadas com assiduidade, poderiam ser interpretadas como uma negação de que são inerentemente pecados, e isso equivale a negar a lei de Deus. Maqdisi criticou Zarqawi ainda em outros aspectos. Seus seguidores *takfiri* são possuídos por um "fervor vazio", ele escreveu. "Para essas [pessoas, uma proclamação de] *takfir* dispensa prova; torna-se uma espécie de reação vingativa que não poupa ninguém, exceto aqueles que compartilham totalmente de seu caminho e crenças."[12] E fez uma crítica acerca da qual iria se arrepender. Além do fervor fanático, ele disse, esses "jovens" estavam negligenciando seu dever de planejar a longo prazo. A violência pela violência era aceitável, explicou, mas a jihad apropriada não tem por objetivo apenas ferir o inimigo, e sim, em última análise, estabelecer o Estado Islâmico.[13]

Binali assimilou por completo essa objeção. Viajou para o território do Isis por volta do começo de 2014, mais ou menos na época em que a Jabhat al-Nusra, a facção da Al-Qaeda com a qual Maqdisi se alinhava, entrou formalmente em guerra com o Isis. Desde então, Binali escreveu várias vituperações contra os detratores do Estado Islâmico, entre eles Maqdisi, e frisou repetidas vezes que Maqdisi reclama porque o Estado Islâmico está fazendo o que o próprio Maqdisi disse que deveria ser feito. Em um ensaio sobre os atos de "avivamento" perpetrados pelo Estado Islâmico, Binali menciona ações que fazem os dispersos ataques terroristas da Al-Qaeda parecerem comparativamente pouco ambiciosos. A principal dessas realizações é o estabelecimento daquilo que Maqdisi havia recomendado:

> O Estado Islâmico revive a essência do islã. Agora as pessoas diferenciam claramente crença e descrença, lealdade [aos crentes] e repúdio [aos infiéis]. Até crianças agora aprendem o que a maioria dos adultos antes não sabia.
>
> O Estado Islâmico reviveu inclusive o que havia desaparecido da jurisprudência da jihad e transferiu o que está escrito nos livros para a aplicação prática em campo.
>
> O Estado Islâmico reviveu o modelo islâmico de política interna e externa, as diretrizes e regras de relações exteriores, antes desco-

nhecidas até de estudiosos, que dirá dos leigos. O Estado Islâmico reviveu temas relacionados a liderança e lealdade. Esses temas estão hoje nas mãos do público, [mas] antes só eram acessíveis às elites.

A esse desfile de vitórias ele adicionou o avivamento de leis sobre finanças, derramamento de sangue e modéstia, a instituição da polícia da moralidade (ou *hisba*) e a *jizya*, o imposto cobrado de judeus e cristãos que residem em terras muçulmanas de forma permanente, algo que, até pouco tempo atrás, era "uma fantasia na mente de muitos muçulmanos". Por fim, ele acrescentou, "o avivamento mais significativo é a derrota do tribalismo e [divisão em] grupos" como Irmandade Muçulmana, os salafistas ou até a Jabhat al-Nusra. O Estado Islâmico almeja trazer a unidade aos muçulmanos.

Maqdisi e seus seguidores reagiram com virulência. Com que direito Binali e Baghdadi se declaravam capazes de falar por todos os muçulmanos? Não era dever de toda a *ummah* [comunidade] muçulmana indicar seu califa, e a divisão entre o Isis e a Jabhat al-Nusra não demonstrava que a *ummah* não estava em condições de unir-se com base nessa ou em qualquer outra questão? Abu Muhammad al-Jawlani, o líder da Nusra, instou Baghdadi a "não forçar suas ideias ignorantes sobre a *ummah*. Ó gente do Estado Islâmico, acorda e retorna à *ummah*!".

Binali retrucou que o fetiche da Nusra pela *ummah* equivalia a um endosso velado ou inadvertido da democracia. Deus jamais quis que toda a *ummah* — que contém bons e maus muçulmanos — tomasse essas decisões. Aliás, "o Profeta Maomé nos disse que a maioria da *ummah* está iludida" e que ela se dividiria em 73 seitas, das quais apenas uma estaria certa. "Querem que sigamos as 72 seitas destinadas ao inferno, sejamos governados por elas e deixemos que decidam por nós?" Os verdadeiros líderes devem ser aqueles que seguem o modelo do Profeta.

A insubordinação de Binali é ainda mais espantosa porque Maqdisi outrora lhe dera seu máximo apoio. Em meados dos anos 2000, depois de ser repetidamente encarcerado pelo governo jordaniano, Maqdisi ungiu Binali como um dentre os poucos representantes seus que dirigiriam a escola de Maqdisi caso ele estivesse incapacitado.[14] Houve até quem se referisse a Binali como "pequeno Maqdisi".[15] A estima de Maqdisi por seu pupilo foi-se dissipando pouco a pouco. Joas Wagemakers, um professor da Universidade de Utrecht que escreveu uma biografia intelectual de Maqdisi, diz que nos anos 2000 Maqdisi referia-se aos precursores do Estado Islâmico não como "doutos", termo que poderia ser aplicado a um igual, mas como "buscadores de conhecimento" [*tullab 'ilm*], um termo menos reverente que reconhece a intenção, mas não a obtenção da erudição.[16] Agora Maqdisi talvez deseje desdizer até isso.

No entanto, de modo geral Binali seguiu o caminho de Maqdisi mais rigorosamente do que este gostaria de admitir. Binali está implementando na realidade um plano que Maqdisi endossou em teoria — Maqdisi abriu as portas da excomunhão de líderes árabes com seus pronunciamentos contra os monarcas da Jordânia e Arábia Saudita, só que nunca tomou nenhuma providência nesse sentido, e agora só lhe resta roer-se de inveja. Como disse Jim Johnson, político do Arkansas, a respeito de Orval Faubus: "O filho da mãe ganhou na loteria às minhas custas".*

---

* Jim Johnson foi um político do Arkansas que defendeu fervorosamente a segregação racial. Em 1957 ele instigou o então governador do Arkansas, Orval Faubus, a se empenhar para impedir a dessegregação de uma escola de ensino médio no estado. A questão se tornou conhecida como a "Crise de Little Rock". Com isso, Johnson acabou sendo passado para trás em popularidade por Faubus, que se tornou um ícone da resistência à integração racial aos olhos dos eleitores contrários à integração. (N. T.)

O afã intelectual de Binali expôs a mente do Estado Islâmico. O mundo logo veria sua face.

O Isis, como era chamado então, expandiu-se em 2013 e 2014, enquanto a maior parte do mundo deleitava-se em seu primeiro ano depois de muito tempo sem aparentemente nenhuma notícia importante do Iraque e da Síria. A guerra civil na Síria parecia congelada, ou pelo menos congelada o suficiente para não se pensar nela por ora. Os iraquianos e os sírios, é claro, preocupavam-se muito com o que estava acontecendo em suas fronteiras desérticas dominadas pelos sunitas, e comunidades muçulmanas da Europa e Ásia estremeciam vendo que rapazes e moças começavam a partir furtivamente para juntar-se a um misterioso grupo que crescia no Levante.

Contudo, quem prestava atenção notou o surgimento de algo grave. No fim de 2013, Patrick Cockburn, do jornal on-line britânico *The Independent*, escreveu que Abu Bakr al-Baghdadi merecia o título de "líder do Oriente Médio do ano".

> Há um líder no Oriente Médio que pode olhar para as realizações do ano passado com absoluta satisfação. Ele chefia uma organização que, três anos atrás, supostamente estava a caminho da extinção ou da irrelevância, mas hoje é uma força ainda mais poderosa no vasto triângulo de território no Iraque e na Síria entre Mossul, Bagdá e a costa do Mediterrâneo. Um dos acontecimentos mais extraordinários no Oriente Médio é o fato de que, doze anos depois do Onze de Setembro e seis anos depois que o "Surge"* no Iraque deveria supostamente esmagar a Al-Qaeda no país, a organização está de volta à ativa.[17]

---

* "The Surge" foi como se tornou conhecida a medida do presidente George W. Bush em 2007 para aumentar o efetivo americano no Iraque. (N. T.)

O Estado Islâmico havia começado aquele ano no Iraque como o irmão mais velho iraquiano do grupo jihadista sírio Jabhat al-Nusra. Em abril de 2013, o lado iraquiano informou ao lado sírio que os dois grupos se uniriam sob o comando de Baghdadi e se tornariam o Isis. O grupo sírio, liderado por Abu Muhammad al-Jawlani, não gostou da notícia de sua absorção e se desentendeu com Baghdadi; a Jabhat al-Nusra de Jawlani dominou o oeste da Síria, e o Isis de Baghdadi apossou-se das áreas da fronteira do Iraque e da Síria no leste.[18]

Àquela altura, poucos fora do círculo íntimo de Baghdadi sabiam como ele era, como andava, se era capaz de inspirar uma multidão ou era destituído de carisma. Hoje sabemos que ele nasceu em 1971 em uma família devota da baixa classe média de Samarra, no Iraque. Ele fez seu doutorado em recitação corânica em uma universidade de Bagdá e, nos anos 2000, ascendeu nas fileiras da Al-Qaeda, tornando-se um mensageiro de confiança do grupo.[19] Em contraste com alguns dos líderes da Al-Qaeda no Iraque que o precederam, desde o início ele evitou ser fotografado e cultivou sua segurança pessoal. Baghdadi aparecera anteriormente apenas em umas fotos ruins tiradas por policiais militares americanos durante detenções por atividade insurgente no Iraque em meados dos anos 2000. As fotos mostravam um homem com o rosto queimado de sol de um trabalhador braçal, mas os óculos de aro metálico de um estudioso. E os registros são tão pouco dignos de confiança que o homem da foto pode até nem ser ele. Houve quem cogitasse da possibilidade de Baghdadi ser um composto de vários líderes cuja identidade ficava oculta por esse engodo.

Em 10 de junho de 2014, combatentes do Isis saquearam Mossul, e, nas semanas seguintes, seus líderes tramaram um grande evento, o equivalente islamita de um baile de debutantes, no qual o mundo finalmente conheceria Baghdadi. No Iraque, os Estados Unidos haviam se desdobrado para assegurar que os chefes da Al-Qaeda morressem em rápida sucessão. Na Síria, porém, Baghdadi desfrutava de segurança contra os drones e as operações especiais dos americanos. Quando ficou claro que sua organização havia tomado — e manteria — território iraquiano, os Estados Unidos começaram a procurar por sinais das movimentações de Baghdadi.

O conhecimento das rimas da história talvez os tenha ajudado a predizer onde, se não quando, ele se revelaria. Zarqawi, o precursor de Baghdadi, morreu em um ataque de drone na periferia de Ba'quba, no Iraque, em junho de 2006 — oito anos antes de ele poder ver a conquista de Mossul. Seus companheiros recordam-se dele como uma figura parecida com Moisés, a quem foi concedida a chance de ver sua terra prometida, mas que não pôs os pés nela. Eles sabiam, também, que Zarqawi idolatrava Nur al-Din al-Zengi (1118-74), um guerreiro que combatera os cruzados. A decisão de orquestrar o debute de Baghdadi na Grande Mesquita de al-Nuri, local onde Nur al-Din ascendeu ao posto de líder, pode ter sido um tributo a Zarqawi.[20]

Em 6 de julho de 2014, no começo do Ramadã, Baghdadi saiu das sombras, e sua figura antes espectral tornou-se vívida e real. No vídeo do evento, Baghdadi move-se de forma lenta, com a autoridade de um homem que não é obrigado a se mexer por absolutamente ninguém. Ele tem barbas raiadas de branco, usa roupa preta, a cor régia dos califas abássidas, os últimos que governaram de Bagdá e Raqqa. Os devotos na mesquita parecem despreparados. Alguns estão de camiseta, outros usam túnicas suadas. Essa ocasião de possível importância histórica pegou-os de surpresa.

Baghdadi primeiro saúda a congregação, depois se senta para o chamado à oração. Durante o chamado, ele mantém o olhar à frente, depois limpa os dentes com um *miswak*, o palito de dentes de gengibre obrigatório para os salafistas. Por fim, faz uma pausa de vários segundos e sobe ao púlpito. Seu discurso é sereno e preciso. Ele quase não move o corpo, exceto pela mão direita, que repousa em um corrimão de bronze e de quando em quando se ergue, de indicador em riste, para enfatizar uma ideia.

Ele frisa a obrigatoriedade da jihad e as grandes bênçãos do sagrado mês do Ramadã. Durante o mês, ele diz, atos virtuosos valem mil vezes mais do que nos outros meses. "Foi neste mês que o Profeta comandou exércitos para lutar contra os inimigos de Deus, o mês em que ele fez a jihad contra os politeístas", ensina. "E Deus gosta que matemos seus inimigos e façamos a jihad em seu nome."

Em seguida, aborda o assunto do posto de califa e repreende os muçulmanos por terem passado tanto tempo sem esse líder.

> Quanto aos seus irmãos *mujahidin* [combatentes], Deus concedeu a eles a graça da vitória e da conquista e lhes dotou de capacidade; depois de muitos anos de jihad, paciência e combate aos inimigos de Deus, concedeu a eles o êxito e lhes deu poder para atingir seu objetivo. Assim sendo, eles prontamente declararam o califado e empossaram um imame. Este é um dever dos muçulmanos, um dever que ficou perdido por séculos e ausente da realidade do mundo, por isso muitos muçulmanos o desconhecem. Os muçulmanos pecam ao perdê-lo, e devem sempre buscar estabelecê-lo, e assim o fizeram, louvado seja Deus.

É sob coação que ele aceita o trabalho de califa:

> Tenho sido atormentado por essa questão fundamental, atormentado por essa responsabilidade, e é uma responsabilidade pesada. Fui nomeado seu zelador, e não sou melhor do que vocês. Assim, se acharem que estou certo, então me ajudem, e se acharem que estou errado, então me aconselhem, me façam acertar e me obede-

çam naquilo em que eu obedecer a Deus através de vocês. Se eu desobedecer a Ele, não há obediência de vocês a mim.

Em seguida, ele recita o Alcorão e conduz as orações. Os homens na primeira fileira de devotos atrás deles portam fuzis AK-47 dentro da mesquita, e seus rostos estão borrados. Todo o ato, incluindo as orações, leva cerca de vinte minutos.

Cole Bunzel assistiu ao vídeo do debute de Baghdadi depois de saber por um chat na internet que seria divulgado.[21] "Foi uma das coisas mais espantosas que já vi", ele me disse. De início, as conversas indicavam apenas que alguma coisa empolgante estava para acontecer. E então, quando apareceu o vídeo oficial, os partidários do grupo ficaram eletrizados.

Qualquer muçulmano com um conhecimento elementar da história de sua religião, ao saber da declaração do califado de Baghdadi, reconheceria a implicação: apoiá-lo era compulsório, e Baghdadi lutaria contra qualquer um que não obedecesse a ele. O discurso de Baghdadi ecoou, quase chegando ao plágio, o discurso feito por seu xará, Abu Bakr al-Siddiq (570-634), o sucessor imediato de Maomé como líder dos muçulmanos. Após a morte do Profeta, em 632, Abu Bakr al-Siddiq assim falou a seus partidários:

> Ó povo, fui nomeado para estar acima de vós, embora não seja o melhor dentre vós. Se eu fizer o certo, obedecei a mim; e se eu agir errado, corrigi-me. [...] Obedecei a mim contanto que eu obedeça a Deus e a Seu Mensageiro. E, se eu desobedecer a Deus e ao Seu Mensageiro, não terei o direito à vossa obediência.

As semelhanças entre Baghdadi e Abu Bakr al-Siddiq transcendem a retórica.[22] O Abu Bakr original deu a partida em seu califado (que durou apenas dois anos) com uma campanha de consolidação. Algumas das primeiras facções muçulmanas declararam que deviam lealdade a Deus e seu Profeta, não a Abu Bakr, e se recusaram a pagar impostos [*zakat*], hoje considerados um alicerce do islã. Abu Bakr respondeu lutando contra eles e subjugando-os, no conflito hoje conhecido como Guerras de Apostasia (ou guerras *Ridda*).[23] A decisão de Baghdadi de enfatizar a ligação com Abu Bakr implicava que ele também iniciaria seu governo atacando e subjugando (ex-)muçulmanos: curdos, xiitas e outros leais a governos ou ideologias que não os dele.

Baghdadi já vinha sendo uma figura importante em círculos da Al-Qaeda no Iraque fazia anos, por isso, de certo modo, sua ascensão deu seguimento à trajetória da jihad no Iraque — outro líder, outro alvo de alto valor com baixa expectativa de vida. Ao declarar-se califa, porém, ele podia emitir ordens vinculantes e, efetivamente, criar leis. O islã, que a maioria dos muçulmanos considerava uma religião, mais uma vez se tornava uma religião e um Estado.

A maioria dos muçulmanos do mundo ouviu essa proclamação e a descartou.[24] Os partidários do Estado Islâmico esperavam essa indiferença. Já lhes tinham dito, fazia tempo, que a maior parte dos muçulmanos era apóstata. A condição de minoria do Estado Islâmico só aumentava o prestígio dos seguidores de Baghdadi: haveria mais lugar no céu para os crentes, um naco maior das riquezas do paraíso. Quando ouvi aquela convocação, na mesma hora pensei em Hesham. Uma propaganda anterior do Estado Islâmico citava uma famosa passagem do Alcorão: "[Deus diz] Criamos o homem e sabemos o que a sua alma lhe confidencia, porque estamos mais perto dele do que a (sua) artéria jugular".[25] Hesham citara para mim esse mesmo versículo vívido, e foi com um choque de reconhecimento que eu o li novamente na propaganda do Estado Islâmico. O versículo incentiva a meditação com atenção plena em si mesmo — uma coisa boa, em princípio, mas perigosa quando combinada a uma autodepreciação violenta. O Estado Islâmico e Hesham oravam sob um sentimento constante de autoincriminação, um lembrete de que nenhuma vida é sem pecado e cada alma tem seu próprio inimigo interior. E então eles transformam em arma esse sentimento fanático de vergonha declarando que sua jihad é a única absolvição. Quanto mais culpada a consciência melhor, pois há mais pecados a expurgar. O temor do recruta torna-se mais intenso, e a necessidade de absolvição, mais urgente, a cada pulso da jugular. Todas aquelas discussões sobre o fogo do inferno com Hesham tiveram um efeito, ainda que tênue, até sobre mim. O efeito sobre outros poderia ser suficientemente forte para mandá-los a Mossul na esperança de orar atrás do califa.

Depois de meu último encontro com Hesham, passei a maior parte do ano nos Estados Unidos e nos falamos raras vezes por telefone. Em julho de 2013, Muhammad Morsi — o membro da Irmandade Muçulmana que fora eleito presidente na eleição mais limpa da história do Egito — foi derrubado por um golpe militar após apenas um ano no cargo. O general que o substituiu, Abdel Fattah al-Sisi, reinstaurou as políticas da era Mubarak e até mirou um pouco além.

Hesham começou a protestar contra o governo de Sisi. Em 14 de agosto de 2013, as forças armadas atacaram os manifestantes na praça Rabaʿa e mataram por volta de mil pessoas. Dias depois, Hesham telefonou-me e contou que só tinha sobrevivido porque Deus desviara as balas à volta dele, como uma correnteza de rio ao redor de uma rocha. Disse que muitos outros salafistas que eu conhecera por intermédio dele — o grupo de Alexandria, meu oponente do debate no programa de televisão — já haviam deixado o Egito rumo a Turquia, Qatar e África.

Em 2014 voltei ao Egito para ver o que Hesham estava fazendo. O Estado Islâmico estabelecera-se, mas nem todos da geração mais velha de jihadistas tinham prometido lealdade ao califa. Jihadistas mais velhos reclamavam que o Estado Islâmico era um bando de emergentes que não respeitavam os jihadistas mais experientes do que eles. O Xeque Cego e muitos outros haviam passado décadas na prisão por atividades e simpatias jihadistas, e agora Baghdadi *ordenava* a obediência sem ao menos uma mençãozinha de gratidão às gerações que o precederam.

Por isso, Hesham permanecia em dúvida quanto a quem devia lealdade. Ele nunca se dissera membro de um grupo terrorista nem apoiara explicitamente atos de violência específicos. No entanto, todas as suas conversas comigo condiziam com o que depois se tornou o programa do Estado Islâmico, e eu queria saber mais sobre a reação dele ao surgimento da entidade.

Em uma tarde de agosto, depois de mais de um ano sem termos contato, apareci na alfaiataria dele. Subi pela escada abafada e escura e passei pelo porteiro que cochilava no calor da tarde me perguntando se Hesham já teria ido para a Síria. Tudo o que ele me dissera condizia com o apoio ao Estado Islâmico — mas também com o apoio a grupos jihadistas concorrentes, como a Al-Qaeda. A única dúvida era se ele teria coragem para encurtar sua vida em nome das convicções que passara as últimas duas décadas incutindo em outros, inclusive em mim.

Foi um alívio encontrá-lo sentado sozinho, de pijama de algodão sujo e úmido de suor. Diante dele havia uma xícara de chá cheia, que já devia estar lá há algum tempo, pois sua temperatura equilibrara-se com a da sala e não se via mais vapor. Imaginei que talvez sua temporada na prisão o tivesse ensinado a sentar-se imóvel. Nos dez segundos em que eu o observei da soleira, ele não se moveu. Pensei que estivesse dormindo, talvez sonhando com califados, até que me aproximei na ponta dos pés e vi seus olhos, vidrados, mas abertos.

Ganharam vida quando eu disse *salam*, e ele se levantou, apertou minha mão sem ódio e disse que era bom me ver. Olhou em volta, embaraçado, e me senti mal por não lhe dar uma chance de arrumar suas coisas. Por outro lado, não havia nada para arrumar: exceto por um manequim de costura ao lado dele, a alfaiataria estava vazia, os rolos de tecido e os trabalhos em andamento primavam pela ausência. Os negócios iam mal.

Ele disse que estava bem — "Não fui preso ainda!" — e chamou um aprendiz para me trazer um refrigerante de laranja gelado. A economia egípcia encolhera no governo de Sisi, ele contou, e ele estava sem encomendas. "Tenho família, e os tempos estão muito, muito difíceis", lastimou.

Seu desprezo por Morsi permanecia. "Morsi orava, memorizava o Alcorão, jejuava durante o Ramadã", Hesham disse. Isso fazia dele um bom muçulmano. Mas perdeu-se pela ambição. "Quando se tornou presidente, ele passou a ser diferente de qualquer outra pessoa: ele se tornou responsável por governar em nome do islã." Hesham explicou que poderia perdoar Morsi por avançar devagar a lei islâmica, comprometendo-se com o apedrejamento de adúlteros posteriormente. Mas Morsi não deu nenhuma explicação para sua rejeição da Xaria e nunca mencionou planos para apedrejar ninguém. Ao menos podia ter fechado os cassinos e os espetáculos de dança do ventre, mas em vez disso prolongou as licenças desses estabelecimentos. Eram ações de descrença, mesmo que partissem de alguém que se intitulava islamita. Elas anulavam sua fé. Por isso, Morsi, outrora um bom muçulmano, deixara de ser muçulmano.

No entanto, como o Xeque Cego e Ahmad ibn Hanbal haviam feito antes dele, Hesham não queria excomungar Morsi explicitamente, e dizia apenas que Morsi cometera *kufr* e deveria ser responsabilizado por isso. "O imame, o presidente, o líder e o rei não são como pessoas comuns", Hesham me disse. São julgados com mais severidade e estão sujeitos a acusações de *kufr* porque estão incumbidos de julgar questões — como proibir ou não o jogo — que nunca são da alçada das pessoas comuns. Essa era a "responsabilidade pesada" do imame, mencionada por Baghdadi no sermão proferido em Mossul. Ele acatava estudiosos (inclusive o Xeque Cego) por humildade e temor ao erro. Seu programa de televisão, agora cancelado, intitulava-se *O Pátio dos Doutos*, mas Hesham foi logo declarando que não era um deles. Para um leigo, erros em questões de fé podiam ser catastróficos. Para um presidente ou califa, as oportunidades de cometer erros que pusessem a alma em perigo eram mais abundantes.

Hesham explicou que, a fim de evitar passos em falso, um soberano não tinha escolha: devia obedecer aos estudiosos. Ele me contou uma história que ilustrava os perigos da liderança. Quando o califa otomano Suleiman, o Magnífico (1494-1566) morreu, pediu para ser enterrado junto com uma caixinha. Muitos se perguntaram se Suleiman pretendia levar algum pequeno tesouro de ouro para a vida após a morte. Seu grão-mufti, Abu al-Su'ud, abriu a caixa. "Dentro encontrou todas as *fatawa* [decisões religiosas], todos os conselhos que ele recebera de estudiosos, para o caso de Alá lhe perguntar o que ele fez", disse Hesham. (Segundo essa história apócrifa, Abu al-Su'ud zangou-se quando descobriu o imenso volume de registros escritos que seu califa deixara, capazes de incriminá-lo perante o Todo-Poderoso.)[26]

"Por que alguém desejaria ser governante?", indaguei. "Ou mesmo um erudito?"

"Muito bem", Hesham disse, seu elogio favorito quando eu previa o próximo passo em uma preleção. "As pessoas que conhecem essa responsabilidade *fogem dela*." Mais uma vez voltou a citar grandes sucessos de governança sunita; Omar ibn 'Abd al

'Aziz (682-720), o oitavo califa omíada, temia tanto a punição de Deus que declarou a proibição de acesso a quase todas as fontes de receita do Estado, e com isso extinguiu sua própria capacidade de servir-se delas para usos arbitrários.[27] Quando descobriu que seu governo tinha um superávit — havia cuidado dos pobres, pagado as dívidas dos endividados e dado dinheiro aos jovens para começarem uma família —, ele mandou que assassem pães e os deixassem no topo das montanhas para as aves. Não quis correr o risco de que Deus o culpasse pela queda de um pardal.

Séculos depois, o trabalho de califa ainda parecia o pior do mundo. Um alfaiate incompetente podia acabar falido e entediado; um califa incompetente arderia pela eternidade. Hesham concordava que o trabalho não seria atrativo. Mas fez uma importante ressalva: "Se não houver ninguém para aceitá-lo além de você, então você tem a *obrigação* de aceitar". Na história do islã, ele explicou, os grandes governantes viram-se compelidos a servir porque ninguém mais era capaz de fazê-lo.

"E foi isso que aconteceu com Abu Bakr al-Baghdadi", ele concluiu, abordando o assunto que eu pensei que ele evitaria. Baghdadi dissera que o ofício de califa era oneroso, uma "responsabilidade pesada" que o "atormentava". Essa retórica tocava a nota certa. Hesham explicou que eram simples as questões que determinavam se Baghdadi era obrigado a aceitar o cargo. "Quem está seguindo o islã certo agora?", ele perguntou, animando-se. "Quem está praticando o *khilafah* [califado]? Ninguém!"

A menção a Baghdadi enviou adrenalina para suas veias, e por um segundo eu me desnorteei, surpreso com o poder restaurativo do nome do califa. Hesham desejara impor punições severas a ladrões e apóstatas antes, mas não tinha um governo islâmico para aplicá-las. Agora ele tinha. Desaprovava Mubarak e Morsi antes, mas não tinha escolha além de aquiescer. Agora ele tinha um califa e podia dirigir-se a um Estado Islâmico.

Decidi ser direto. "O que você acha do Estado Islâmico? E por que não está lá?", indaguei.

"Estou velho demais para isso", ele respondeu. "Velho demais para viajar." Ele prosseguiu com algumas palavras evasivas sobre o próprio Estado Islâmico. "Não os ataco, não os defendo", ele disse, de mãos erguidas defensivamente, como se lhe apontassem uma arma. "Eu não ataco alguém que não conheço."

Não dava para acreditar que ele desconhecia o Estado Islâmico, já que na mídia quase não se falava noutro assunto havia meses. E, mesmo se Hesham soubesse apenas um pouco, no mínimo teria noção de que Baghdadi havia *ordenado* que ele se submetesse, usando a bem conhecida linguagem da obrigação religiosa. O Estado Islâmico referia-se ao juramento de lealdade como *bay'a* — um termo do islã primordial que designa o contrato entre o Profeta (ou seu sucessor) e um súdito. Essa analogia sugeria que uma resposta tépida ao convite seria um pecado grave.

Quanto a ser velho demais, o Estado Islâmico publicara vídeos de homens mais velhos do que Hesham vivendo dentro de suas fronteiras, em um estado de bem-aventurança espiritual e conforto físico. Eram homens idosos o bastante para fazer jus a pensões do governo de sua terra natal na Europa, mas que, em vez disso, haviam jurado lealdade ao califado.

"Por que você pelo menos não jura lealdade a Baghdadi?", perguntei.

A mente legal de Hesham entrou em funcionamento. "Mesmo se eu estiver cem por cento convencido de que Abu Bakr é *khalifah*, não posso lhe dar *bay'a*", Hesham explicou. "Isso significaria que estou sob seu comando e que ele é responsável por minha proteção e segurança. Se eu não tiver dinheiro, ele me dará, se eu não tiver comida, ele me alimentará." A distância física impossibilitava uma relação de *bay'a*. Algo bem conveniente para alguém que parecia não ter vontade de emigrar para uma zona de guerra. "Ele não pode me comandar agora porque o caminho entre nós está impedido."

E de novo ele alternou desculpas com especulação fantasiosa. "Vi imagens", falou, desejoso. Referia-se a propaganda do Estado Islâmico. "Eles têm comida suficiente, de tudo o suficiente. Para quem vive sob a proteção deles, é lindo." Sementes que antes produziam um único caule de trigo, agora, sob o Estado Islâmico, produziam três ou quatro. Milagres estavam acontecendo.

"O *Dawlah Islamiyyah* [Estado Islâmico] veio para salvar as pessoas do terror e encontrar proteção e liberdade", ele prosseguiu. Eram salvadores sunitas. Ele os considerava a possível realização da profecia: um califado que surgiria do nada, como Maomé predisse, e livraria de tiranos o governo dos muçulmanos. "Não se pode lutar contra *'aqida* [credo]", disse Hesham. "O que há de errado no que estão fazendo?

"Quem está com eles, quem os apoia? Ninguém. E mesmo assim o mundo inteiro não consegue detê-los. Como são tão fortes? Não é porque tenham as melhores armas. É porque estão sendo *apoiados por Alá*. E quando Alá está com você, quem é que vai vencê-lo?"

Concluí que não obteria mais nada dele. Hesham tinha o suficiente de Ibn Hanbal dentro de si para evitar proferir diretamente uma declaração de lealdade a Baghdadi ou de excomunhão contra Morsi. Mas aqui, nesta cidade de sonhos frustrados e comprometimentos dolorosos, seu sonho permanecia intacto — e mais perto da realização do que nunca. Lamentei por sua família, com quem ele se preocupava e por quem era responsável, assim como um califa em posse de *bay'a* válida seria responsável por ele.

Quando me levantei para ir embora, pensei em Hesham nos seus tempos de Nova York, medindo o Paul Newman do tempo de *A cor do dinheiro* para fazer-lhe um terno elegante. Minha mulher vinha me recomendando que comprasse um terno. À porta, como um rogo de despedida, Hesham disse que Newman pagaria mais de 5 mil dólares, mas como ele estava desesperado me cobraria menos de mil. Respondi que iria pensar.

Peguei um táxi e fui para casa. Ziguezagueando entre carros e pedestres, mandei uma mensagem de texto à minha mulher para saber o que ela achava da proposta de Hesham. *Nem pense em dar dinheiro para um simpatizante do Isis, seja para o que for.* Ela tem sido uma fonte de conselhos sensatos já faz algum tempo agora.

Em meados de 2014, época em que Baghdadi se revelou ao público, o Estado Islâmico publicou a primeira edição de sua revista em língua inglesa, *Dabiq*. Esse título é inspirado no nome de uma cidade síria que figura nos ciclos apocalípticos na profecia islâmica. Distribuída on-line como um PDF de 68 megabytes, a revista era bem-acabada e editada. Na capa, um mapa do Oriente Médio representado como um califado único e sem fronteiras. Eu estava em Connecticut na época e pude fazer o download do primeiro número em pouco mais de um minuto. Se Hesham baixou a revista no Cairo, provavelmente precisou de muito mais tempo.

Um dia, talvez, os estudantes da arte da propaganda lerão *Dabiq* ao lado de publicações como o *Der Stürmer*, de Streicher, e o *Pravda*, de Bukharin. Mesmo nessa companhia, a competência da *Dabiq* no modo de transmitir mensagens se destaca. Puramente da perspectiva da arte jornalística, a revista merece notas dez: modernas fontes sem serifa de tamanhos variados garantem um design vibrante; fotos com impressão sem margens caprichosamente escolhidas e cortadas; escrita fluente com copidesque profissional e uma variedade de gêneros de texto, com matérias principais, citações em destaque, gráficos. É totalmente em inglês, com altas doses de árabe transliterado (mas não traduzido). Conteúdo à parte, parece uma nova revista masculina pequena mas poderosa.

Essa edição destinava-se a atingir no mínimo dois tipos de público, com retórica sob medida para cada um. O primeiro era o de não muçulmanos, e a principal função resumia-se em apavorá-los. Uma fotografia na página 3 mostrando soldados americanos feridos envoltos em chamas geradas por editor de imagens servia a esse propósito, aliada a um tom marcial e a um fluxo constante de imagens de calejados combatentes jihadistas. Eram os editores prometendo: se não se juntar a nós, matamos você.

O segundo público, mais importante, era muçulmano — e não um público muçulmano qualquer, mas aquele alfabetizado na língua da fé. A manchete da capa — "O retorno do Khilafah" — vinha acompanhada por uma data do calendário islâmico — mês do Ramadã, ano 1435 — e, em letras menores, três outros títulos. O primeiro, "Notícias do Iraque e do Sham", englobava reportagens da região; o segundo, "Imahah [a liderança] é do Millah [o povo] de Ibrahim", referia-se à renovação do monoteísmo dos seguidores de Abraão (um profeta não só do islã mas também do judaísmo e do cristianismo); e o terceiro, "Da Hijrah ao Khilafah", explicava a estratégia que começara com o afluxo de combatentes para a Síria e levara ao restabelecimento do califado.

Como esses títulos deixam claro, a revista desnorteia quem desconhece totalmente o islã e sua história. Ela é obra de alguém que tem total familiaridade com a estética da cultura popular, a filosofia e a religião do Ocidente e também com a doutrina oficial do Estado Islâmico. A densidade de frases em árabe não traduzidas e as referências a figuras específicas do islã primevo tornam grande parte do conteúdo incompreensível para os não iniciados.[28] O contexto revela o significado de algumas palavras, mas, para o leitor médio, ler as edições iniciais da *Dabiq* não é muito diferente de deparar pela primeira vez com a língua franca cockney-russa de *A laranja mecânica*. Em quem conhece apenas parte do jargão, *Dabiq* provocará repulsa suficiente para forçar o leitor a descartar a revista antes de lê-la por inteiro ou o iniciará em novos conceitos e novas palavras árabes, aproximando-o da mentalidade que seus editores tentam promover. É uma aula de língua estrangeira, contrabandeada sob o pretexto de ser uma revista que trata de política e religião. O efeito é uma lavagem cerebral.

Ainda que para a maioria dos não muçulmanos o árabe possa ser obscuro, a quem foi preparado para acreditar que a civilização islâmica começou a degenerar após a morte dos últimos Companheiros do Profeta nem uma palavra pareceria despropositada. A primeira edição cita o lema semioficial do Estado Islâmico: a entidade está se estabelecendo segundo *al-minhaj al-Nubuwah* [a metodologia do Profeta], ou seja, segundo a receita política e religiosa ditada pelo Profeta. Essa frase alude a uma profecia de Maomé — citada no artigo "Da Hijrah ao Khilafah" — que prometeu a ascensão de um califado baseado na metodologia profética, seguida por um período de "reinado severo" (supostamente uma referência a déspotas do Oriente Médio moderno) e por fim pela restauração do califado. A frase "metodologia profética" é onipresente no Estado Islâmico, não só na propaganda, mas também em papéis timbrados, placas de rua e adesivos de para-choque.

Outras pretensões proféticas são mais sutis. "Da Hijrah ao Khilafah" também fazia referência a uma das palavras-chave dos primórdios da história islâmica, *hijrah*, que em geral diz respeito à migração de Meca para Medina feita pelo Profeta. Maomé começara pregando o islã em Meca durante anos, mas os governantes da cidade acabaram por rejeitá-lo e o expulsaram da cidade. A jornada de Maomé para Medina (então conhecida como Yathrib, a 240 quilômetros de Meca), no ano 622, marca o ano zero do calendário islâmico. A fuga dos combatentes do Estado Islâmico de seus países natais descrentes para rincões da Síria e do Iraque — sua própria *hijrah* — promete uma reinicialização histórica nas mesmas linhas.

Os partidários de Maomé que se juntaram a ele na perigosa jornada até Medina eram conhecidos como *muhajirun* [emigrantes, ou participantes da *hijrah*]. A *Dabiq* e outros veículos de informação oficiais usam esse mesmo nome para referir-se aos combatentes estrangeiros que integram o Estado Islâmico. Os primeiros muçulmanos dividiam-se em duas facções — os *muhajirun* de Meca e os *ansar* [auxiliares], naturais de Medina, que acolheram os *muhajirun* assim que chegaram. O Estado Islâmico chama de *ansar* o povo local da Síria. A retidão, assim como a moda, acontece em ciclos. Para os criadores da *Dabiq*, todos os grandes conceitos e palavras-chave do passado do islã voltaram a ser relevantes, e o século VII está novamente em voga.

Os exércitos de Maomé fortaleceram-se o suficiente para voltar a Meca oito anos depois, conquistar a cidade e converter os recalcitrantes da tribo do Profeta, os coraixitas, que o tinham expulsado em 622. Entre os atos mais célebres dos muçulmanos ao chegarem a Meca está a destruição de ídolos pagãos que tinham sido venerados na região por gerações. Condizentemente, um artigo da *Dabiq* cita a promessa feita por Baghdadi de destruir os ídolos pagãos metafóricos das terras de onde provinham os *muhajirun* atuais. O Estado Islâmico irá "pisotear os ídolos do nacionalismo [e] destruir o ídolo da democracia", ele diz.

A primeira guerra contra os adversários de Maomé em Meca inspirou os primeiros usos clássicos da palavra "jihad", e o Estado Islâmico imitou-os, insinuando que quem não reconhecesse as atividades de sua entidade como uma guerra santa também não reconhecia as de Maomé.[29] A *Dabiq* refere-se ao dever de combater na linha de frente como "fazer *ribat*", uma expressão derivada da palavra clássica e medieval que designa um posto avançado nas fronteiras do mundo islâmico. Um cartaz de recrutamento mostra um homem atrás de uma metralhadora, de guarda no frio da madrugada. "Este muçulmano está fazendo *ribat*", diz a legenda. "O que você fez pelo islã hoje?"

A *Dabiq* também fala sobre *bayʻa*, a irrevogável promessa de lealdade entre o crente e o califa que Hesham relutava em fazer. Essa palavra pode ser usada em um sentido secular — Saddam Hussein exigia *bayʻa* —, mas no artigo da *Dabiq* intitulado "Assembleias Tribais Halab" a promessa vem carregada de alusões religiosas. Durante a consolidação do poder pelo Profeta e sua preservação por Abu Bakr e os outros primeiros califas, tribos congregaram-se para oferecer sua lealdade em cerimônias formais. As promessas de *bayʻa* no século VII envolviam um ato físico, uma aposição das mãos chamada *safqah* ou *musafahah*. A *Dabiq* retrata uma reencenação histórica dessas cerimônias de lealdade, como se uma equipe de cinegrafistas estivesse presente nas congregações do Profeta. A série de fotos sobre o evento termina com uma imagem de doze homens inclinando-se para sobrepor as mãos, como um time de futebol antes de começar um jogo.[30]

Finalmente, a revista fulmina Muhammad Morsi e Ismail Haniya (o membro do Hamas eleito primeiro-ministro da Autoridade Palestina) como *tawaghit* — na mesma categoria de Mubarak e Sisi — que adotam uma "metodologia desviante", isto é, a democracia. Os seguidores desses homens comprometeram seu jihadismo, diz o artigo. Eles "se constrangem em reconhecer os fundamentos [da Xaria], como o *takfir* dos que são inequivocamente *tawaghit* e *murtaddin*". Os piores transgressores eram os sunitas iraquianos que se aliaram aos Estados Unidos e outros no "despertar" sunita (um termo, segundo o autor, "usado para embelezar sua apostasia e traição") com o objetivo de mandar os predecessores do Estado Islâmico para o exílio ou obrigá-los a recuar. Naturalmente, esse exílio é comparado à perseguição de Maomé pelos coraixitas antes da *hijrah*. "Esse foi um teste decretado por Alá", diz o artigo, "para que ele pudesse ver os *mujahidin* pacientes e expulsar os medrosos de suas fileiras, e assim consolidar o recém-nascido Estado Islâmico e prepará-lo para maiores responsabilidades." O fato de governos do Oriente Médio terem proibido a discussão pública desses assuntos por tanto tempo garantia um frêmito de subversão para os jihadistas que lessem a respeito.

Enquanto a *Dabiq* lançava seu feitiço eruditamente embalado em precedentes históricos, os vídeos de propaganda do Estado Islâmico que proliferavam depressa derivavam seu poder da pura brutalidade. Em 12 de junho de 2014, pouco depois da queda de Mossul, o Estado Islâmico tomou um campo de treinamento da Força Aérea do Iraque próximo a Tikrit, uma base que levava o nome de Scott Speicher, o piloto de caça que foi o primeiro militar americano morto da Guerra do Golfo, em 1991. Quando o Estado Islâmico se aproximou, os cadetes iraquianos, a maioria xiitas, deixaram o acampamento de ônibus. Os combatentes do Estado Islâmico pararam e apreenderam cerca de 1500 homens.

No vídeo postado pelo Isis, os jovens cadetes encolhidos nas carrocerias dos caminhões têm o rosto crispado de medo, preocupação e incredulidade. Andam em fila única, a cabeça abaixada ao nível das nádegas do homem à frente — essa é a postura de subjugação que o Estado Islâmico obriga seus prisioneiros a adotar antes da execução. Os cadetes se deitam e homens mascarados atiram neles. De início, os cadetes parecem mortos, mas depois de uma observação atenta é possível ver que muitos continuam vivos. Permanecem deitados de rosto virado para baixo, na esperança de passarem despercebidos. Um a um, não são esquecidos. Um corpo sacode-se aqui, uma cabeça explode em uma fina névoa rosada ali. A postura submissa, a marcha curvada e o silêncio acovardado drenam toda a dignidade daquelas mortes. Teriam os cadetes perdido a esperança e obedecido aos seus captores só para viver mais alguns minutos? Será que não acreditaram em seus olhos e ouvidos quando as balas explodiram crânios e cérebros à volta deles? Se alguém tentou fugir, esse ato de desafio não entrou depois da edição final.

Encontrei o vídeo postado na íntegra na internet. Como muitos outros, de início não entendi o que vi. Peter Bouckaert, diretor de emergências da Human Rights Watch, alertou os perpetradores: "As fotos e imagens de satélite de Tikrit são prova inequívoca de um medonho crime de guerra que exige mais investigações. Eles e outras forças agressoras devem saber que os olhos dos iraquianos e do mundo estão vendo".[31]

Analisando agora, essa declaração é comovente em sua crença na capacidade de o Isis sentir vergonha e se preocupar com a opinião das autoridades morais do planeta. Atrocidades piores aconteceram em outras guerras, mas a maioria dos perpetradores de assassinatos em massa esconde ou nega seus crimes. O Estado Islâmico queria o maior público possível.

Na segunda metade de 2014, apareceram mais vídeos de execuções, amputações e batalhas, e a internet tornou-os fáceis de ver e difíceis de esquecer. Não era preciso muito esforço para descobrir os termos de busca que resultavam na mais cruenta série de imagens da Síria e do Iraque. "Estado Islâmico" gerava resultados demais, mas *dawlah islamiyyah*, combinado a *khilafah*, *muwahhid* [monoteísta — um sinônimo de "combatente do Estado Islâmico"], *rawafidh* [designação pejorativa dos xiitas], *sahwa* [nome dado aos iraquianos sunitas inimigos do Estado Islâmico] e *jahannam* [inferno, para onde os soldados do *khilafah* estavam mandando todas essas categorias] geravam uma série constante de horrores.[32] Os simpatizantes do Estado Islâmico postaram muitos deles no YouTube e, por horas ou dias antes que o serviço deletasse os vídeos, o mundo pôde ver homens desamparados ajoelhados no deserto, ou à beira de um rio, sendo baleados na cabeça e tombando com sangue a jorrar dos ferimentos.

Alguns vídeos eram no estilo *snuff*: sensacionalismo sádico e malfeito, registros claustrofóbicos de baixa fidelidade a um assassinato real. Muitos, porém, transcendiam esse gênero. Não eram furtivos. Bastante contextualizados, transbordavam de significado e importância política e religiosa. Os valores da produção eram elevados. Vários vídeos mostravam imagens no campo de batalha diferentes de tudo o que o jornalismo moderno já conseguiu captar — ou, pelo menos, que já mostrou ao público. No desértico oeste do Iraque, aparentemente por volta do meio-dia, câmeras filmam combatentes islâmicos emboscando comboios do Exército iraquiano. Continuam filmando enquanto os *mujahidin* se aproximam a pé e inspecionam veículos militares destroçados e corpos de soldados inimigos. Não há abrigos à vista, apenas pequenas colinas e o deserto com vegetação que não chega à altura dos joelhos.

O cinegrafista desacelera. Não está claro para onde está indo. Por fim ele para, ladeado por três combatentes, em um trecho onde um aqueduto sob a estrada liga os dois lados de um vádi. A câmera se inclina e mostra um grupo de soldados desarmados contorcendo-se na vala, procurando esconderijo em um duto de drenagem onde mal caberia uma criança de cinco anos, quanto mais vários adultos. Os soldados do califado matam todos com jatos curtos e metódicos de balas no amontoado de cabeças, sem desperdiçar munição. Teria sido mais difícil matar esquilos.

As mesmas imagens que me enchiam de repulsa serenavam os corações de seu público-alvo. A sessão de comentários nos vídeos no YouTube — cloaca moral da internet mesmo nos melhores momentos — trazia muitos aplausos, alguns de pessoas que se apresentavam com seus nomes verdadeiros. Muitas admiravam o estilo e o arrojo dos combatentes. Estes, por sua vez, presumivelmente dotados de uma afinidade por selfies própria de sua geração mesmo antes de se tornarem jihadistas, percebiam que a imagem era tudo. Islam Yaken, que tinha 21 anos na época do anúncio do califado, tornou-se o mais famoso recruta egípcio graças à sua prolífica atividade em redes sociais. Em meados de 2014, ele postou no Twitter imagens dele próprio a cavalo, brandindo um cutelo. Incentivava sua mãe e outros a juntar-se a ele e lhes prometia segurança, gratificação espiritual e um ambiente devoto. Suas selfies anteriores, feitas apenas um ano antes, mostravam um rato de academia com shorts abaixados até a linha púbica para maximizar a exposição do abdome.

Era tentador, diante dessas atrocidades, e em especial quando as selfies dos combatentes começaram a aparecer on-line, menosprezar o Estado Islâmico como um exército de psicopatas e joões-ninguém exibicionistas (com um nível detectável de homoerotismo reprimido). As forças do Estado Islâmico tinham muitos deles, e os observadores horrorizados podiam ser perdoados por não desejarem analisar mais a fundo os fuzilamentos e fotos narcisistas em busca de significados mais essenciais. Pessoas mentalmente sadias com certeza queriam evitar o custo emocional e espiritual de assistir àqueles vídeos. Que benefício poderia advir de ver os álbuns de fotos de assassinos brutais? Aqueles eram loucos sedentos demais de sangue para criarem uma filosofia coerente, quanto mais para serem seguidores respeitáveis do islã ou de qualquer outro sistema de crença.

Contudo, esses preconceitos não sobreviviam a uma análise

atenta. Em exemplos do que, à primeira vista, parecia niilismo ou idiotice, quem se dispusesse a olhar poderia encontrar indícios de um significado mais profundo. Consideremos, por exemplo, dois recrutas vindos de Birmingham, na Inglaterra — Yusuf Zubair Sarwar e Mohammed Nahin Ahmed, ambos de 22 anos —, que compraram *Islam for Dummies* [Islã para iniciantes] e *The Koran for Dummies* [Alcorão para iniciantes] na loja on-line da Amazon do Reino Unido antes de seguirem para a Síria em 2013.[33] O caso deles tornou-se lugar-comum em reportagens sobre combatentes estrangeiros, uma exposição permanente da parvoíce da jihad. No entanto, essa cobertura jornalística era superficial demais. Sarwar e Ahmed eram tolos em certo sentido, disso não podia haver dúvida. Entretanto, havia ainda questões a responder. Aquelas compras destinavam-se a eles próprios ou a novatos que eles esperavam encontrar na Síria? Será que aqueles livros não revelavam que, na verdade, eles ansiavam por educar-se sobre o islã e que isso era prioritário para eles? (Se também tivessem comprado *Middlemarch*, *Fernão Capelo Gaivota* e *24 deliciosas receitas com carne de porco*, eu poderia admitir que suas prioridades não eram aquelas.) Livros sobre o islã, inclusive os didáticos com títulos embaraçosos, normalmente são leituras para sinceros convertidos recentes de um caminho militante.

No entanto, a ridicularização persistiu. Nas entrelinhas dessas conclusões triunfantes e equivocadas havia o desejo de imaginar os combatentes do Estado Islâmico como bárbaros, incapazes da selvageria superior que os ocidentais aperfeiçoaram, por exemplo, nos ambientes totalitários intelectualizados da Alemanha nazista ou da União Soviética stalinista. Muitos observadores, tanto muçulmanos como infiéis, acalentam consciente ou inconscientemente ideias preconcebidas sobre os muçulmanos como indivíduos brutos e bárbaros. O clichê do jihadista burro encaixa-se bem nesse modelo mental. Contudo, os clichês se desfazem em muitíssimos casos particulares. Islam Yaken, o jihadista do abdome tanquinho, é um deles. As primeiras matérias dos tabloides concentraram-se em sua monstruosidade pavonesca e na incoerência entre seu jihadismo devoto e sua adolescência lasciva. Ele, que gracejara com os amigos sobre as mulheres que levara para a cama, agora se achava um *muhajir* da era moderna. Uma gritante contradição.

Meses depois, porém, surgiu o quadro completo. Mona El-Naggar, do *New York Times*, entrevistou seus amigos e seu pai, que descreveram um caminho de descoberta:

> Na busca por respostas, Yaken encontrou o xeque Muhammad Hussein Yacoub, um pregador salafista muito procurado, com dezenas de milhares de seguidores. O xeque Yacoub aparecia regularmente no mínimo em dois canais de televisão, conclamando o Egito a consagrar a lei da Xaria em sua nova Constituição [...].
>
> Justo quando a religiosidade de Yaken aproximava-se do auge, o Exército egípcio tirou à força do poder o presidente Mohamed Morsi, da Irmandade Muçulmana, e reverteu os ganhos do movimento islamita mais abrangente. Quando o Exército adotou medidas para consolidar seu poder, silenciando a oposição por completo, a fé de Yaken no processo político vacilou.
>
> Na última vez que Yaken foi orar na mesquita de seu bairro, em agosto de 2013, ele estava visivelmente diferente.
>
> "Tinha raspado a cabeça e a barba", lembra o xeque Ramadan Fadl, um imame da mesquita. "Quando perguntei o porquê, respondeu que estava indo para a jihad."[34]

Ele tinha sido devoto do banco de musculação, mas agora começara sua devoção a Deus. Em dezembro de 2014, Yaken postou um relato pessoal sobre seus defeitos morais e tentações de sucesso no mundo secular. Relatou sua descoberta do islã, dirigiu-

-se a outros muçulmanos conclamando-os à devoção e, por fim, frisou a necessidade da jihad. Ele fora aliciado por um amigo que tinha partido para combater, depois voltara para casa e o exortara a aderir à causa. Yaken maravilhou-se com a convicção do amigo, com o modo como ele seguira para o combate sem hesitação nem consulta:

> Depois da convocação, eu me sentei, fiz *wudu* [abluções] e rezei *istikharah* [uma prece pedindo orientação divina em momento de indecisão pessoal] e fui memorizar o Alcorão. Foi uma surpresa descobrir que o trecho daquele dia era da surata de Imran [sobre os que fugiram da Batalha de Uhud]:
> "Recordai-vos de quando [em fuga] subistes a colina às cegas, enquanto o Mensageiro ia pela retaguarda, incitando-vos ao combate. Foi então que Allah vos infligiu angústia após angústia, para ensinar-vos a não lamentardes pelo que havíeis perdido [da vitória e despojos de guerra], nem pelo que vos havia acontecido [ferimentos e morte], porque está bem inteirado de tudo quanto fazeis" (Alcorão, 3:153).*

Yaken concluiu que não devia dar as costas à jihad. E continuou a ler:

> "E não creiais que aqueles que sucumbiram pela causa de Allah estejam mortos; ao contrário, vivem, agraciados, ao lado do seu Senhor. Estão jubilosos por tudo quanto Allah lhes concedeu de Sua Graça, e se regozijam por aqueles que ainda não sucumbiram

---

* Todas as citações do Alcorão nesta tradução foram extraídas de *Alcorão Sagrado* (trad. de Samir El Hayek. São Paulo: *Folha de S.Paulo*, 2010. Coleção Livros que Mudaram o Mundo). (N. T.)

[e serão martirizados], porque estes não serão presas do temor, nem se angustiarão" (Alcorão, 3:169-70).

Agora ele estava galvanizado para o martírio. "No dia seguinte", Yaken escreve, "fui recitar o Alcorão para meu xeque, depois disse a ele que eu queria ir para a jihad na Síria."[35]

Naturalmente é presunção de Yaken dizer-se inspirado por Deus. Contudo, todos os relatos indicam que sua conversão foi sincera. E sua narrativa segue uma lógica perversa. Seus interesses, ainda que não seus métodos e conclusões, baseiam-se nas mesmas questões morais encontradas no Alcorão e no pensamento da corrente principal dos muçulmanos: qual a natureza do bem e do mal? O que agrada a Deus e como Ele quer que vivamos? O que devemos concluir do exemplo de Seu Profeta e como esse exemplo se encaixa no mundo moderno? Em busca de inspiração, ele consulta as escrituras sagradas e o clero, usando práticas ortodoxas como *istikharah* e lendo os textos compartilhados por todos os muçulmanos.

Uma das fotos que Yaken postou em rede social depois de chegar à Síria mostrava um balde cheio de cabeças decepadas com a hashtag "#headmeat" [carne de cabeça].[36] Não importa se sua aventura na terra do califado era ou não espiritualmente gratificante: as imagens que ela produzia eram uma espécie de pornografia. E, como toda pornografia, provocava reações fortes, desde excitação até repugnância, ou às vezes as duas coisas ao mesmo tempo. Essas reações têm em comum um efeito de desarme intelectual. Como no caso da pornografia, elas resistem a análises imparciais. O estudioso da religião Jonathan Z. Smith observou uma tendência semelhante na incapacidade de compreender o suicídio coletivo em Jonestown, em 1978. O problema, ele disse, era a relutância em cumprir a difícil tarefa de "olhar sem arregalar ou desviar os olhos".[37]

Essa relutância deixou muitos dos que têm as melhores qualificações para opinar sobre o Estado Islâmico mudos ou nada solícitos quando o público demandou suas análises. A autoapresentação do Estado Islâmico é impregnada de linguagem religiosa, figuras de linguagem e grandiosidade, mas, quando pedi a opinião de especialistas em religião acerca das bases religiosas do grupo, eles tipicamente negaram qualquer ligação significativa e direcionaram a conversa para a política externa americana, política de poder neobaathista, psicologia do anormal ou ressentimentos seculares. De fato, a ascensão do Estado Islâmico é incompreensível sem levarmos em conta esses fatores. No entanto, nenhum deles exclui o papel da crença religiosa, e nenhum exime os estudiosos da religião de sua responsabilidade de usar as ferramentas de sua disciplina para ajudar o público a entender um fenômeno que tem dimensões religiosas. A ideia de que a crença religiosa é um fator secundário na ascensão do Estado Islâmico é desmentida pelo peso esmagador das provas de que a religião tem importância para a imensa maioria dos que viajaram para combater. A especialização desses estudiosos em assuntos islâmicos torna-os singularmente capazes — em termos linguísticos, culturais e pedagógicos — de explicar as pretensões religiosas do Estado Islâmico. No entanto, nos meses seguintes à declaração do califado, quase não encontrei nenhum professor titular cujos textos sobre o Estado Islâmico mostrassem que ele tinha conhecimentos sobre o grupo além do que lera no *New York Times*. Quase nenhum sabia o nome dos estudiosos pertencentes ao grupo, que dirá ser capaz de argumentar com eles, muito embora os propagandistas do Estado Islâmico houvessem juncado a internet com seus argumentos.

Em vez disso, estudiosos renomados declararam, de modo

reducionista, que "boa parte do que [o Isis faz] viola a lei islâmica" (como se a lei islâmica só admitisse uma interpretação correta, e ainda mais uma interpretação determinada por estudiosos seculares ocidentais ou mesmo por um grupo de estudiosos muçulmanos religiosos), que a noção que o grupo tem do islã é "pervertida ou distorcida" ou que seus membros "têm poucos conhecimentos reais sobre o islã". Esta última afirmação, em geral feita sem provas e sem contexto, vale para os soldados rasos do Estado Islâmico, mas também para o conhecimento religioso de qualquer Exército na história. (O conhecimento profundo da ideologia sempre é uma habilidade especializada. Poucos cristãos leigos possuem um conhecimento refinado sobre debates acadêmicos ou teológicos acerca do cristianismo, assim como em geral os soldados americanos, com exceção dos oficiais especializados em direito militar, não têm uma compreensão profunda da Constituição dos Estados Unidos. No entanto, ninguém diria que os cristãos leigos não são motivados pela fé, ou que as guerras americanas não têm relação alguma com os ideais dos documentos fundadores da nação.) Figuras destacadas dos estudos islâmicos — justamente as pessoas procuradas pelos jornalistas e formuladores de políticas — proferiram palestras inteiras sobre as crenças do Estado Islâmico sem citar uma única *fatwa* e outras produções eruditas da entidade.[38]

Ainda piores foram os que pouco ou nada sabiam sobre o contexto religioso islâmico e mesmo assim emitiram opiniões confiantes. Alguns inventaram provas. Em setembro de 2014, o sociólogo Kevin McDonald informou aos leitores do jornal britânico *The Guardian* que "os jihadistas do Isis não são medievais; eles são moldados pela filosofia ocidental moderna". McDonald escreveu que Baghdadi, no discurso inaugural que fez em Mossul, "citou profusamente o pensador indiano/ paquistanês Abul Ala Maududi, o fundador do partido Jamaat-e-Islami em 1941 e criador do termo contemporâneo 'estado islâmico'".[39] Como Maududi extraíra da Revolução Francesa a sua concepção de Estado, McDonald conclui que, em última análise, fenômenos seculares da Europa Ocidental são responsáveis pela selvageria do grupo. É verdade que, ao construir um poder estatal totalitarista, o Estado Islâmico aprendeu com estilos fascistas e autoritários incubados no Ocidente — tal qual Saddam Hussein havia feito no Iraque. Contudo, Baghdadi *nunca* citou Maududi, tampouco qualquer outro ideólogo do Estado Islâmico o fez. E quem ressalta suas dívidas ocultas com "ideias no cerne da revolução científica do século XVII", como fez McDonald, desconsidera a influência muito maior da discussão islâmica de fins da Antiguidade e do período medieval. A única citação integral no discurso de posse de Baghdadi — além das encontradas no Alcorão e no hadith — foi de Abu Bakr al-Siddiq, o sucessor direto do Profeta Maomé.[40] Para o Estado Islâmico, a importância dos conceitos europeus de cidadania surgidos no começo da era moderna é soterrada pela preocupação que a entidade tem com questões em voga na Damasco do século XIV: por exemplo, a permissibilidade da revolta, a lei da apostasia e como ter uma vida islâmica em terras não muçulmanas. Além disso, o Estado Islâmico rejeita explicitamente a vertente do islamismo esposada por Maududi e o considera herege por dedicar-se a política partidária e processos democráticos em vez de exigir um califado segundo o modelo profético.

Um dos modos mais comuns de fugir da análise das afirmações religiosas do Estado Islâmico envolvia enfocar ex-baathistas pertencentes ao Estado Islâmico e acusá-los de manobrar fantoches em toda a entidade e enganar as bases para que acreditassem piamente neles. Liz Sly, do jornal *The Washington Post*, contribuiu com uma fascinante e bem-escrita reportagem sobre esses ex-baathistas — um dos quais, segundo as fontes da jornalista, era "um iraquiano mascarado que se sentava em silêncio [nas reuniões do

Estado Islâmico] ouvindo e fazendo anotações".[41] O comandante da ala iraquiana do Estado Islâmico, Abu Muslim al-Turkmani, era um coronel do Exército baathista sem histórico de islamismo antes da queda de Saddam Hussein. Tariq Ramadan, professor de estudos islâmicos em Oxford e um prolífico escritor sobre política contemporânea no mundo muçulmano, também salientou a presença de ex-baathistas entre os líderes da entidade.[42] Ele disse à Al-Jazeera que o Estado Islâmico não era religioso, que estava meramente "fazendo jogo político através de referências a fontes religiosas" — como se política e religião fossem separáveis e como se a existência de alguns baathistas entre os altos oficiais negasse a sinceridade de todas as afirmações teológicas e cancelasse os muitos milhares de atos documentados de devoção por seguidores do Estado Islâmico e seus líderes.[43] Em alguns círculos, é palpável o alívio pela descoberta do secularismo disfarçado do grupo.

Infelizmente, porém, esse alívio foi prematuro. Primeiro, desconsidera o fato de que os fundadores do Estado Islâmico, alguns dos quais sobreviveram para ver o califado, não eram baathistas. A maioria não era iraquiana; como Zarqawi, eram jordanianos e sírios unidos pelo serviço militar jihadista no Afeganistão. Os que provinham do Iraque e se juntaram ao grupo nos primeiros tempos da entidade eram, como Abu Bakr al-Baghdadi, homens que já possuíam crenças jihadistas fazia muito tempo — ou então eram lealistas de Saddam que escolheram, dentre os grupos insurgentes que combatiam os Estados Unidos, os mais agressivamente religiosos. A explicação mais simples é que eles eram islamitas extremistas. Seja como for, o islamismo veio primeiro, e o afluxo de baathistas chegou em segundo, enquanto Zarqawi estava firme na liderança.[44] Mesmo que baathistas hipócritas — descrentes que pregam a jihad em público, mas, na intimidade, bebem uísque escocês e fumam charuto — governem secretamente o Estado Islâmico, por que invocam justificações religiosas não só em público, mas também entre eles, em comunicados internos, que são repletos de linguagem e citações religiosas, em documentos tão secundários quanto editais sobre controle de renda e carteiras de vacinação de crianças?[45] Por que esses criptobaathistas fariam tanta questão de elaborar uma mensagem religiosa cínica, difundida por milhares de páginas e horas de propaganda, se essa mensagem religiosa não fosse convincente para a massa na base da organização? Os soldados rasos veem sua missão em termos religiosos e gastam muita energia em piedade e devoção. "Não encontro nada que corrobore a afirmação, que ouvimos às vezes, de que os jihadistas são oportunistas hipócritas que não se importam realmente com religião", diz Thomas Hegghammer, um pesquisador do governo norueguês que é um dos mais respeitados analistas da jihad. "Alguns deles podem não ter sido observantes antes de aderir, mas assim que entram parecem ser muito meticulosos quanto à observância."[46]

Em conversas com estudiosos do islã, poucos dentre os que depreciam o Estado Islâmico como um produto de falso islamismo — jacobinismo com um verniz islâmico — foram capazes de citar o nome de ao menos um clérigo ou estudioso associado ao Estado Islâmico, ou de alguma *fatwa* ou outra declaração desse personagem. O nível de ignorância é consternador, como se um estudioso do marxismo dissesse que a União Soviética foi "não marxista" e desconhecesse o nome de Trótski ou Lênin, ou o título de obras que eles escreveram. Desde 2012, dezenas de milhares de homens, mulheres e crianças migraram para um estado teocrático, baseados na crença de que a migração é uma obrigação sagrada e que o líder do estado é o sucessor terreno do último e maior dos profetas. Se os estudiosos da religião não enxergam um papel para a religião em um movimento de massa como esse, é porque não enxergam papel para ela no mundo.

Felizmente, essa negligência do dever que existiu no início

dissipou-se, e estudiosos eminentes começaram a investigar as crenças e os escritos do grupo. No entanto, com relação ao interesse público pelo assunto, ainda são raríssimos os acadêmicos de renome que estudam o jihadismo. Algumas das razões para isso são políticas. "Os estudos sobre o Oriente Médio estão enraizados no ativismo político", explica Hegghammer. "Em departamentos importantes [de estudos religiosos], teríamos muita dificuldade para encontrar alguém especializado em estudos da jihad. Pessoas assim não existem ou não chegam aos escalões mais altos do corpo docente."[47] Um especialista em jihadismo, Joas Wagemakers, também atribuiu sua escassez de colegas a um senso de proporcionalidade nos estudos islâmicos. Embora o jihadismo mereça um interesse contemporâneo, não é o aspecto mais importante ou interessante do islã. Considere os grandes intelectuais do islã — Ghazali, Ibn Khaldun, Avicena — e compare-os a um inventivo fanático moderno como Maqdisi, o tema dos estudos de Wagemaker. "Eles são como Bach", diz Wagemaker. "A contribuição [de Bach] para a música é inimaginavelmente brilhante, e se alguém escrevesse um livro de quinhentas páginas sobre Bach, não seria a primeira palavra sobre sua música. Já estudar Maqdisi é como estudar Beyoncé — uma grande cantora, mas sua contribuição para a música como um todo é irrisória se comparada à de Bach." Não existem conservatórios com cátedras de estudos sobre Beyoncé, e há poucos empregos para especialistas em islã que estudam a jihad.[48]

Se existe uma exceção a essa ojeriza pelo estudo da jihad, ao menos nos círculos acadêmicos americanos, ela está em Princeton, em New Jersey. Um número desproporcional de analistas da jihad passou algum tempo na Universidade de Princeton ou no vizinho Institute for Advanced Study. Hegghammer foi por duas vezes membro visitante do instituto. Will McCants, um historiador do jihadismo e autor de um livro sobre o Estado Islâmico,[49] hoje trabalha na Brookings Institution, mas recebeu seu título de doutor em Princeton, e o mesmo fez Jacob Olidort, um especialista em salafismo do Instituto Washington de Política do Oriente Próximo. Jacob Shapiro leciona política em Princeton e provavelmente é o mais destacado cientista social jovem dedicado a estudar o terrorismo. Cole Bunzel, o observador de Binali, é pós-graduando nessa universidade.

A figura principal nessa história é Bernard Lewis (nascido em 1916), o mais famoso historiador vivo do Oriente Médio, membro do Departamento de Estudos do Oriente Próximo de Princeton desde 1974. Lewis, hoje célebre por sua política de direita tanto quanto por seus estudos acadêmicos, tornou-se um consultor influente na Washington neoconservadora dos anos 1970 graças à sua amizade com Richard Perle.[50] Mas mesmo antes dessa fase de sua carreira, Lewis argumentou que a religião era mais importante para a política do que comumente se supunha. Em 1953 ele criticou os acadêmicos seculares modernos por projetarem seu secularismo sobre outros:

> O europeu medieval, que tinha as mesmas suposições fundamentais de seu contemporâneo muçulmano, concordaria com este em atribuir movimentos religiosos a causas religiosas e não buscaria explicações adicionais. Porém, quando os europeus pararam de pôr a religião em primeiro lugar em seus pensamentos, sentimentos, interesses e lealdades, também pararam de admitir que outros homens, em outras épocas e lugares, pudessem ter feito isso. Para uma geração racionalista e materialista, era inconcebível que debates tão grandiosos e conflitos tão colossais pudessem não ter envolvido mais do que "meras" questões religiosas.

O resultado, segundo ele, era uma busca disparatada por causas não religiosas ocultas:

Os historiadores, assim que ultrapassavam a fase do desdém divertido, engendravam uma série de explicações, expondo, assim, o que chamavam de significado "real" ou "básico" "subjacente" a diferenças e movimentos religiosos. Os embates e altercações das igrejas primordiais, o grande Cisma, a Reforma, tudo era reinterpretado em termos de motivos e interesses razoáveis para os padrões correntes — e para os movimentos religiosos do islã também foram descobertas explicações que condiziam com o modo de ver e os interesses de seus descobridores.[51]

Os herdeiros intelectuais de Lewis em seu departamento (que nem sempre estão em sintonia política com ele: variam de neoconservadores a simpatizantes de Bernie Sanders) tornaram Princeton singularmente receptiva aos estudos sobre o Estado Islâmico. Patricia Crone, ex-doutoranda orientada por Lewis, ocupou até morrer a cátedra de história no Institute for Advanced Study; seus alunos referem-se a ela, discretamente, como uma "deusa" por seu conhecimento das fontes para os primórdios da história islâmica. Michael Cook, outro aluno de Lewis, foi o titular da cátedra que pertencera a Lewis em Princeton de 1986 a 2007.

Nenhum deles se esquivou de salientar os efeitos da religião. A obra recente de Cook traz a religião de volta aos estudos acadêmicos da política. Seu último livro, *Ancient Religions, Modern Politics* [Religiões antigas, política moderna] (2014), argumenta que as escrituras e a história do islã são obstáculos para que os muçulmanos vivam em paz em estados não muçulmanos. O domínio do islã sobre a vida dos muçulmanos torna-os propensos, mais do que cristãos e hindus, por exemplo, a buscar o reflexo de sua fé na autoridade do Estado. Em particular, a insistência em um "monopólio divino da esfera jurídica" — expressamente repetida nas escrituras — inclina os muçulmanos devotos a buscar a soberania para a religião acima de todas as outras considerações.⁵² Cook afirma que a religião "dá aos seus seguidores modernos um conjunto de opções que não determinam suas escolhas, mas sem dúvida as restringem" — como "um menu entregue por um garçom ansioso por vender os pratos do dia".⁵³ Cook nega que essas diretrizes das escrituras condenem os muçulmanos a aderir a qualquer política específica — decerto não os obriga a se aliarem a Abu Bakr al-Baghdadi —, mas afirma que os recursos das escrituras tornam o secularismo ou o governo não muçulmano permanentemente desagradáveis.⁵⁴

Na progênie acadêmica de Lewis, o representante da geração mais nova é Cole Bunzel, de 31 anos, um doutorando em Princeton que rastreou a ascensão de Binali no Estado Islâmico. Para muitos acadêmicos, passar horas no Facebook, Twitter e outros fóruns on-line é distração. Para Bunzel, é trabalho. Por meio de subterfúgios e persistência, Bunzel conseguiu convites para participar de fóruns on-line de elite e abertos para jihadistas, muito antes que o nome de Baghdadi se tornasse bem conhecido. Nesses fóruns, Bunzel assistiu à evolução da jihad em tempo real. A história do Estado Islâmico pode ser lida em seus informes e nas postagens no seu blog, escritas para uma comunidade de colegas jihadologistas.⁵⁵

Em abril de 2013, Bunzel notou um acontecimento prenunciador. Abu Bakr al-Baghdadi, na época o líder invisível do Estado Islâmico no Iraque (ISI), anunciou que seu grupo se mudara para a Síria e absorvera seu congênere sírio, a Jabhat al-Nusra. Um post de Bunzel no site Jihadica.com, dedicado a estudos da jihad, foi o primeiro a observar essa mudança, que marcou o fim da existência do ISI como um grupo independente.⁵⁶ Em outubro daquele ano, Bunzel relatou as primeiras declarações de Abu Muhammad al 'Adnani, o porta-voz oficial do Estado Islâmico.

Esses pronunciamentos não deixavam dúvida quanto aos desígnios de longo prazo do grupo. 'Adnani expôs o plano:

> Nosso objetivo é a formação de um estado islâmico segundo o modelo profético que não reconhece fronteiras, não distingue entre árabes e não árabes, orientais e ocidentais, mas com base na devoção. Sua lealdade é exclusivamente com Deus: só Nele confia, e apenas a Ele teme.[57]

É raro líderes terroristas serem tão transparentes e concisos: esse era o plano, e três anos depois, era a realidade. As declarações subsequentes atribuídas a Baghdadi e 'Adnani tinham essa mesma audácia e franqueza; com o tempo, uma comunidade muito maior de estudiosos passou a lê-las assim que eram publicadas. As declarações tornaram-se tema de investigações decifradoras: como lobos sobre uma carcaça, os jihadologistas desmembram as mensagens em busca de novos sinais sobre o que o grupo pode estar planejando e quem, exatamente, é o responsável pelo planejamento.

A principal área de estudo de Bunzel é a história dos primeiros tempos da Arábia Saudita. Assim que o Isis começou a publicar vídeos e declarações em profusão, evidenciou-se a dívida do grupo com doutos sauditas do passado e do presente, diz Bunzel. Segundo o estudioso, as próprias vozes dos estrangeiros na propaganda já são sugestivas. Ele ouve "sotaques sauditas — uma porção deles". O Estado Islâmico está oficialmente em guerra com a Arábia Saudita. Contudo, o ódio mútuo é um caso freudiano de "narcisismo de pequenas diferenças" motivado tanto por similaridades quanto por discordâncias.

Os dois lados se dizem herdeiros legítimos dos clérigos que ajudaram no nascimento da Arábia Saudita pré-moderna. Em 1744, Ibn 'Abd al-Wahhab, um clérigo influenciado por Ibn Taymiyya, fez um acordo com o chefe militar árabe Muhammad al--Sa'ud. Este e sua família governariam como reis e controlariam os assuntos terrenos. Em troca de sua proteção, Ibn 'Abd al-Wahhab não questionaria a legitimidade dos Sa'ud e poderia pregar um duro tratamento *takfiri* conta xiitas, sufistas e outros inovadores. A teologia de Ibn 'Abd al-Wahhab supera em intolerância a de Ibn Taymiyya. Ele considerava apostasia prima facie um vasto conjunto de crenças, sem necessidade de "primeiro mostrar a adaga" como salvaguarda. Mesmo assim, permitiu que o rei governasse sem ser incomodado. Essa combinação, herdada pelos reis e pelo clero wahabita subsequentes, continuou válida formalmente desde então.

A situação durou mais ou menos por todo o século XIX. Contudo, nas três primeiras décadas do século XX ela foi desafiada, talvez além do que seria suportável. A partir de 1902, o tataraneto de Muhammad al-Sa'ud, 'Abd al 'Aziz, começou a consolidar o poder na península Arábica, e, conforme seu território cresceu, ele se viu cada vez mais forçado a administrá-lo não como uma sociedade tribal do deserto, mas como um moderno Estado territorial com fronteiras fixas e relações internacionais. Os britânicos aceleraram esse processo de delineamento das fronteiras quando prometeram bombardear 'Abd al 'Aziz se ele se aventurasse demais na direção norte. Os imperativos de governar um Estado moderno pesaram mais do que os imperativos religiosos do acordo com Ibn 'Abd al-Wahhab, e lentamente a Arábia Saudita começou a se parecer com qualquer outro país moderno.

Em 1933 a consolidação do poder estava concluída. Em 1938, prospectores descobriram petróleo. Isso acelerou o avanço das relações com o mundo exterior e, em consequência, a mudança social no reino. Turbinada com dinheiro, a vertente austera do islã representada pelo wahabismo — até então uma obscura idiossincrasia religiosa observada em um fim de mundo — tornou-se uma presença bem conhecida em comunidades onde florescera um islã mais tolerante. Para tirar o máximo proveito de sua riqueza petrolífera, 'Abd al 'Aziz e seus sucessores fizeram concessões em aspectos do wahabismo que até então não haviam sido contestados. A península Arábica fora oficialmente uma zona exclusiva de muçulmanos. Não muçulmanos podiam entrar como visitantes e trabalhadores por breves períodos, mas não se instalar de forma permanente, pois acreditava-se que o Profeta proibira a coexistência de religiões na Arábia. Antes da descoberta do petróleo, essa estrutura quase não precisava ser imposta, já que poucos não muçulmanos tinham alguma razão para permanecer na Arábia. Depois da descoberta do petróleo, os sauditas necessitaram de mão de obra estrangeira especializada para extrair e refinar seu óleo; por fim, quiseram mão de obra não especializada para fazer os serviços domésticos e as tarefas braçais de baixa remuneração que os nobres sauditas agora consideravam abaixo de sua dignidade.

Bunzel identifica Sulayman ibn Sihman (1850-1930) como o fundador intelectual da facção que se opôs à liberalização da Arábia Saudita. Ibn Sihman, o mais eminente clérigo saudita de sua geração, opôs-se não só à admissão de não muçulmanos no reino como também à permissão de que muçulmanos *saíssem* do reino rumo a terras não muçulmanas. Nesse e em vários outros aspectos, ele é o paladino dos proponentes de linha dura que lastimam o rumo que a Arábia Saudita tomou no século passado. O Estado Islâmico cita-o com aprovação e o associa a uma história alternativa implícita da Arábia Saudita: aquela na qual os Sa'ud manteriam a promessa feita a Ibn 'Abd al-Wahhab. Os sihmanitas mais ferrenhos afirmam que a Arábia Saudita desistiu de seu islã e que os membros de sua família real são *munafiqun* que pregam a verdade mas têm a apostasia no coração. O governo saudita aboliu a escravidão e permitiu a instalação de embaixadas permanentes povoadas por diplomatas infiéis. Os estrangeiros tomavam bebidas alcoólicas e se entregavam a outros comportamentos impuros. Em 1990, durante a operação Escudo do Deserto, o grão-mufti da Arábia Saudita, 'Abdullah Ibn Baz, declarou que dezenas de milhares de soldados infiéis poderiam residir no reino indefinidamente para protegê-lo de Saddam Hussein.[58] Lá se foi a sociedade tribal pobretona do século XVIII.

O Estado Islâmico propõe voltar ao ponto em que a história se bifurcou e seguir pelo outro caminho. A entidade aspira ser uma Arábia Saudita religiosamente mais incisiva, sob uma direção menos indulgente.

Sendo assim, poucas coisas ameaçam mais diretamente esse sonho do que a possibilidade de ser superado em devoção. O Estado Islâmico fica satisfeitíssimo quando vê as heresias e hipocrisias de seus inimigos expostas ao mundo, para provar que todos os produtos do mercado jihadista, salvo o seu próprio, foram contaminados — alguns nos anos 1930, alguns cinco anos atrás, outros em tempos ainda mais recentes. A entidade acredita que já expôs seus argumentos contra os governantes da Arábia Saudita, os quais permitiram a devassidão, puniram o jihadismo e conspiraram com infiéis americanos durante décadas. O próximo inimigo a enfraquecer era a Al-Qaeda.

Os líderes em Raqqa escolheram primeiro seu adversário mais difícil: Abu Muhammad al-Maqdisi, o ex-mestre de Binali que se transformou em crítico do Estado Islâmico. Ele era um jihadista de credenciais impecáveis. Em fins de 2014, Maqdisi e Binali haviam trocado amargas cartas públicas, nas quais Maqdisi acusava Binali de barbarismo e arrogância, enquanto Binali tachava Maqdisi de jihadista de sangue de barata que só aparecia nas horas boas. Em outubro de 2014, quando o Estado Islâmico fez vários reféns ocidentais e acenou para suas famílias com a possibilidade de libertação, Maqdisi exortou o Estado Islâmico a estender a misericórdia a Alan Henning, um taxista britânico que entrara na Síria em 2013 para levar auxílio a crianças. Não houve clemência. Na época, Bunzel leu a conclamação de Maqdisi e pensou que isso apressaria a morte dos cativos. "Se eu fosse um refém do Estado Islâmico e Maqdisi dissesse que eu não devia ser morto, já me consideraria com a boca cheia de formiga", ele comentou comigo.

O governo americano viu ali uma oportunidade. Tentou remendar a cisão entre os dois homens e conseguir a libertação dos reféns. Em dezembro de 2014, representantes dos Estados Unidos pediram a Maqdisi que intercedesse junto ao Estado Islâmico por Peter Abdul-Rahman Kassig, um ex-soldado de elite do Exército americano que fora para a Síria trabalhar em ajuda humanitária. Com dinheiro fornecido pelo FBI, Maqdisi comprou um telefone, e permitiram que ele se correspondesse com seu ex-pupilo. Discutiram a troca de Kassig por um militante da Al-Qaeda que estava em uma penitenciária americana. Essa troca, segundo Stanley Cohen, o advogado americano que assessorou as negociações, teria sido "uma espécie de presente de Turki al-Binali para Muhammad al-Maqdisi".[59] Os americanos recusaram a proposta, e logo o governo jordaniano interrompeu as conversas e usou-as como pretexto para encarcerar Maqdisi de novo. A cabeça decepada de Kassig apareceu em um vídeo alguns dias depois, na cidade de Dabiq — aquela que deu o nome à revista de propaganda. A morte de Kassig foi uma tragédia, mas o êxito do plano teria sido uma desgraça ainda pior. A reconciliação entre Maqdisi e Binali teria começado a eliminar a principal cisão entre as duas maiores organizações jihadistas do mundo. Cohen diz que as negociações foram "sabotadas" pelos jordanianos, que ansiavam por não parecer menos eficazes do que Maqdisi na defesa dos interesses americanos. Além disso, Cohen explica, os partidários de Maqdisi "NÃO mostraram" interesse algum em "fundir-se ou trabalhar com o Isis". Em vez disso, evidenciavam "escárnio e desdém pelo Isis" e achavam que o Estado Islâmico "fornecia um pretexto conveniente para mais militarismo americano/ ocidental".[60]

Seria difícil exagerar o prazer que o Estado Islâmico sentiu por ver seus inimigos brigarem, discutirem e se depreciarem mutuamente. Os Estados Unidos encerraram seu programa matrimonial jihadista depois do assassinato de Kassig, mas a Jordânia teve sua vez nas tentativas de reacender o romance entre Binali e Maqdisi. Em 24 de dezembro de 2014, o Estado Islâmico aprisionou um piloto da Força Aérea Real jordaniana chamado Muʻdh al-Kasasbeh depois que ele se ejetou de seu caça F-16 enquanto sobrevoava a Síria. O Estado Islâmico brincou com a monarquia jordaniana que tentava obter a devolução do piloto. A *Dabiq* publicou uma entrevista com Kasasbeh dias depois de sua captura. A revista referia-se a ele como "MURTADD" [apóstata]:

> DĀBIQ: Você já viu vídeos produzidos pelo Estado Islâmico?
> MURTADD: Não, não vi.
> DĀBIQ: Vamos garantir que os carcereiros lhe deem a oportunidade de assistir a *Embora isso desgoste os incrédulos* [filmagem da decapitação simultânea de aproximadamente duas dezenas de militares da Força Aérea síria]. Sabe o que o Estado Islâmico vai fazer com você?
> MURTADD: Sei... Vão me matar...[61]

Maqdisi pensou que ainda seria capaz de demover Binali. Em fevereiro de 2015, com a bênção dos jordanianos, propôs uma troca: Kasasbeh por Sajida al-Rishawi, uma iraquiana que pretendia explodir-se em um casamento no hotel Radisson de Amã em 2005, mas fracassou e foi presa. Não é provável que Maqdisi se preocupasse com Kasasbeh, pois esse oficial a serviço da Força

Aérea Real jordaniana provavelmente se qualificava como apóstata aos olhos dele. Mas salvar a vida de uma guerreira santa como Sajida seria um ato abençoado.

Àquela altura, o Estado Islâmico já tinha queimado Kasasbeh vivo. Só queriam ver Maqdisi rastejar. Quando Maqdisi exigiu prova de que Kasasbeh estava vivo, seu correspondente com o Estado Islâmico "acabou dizendo que tinha o vídeo mostrando [que Kasasbeh] ainda vivia, [mas] depois disse que não podia mostrá-lo a Maqdisi porque a conexão da internet estava lenta demais".[62]

Dias depois, o mundo inteiro recebeu a prova da morte e viu que Maqdisi fizera papel de bobo, negociando por um monte de cinzas. (Em retaliação, horas depois os jordanianos executaram Rishawi.) Maqdisi foi entrevistado em um programa de televisão jordaniano. Pareceu sensato e moderado, e criticou o Estado Islâmico por negociar de má-fé e violar as leis islâmicas da guerra ao queimar um cativo. Binali saiu-se com uma réplica fulminante. Em uma declaração assinada, ressaltou a notável história do uso da execução por imolação pelos Companheiros do Profeta. Juristas de épocas posteriores também aprovaram essa forma de execução. Clérigos chafitas e hanafitas a permitiam, e todas as escolas de jurisprudência sunitas invocaram a doutrina de *qisas* — a punição olho por olho — para justificar a incineração dos que mataram com fogo, como Kasasbeh [supostamente] fizera em ataques aéreos. Binali também aludiu aos argumentos da imolação incluídos no próprio vídeo da execução em uma citação de Ibn Taymiyya. A citação dizia que, se a exibição pública de uma execução levasse inimigos do islã a deixar de lutar ou desistir, punições desse tipo eram defensáveis. A *Dabiq* publicou a réplica em um artigo subsequente.[63]

Binali enxovalhou Maqdisi por ter dado a entrevista à televisão e por não se opor ao título do programa, "O piloto mártir

Mu'dh Kasasbeh". Independentemente de se achar ou não que Binali venceu Maqdisi no debate sobre a imolação, Binali conseguiu fazer Maqdisi parecer presumido e servil. Participara de um programa jordaniano que parecia um clone de talk-shows americanos e se tornara instrumento da monarquia da Jordânia e dos Estados Unidos. Ninguém que tenha aliados como esses pode arrogar a si o posto de maior ideólogo jihadista do mundo. O jovem clérigo, para todos os efeitos, declarou que seu professor era um infiel.

Bunzel e outros registraram o duelo público em uma série de postagens em seus blogs. A contenda, para Bunzel, dava a impressão de que a fenda se alargava e de que a jihad internacional estava passando por uma troca da guarda.

Entre os outros que reconheceram a importância da cisão estavam os colegas de Maqdisi no *brain trust* da Al-Qaeda. Bunzel cita Hani al-Sibai, um renomado veterano ligado à Al-Qaeda que vivia como refugiado no Reino Unido, lamentando que Binali, outrora um pupilo promissor, agora estava perdido para o extremismo. Por anos Sibai justificou os assassinatos e mutilações de não muçulmanos pela Al-Qaeda. De sua casa, na zona oeste de Londres, ele também fazia oposição ao Estado Islâmico, acusando seus líderes de serem extremistas, não consultarem os demais muçulmanos e dividirem a comunidade jihadista, entre outros pecados. Binali respondeu com frieza glacial a essa avalanche de censuras. Comparado a Maqdisi e a Sibai, Binali é uma sombra, um fantasma, ou, como diz Bunzel, "o Mufti Silencioso". Bunzel cita Sibai novamente antes de acrescentar seu próprio comentário:

"Essa comunidade [o Estado Islâmico] é o cemitério dos extremistas... e apenas a verdade prevalecerá... Vocês verão, gerações futuras verão que o que digo é certo." No entanto, é muito provável que

Sibai e seus congêneres sigam para o cemitério primeiro. Talvez de forma simbólica, o antes aclamado site de Sibai foi deletado dias depois de seus comentários. Assombrosamente, o Mufti Silencioso parece estar vencendo na calada.[64]

Minha próxima tarefa era encontrar um mufti que não fosse silencioso.

3. Musa Cerantonio

"Um café chamado The French Baguette", escreveu Musa em um e-mail, indicando o lugar para o nosso primeiro encontro, em dezembro de 2014. "Se estiver de carro, do outro lado da rua há bastante lugar para estacionar, e, se for de transporte público, fica bem perto da estação Footscray." Até então havíamos trocado menos de meia dúzia de e-mails, e minha primeira reação foi consultar um site de avaliações de restaurantes para descobrir se o lugar requeria ir bem-vestido ou pelo menos de sapato fechado.

Quando cheguei e vi Musa, ri da minha preocupação. Ali estava um homem que não iria a nenhum restaurante onde fosse preciso usar gravata. Era corpulento, com um físico robusto que provavelmente irá virar gelatina se ele viver até beirar a casa dos quarenta. Estava de tênis e macacão jeans (com as pernas da calça enroladas para cima), e de vez em quando afagava a barba comprida como se ela fosse o gato de um vilão de filme de James Bond. Na verdade, aquela pelugem no rosto tornava-o mais parecido com um fã de *O Senhor dos Anéis* num evento Comic-Con do que com um recruta do Estado Islâmico. Porém, quanto mais ele descrevia sua visão do Estado Islâmico, mais parecia estar vivendo um drama digno de um romance de fantasia medieval, mas com sangue de verdade.

Só o fato de Musa ter liberdade para se encontrar comigo já era surpreendente. Sendo talvez o mais famoso jihadista da Austrália (em segundo lugar vinha Junaid Thorne, um pregador de 27 anos de ascendência parte aborígine residente em Perth), Musa era assiduamente rotulado de "terrorista", "defensor do Isis" e coisas piores pelos tabloides. Em 11 de julho de 2014, uma equipe da Swat filipina entrou no apartamento de Musa em Lapu-Lapu, que ele talvez pretendesse transformar em entreposto entre a Síria e o Estado Islâmico. Musa foi deportado para Melbourne, e confiscaram seu passaporte. No entanto, ali estava ele, cinco meses depois, um homem livre, tomando café à janela de uma padaria que não era francesa, descobri, e sim vietnamita. Em nossa conversa, a primeira de muitas, ele esboçou os artigos não negociáveis do credo que o Estado Islâmico era o único em posição de defender. "Eu me atrevo até a dizer que o islã foi restabelecido", declarou.

O nome "Musa Cerantonio" é um daqueles simpáticos híbridos translinguísticos: "Musa" é o equivalente árabe de "Moisés", e "Cerantonio" é italiano. Musa nasceu Robert Cerantonio, e é italiano o suficiente para conversar com sua *nonna* na língua materna dela, um dialeto da Calábria. ("Roberto", ela lhe pergunta, ainda sem entender como é que ele se converteu do catolicismo ao islã, *"perché sei diventato turco?"* [Por que você virou turco?].) Um dos apelidos de Musa, "Al-Qillawri", é uma expressão sículo-árabe — o extinto dialeto da Sicília muçulmana — que significa "calabrês".[1] O arcaísmo é deliberado: a última vez em que alguém usou "Qillawryya" para se referir à Calábria foi no século IX, quando os mouros conquistaram a Sicília para o islã usando a Calábria como cabeça de ponte.

O islã não exige que os convertidos adotem um nome árabe, e Musa conta que de início não pretendia fazê-lo. Mas seus irmãos muçulmanos viviam lhe perguntando quando ele iria escolher um novo nome, então ficou com Musa. Seu nome híbrido também lhe confere um status especial, pois o marca como convertido — um muçulmano que não teve a sorte de nascer no islã, mas que veio por sua livre vontade. O primeiro jihadista que conheci era um paquistanês seguidor de Osama bin Laden que vivia nos arredores de Peshawar em 2001, e ele me prometeu: "Se você se converter ao islã, será melhor do que qualquer um de nós".

Notei pela primeira vez a presença de Musa em redes sociais jihadistas em meados de 2014, pouco depois da declaração do califado de Baghdadi. Seu nome aparecia em vários tuítes, postagens no Facebook e vídeos de propaganda publicados pelos simpatizantes do Estado Islâmico, e achei interessante que um evidente convertido tivesse conseguido chegar à posição de celebridade por suas pregações. O fato de que a estrela de Musa estava em ascensão logo foi confirmado pelo centro de estudos sobre o Estado Islâmico no Reino Unido, o International Centre for the Study of Radicalisation (ICSR), do King's College de Londres. O centro publicou em 2014 um relatório indicando as contas em redes sociais que eram as mais ativas no apoio a combatentes estrangeiros na Síria. Aquelas contas cuidavam para que os recrutas em potencial recebessem uma torrente de doutrinação e notícias em seu caminho para a radicalização total. O principal divulgador, conhecido como @ShamiWitness, despejava freneticamente atualizações e exortações para seus 17 mil seguidores no Twitter. Entre os clérigos, os mais populares e influentes eram um palestino-americano chamado Ahmad Musa Jibril[2] e Musa Cerantonio, que tinha 12 mil fãs no Facebook quando cancelou sua página, em maio de 2014.³

Esses três homens tinham mais uma coisa em comum: nenhum deles visitara o Estado Islâmico nem emigrara para lá, apesar de incentivarem outros a fazê-lo. Correspondi-me brevemente com @ShamiWitness e tentei entrevistá-lo em novembro de 2014. Na época, muitos analistas pensavam que ele fosse egípcio. Poucas semanas após nossa correspondência, porém, sua identidade foi revelada: era Mehdi Masroor Biswas, um programador de sistemas que morava na cidade indiana de Bangalore e adorava pizza. Jibril, que desde então silenciou sua conta no Twitter, está em liberdade condicional em Detroit por fraude em banco e via correspondência, sonegação de imposto de renda e lavagem de dinheiro. Esses homens podem não ter coragem para fazer a viagem, mas muitos dentre as dezenas de milhares que a fizeram consultam os dois em busca de fatos e motivação. O principal papel dos divulgadores é fazer o apelo às massas [*da'wa*] para o Estado Islâmico, como o alfaiate Hesham fazia oralmente para o salafismo. E, para isso, o que importa é a mensagem e seu efeito, não a integridade do mensageiro.⁴

Muito já se falou sobre a habilidade do Estado Islâmico para recrutar on-line — como se o recrutamento começasse com uma pessoa normal que, inocente, digitava "Síria" na busca do Google e terminasse dias depois com a mesma pessoa decapitando um alauita no Instagram. O diretor do ICSR, Peter R. Neumann, disse-me que raras vezes, ou talvez nunca, a parte principal do recrutamento acontece on-line. "Não creio que tenhamos encontrado algum caso de combatente que viajou para a Síria sem conhecer alguém [na vida real] que tivesse ido primeiro", ele me disse em fins de 2014.⁵ O contágio se dá pessoalmente. Para vermos a prova epidemiológica, basta espetar um alfinete num mapa para representar a cidade de origem de todo combatente estrangeiro que tenha ido da Europa para a Síria. Se as conversas on-line fossem capazes, em si, de convencer pessoas a emigrar, veríamos uma distribuição homogênea de alfinetes, bastante correlacionados com centros populacionais. Ao invés disso, vemos aglomerados de alfinetes. Em algumas cidades grandes, há poucos alfinetes. Mas em outras cidades, de tamanho pequeno, eles lembram um dorso de porco-espinho. A cidade alemã de Dinslaken, na Renânia, com 72 mil habitantes, já mandou mais de vinte combatentes para a Síria. Nada em Dinslaken daria a impressão de que ali há um viveiro do jihadismo. (Quando lá estive, o único sinal visível era um conjunto de adesivos grudados em paradas de ônibus, exigindo a libertação de "prisioneiros muçulmanos". Os prisioneiros eram todos jihadistas.) Horst Dickhäuser, o porta-voz da cidade, alega defensivamente que Dinslaken não tem um problema desproporcional de jihadismo. Mas se a porcentagem de jihadistas na população dessa cidade se aplicasse ao resto da Alemanha, o país teria contribuído com 20 mil pessoas para o Estado Islâmico, e não com apenas cerca de mil. Na verdade, diz Dickhäuser, Dinslaken teve a má sorte de ter sido a cidade onde morava um único indivíduo muito persuasivo, filho de um empresário da cidade, que convenceu outros a emigrarem e depois se mudou. "O chefe do grupo sumiu de Dinslaken", Dickhäuser me contou, desejando o mesmo para mim, é claro.[6]

Há uma profusão de histórias semelhantes em outros lugares, nas quais o paciente zero transmite o parasita do Estado Islâmico de pessoa para pessoa: Portsmouth, Molenbeek, Cardiff, a cidadezinha francesa de Lunel.[7] A função da propaganda em redes sociais, diz Neumann, é fornecer o meio de cultura para o parasita depois que ele foi inoculado. Assim, cada um no seu ritmo e por meio de sermões, artigos e vídeos de fácil acesso, os indivíduos podem contraí-lo e alimentá-lo, até por fim dedicar tudo o que resta de suas vidas à expansão do Estado Islâmico.

Neumann e seus colegas referiam-se a Musa como uma "nova autoridade espiritual". Musa traduzia declarações e discursos de líderes do Estado Islâmico para o inglês, e *muhajirun* seguiam-no pela internet e buscavam nele uma fonte de ortodoxia e interpretação, um professor das doutrinas do *khilafah*. Acabei por conhecê-lo bem, e, de certa forma, ele se tornou um professor também para mim. Do French Baguette caminhamos até um restaurante sudanês para almoçar. O trajeto curto nos levou pelas ruazinhas de Footscray, um subúrbio multicultural de Melbourne que é o berço do guia de viagem *Lonely Planet*. Passamos por restaurantes africanos, lojas vietnamitas e jovens árabes perambulando com o uniforme salafista oficioso: barba desgrenhada, camisa comprida e calça enrolada até o meio da canela. Numa multidão como essa, eu me sentiria no mínimo tão confortável usando uma barba jihadista ou uma bata *dashiki* quanto me sentia com minha calça cáqui e minha camisa de alfaiataria. Musa queria falar sobre o islã, e eu também: se os simpatizantes do Estado Islâmico procuravam seus conselhos, então ele poderia me mostrar o que e como eles pensavam.

Musa nasceu em Melbourne e cresceu em Footscray, em um ambiente católico. Sua mãe trabalha em uma casa de repouso para idosos e pessoas incapacitadas, e seu pai deixou a família quando Musa era criança. Em meados de 2014, quando foi deportado das Filipinas, Musa voltou a morar com a mãe em Footscray, numa área residencial de classe média. Ali todas as ruas têm nomes de colônias ou batalhas coloniais britânicas. Ele mora na rua Cartum.

Quando jovem estudante, ele não demonstrou nenhuma inclinação específica pela jihad, embora sua mãe tenha me contado, mais tarde, que ele era um jogador agressivo de futebol australiano e dado a brigar em campo. Ele foi a Roma na adolescência e voltou horrorizado com a "idolatria" da arte da megalomania da Igreja católica. Em 2002, aos dezessete anos, ele se converteu ao islã e logo simpatizou com a Tablighi Jamaat, uma organização de alcance global que conclama os muçulmanos à devoção. (Alguns dos homens de Alexandria que Hesham enviou ao meu encontro pertenciam a essa organização, embora seus membros não sejam fundamentalmente salafistas.) Musa diz que se sentiu atraído pela religião porque ela combinava lógica — por exemplo, nada de explicações tortuosas para a Santíssima Trindade — com reverência a Jesus, o profeta muçulmano cujo retorno à terra e futuro papel no Estado Islâmico são agora objeto de longa contemplação por Musa.

Musa estudou, pessoalmente e pela internet, com xeques da Austrália e do Oriente Médio e alcançou um domínio do árabe e do Alcorão suficiente para ser procurado como orador e professor. Ele tem facilidade para aprender línguas, e conversou comigo em italiano, árabe e espanhol compreensíveis. Diz que também se vira em português, francês, bósnio — "sobretudo palavrões" —, chinês, tagalo e chavacano (um idioma crioulo falado no sul das Filipinas, baseado no espanhol). Fez sermões por toda a Austrália e no exterior e conheceu intelectuais muçulmanos de renome internacional, alguns dos quais ele hoje considera infiéis.

No YouTube podemos encontrar pronunciamentos de Cerantonio em número suficiente para observar uma progressão não só religiosa, de extremista para muito extremista, mas também física, de rapaz convertido para professor experiente. Em 2011, uma emissora de televisão patrocinada pela Arábia Saudita chamada Iqraa ("Recita!", a primeira palavra do Alcorão revelada a Maomé) convidou-o a se profissionalizar, e ele se mudou para o Cairo para trabalhar como televangelista. Em seu programa, intitulado *Pergunte ao Xeque*, ele testava as fronteiras do discurso religioso à medida que se tornava cada vez mais político. Por fim, passou a clamar pelo estabelecimento de um califado controlado por um único líder absoluto e governado rigorosamente de acordo com a Xaria.

Considero psicologicamente incompleto o relato de Musa sobre como foi atraído para essa versão do islamismo. Ele diz que o islã requer um imamado baseado em um califa e que uma leitura apropriada dos textos o levou a essa conclusão inevitável. No entanto, é claro que a conclusão não é inevitável, já que muitos muçulmanos rejeitam ou desconsideram a reivindicação de um califado. Perguntei várias vezes sobre a origem de sua sorte por ter discernido as obrigações políticas do islã, mas ele nunca deu explicação alguma além da retidão de suas leituras.

Qualquer tentativa de conjeturas sobre a psicologia de Musa nunca vai além disso; no entanto, há uma espécie de psicologia do convertido que pode ser relevante. Em seus programas na TV Iqraa, ele se sai bem e demonstra um nível de conhecimento sobre as escrituras impressionante não só para um convertido adulto, mas para qualquer muçulmano de sua idade. Seja ele capaz ou não de confundir os xeques de Al-Azhar, o fato é que Musa estudava os textos com afinco. Por definição, os convertidos, ainda que festejados e parabenizados por sua conversão, florescem tardiamente, e os que já nascem no seio da religião os depreciam sem querer, insinuando que, por terem começado tarde, estarão sempre em desvantagem. *Você pode ser um devoto fervoroso, mas se veio para o islã dezessete anos mais tarde, como poderá nos alcançar?* Alguns convertidos se aborrecem com a condescendência com que são tratados por gente que estudou menos do que eles e é menos devota. No entanto, beneficiam-se da atenção de que desfrutam, a qual (condescendente ou não) é desproporcional aos êxitos que eles alcançaram. Afinal de contas, não há muitos muçulmanos nativos de vinte e poucos anos ganhando programas de televisão próprios. Ainda assim, é possível que o público de Musa assistisse ao seu programa só para se divertir com a presunção do recém-chegado em fazer sermão para quem havia crescido na fé. Quem sabe os aplausos que ele recebia provinham da mesma inspiração do célebre gracejo de Samuel Johnson sobre a pregação por mulheres quacres: "É como um cachorro andando só com as pernas traseiras. Ele não faz bem-feito, mas a gente se surpreende só por vê-lo fazer".[8]

Uma resposta a esse ceticismo depreciativo é o recrudescimento. Em alguns casos, isso significa adotar as visões mais extremistas e mergulhar o mais fundo possível na filosofia e na história, para que ninguém ouse pensar em questionar a autenticidade da posição adotada. Pense num convertido ao catolicismo que procurasse um padre dos tempos pré-Concílio Vaticano II para se confessar, ou em um convertido ao judaísmo que importunasse os sogros judeus não praticantes com lições de como ter uma cozinha kasher. Musa talvez tenha sentido um impulso semelhante de superar seus pares — e nada poderia ser mais irrepreensível do que andar vestido no estilo salafista e pregar o avivamento de uma instituição antiga apesar da desaprovação das autoridades à sua volta. Nem o governante do Egito na época, Muhammad Morsi, nem os sauditas que financiavam a emissora de TV desejavam a ressurreição de um califado em nenhum aspecto, por isso disseram a Musa que deixasse de lado aquele assunto e fizesse pregações menos políticas. Ele se recusou, foi demitido e, no pacote desse rompimento, veio incluída uma sova pelo pessoal da emissora. Musa deixou o Egito em 2012 e não voltou mais.

Contudo, o sonho de um califado estava alojado na mente de Musa, e ele começou a escanear o planeta em busca de um lugar para estabelecê-lo. O califado não é apenas uma entidade política ou uma ditadura muçulmana, mas também um veículo para a salvação, Musa me explicou. Ele citou um dito do Profeta: morrer sem jurar lealdade é morrer ignorante [*jahil*] e, portanto, essa é uma "morte na descrença".[9] Pense no tratamento que os muçulmanos (aliás, também os cristãos) acreditam que Deus dá aos que morrem na ignorância da verdadeira religião. Suas almas não são obviamente salvas nem condenadas para sempre. Da mesma forma, Musa explicou, o muçulmano que reconhece um Deus onipotente e ora, mas morre sem ter jurado lealdade a um califa, coloca-se em um espaço intermediário entre o islã e a descrença. Ele não vive uma vida plenamente islâmica e morre em estado de pecado.

Ao longo da história, o califado tem sido o modelo mais conhecido para o governo muçulmano, e alguns no islã o consideram a única forma de governo aprovada por Deus. No centro está o califa (*khalifah*), cujo título significa, literalmente, "sucessor" (é ele quem tem de carregar o fardo de implementar a lei de Deus, como Hesham explicou).[10] Segundo a tradição sunita, o governo funciona mais ou menos assim: um califa, escolhido por um grupo de elite, exige obediência de seus súditos e, em troca, incumbe-se de implementar com competência a lei e as instituições islâmicas. Lembremos o discurso de posse do primeiro califa, Abu Bakr al-Siddiq, plagiado depois por Morsi e Al-Baghdadi: o califa deve buscar o conselho de seus súditos e governar com retidão. Se ele deixar de governar segundo a lei de Deus — por exemplo, negligenciando as proibições ao álcool e à fornicação, ou não punindo transgressores como prescrito nas escrituras —, seus súditos são obrigados a depô-lo e a matá-lo.

Segundo a interpretação da lei sunita por Musa, poucos se qualificam para assumir o papel de califa. De acordo com Musa, isso explica, em parte, por que demorou tanto para que Baghdadi aparecesse e se declarasse. Para entender o quanto é exclusivo o clube dos possíveis califas, imagine que todos os 1,6 bilhão de muçulmanos do mundo ficassem em pé e fossem se sentando à medida que enumerássemos os critérios que os excluem da elegibilidade. Para começar, o califa tem de ser um homem muçulmano adulto livre. Isso exclui os escravos, inclusive muçulmanos, e todas as mulheres e crianças. Ele tem de demonstrar probidade e integridade mental; isso exclui deficientes mentais, covardes e pecadores flagrantes. (Os príncipes do Golfo conhecidos por suas bebedeiras e farras já poderiam ir se sentando, junto com qualquer um que não estivesse disposto a comandar homens em batalha.)

Os muçulmanos livres, guerreiros e eruditos que ainda estão em pé (já um grupo pequeno) também precisam ser *fisicamente* intactos. Não podem ter um membro, um dedo, um olho a menos. Isso excluiria praticamente todos os veteranos talibãs, que quase sem exceção já tropeçaram em uma mina terrestre em combate e perderam olhos, mãos e pés. (O mulá Omar, líder do Talibã até sua morte, em 2013, reivindicou o título logo abaixo do de califa, *amir al-mu'minin* [príncipe dos fiéis], mas lhe faltava um olho.)

Por fim, o califa tem de ser da tribo de Maomé, os coraixitas.[11] Segundo o hadith, Maomé disse que "o califado está reservado aos coraixitas". O califa não precisa descender diretamente de Maomé, mas tem de ser membro de sua tribo, Musa explica. Essa restrição exclui quase todos os que restavam em pé. O clã Sa'ud, dos governantes da Arábia Saudita, não é coraixita. Osama bin Laden também não era. Bin Laden era de uma família proeminente de origem hadrami iemenita, por isso não teria enganado a ninguém caso se declarasse um descendente patrilinear dos coraixitas. ("Os Bin Laden são como os Kennedy", um especialista em Oriente Médio me disse. "Todo mundo conhece sua genealogia.")

Pertencer à linhagem coraixita não é coisa rara. Saddam Hussein dizia ser um coraixita. Com mais credibilidade, o rei Muhammad VI, do Marrocos, também declara ter ascendência coraixita, e assim também o faz Abdullah II, do Reino Hachemita da Jordânia. Como esses dois reis são oficiais militares, poderiam reivindicar plausivelmente a posição de califa, disse Cerantonio — se já não tivessem sido desclassificados por violarem critérios anteriores. "Está claro que [Abdullah II] não é muçulmano", diz Cerantonio. Se fosse, estaria governando segundo a Xaria e teria se declarado califa muito tempo atrás. Essa mesma queixa aplica-se ao rei marroquino, que provavelmente teria ainda outro impedimento: dizem que ele é gay.

Se, ao fim desse processo de triagem, houver alguma pessoa que se enquadre em todos os critérios relevantes, esse indivíduo *tem* de assumir o posto de califa. Musa garante: ele seguiria essa pessoa, mesmo se o califa estivesse em erro teológico. "Se um homem coraixita aparecesse e se oferecesse para governar pelo islã, nós o seguiríamos como um *khalifah* [califa], ainda que fosse um sufista", ele diz.

Expulso do Egito, Musa tornou-se mais decidido a estabelecer um califado. Qualquer lugarzinho bastaria. Existe uma tradição, ele me disse, segundo a qual cada rua ou trecho de estrada poderia ser um califado, contanto que as condições de validade fossem atendidas.

Ele foi para as Filipinas, onde um de seus irmãos tinha morado e trabalhado, e começou a procurar por um homem coraixita intacto. Se um grupo em busca de um califado conseguisse apoderar-se de um território na ilha de Mindanao, no sul das Filipinas, ou em suas proximidades, esse homem poderia tornar-se califa. A tarefa talvez pareça absurda, mas Musa diz que as áreas muçulmanas do sul das Filipinas abundam em apoio a um califado coraixita. Ele logo se casou com uma filipina convertida ao islã, Joan Navarro Montayre, três anos mais velha. (O casal não tem filhos, mas Musa tem dois filhos pequenos de um casamento anterior com uma australiana descendente de libaneses.)

Antes que os sonhos de Musa com Mindanao se realizassem, o Isis agiu. Em 2013, simpatizantes do Isis haviam começado a conversar pela internet sobre a possibilidade de um califado. Essas conversas impeliram Cerantonio a agilizar seu ministério. Em um sermão que gravou em Melbourne após sua temporada nas Filipinas, ele zombou dos muçulmanos que se empenhavam pelo califado, chamando-os de gradualistas. Conclamou-os à jihad:

> O Profeta nos disse que o retorno do *khilafah* será um tempo de muita guerra e tribulações. A resposta à Palestina não é dar as mãos aos *kuffar* [infiéis]. Não é implorar que a ONU nos aceite como país. A resposta, como nos disse o Profeta, é combater os *kuffar* até que a religião pertença a Alá.
>
> Pela primeira vez, a *ummah* está despertando... Não retornaremos lentamente à força. Retornaremos ao estado islâmico.

Ele achava muito interessante o fato de o chamado para o despertar vir da Síria. "*Sham* tem um lugar muito especial e estratégico para a *ummah*", ele me disse, citando o Alcorão e um hadith bem conhecido. "Os melhores homens virão de *bilad al-Sham* [a nação do Levante], e Alá abençoou-a dentre todas as nações." O Alcorão e o hadith mencionam *Sham* mais de uma vez (e nenhuma vez Mindanao), inclusive em trechos que se referem a batalhas apocalípticas e à vinda de um messias muçulmano.[12] Geografia e profecia estavam alinhadas.

Em junho de 2014, ele assistiu no noticiário à tomada de Mossul pelo Isis. Quando comandantes do Isis faziam pronunciamentos e publicavam declarações oficiais, ele os traduzia para o inglês. (Muitas das traduções inglesas que flutuam pela internet ainda trazem seu nome.) "[A tradução] demorou mais do que eu pensava, principalmente os discursos de 'Adnani, porque a linguagem dele é muito difícil, sobretudo a poética", diz Cerantonio. "Eu fiz, e [os simpatizantes do Isis] adoraram. Quando veio o segundo pronunciamento, eles já cobraram: 'Você não vai fazer a tradução?'" Depois de mais uma meia dúzia de pronunciamentos, criou-se um ciclo de produção no qual Musa contribuía com a tradução e outros criavam gráficos, vídeos e outros recursos de apoio. Um representante do Isis convidou-o para ser "o tradutor oficial do *Dawlah*", ele diz. "Fiquei sem palavras. Isso mostra como é fácil subir na hierarquia no *Dawlah*, acho."[13]

"Disseram que uma irmã no Sudão seria a pessoa que eu poderia procurar caso não entendesse alguma coisa." Ele diz que recusou qualquer papel oficial, mas prometeu continuar a traduzir de forma independente. "Foi uma decisão no mínimo muito sensata", ele comenta, considerando as consequências legais de formalizar um acordo de trabalho com um grupo terrorista.

Entre os pouquíssimos que ainda restavam em pé na seleção para califa estava Abu Bakr al-Baghdadi. Ele preenchia todos os requisitos: devoção, integridade física, ascendência coraixita — por isso, não tinha escolha, era obrigado a reviver o califado. Quando Baghdadi fez o anúncio, Musa exultou — e ficou frustrado. "Eu estava em um hotel [nas Filipinas], e vi a declaração pela televisão", ele me contou. "Era incrível, e eu me perguntava, *O que é que estou fazendo aqui nesta porcaria de quarto?*" Os muçulmanos tinham seu califa legítimo, e naquele momento só havia uma opção. "Se ele é legítimo, é preciso dar-lhe *bay'a* [lealdade]", disse Cerantonio. "É por isso que as pessoas se apressam a dar a *bay'a* em vez de dizer 'Olhe, primeiro quero conhecer [Baghdadi] pessoalmente!'", para verificar sua autenticidade. "Não, não, não. Ele cumpre as poucas condições? Sim. E é de fato a única pessoa no mundo que as cumpre. Temos só um governante no mundo todo que é muçulmano, que é coraixita e que governa segundo o islã? Apenas um."

Supus que Musa tinha prestado sua *bay'a* de imediato, mas ele me corrigiu: "Eu não disse que jurei lealdade". Pela lei australiana, dar *bay'a* ao Estado Islâmico era ilegal, ele me lembrou. Então me dei conta de que ele nunca havia literalmente declarado que apoiava o grupo. "Mas concordo que [Baghdadi] preenche os requisitos", ele continuou. "Vou piscar para você, e você pode interpretar como quiser o significado." Piscou.

O fato de Musa não ter ido à Síria é, para ele, uma fonte de consternação, e, para seus oponentes, de chacota. Ali estava alguém que dizia acreditar nos califados e na seleção divina de Baghdadi, mas, em vez de correr para o campo de batalha, ficava ali empacado, vivendo em ovina docilidade, sob o governo de uma mulher ateia, Julia Gillard.

Musa mudara-se para as Filipinas em 2013, e me disse que ele e sua mulher haviam planejado viajar em junho de 2014, após a declaração de Baghdadi. Quanto ao destino, ele foi cauteloso ("Ir para a Síria é ilegal"), mas me levou a supor que pretendia emigrar ("fazer *hijrah*") para o *Sham*. As coisas não saíram como planejadas. Ele conta que um grupo da Caxemira interceptou o dinheiro que fora mandado do Iêmen para as Filipinas para sua viagem. As autoridades locais quiseram prendê-lo e deportá-lo, por isso ele permaneceu desconectado da internet e não atendeu ao telefone, exceto em locais públicos apinhados, onde a polícia não seria capaz de usar a geolocalização para encontrá-lo. No começo de junho de 2014, sua conta no Twitter trazia uma mensagem dizendo aos seguidores que ele já estava quase chegando à Síria: "*Inshallah* chegarei muito em breve a Ash-Sham, mantenham-nos em suas *du'a'* [orações]; fazendo preparativos para a viagem. Que Alá abençoe e projeta nosso imame, nosso Amir, nosso Khalifa, Abu Bakr al-Baghdadi". Seguiu-se um post no Facebook informando que ele havia chegado.

Na verdade, ele continuava nas Filipinas. Diz que aquelas mentiras destinavam-se a enganar a polícia (se pensassem que ele já estava na Síria, talvez cessassem as buscas). Mais tarde, ele declarou ao repórter John Safran que, rigorosamente falando, ele não tinha mentido. Diz que deu suas credenciais do Facebook a um amigo na Síria, e que o amigo postava em seu nome. "Do ponto de vista islâmico, não estou mentindo, pois é ele quem está dizendo 'estou na Síria' na minha conta", ele explica.[14] Mas sua mulher cometeu um erro: deu um telefonema que foi interceptado pelo governo. Musa foi preso e deportado para a Austrália por permanecer no país além do prazo permitido no visto. Joan permaneceu nas Filipinas.

Quando Musa e eu nos encontramos pela primeira vez, em dezembro de 2014, fazia cinco meses que o Estado Islâmico existia com esse nome. Suas chacinas incessantes tinham feito o tempo passar devagar para mim, como acontece quando cada dia traz alguma coisa nova e terrível. Musa não foi o primeiro partidário do Estado Islâmico que encontrei, mas foi o primeiro disposto a falar oficiosamente na voz do grupo em inglês, com admiração por seu plano fundamental. Muitos dos fãs na internet escondiam o rosto. Musa não escondia nada, e tê-lo ali na minha frente comendo cordeiro sudanês era como ter um dos assassinos respingados de sangue no Twitter saindo da tela, no estilo do filme *A rosa púrpura do Cairo*, para me encontrar a meio caminho entre seu mundo e o meu. Musa não declarou (aliás, ele negou) que era membro do Estado Islâmico. Mas estava claro que considerava o grupo uma maravilha, algo belo, uma confirmação da profecia.

Longe de ser intolerante, ele debatia bastante animado comigo e fazia correções com solicitude. Nem tudo o que eu escrevera sobre o Estado Islâmico tinha sido generoso: em um artigo para a revista *New Republic*, eu dissera que o Estado Islâmico inspirava-se nos *salaf* e estava revivendo meticulosamente as práticas da antiguidade; eu me referira à organização como "o mais cruel esquadrão de reencenadores da história de todos os tempos".[15] Musa não se espantou com o "cruel" (cavalheiros podiam discordar sobre isso), mas com a minha afirmação de que o Estado Islâmico parecia retrógrado.

"Você viu que há combatentes do Estado Islâmico de tênis Nike Air Jordan?", ele argumentou. "Eles não estão usando espadas" — Musa não vira o cutelo de Islam Yaken —, "usam granadas lançadas por foguete."

"E o Twitter", acrescentei. "Mas também estão tentando reviver leis que só existiram no século que se seguiu à vida do Profeta. Podem estar usando tecnologia moderna, mas procuram trazer de volta a lei antiga."

Musa discordou. "Eles não dizem que estão fazendo [essas coisas] *porque* era assim que se fazia 1400 anos atrás. Não. Eles fazem porque foi ordenado por Alá. É algo que vale para todas as épocas", explicou. "Por isso, eles não estão olhando para trás. Estão olhando para cima. Não são medievais. Eles pensam à frente."

Sobre a questão da escravidão, ele também admitiu os fatos — o Estado Islâmico pratica a escravidão, e a escravidão (inclusive sexual) tem raízes escriturais e históricas no islã —, mas sem reconhecer a interpretação. O que o Estado Islâmico fazia, disse ele, era escravidão. "É pegar alguém que era livre e forçá-lo a não ser livre."

No entanto, Musa considerava isso misericórdia. Ele usou

um argumento (associado à jurisprudência de Oliver Wendell Holmes nos Estados Unidos)[16] de que "o maior inclui o menor" — ou seja, se é permissível fazer alguma coisa, também é permissível fazer versões menores dessa mesma coisa. Para o Estado Islâmico, matar infiéis é patentemente permissível. Então o que há de errado em mantê-los vivos para que façam serviços domésticos? "Se não consideramos errado combater os *kuffar*, não vejo por que consideraríamos errado escravizá-los", ele diz. "Existe uma espécie de culpa associada a essa questão por causa do tráfico de escravos nos Estados Unidos e, mesmo entre muçulmanos, do comércio de escravos com a África. Mas estamos falando de pessoas que declararam guerra a Alá e seu Mensageiro, e essa pessoa pode ser morta."

Fiz uma analogia entre esse raciocínio e o dos assessores jurídicos do Office of Legal Counsel no governo de George W. Bush, célebres por autorizarem a tortura, já que, se o governo podia matar um terrorista, sem dúvida podia aplicar-lhe o afogamento simulado.

"É uma dedução lógica estranha", Musa admitiu. Ele parou — porque fora pego não em contradição ou erro, mas em uma ironia. A ironia era algo que ele podia apreciar, ao passo que o erro, um fenômeno binário, era algo a ser evitado. ("Ou você é muçulmano ou não é", ele me disse. "O islã é cem por cento. Se você tirar uma parte, deixa de ser islã.") Na presença de algo que não é errado, e sim apenas esquisito — como estar metodologicamente na companhia do ex-suplente do vice-procurador geral John C. Yoo, autor dos "Memorandos da Tortura" do governo Bush —, Musa se calou e ficou desnorteado por um momento. Tantas coisas em sua visão de mundo me pareciam disparatadas que foi um alívio descobrir que algo parecia estranho também para ele.

Musa pagou pelo almoço. Depois passamos duas horas caminhando por Footscray antes de voltar ao French Baguette para tomar um café vietnamita. Cada xícara de *cà phê sũa dá* vem com mais de meio centímetro de leite condensado. Bebemos desfrutando aquela cola açucarada na língua. Esses eram prazeres toscos, não muito diferentes de comer direto do açucareiro, e pareciam pueris e mundanos. A confiança de Musa em sua interpretação do islã dava a mesma sensação de gozo autocondescendente: assim como Hesham se regalava com sua certeza, Musa mimava-se com autoconfiança. Às vezes, ouvi-lo era como assistir a uma daquelas competições em que os concorrentes devoram montes enormes de cachorro-quente em minutos. Ele abandonara as inibições normais. O objeto de sua glutonaria era a pureza, a argumentação, a bem-aventurança que advém do banimento da incerteza e da participação na luta virtuosa. Outros podiam detectar o gozo na autoconfiança e parar a fim de fazer um autoexame em busca de arrogância. Musa não possuía essa salvaguarda. Seu apetite era intelectual e espiritual, porém não era menos dissoluto que o dos comedores de cachorro-quente. Eu me sentia enojado, mas também divertido.

Quando não estava apregoando a escravidão ou a violência contra os infiéis, Musa mostrava um prazer malicioso em inverter as categorias convencionais de bem e mal. Ele adorava descobrir interpretações alternativas para os acontecimentos e pôr à prova teorias morais chocantes para ver aonde elas levariam. Um dia, na casa de sua mãe, notei uns badulaques de *O Mágico de Oz* encostados à parede. Quando perguntei sobre eles, Musa desatou numa conversa desmiolada e explicou que a mãe dele gostava de *Oz*, e que ele, uma ocasião, compusera um sermão dedicado a uma leitura alternativa do filme, comparando-o à morte de Osama bin Laden pelos Estados Unidos.

Em sua analogia, Glinda, a Bruxa (supostamente) Boa é George W. Bush, e Bin Laden é a Bruxa (também supostamente) Malvada do Oeste. Só que o mundo e as plateias do cinema foram enganados em ambos os casos. Lembremos que a Bruxa Malvada do Oeste é irmã da Bruxa Malvada do Leste, que Dorothy esmagou com sua casa durante o tornado no Kansas. Dorothy rouba os sapatos de rubi dos pés da Bruxa Malvada do Leste. "A Bruxa Malvada do Oeste tem toda razão em querer os sapatos de sua irmã. É a parente mais próxima!", diz Musa. "Aqueles sapatos lhe pertencem. Ela nem sequer exige a compensação em dinheiro pelo sangue derramado [*diyah*]!" Glinda, a Bruxa Boa, é, segundo ele, "o personagem mais perverso do filme. Ela calça os sapatos em Dorothy, sabendo que a levarão em uma missão para matar a [verdadeira] bruxa boa" e eliminar sua rival, além do Mágico. "Ela faz Dorothy de trouxa."[17]

Agora vem a inversão. "Osama é a Bruxa Malvada do Oeste da nossa época", Musa explicou. "É retratado como um malvado, enquanto George Bush é descrito como bonzinho e atraente. Glinda se veste de rosa, é branca, tem o rosto bonito. A Bruxa Malvada do Oeste é mais morena, é a Outra." Dorothy — a população infiel do mundo — é lograda para se lançar em uma longa missão assassina, disfarçada de luta contra o terror. Mas as únicas vítimas são a inocente Bruxa Malvada e o rival de Glinda, o Mágico.

Ocorreu-me que Musa, além de ser um defensor do genocídio religioso, era um tremendo panaca.

Depois de ser forçado a voltar para a Austrália, Musa mostrou bom comportamento por alguns meses. Permaneceu off-line, ou pelo menos parou de escrever usando seu nome, e, se jurou lealdade a Baghdadi, fez isso em particular. Ele me contou que as autoridades tinham sido "bem honestas" quanto à intenção de monitorá-lo e processá-lo, fosse por "ofensa racial" (um crime abrangente na legislação australiana, que podia ser interpretado como uma proibição ao discurso de ódio contra não muçulmanos), por incentivar leviana ou acidentalmente alguém a aderir a um grupo terrorista ou por apoiar o Estado Islâmico. Mas nada do que Musa provavelmente tivesse feito ou dito era ilegal na Austrália naquela época, e a polícia o deixou livre. Contudo, o governo reformulou suas leis em fins de 2014 para reduzir a liberdade de expressão, e os legisladores podem muito bem ter pensado em Musa quando introduziram as mudanças. A partir de dezembro de 2014, passou a ser crime tentar viajar para a Síria. A lei tinha passado a presumir que qualquer *muhajir* estava emigrando com objetivos terroristas. As declarações pró-Estado Islâmico que Musa fizera em 2014 poderiam levá-lo para a prisão se ele as repetisse em 2015.

Enquanto isso, vários fusos horários a oeste, o Estado Islâmico trabalhava duro. O Boko Haram estava formalmente na Nigéria e, no oeste do Iraque, Ramadi, a capital da província de Anbar, fora capturada. Em seguida a essas vitórias, o Estado Islâmico transmitiu vídeos de execuções de soldados iraquianos, tendo como modelo o massacre da Base Speicher. Para mim, o mais arrepiante foram os vídeos tremidos e toscos das cidades de Anbar minutos depois de terem sido tomadas. Os cadáveres de soldados iraquianos jaziam no chão defronte a casas e prédios do governo, os uniformes empapados de sangue. Em lugares como Mossul, forças do Estado Islâmico haviam tomado o poder facilmente e se acomodado na maior tranquilidade, e a população sunita local acatava acovardada o seu governo. O Estado Islâmico estava conservando território e cada vez mais se parecia com um governo duradouro.

Musa tinha começado a estudar história em uma universidade local. Com alguns colegas, ele se saía bem em competições acadêmicas de perguntas e respostas sobre temas e conhecimentos gerais do islamismo. O nome de sua equipe era Al-Ghuraba' [os Estranhos], inspirado em um hadith que o ouvi citar mais de uma vez: "O islã começou como algo estranho e estranho voltará a ser; assim, abençoados sejam os estranhos". Percebi o quanto os temas do estranho, do estrangeiro e da inversão o atraíam. Isso o lembrava de que, quando outras pessoas diziam que a religião dele era esquisita, ele podia interpretar o insulto como um elogio. Quem poderia duvidar de que os Companheiros também eram estranhos e que haviam sido ridicularizados por seu monoteísmo e devoção ao Profeta? Os *muhajir* também eram estranhos, excêntricos, além de estrangeiros, forçados a ir para outras terras depois de terem sido expulsos das suas. Ibn Qayyim (1292-1350), um acólito de Ibn Taymiyya, ensinara aos muçulmanos que deviam agradecer a Deus por serem estranhos nos momentos em que lhes coubesse a bênção de sentir-se assim:

> Os que são estranhos são o verdadeiro povo de Deus. Ser estranho não o torna solitário. Na verdade, quando abandona os pervertidos, ele é mais feliz e sociável, e quando convive com eles é mais solitário. Seus aliados, pois, são Deus, Seu Mensageiro e os crentes, ainda que a maioria das pessoas a ele se oponha e o enxote.[18]

Cada vez menos simpatizantes do Estado Islâmico mencionavam Musa em suas comunicações pela internet, exceto para se exortarem mutuamente a "fazer *du'a*'" por sua segurança e *hijrah*. O momento da *hijrah* nunca chegava. Encontrei vários islamitas, pela internet e ao vivo, que em particular o ridicularizavam como falastrão e hipócrita. ("Se ele quisesse mesmo ir para o Isis, era só entrar num caixote e se despachar para a Síria", zombou um deles. "Ou pegar um barco e navegar.")

No último trimestre de 2015, perguntei a Musa se eu poderia estar presente quando ele e seus seguidores fizessem as orações de sexta-feira. Ele consentiu, com a condição de que eu não fotografasse ninguém. "Na *Jumu'ah* [sexta-feira] costumamos ter o *khutbah* [sermão] às 12h30, depois jogamos futebol na quadra coberta durante uma hora. Você será bem-vindo se quiser participar", ele me escreveu.

Encontramo-nos na RecWest, uma filial da Associação Cristã de Moços em Footscray que ele e seus amigos vinham usando como mesquita. Caía uma chuvarada. Quando cheguei, sacudindo a água dos tênis, perguntei na recepção a uma mulher de meia-idade e brincos enormes onde eu poderia encontrar os muçulmanos radicais. Mascando chiclete, ela parou, pensou, e então se lembrou de que a turma de Musa tinha reservado uma sala na outra ponta do prédio.

Musa e seu rebanho já estavam lá. Ele me recebeu com entusiasmo e me apresentou a mais de uma dúzia de companheiros: libaneses, turcos, alguns australianos convertidos. O mais velho, um sexagenário, usava uma jaqueta impermeável com a palavra *tawhid* [unidade, monoteísmo] estampada nas costas. O mais novo, neto dele, praticava seus primeiros passinhos durante o sermão. A maioria dos outros estava na casa dos vinte, e um deles — Hamza Granata, de 24 anos, um convertido descendente de sicilianos cujo nome de nascimento era Antonio Granata — tinha o tronco inteiro tatuado com letras e símbolos góticos. O islã proibia tatuagens, e eu me perguntava se ele agora as considerava uma marca de vergonha por sua vida anterior, uma exortação permanente à devoção nesta nova vida.

A sala era acarpetada e aconchegante, desprovida de sinais religiosos evidentes. Poderia servir igualmente para um clube de leitura ou uma aula de tai chi. "Antes nós orávamos em outras mesquitas", Musa explicou. "Mas depois de algum tempo nos sentimos incomodados de orar atrás dos imames." (O imame conduz as orações, com a congregação atrás dele, todos voltados para Meca.) Conforme o mundo foi se encolerizando com a conduta do Estado Islâmico, imames de toda a Austrália criticaram Baghdadi e passaram a exaltar o patriotismo e a democracia. Isso foi demais, Musa disse. Seu antigo imame, que Musa conhecia desde que se convertera, havia trocado seus sermões não políticos sobre "caridade, bondade e coisas do gênero" por temas que Musa desprezava muitíssimo, ligados à lealdade à Austrália. "Perguntei a ele sobre isso depois do *khutbah*. Antes não tivesse perguntado, pois só piorou." O imame reconheceu a validade do casamento civil e declarou inválido o casamento islâmico. "Sei que ele era um pouco ignorante, mas aquilo foi o fim da picada."

Eles pararam de ir a mesquitas. "Durante alguns meses, uns quarenta de nós oramos em um parque próximo", Musa contou. A aversão deles pelas principais mesquitas recrudesceu tanto que Musa e seus homens começaram a considerá-las alvos válidos para destruição. Eles invocaram o caso da *masjid al-dhirar* [a mesquita da oposição] dos primórdios da história islâmica. Depois da fuga de Maomé de Medina para Meca, um grupo de *ansar* construiu uma mesquita em apoio ao Profeta e com a bênção dele. Mais tarde, porém, esses *ansar* se voltaram contra ele, e o Profeta ordenou que a mesquita fosse arrasada, apesar de ter sido consagrada.[19] A história confirma que a hipocrisia [*nifaq*] de um imame pode anular a condição sagrada de uma mesquita e requerer que os crentes se empenhem por sua destruição. Em geral uma mesquita é inviolável. Os homens de Musa consideravam *masjid al-dhirar* praticamente todas as mesquitas de Melbourne.

Os homens permaneciam calçados durante as orações, o que viola a etiqueta da maioria das mesquitas. "É *sunna*", disse Musa despreocupado, indicando que Maomé orava calçado. "Quando fui à Grande Mesquita em Meca, fiquei calçado." Depois de um uma breve conversa e das apresentações, Musa assumiu uma posição na frente da sala, apoiou com afetação uma das mãos em uma vara de madeira e começou o sermão. Toda a sensação de ser bem-vindo que eu sentira desapareceu quando ele passou a falar — e depois a berrar — sobre as vitórias recentes do Estado Islâmico:

> Este é o momento pelo qual todo muçulmano estava esperando, quando vemos essas cidades da descrença devolvidas aos *Ahl-al-Sunna* [sunitas]... Como não sentir felicidade nesse momento? Ó muçulmano, olha dentro do teu coração e pergunta: será que amo outra coisa além da religião de Alá? Será que prefiro outro governo que não a Xaria de Alá? Será que tenho simpatia por descrentes?
>
> Eis algo que nos traz alegria: justiça; a libertação de uma terra; trazê-la para o governo de Alá; ver a felicidade de seu povo libertado da opressão. Como disse o nosso *khalifah* [califa] (que Alá o proteja), "Não há honra, não há proteção, não há nada para a vossa segurança a não ser à sombra do *khilafah* [califado]".
>
> Pode ser que não concordemos em tudo. Mas Alá nos ordenou ser unidos e seguir o imame que governa entre vós com retidão, governa segundo o islã e não comete atos de *kufr*. Pedimos a Alá Todo-Poderoso que continue a expandir sua vitória, para que possamos ver as terras que foram as terras do islã devolvidas às terras do islã... Liberai o Najd [centro da Arábia Saudita], as terras de Bagdá, todas as terras desta *ummah*, para que possamos ser um dos que mereceram vosso agrado e misericórdia e assim possamos entrar em *jannah* [paraíso]... Ouvimos e obedecemos.

Os homens se alinharam para orar, ombro a ombro, embora a sala pudesse acomodar três vezes mais pessoas. Penduradas na parede diante daqueles homens prostrados em direção a Meca, placas de madeira homenageavam vários líderes da comunidade de Footscray, a maioria australianos católicos descendentes de italianos, já mortos.

Depois da oração, dispersamo-nos em direção aos armários e banheiros do vestiário a fim de nos prepararmos para o futebol de salão. Hamza Granata, o tatuado, mostrou ser um craque. Dava a impressão de estar jogando com uns 50% de sua habilidade, para manter o espírito esportivo (o estilo jihadista de jogar futebol é mais compassivo que o estilo jihadista de guerrear).[20] Nenhum daqueles homens exibiu qualquer sinal de que me rejeitava, nem mesmo quando fiz três gols (Hamza marcou dez) ou quando acertei sem querer uma bolada no joelho machucado do vovô, que estava assistindo da arquibancada e mais tarde jogou para mim uma bebida energética.

Eram fortes os laços entre Musa e seus amigos, e de início tive dificuldade para entender. Depois de observar sua pequena fraternidade por algumas horas, não receei que eles estivessem, digamos, tramando um ataque terrorista em Melbourne. Conspiradores criminosos não costumam alugar salas na ACM. Detectei, em vez disso, uma atmosfera monástica. Eles se empenhavam no autoaperfeiçoamento. Reuniam-se para estudar árabe, criticar as opiniões legais de outros muçulmanos, debater sobre política e sobre a vida. Até o modo como eles jogavam futebol parecia anormal para um grupo de jovens. Hamza, o melhor jogador, não celebrava seus gols com espalhafato, e a competição não dava a sensação de ser um extravasamento do instinto de luta, um modo de queimar o excesso de raiva. Era "algo que os irmãos fazem para se manter fisicamente em forma", Musa me explicou. Alguns viam o comprometimento com a religião como uma reparação por qualquer ação torpe que eles pudessem ter um dia praticado.

Terminado o encontro, Musa e eu seguimos a pé para a casa dele, a alguns minutos dali. Era uma casa térrea confortável. Quando entrei, vi bordados na parede e sapatos femininos, e me lembrei de que ele ainda morava com sua mãe, Paula, e de que eu não sabia o que ela iria pensar de um estranho que fazia perguntas

sobre seu filho jihadista. Engatilhei meu sorriso mais cativante.
"Este é Graeme", Musa disse a ela. "Ele vai tomar banho aqui."
"Muito prazer", falei.
"Aceita uma xícara de chá?", ela respondeu, me entregando uma toalha.

Eu disse que sim, ela se sentou em um sofá na sala ao lado e foi ler uma pilha de revistas de fofoca. Quando saí do banheiro, Musa me deu a senha do wi-fi e apontou para uma mesinha perto da janela, onde me acomodei para ler a mais recente edição da *Dabiq* no celular enquanto ele estava no chuveiro. Pela janela viam-se um quintal malcuidado e um pequeno barracão. Um dos três irmãos de Musa, Nick, também barbudo, mas não muçulmano, entrou na sala algumas vezes, mas só falou quando Musa lhe pediu para abaixar o volume da TV. Nem a mãe nem o irmão pareciam perturbados pelo esoterismo de Musa.

Depois de Musa sair do banho e meu chá ser servido, começamos a conversar sobre crime e punição, escravidão e terrorismo. A mãe dele estava a uns três metros de distância durante a primeira parte da conversa, mas foi para outra parte da casa quando perdeu o interesse pelas revistas. Musa, enquanto isso, falava sobre a permissibilidade da imolação como método de execução.

Ele me dissera que o principal dever de um califa é implementar a lei de Deus. O Alcorão diz: "Aqueles que não julgarem conforme o que Allah tem revelado serão injustos".[21] Esse versículo e outros semelhantes foram a base para muitos atos anteriores de excomunhão de líderes muçulmanos seculares. O corpo da lei no Alcorão é pequeno: em contraste com o Levítico, da Bíblia, não contém litanias de proibições e punições, e seu código criminal pode ser resumido na frente e no verso de uma ficha de arquivo. Por isso, os muçulmanos têm de se basear nos registros das elaborações do Profeta, em palavras ou atos, para saber o que é divinamente proibido e como será punido. Num contexto coletivo, esses crimes são chamados de *hadd* [limite], porque estão além da fronteira daquilo que Deus permite. Para o islã, os crimes são cometidos contra Deus. A província de Aleppo, do Estado Islâmico, distribuiu uma tabela concisa com uma lista desses crimes:[22]

CRIME	PUNIÇÃO
Blasfêmia contra Deus	Morte
Blasfêmia contra o Mensageiro	Morte mesmo se ele se arrepender [Blasfemar contra Maomé é considerado imperdoável porque a vítima da ofensa está morta, portanto não disponível para aceitar arrependimento e pedido de desculpa.]
Blasfêmia contra a religião	Morte
Fornicação	• para os que são *muhsan*: apedrejamento • para os não *mushan*: 100 chibatadas e banimento por um ano [O *muhsan* é uma pessoa muçulmana livre (ou seja, não escrava) que teve relações sexuais com um cônjuge no mínimo uma vez durante o casamento. Uma vez *muhsan*, sempre *muhsan* — mesmo depois do divórcio. A fornicação por pessoas *muhsan*, portanto, é quase um sinônimo do "adultério" ocidental, embora sob a lei islâmica as pessoas divorciadas possam ser punidas por adultério mesmo se tiverem relações sexuais (não necessariamente entre si) depois de se divorciarem.]
Homossexualidade	Morte para o parceiro ativo e o passivo[23] [O método de execução por sodomia no Estado Islâmico é jogar o acusado do topo de um prédio alto.]
Roubo	Decepamento da mão
Ingestão de vinho	80 chibatadas
Calúnia	80 chibatadas

CRIME	PUNIÇÃO
Espionagem para infiéis	Morte
Apostasia	Morte
Criminalidade de rua [*qat' al-tariq*]²⁴ [Esta categoria abrange roubos em estradas (bandoleirismo; assédio a viajantes ou a qualquer um fora do alcance da civilização) e também invasão de domicílio portando arma e se apoderando de bens.]	• Matar e tomar propriedade: morte e crucificação • Matar: morte • Tomar riqueza: decepamento da mão direita e do pé esquerdo ["amputação cruzada"] • Aterrorizar pessoas: banimento da terra

Uma das características distintivas dessas punições, na visão do Estado Islâmico, é a ausência de arbítrio judicial em sua aplicação. Não há margem para clemência. No caso da fornicação, o Alcorão comanda: "que a vossa compaixão não vos demova de cumprirdes a lei de Allah" — daí a regra de que o califa tem de aplicar essas punições sem exceção.²⁵ Em um documento publicado na internet, o Estado Islâmico citou um hadith sobre um incidente no qual se descobriu que uma mulher coraixita era culpada de roubo, e os de sua tribo pediram a um amigo de Maomé que intercedesse junto a ele e suplicasse misericórdia. Maomé respondeu com indignação:

> As nações antes de vós perderam-se porque quando uma pessoa nobre cometia roubo [permitiam que ela ficasse impune]. Mas se um fraco dentre eles cometesse roubo, aplicavam contra ele a punição da lei. Por Deus, se Fátima, a filha de Maomé, cometesse roubo, Maomé lhe cortaria a mão!²⁶

Há margem para que o califa (e as vítimas, em alguns casos) decida quanto à punição de crimes não *hadd*, que incluem agressão física e assassinato, e é até considerado admissível que a família da vítima aceite uma compensação em dinheiro pelo sangue derramado [*diyah*] em troca da vida do assassino. Por sua vez, os crimes *hadd* são violações de comandos de Deus, por isso sempre têm de ser punidos como foi prescrito. (O Alcorão e o hadith não explicitam nenhuma lógica clara que justifique por que crimes pequenos, como beber vinho, estão gravados na lei criminal por toda a eternidade enquanto crimes maiores, como assassinato, não estão.) Também não é por coincidência que o Estado Islâmico executa publicamente as sentenças. (Alcorão: "Que uma parte dos crentes testemunhe o castigo".)[27] Na época da nossa partida de futebol, seguidores do Estado Islâmico andavam compartilhando todos os dias fotos e vídeos de punições públicas para crimes *hadd*. Quase sempre o espetáculo seguia o mesmo protocolo: exibir o criminoso pelas ruas, declarar o crime ao público, em geral por alto-falante, e por fim executar a sentença.

Para mim foi um alento ver que Musa empalideceu quando lhe perguntei sobre as punições *hadd*. "A gente vê alguns [simpatizantes do Estado Islâmico] que amam assistir aos vídeos de decapitações", ele disse. "Comigo é o contrário. Caramba, alguns deles *amam* isso!" Para ele, as punições *hadd* eram obrigatórias. "Mas elas não existem para fazer a gente se sentir melhor. Assumir o controle, implementar o *khilafah,* isso é obrigatório. Vai ter sangue, e essa é só uma das realidades."

Perguntei: os juízes e carrascos do Estado Islâmico não deviam se preocupar com a possibilidade de erro em seus julgamentos? "Amputação é irreversível. É muita coisa em sua consciência."

"Não se deve brincar com algo tão sério como a vida humana", ele admitiu. Mas as punições *hadd* não são negociáveis. Erros na aplicação podem ser reparados. "Como muçulmano, eu diria que Alá compensará a pessoa pelo sofrimento", caso ela seja punida por engano. "Quem não acredita em vida após a morte terá dificuldade para compreender isso. Como diz Alá, 'matar uma pessoa inocente é matar toda a humanidade'. É grave assim. Mas o *hadd* continua", ele filosofou.

Essas punições demandam uma recalibragem das instituições, e Musa estava ali para me ajudar a conter minhas expectativas, como tinha feito com a Terra de Oz. Eu fora levado por um ciclone moral e deixado em algum lugar fora do Kansas — no mundo mental do califado. As punições pareciam selvagens, ele concordava; mas os aspectos do processo conducente a elas eram misericordiosos. Algumas punições podem destinar-se a nunca ser aplicadas. Os juízes dos tribunais da Xaria são incentivados a dissuadir os acusados de confessar. Além disso, por meio de uma doutrina chamada *satr* [encobrimento], até as *testemunhas* devem desdizer-se ou se recusar a apresentar um testemunho verdadeiro incriminatório. Supõe-se que Maomé tenha dito: "Se alguém mantiver oculto o que faria um crente cair em desgraça, é como se tivesse devolvido à vida uma menininha sepultada".[28] A ameaça da punição é mais importante do que a punição em si.

Musa disse que as punições redimem os criminosos dos pecados e permitem que encontrem Deus purificados. "Você talvez tenha visto imagens de pessoas que pareciam felizes por receber suas punições no *Dawlah*", ele disse. Isso era verdade: algumas das vítimas estão sorrindo. Em uma cena que, para os ocidentais, parece uma das mais doentias do Estado Islâmico, sodomitas condenados são abraçados e parabenizados por seus executores enquanto são conduzidos para a morte. Vendadas, as vítimas são levadas para o topo de um prédio alto e empurradas da borda. Esses são os realmente abençoados, Musa diria: poupam-se de punição pior na vida após a morte, pois já nesta pagaram o preço por seu crime. E vão para Deus como muçulmanos, com suas últimas palavras sendo de louvor ao seu criador.

"Uma mulher cometeu *zina* [fornicação] sendo casada", Musa contou. Procurou o Profeta e disse: "*Ya Rasulullah* [ó Mensageiro de Deus], eu cometi *zina*: tortura-me, purifica-me". O Mensageiro mandou-a embora, disse que ela não precisava confessar e que ele nunca saberia se ela não lhe contasse. Mas ela continuou a suplicar a punição, pois o filho de seu pecado crescia dentro dela. O Profeta ordenou que ela não voltasse a procurá-lo antes de ter desmamado o bebê. "No dia em que a criança foi capaz de se alimentar, ela o procurou, trazendo o filho, que vinha com um pedaço de pão nas mãos. Então pediu: 'Purifica-me'."

Sob as vistas do Profeta, ela foi apedrejada. Um dos assassinos rosnou "Tome isto, sua fornicadora!" e atirou-lhe uma pedrada no crânio. O Profeta repreendeu-o: "Tão grande foi o arrependimento dela que, se todo o povo de Medina se arrependesse, a contrição dela seria ainda maior que a deles. Na verdade, ela está em *jannah*".

"Vamos almoçar?", Musa convidou.

Fomos de carro de Footscray até o centro de Melbourne para comer em um restaurante chinês de proprietários uigures (no sotaque de Musa, o nome desse grupo étnico da Ásia Central soava como "uí-gã"). A especialidade da casa eram noodles com carnes condimentadas. Ao volante, Musa obedeceu a todos os sinais de trânsito, dirigiu apenas um pouquinho acima da velocidade máxima permitida e pagou por todo o tempo do estacionamento sem questionar. Pensei comigo: por que esse ideólogo que não reconhece leis além da de Deus nem líder além do califa se comporta com tanta docilidade? Meus amigos me perguntavam se eu não tinha medo de me encontrar com ele, já que, presumivelmente, ele me via como a todos que resistiam ao Estado Islâmico: um alvo legítimo de assassinato. Nunca me ocorrera esse receio. A rede de wi-fi na casa de Musa tinha o nome de um esquete do Monty

Python, e ele se dizia fã do polímata britânico gay Stephen Fry. Mandou-me uns e-mails interessantes sobre filologia semítica. Eu nunca senti medo algum em nossas conversas, nem conseguia imaginá-lo vestindo um colete carregado de bombas.

Mas o Estado Islâmico era um freguês muito mais exigente, e seria tolice minha supor que a panaquice simpática de Musa prevaleceria sobre o jihadista que havia em seu íntimo. Em um abominável vídeo divulgado em setembro de 2014 (e repetido em loop em muitos vídeos subsequentes, principalmente após os ataques em Paris em novembro de 2015), o porta-voz do Estado Islâmico 'Adnani me deu uma dica importante com o que disse aos seus seguidores:

> Se você puder matar um americano ou um europeu descrente — em especial os odiosos e imundos franceses —, ou um australiano, um canadense, ou qualquer outro descrente dentre os descrentes que fazem a guerra, [então] mate-o seja do modo que for. Esmague a cabeça dele com uma pedra, trucide com uma faca, atropele com seu carro, jogue de um lugar alto, estrangule, envenene. Se não for capaz de fazer isso, queime a casa dele, o carro, a firma. Ou destrua suas plantações. Se não for capaz de fazer isso, cuspa na cara dele.[29]

Perguntei a Musa como ele podia conciliar seu comportamento pacífico com o comando de violência dado pelo Estado Islâmico. Ele respondeu, primeiro, que a maioria dos que eram formados nas escolas islâmicas de Melbourne apoiava o Estado Islâmico em segredo ou às claras. Mas nada os obrigava a obedecer cegamente a 'Adnani. "Temos problemas com o governo e as Forças Armadas da Austrália? Sim", ele disse. "Achamos que ataques globais seriam benéficos para os muçulmanos? Não." Segundo ele, os simpatizantes locais do Estado Islâmico tinham chegado a um consenso: a emigração para o califado era obrigatória, mas ilegal ("eu mesmo não tenho planos para ir"), e os ataques "em casa" seriam "imprudentes", embora permissíveis.

"Suponha que cada muçulmano na Austrália saísse agora mesmo e matasse uma pessoa qualquer. Isso traria a Xaria para esta terra? Não. Traria um caos total", ele argumentou, frisando que o caos prejudicaria os muçulmanos e provavelmente dificultaria a emigração. "Então vamos supor que, em vez disso, pegássemos metade dos muçulmanos daqui e os mandássemos para o exterior, treinássemos esse pessoal e começássemos a expandir o *Dawlah* até ele chegar à Austrália. É mais provável? Com certeza. Sejamos sensatos!"

"Mas vocês não têm de obedecer ao califa?", repliquei. "Ele disse para atacar. Por que não atacam?"

Segundo Musa, Baghdadi e 'Adnani estavam trabalhando com informações equivocadas. "Os líderes [do Estado Islâmico] não entendem a Austrália, por isso, com todo o respeito, nós discordamos deles", ele explicou. Musa gostaria de poder expor suas opiniões a eles, para que pudessem entender por que ataques assim seriam contraproducentes. "Queremos iniciar um diálogo [com eles]. Somos da opinião de que, neste momento, não há sabedoria [em atacar a Austrália]. Nós diríamos [a 'Adnani e Baghdadi], 'vejam bem, nós não fomos consultados'." Só que, no momento, não havia possibilidade de consulta. "Que devemos fazer? Procurar a Polícia Federal australiana e perguntar 'tudo bem se a gente der um telefonema para Baghdadi? É do seu interesse!'"

Nos meses seguintes a essa conversa, o Estado Islâmico intensificou seus ataques a alvos estrangeiros — ataques não só comandados diretamente de seu quartel-general na Síria, como também inspirados, mas nem sempre controlados, pela entidade. A Austrália, que contribuíra com um número desproporcional de cidadãos para as fileiras do Estado Islâmico, em grande medida permaneceu intocada.[30]

Não era a primeira vez que os argumentos de Musa convenientemente o desculpavam por permanecer em Melbourne sorvendo noodles e suando diante de pratos de cordeiro. Ele deve ter sentido meu ceticismo, pois, ao voltar de sua oração em um canto reservado do restaurante, veio pronto para se defender.

A ideia de que ataques à Austrália e outros alvos ocidentais poderiam levar o islã ao mundo inteiro era uma relíquia dos velhos tempos da Al-Qaeda, explicou. Esse grupo, segundo Musa, atacava o Ocidente porque atuava como um movimento militar de vanguarda. Existia com o único propósito de atacar — e merecia aplausos por sua bravura. No entanto, não era capaz de construir um Estado. O método da Al-Qaeda era, ao mesmo tempo, paciente demais e precipitado demais. Na pressa, concentrava-se em ataques imediatos espetaculares, sem ter confiança no amanhã. E depois, passiva, ficava à espera do surgimento do califado. O modelo da Al-Qaeda teve sua apoteose em 11 de setembro de 2001 — e o que ganhou com seus esforços? (Essa crítica intrajihadista à Al-Qaeda é "algo que temos ouvido mais ou menos desde 12 de setembro", observa Thomas Hegghammer com aspereza.) A reação americana pôs os líderes da Al-Qaeda para correr para o outro lado da cordilheira de Hindu Kush e se esconder no Paquistão. Desde então, suas vitórias têm sido poucas e pequenas.

O Estado Islâmico estava corrigindo os erros da Al-Qaeda, disse Musa. Confrontada com uma das principais obrigações do islã, a nomeação de um califa, a Al-Qaeda protelou e protelou. "[Alguns] acreditam que se ficarem gritando '*khilafah!*' por tempo suficiente ele aparecerá num passe de mágica", criticou Musa. "Quase se pode dizer que Osama pensava assim: é só atacar o

Ocidente muitas vezes que as coisas acontecerão como devem ser." O Estado Islâmico concentrava-se em construir um Estado, e, enquanto isso, terceirizava os ataques ao Ocidente para agentes autônomos no exterior. Só quando começou a sofrer derrotas tremendas na Síria e no Iraque — em grande medida graças ao apoio aéreo americano a curdos e iraquianos — o grupo deu uma guinada e passou a incentivar ataques de grande e pequeno porte e a se lançar em grandes operações, como o massacre de Paris em novembro de 2015. A primeira declaração inequívoca de incentivo a ataques em vez de à imigração só partiu do Estado Islâmico em maio de 2016.[31]

Às vezes, Musa chama Osama bin Laden de "Xeque Osama", um tratamento respeitoso, mas claramente o considera uma figura de devoção piegas entre os jihadistas. "Osama falou ao Estado Islâmico no Iraque [2006-13]: 'Vocês são o sonho pelo qual a *ummah* estava esperando'." Ele era um unificador. "Osama era do tipo 'Minha gente, amo vocês! Vão em frente! É isso que queremos — mas vejam lá se não vão estragar tudo [construindo um estado cedo demais]'."

Documentos apreendidos no ataque a Abbottabad que matou Bin Laden, em 2011, confirmam essa impressão. O líder da Al-Qaeda na península Arábica, Nasir al-Wuhayshi (também conhecido como Abu Basir, 1976-2015), escreveu a Bin Laden para sugerir o estabelecimento de um estado islâmico no Iêmen. Bin Laden respondeu:

> O Iêmen é o país árabe mais apropriado ao estabelecimento de um estado islâmico, mas isso não significa que os elementos fundamentais necessários ao êxito de um projeto assim já estejam concretizados... É aconselhável refletir muito sobre essa questão; explicando melhor: estabelecer o estado antes de providenciar os elementos necessários para o êxito muito provavelmente acarreta

o malogro da iniciativa onde quer que ela seja posta em prática, pois estabelecer um estado e depois deitar abaixo o estado representa um fardo que excede a energia do povo.[32]

"A Al-Qaeda tem uma teoria [errada] sobre como chegar a algum lugar, e o *Dawlah* é a realização dessa teoria", disse Musa.

Musa reserva um escárnio profundo ao atual comandante da Al-Qaeda, Ayman al-Zawahiri. O Estado Islâmico considera a purificação teológica das fileiras jihadistas uma de suas missões fundamentais. Zawahiri, como Bin Laden, incentivava o ecumenismo. Em 9 de julho de 2005, ele escreveu a Zarqawi — na época com sangue de muçulmanos e infiéis até o pescoço — para encorajá-lo a conviver bem com todos os tipos de sunitas. Salientou que o mulá Omar, do Talibã, era um maturidi (portanto, fora de sintonia com a teologia salafista ou hambalita), mas ainda assim era um sujeito bacana. Zarqawi comandava a chacina de civis xiitas no Iraque, e Zawahiri pediu-lhe que parasse. "Por que matar xiitas comuns, se eles são perdoados [pela apostasia] porque são ignorantes?", ele argumentou. Alertou que os muçulmanos comuns nunca entenderiam nem perdoariam aquela violência arbitrária contra os xiitas.[33]

Musa defendeu Zarqawi. "Zawahiri repreendeu o Estado Islâmico no Iraque, dizendo: 'Ei, pessoal, vocês passaram dos limites [com essa matança de xiitas]. Sangue demais, demais!'. E Zarqawi obviamente nem ligou e respondeu: 'Não me amole. Vamos continuar do nosso jeito. Temos que estabelecer o nosso estado'." Zarqawi continuou a matar tantos xiitas quanto podia. Negar que os xiitas merecem a morte é negar que seus desvios (venerar falsos imames, modificar a *shahadah* para incluir a lealdade a 'Ali) sejam desvios — casos inequívocos de *shirk*, para os quais ignorância não é desculpa. "Certas facções da Al-Qaeda eram muito, muito brandas com os xiitas", disse Musa, entre zangado e lastimoso.

"Esse é um assunto sobre o qual não gosto muito de falar. Mas eu diria que [o lado de Zawahiri] tinha ideias [antigenocidas] que poderiam levar até [à sua própria] apostasia."

Zawahiri passou a ser ridicularizado na propaganda do Estado Islâmico. Os simpatizantes do Estado Islâmico zombam dele por ter jurado lealdade ao mulá Omar, do Talibã, que, além de ter vários outros defeitos — não ter um olho, não ser coraixita, não ser salafista —, já estava morto fazia vários anos. A *Dabiq* publica fotos nada lisonjeiras de Zawahiri, nas quais ele parece caduco, como se estivesse à espera de uma tigela de gelatina numa casa de repouso de jihadistas.

Nos dias seguintes, Musa e eu perambulamos pela cidade, tomamos café, chocolate quente. Jihadistas dão bons guias turísticos. Por todo canto, Musa conhecia restaurantes que serviam comida halal: uma casa muçulmana tailandesa nos arredores de Footscray, um estabelecimento otomano mais na periferia da cidade. Muitos dos lugares convencionais não tinham interesse para Musa, por isso nunca conheci os museus de arte ou a vida noturna de Melbourne. Já outros lugares ganhavam um significado especial sob a tutela dele. No Royal Arcade — um shopping center de luxo no distrito empresarial do centro — contemplamos duas estátuas horrorosas que anunciam a hora batendo em sinos dos dois lados de um relógio. Elas representam Gogue e Magogue, as criaturas que, nas previsões da Bíblia (e do Alcorão), devastarão a Terra no fim dos tempos. Musa me elucidou sobre como essas estátuas seguiam e não seguiam a profecia. As estátuas usam trajes em estilo mongol e se encaixam na visão cristã de Gogue e Magogue como bichos-papões do Extremo Oriente. Musa disse que, segundo a revelação islâmica, eles deveriam ser retratados como povos, não como indivíduos, e que sua rapacidade faria os mongóis não parecerem mais agressivos do que compradores na Black Friday.

Percebi que ele estava achando o máximo ensinar-me tudo o que ele supunha que eu deveria saber e, com isso, assegurando que eu (e, por extensão, você, caro leitor) poderia vir a ser cobrado no Dia do Juízo. Àquela altura ele já passara tanto tempo atando-me ao islã que eu provavelmente parecia uma enorme bola de barbante, só com a cabeça e as mãos infiéis aparecendo. Se eu iria ser consumido em chamas no inferno, depois passaria a eternidade sendo torturado por demônios (uma fonte diz que eles limpam o trato gastrointestinal dos infiéis passando uma corrente enferrujada dos lábios ao ânus), isso não o perturbava.

De quando em quando vinha à tona o pré-jihadista Musa, dotado de simpatias humanas com as quais era possível eu me identificar. Certa manhã, quando ele veio me buscar no apartamento que eu alugava, contou que sua tia, não muçulmana, tinha falecido. No dia anterior, tínhamos conversado sobre o Dia do Juízo Final. Ele me informara que, antes do paraíso ou da danação, a maioria dos mortais passaria pela Punição dos Túmulos ['*adhab al-qabr*'], um aperitivo da iminente eternidade de prazer ou dor. Mesmo os muçulmanos e os justos — com exceção dos mártires e profetas, que vão direto para o paraíso — terão suas costelas comprimidas até se tocarem e se partirem. A tia dele devia estar passando por esse processo agora. Segundo as escrituras, seus gritos de dor podem ser ouvidos por animais e gênios, mas não pelos humanos.

Por dias, nosso assunto tinha sido quase só a morte. Musa estava brando e melancólico e, antes de partirmos de carro, ele comentou sobre a tia: "Ela não era muçulmana, e agora todas as coisas estão entre ela e Alá". Senti nele uma tristeza e uma pontinha de arrependimento — embora tivesse certeza de que ele negaria — por ser obrigado a acreditar na tortura de sua tia e se alegrar com isso.

Todas as partes de Melbourne traziam-lhe lembranças de uma vida anterior. Uma tarde, passamos de carro por uma pista de patinação. "Acho que esse será o sinal de que o Estado Islâmico é realmente duradouro: no dia em que possuir sua própria pista coberta", comentei.

Musa contou que costumava patinar naquela pista. E me falou, meio acanhado, sobre o dia em que, quando ele era jovem, uma garota, "bêbada de envergar", apareceu com roupas de discoteca e deslizou pelo gelo até despencar nos braços dele. "Alguma coisa estava errada com ela", comentou com desaprovação, acrescentando que outros, e não ele, ajudaram a moça a se levantar. Aquela pudicícia lembrou-me de que eu estava falando com um homem casado que tinha dois filhos nos subúrbios do oeste de Melbourne e uma mulher nas Filipinas, e que uma das desvantagens de sua vida na Austrália era manter-se separado de Joan por tempo indefinido. Ele mencionou que as autoridades filipinas tinham torturado sua esposa depois da batida policial que levou à sua deportação.

"Deve ser frustrante ficar tão longe da sua mulher", comentei.

Musa respondeu que era, mas que ele preferia assim. O governo australiano queria que ela viesse para Footscray para domesticá-lo, insistir para que ele arrumasse um emprego, ganhasse dinheiro, ocupasse a mente com outra coisa além da jihad. Pareceu-me uma estratégia bem astuta. A vida de casado toma tempo, exige conciliação e empatia, justamente as virtudes que o jihadismo rejeita. Acho que ele compreendia isso. Musa preferia que ela permanecesse nas Filipinas enquanto ele procurava meios de sair da Austrália. Quando o irmão dele pensou em casar-se na Tailândia, Musa incentivou a ideia, pois quem sabe com isso o governo australiano pudesse ser persuadido a conceder-lhe um passaporte para ir ao evento.

Na última manhã que passei em Melbourne, fomos buscar as duas filhas dele na casa da ex-mulher antes de seguirmos para o aeroporto. Eram duas pequenas bonitinhas e agitadas. A mais velha iria começar o ensino fundamental. Depois de algumas tentativas de ensinar-lhes palavras árabes, Musa cantou com elas o tema de *Speed Racer* e então retomou a conversa sobre o sofrimento por morar fora do califado. As meninas permaneceram quietinhas e bem-comportadas no banco de trás.

"O Profeta disse para não vivermos em meio aos *kuffar*", ele comentou, resignado. O Alcorão ordena que os muçulmanos se mudem para território muçulmano nas passagens 8:72 ("Quanto aos crentes que não migraram [não fizeram a *hijrah*], não vos tocará protegê-los, até que o façam") e 4:89 ("Não tomeis a nenhum deles por confidente, até que tenham migrado").[34] Segundo algumas tradições, viver entre infiéis força os muçulmanos a acatar leis e costumes profanos e os tenta a negligenciar os que lhes competem. Quando não há outros muçulmanos por perto, quem vai desaprovar o sujeito se ele negligenciar as orações, tomar uma cerveja ou se recusar a das esmolas? Quem vai orar com ele, e onde ele irá encontrar um açougue que venda carne de animais abatidos conforme Deus prescreve? A finalidade de um estado islâmico é ordenar o certo e proibir o errado, facilitar a vida halal. Embora estudiosos muçulmanos discordem quanto a ser inerentemente pecado ou apenas indesejável viver em meio a infiéis, o significado claro do mandamento de que os muçulmanos devem viver entre muçulmanos é um comando ao qual Musa desobedecia todos os dias. Os renques de casas térreas pelos quais passávamos pareciam uma das mais tediosas subdivisões suburbanas imagináveis, talvez comparável a um bairro residencial de classe média-baixa americana. "[Maomé] disse: 'Que você não seja capaz de enxergar o fogo no qual eles cozinham, nem as casas deles à distância. Fique longe deles, viva em meio a muçulmanos.' É uma obrigação, com ou sem Estado Islâmico", Musa explicou.

Lembrei-o de uma opinião, mal-afamada em círculos jihadistas e não jihadistas, expressa por Nasir al-Din al-Albani, que era considerado o mais importante erudito salafista do século quando morreu, em 1999. Em resposta à partição da Palestina, Albani aconselhou aos palestinos que simplesmente deixassem o lugar. "É obrigatório que eles partam para uma terra na qual tenham condições de observar o islã", ele escreveu. Saiam, mudem-se para terras muçulmanas, curem as feridas e vivam a vida que é possível viver segundo o domínio do islã. Retornem para destruir Israel quando a hora estiver madura.[35]

"Conheço uma porção de gente que lê o que [Albani] diz e acha que parece traição", Musa refletiu. Dá a sensação de abrir mão da Palestina e de entregar Jerusalém, a terceira cidade mais sagrada do islã, aos infiéis. "Mas, para ser justo, tenho de reconhecer que eu o compreendo. Ele não está dizendo para desistir. Diz apenas que vão e vivam como muçulmanos, depois voltem e recuperem a terra. A história mostra muitos exemplos disso. O Profeta deixou Meca [foi para Medina] e voltou vitorioso."

Quando nos despedimos no aeroporto, Musa me deu uma barra gigante de chocolate Cadbury, uma edição especial com recheio de Vegemite, o creme de levedura salgado e oleoso tradicional da culinária australiana. Poucos forasteiros gostam de Vegemite; muitos têm náusea ao provar e desconfiam que estão lhes pregando alguma peça, com o mesmo senso de humor da terra que produziu o cineasta Yahoo Serious e o primeiro-ministro Tony Abbott. A barra de chocolate era o presente de despedida perfeito para Musa: uma coisa repugnante envolta em doçura.

Fui pegar minha bagagem na traseira do carro e observei o

rosto dele pelo retrovisor. Não detectei nenhum olhar desejoso para o quadro de decolagens com seu menu de destinos proibidos. Eu me perguntei se ele realmente invejava meu passaporte ou se sua prisão no continente australiano não seria um preço que valia a pena pagar pela chance de viver ali com conforto, de cantar com suas meninas no fim de semana. Uma parte muito grande de sua identidade estava ligada à recusa em transigir. No entanto, ele me parecia disposto a transigir bastante — a agir como uma pessoa normal, com emoções e crenças que não tinham nenhuma relação com violência selvagem. No balcão da Qantas, o funcionário do check-in perguntou se alguém que eu não conhecia tinha me dado alguma coisa para levar a bordo. Senti o tijolão de chocolate no bolso do casaco e respondi que não.

Um ano depois, Musa me mandou uma mensagem pela internet com uma foto de mais kebabs. Eu tinha insinuado a possibilidade de outra visita, e as imagens de carne gorda polvilhada com cominho e pimenta eram um convite. "Seria bom rever você", ele escreveu. "Estarei livre. Me avise quando souber exatamente quando irá chegar." Respondi que estava pensando em ir entre 12 e 16 de maio de 2016.

Esse encontro nunca aconteceu. No começo de maio, Musa e outros cinco australianos — entre eles Hamza Granata (o Messi messiânico tatuado) e o irmão do incendiário pregador Junaid Thorne, residente em Perth — compraram uma lancha Fraser de quase sete metros de comprimento e a transportaram em um reboque durante 61 horas de Melbourne até o extremo noroeste do continente australiano. Na noite de 10 de maio, os cinco foram detidos nas proximidades do cabo York, em Queensland. Segundo os noticiários australianos, Musa tinha contado a um psicólogo de

Sydney, Hanan Dover, que pretendia fugir da Austrália.[36] Vi a notícia de sua prisão a tempo de desistir da viagem a Footscray.

Nenhum daqueles homens tinha experiência em navegação marítima. Se estivessem pretendendo viajar de cabo York até a Nova Guiné, teriam de percorrer mais de 160 quilômetros, a distância de Cuba a Florida Keys. E se tivessem êxito, ainda teriam chegado apenas às águas infestadas de tubarões e crocodilos do sul da Nova Guiné. Continuar a viagem até a Síria, ou mesmo até Mindanao, seria um projeto ambicioso. No Twitter, engraçadinhos sugeriram que se permitisse a Musa e seus amigos tentarem a sorte e até que lhes dessem provisões para metade da jornada, só para tornar a coisa interessante.

Tentei visualizar a improvável cena de cinco *mujahidin* barbudos, desesperados para não parecer suspeitos enquanto transportavam um barco de pesca em alto-mar pelo deserto australiano. Será que queriam ser apanhados? Afinal de contas, agora eles podem dizer que fizeram todo o possível para chegar ao califado. E provavelmente nunca mais precisarão deixar a Austrália.

Em 2013, Musa escreveu um breve ensaio sobre os muçulmanos vitimados pelo tsunami de 2004 em Banda Aceh, na Indonésia. Ele citou um hadith sobre o martírio. Maomé disse a seus seguidores que o martírio pode assumir várias formas: "Quem é abatido no caminho de Deus é um mártir; quem morre no caminho de Deus é um mártir; quem morre de peste é um mártir; quem morre afogado é um mártir".[37]

Musa pode ter sido um hipócrita. Mas, se foi sincero, lançar-se em uma travessia turbulenta foi apostar sem possibilidade de perder.

Em nossas primeiras conversas, Musa havia mencionado um conspirador — um "professor", ele disse — que tinha ainda mais amor do que ele pelo *khilafah*. Anotei o nome do professor de Musa, Yahya Abu Hassan, e decidi investigá-lo mais tarde. Ambos se identificavam como muçulmanos, mas seu islã possuía peculiaridades que Musa ansiava por explicar. Eles não eram salafistas, Musa disse. Ele e seu professor, também um convertido, eram adeptos do avivamento de uma pequena escola de jurisprudência sunita conhecida como zahirismo. (A pronúncia do Z é como um zumbido produzido com a língua próxima da parte posterior dos dentes incisivos superiores.) Musa descobriu essa escola em um livro do escritor de orientação salafista Bilal Philips, que rejeitava os zahiristas, mas os retratou de um modo que agradou Musa.

O islã não é reduzível a leis, e existem aspectos literários, místicos e culturais da tradição muçulmana que não se prestam a uma discussão jurídica. Mas a lei tem sido fundamental na vida intelectual muçulmana desde os primórdios da religião, e a insistência de Musa na afiliação à escola zahirista [*madhhab*] sugeria mais uma dimensão em sua atração pelo Estado Islâmico. Identificar-se como zahirista é uma excentricidade, ou mesmo pretensão. Quase todos os muçulmanos sunitas seguem uma dentre quatro escolas: hambalismo, hanafismo, malikismo e chafismo. Elas coexistem há mais de um milênio e concordam que suas diferenças, embora significativas, não devem ser fonte de animosidade.

As diferenças entre as escolas são complexas, mas a principal delas é a discordância quanto às fontes da autoridade suprema na argumentação legal. Todas concordam que o Alcorão predomina sobre todo o resto, ao lado das coisas que sabidamente Maomé ordenou ou fez. As quatro escolas acreditam que as opiniões de indivíduos que foram Companheiros do Profeta (*sahabah*) merecem ser acatadas. Portanto, se Abu Bakr al-Siddiq fez ou disse algo, mas o que ele fez ou pensou não é confirmado pelo Alcorão ou pelo hadith, ainda assim a palavra de Abu Bakr tem certo peso. As escolas admitem fontes adicionais de autoridade. Se, por exemplo, os líderes de Medina após a morte de Maomé concordaram quanto a uma prática ou determinação legal, os malikitas consideram-se obrigados a acatá-la. Tanto os hanafitas como os malikitas aceitam que os ʻurf — costumes e convenções que prevaleciam na época do Profeta — podem ser uma fonte de diretrizes, caso não haja notícia de que o Profeta e o Alcorão se opõem a tais práticas.

A escola legal de Musa, o zahirismo, é tão minoritária que muitos muçulmanos a julgam extinta. Não existe nenhuma congregação zahirista de tamanho significativo. A seita foi fundada no século IX pelo iraquiano Dawud al-Zahiri [ou Dhahiri] e teve seu apogeu na Andaluzia no século XI.[38] Seu maior expoente foi, incomparavelmente, Ibn Hazm (994-1064), o abastado filho de um vizir do estado da dinastia amirida em Córdoba. Ibn Hazm cresceu com saúde precária, mas acabou por considerar o conforto com que foi criado e as atitudes intelectuais indolentes que isso favorecia como uma desvantagem maior do que sua doença física. Na mocidade, percebeu, envergonhado, que não sabia orar do modo apropriado, e renunciou ao cargo político para tornar-se um estudioso da religião e um escritor. "De certa forma, ele foi um convertido", disse-me Maribel Fierro, especialista em estudos sobre Ibn Hazm.[39] Intelectualmente, ele era onívoro e escrevia sobre astronomia, teologia, literatura e poesia, além de textos que abrangiam mais de um desses gêneros ou os confundiam. Segundo seus biógrafos, ele também era conhecido como um hábil poeta improvisador — o melhor rapper das esquinas de Córdoba no século XI.[40]

Em uma metrópole movimentada a várias semanas de viagem de outros centros de erudição islâmica como Bagdá e Medina, Ibn Hazm criou uma idiossincrática escola legal que tinha a sua marca tanto quanto a de Dawud al-Zahiri. Sua metodologia prenuncia aspectos do originalismo legal de Antonin Scalia ou de

Clarence Thomas, por exemplo. Exorta os muçulmanos a ler os textos à risca, preferindo seu significado "evidente" [*zahir*] e evitando significados "ocultos" [*batin*].[41] O Alcorão e a suna do Profeta contêm um guia completo para a vida, declarou Ibn Hazm, por isso os muçulmanos devem confiar neles. "Nada omitimos no Livro", Deus diz. "Temos-te revelado, pois, o Livro, que é uma explanação de tudo."[42] Se Deus queria guiar os muçulmanos, por que ocultaria o que verdadeiramente pretendia dizer?

Como todos os muçulmanos, Ibn Hazm aceitava os ditos e relatos do Profeta como fonte de autoridade. Se o Profeta ordenava algo, os muçulmanos tinham de obedecer, mesmo se o Alcorão se omitisse sobre a questão. A maioria das escolas da lei islâmica concorda que seria melhor, às vezes, confiar nas opiniões de estudiosos em vez de basear-se em um hadith precariamente atestado e "fraco". Ibn Hazm achava que confiar na opinião em detrimento do hadith era uma porta para o erro, e defendeu a mais rigorosa observância das fontes reveladas.[43] Para os zahiristas, importam apenas o Alcorão, a suna do Profeta e o *consenso* dos Companheiros — e não as opiniões individuais deles. Isso significa que o *'urf* não tem valor e que a palavra de Abu Bakr al-Siddiq de nada adianta, a menos que os outros *sahabah* concordem. Deus ordenou que os crentes sigam *Sua* lei e o exemplo do *Seu* Profeta, e não que sigam os seguidores do Profeta.

Esse tipo de interpretação dificulta derivar novas regras a partir dessas fontes. Todas as quatro principais escolas aceitam o raciocínio por analogia [*qiyas*] como um caminho para derivar leis. *Qiyas* é bem claro: encontre uma determinação legal em uma dada questão e verifique se ela pode ser aplicada a outra semelhante. Se o Profeta declarou que as crianças não deviam dizer determinado palavrão ao falarem com seus pais, então sem dúvida ele tinha em mente proibir outros palavrões. O Alcorão proíbe beber vinho de tâmara. Por analogia, isso decerto significa que os muçulmanos devem renunciar também a uísque e cerveja — e nem pensar em metanfetamina. Os zahiristas são os únicos a rejeitar totalmente o *qiyas*:[44] argumentam que a metanfetamina é proibida não por ser análoga ao vinho, mas porque é um tóxico, e os tóxicos são proibidos. Proibir alucinógenos com base em analogia é desnecessário.

Musa me deu outro exemplo do raciocínio zahirista. Citou o hadith: "Se um cão beber em sua tigela, você deve lavá-la sete vezes".[45] Com base nessa diretriz, muitos muçulmanos entendem que os cães são impuros. Tocar em criaturas impuras invalida a oração, e é preciso lavar-se antes de orar novamente. Muitos muçulmanos evitam cães baseados nesse raciocínio. Quando Pervez Musharraf, então presidente do Paquistão, afagou seus pequineses em público, os islamitas paquistaneses apontaram essa afeição por cães como um sinal de que ele não era um muçulmano crente.

Os zahiristas rejeitam esse raciocínio. O hadith diz apenas que *você deve lavar sua tigela sete vezes*, e não que os cães são impuros. Porcos são impuros [*najis*], e tocar neles exige lavar-se antes de orar. Com que justificativa acrescentaríamos os cães nessa categoria? Para os zahiris, não há nenhuma. "Se o Profeta quisesse dizer que 'o cão é um animal impuro', por Alá, sabemos que ele teria dito 'o cão é um animal impuro', Musa explicou. "Como eles ousam falar 'eu sei o que Alá quis dizer!'? Passam de lavar o prato a não tocar em cães, tudo baseado não em um texto, mas no próprio raciocínio. Quando eu vejo um cão, afago o cão. E tudo bem." Ele fez uma pausa. "Ora, está na cara que limpar a sua tigela depois de ela ser lambida por um cão é simplesmente uma medida higiênica."

Para os zahiristas, o impulso de buscar autoridade legal além das fontes estabelecidas indica uma debilidade da fé. Além disso, parece um anseio por poder, uma tentativa de elevar o homem, por meio de sua capacidade interpretativa, ao mesmo nível de

Deus. O zahirismo limitou a autoridade a tal ponto que supôs que Deus se calou em muitas coisas que os clérigos intrometidos estavam desesperados para controlar. Como apenas algumas coisas são expressamente proibidas, tudo o mais é permitido. Nesse sentido, o zahirismo é a mais libertária das escolas legais islâmicas.

O zahirismo pode levar a conclusões singulares. Ibn Hazm, por exemplo, endossou a prática da amamentação de adultos como um modo de permitir que mulheres e homens sem laços de parentesco socializassem sem pecado. Quando uma pessoa se alimenta no seio de uma mulher, torna-se parente dela, portanto essa mulher não precisa mais usar véu em sua presença. O Profeta sugeriu essa prática (estava gracejando, dizem alguns), mas a maioria dos muçulmanos concordaria que os costumes modernos inviabilizam tal solução.[46]

Continuando lascivamente: um islamita não zahirista me disse que os zahiristas têm umas ideias insólitas sobre as relações sexuais sem penetração. A obrigação de jejuar durante o período diurno no Ramadã é consenso entre todos os muçulmanos, inclusive os zahiristas. Eles também concordam que é proibido ter relações sexuais no período diurno durante o Ramadã. No entanto, os zahiristas afirmam que "relação sexual" quer dizer penetração vaginal. Assim, para esses zahiristas, o menu de passatempos sexuais para o período diurno durante o Ramadã inclui sexo oral, amasso, estimulação manual e qualquer outra coisa que não o sexo vaginal. Se Deus quisesse proibir a masturbação, teria dito.

Ninguém, nem mesmo Musa, afirma que o zahirismo é a escola legal oficial do Estado Islâmico. O grupo não endossou oficialmente nenhuma escola legal, e sua relação com o próprio conceito de dividir o islã em escolas legais é complicada e antagônica. No entanto, as determinações legais da entidade incluem tentadoras citações de Ibn Hazm (ao lado de citações de outros eruditos não zahiristas, como Ibn Taymiyya, um hambali). Binali cita Ibn Taymiyya com muito mais frequência do que Ibn Hazm, e, como este último é o único grande jurista zahirista, só essa preponderância já confirma que o Estado Islâmico não é zahirista. Musa diz que seus amigos que fizeram a *hijrah* para o Estado Islâmico contaram que lá os juízes estavam aplicando a metodologia zahirista e que alguns se diziam zahiristas. "[O zahirismo] teve proeminência no passado. Agora a semente está voltando e pondo fim a toda essa derivação de fontes com base na lógica humana", disse Musa. "É bonito." Outros simpatizantes do Estado Islâmico deixam vestígios do zahirismo por onde passam, mesmo quando omitem o uso do termo em si. Israfil Yilmaz, um combatente holandês, escreveu a seus amigos que o Estado Islâmico baseia sua autoridade "em nada além do Alcorão, da suna e do *ijma* [consenso] dos *sahaba*".[47] Eis a metodologia zahirista em uma sentença.

Algumas políticas do Estado Islâmico fazem mais sentido quando vistas de uma perspectiva zahirista. Os inimigos do Estado Islâmico criticam o grupo por sua guerra contra os cristãos sírios e iraquianos. Os cristãos merecem proteção, diz a maioria dos muçulmanos: um dos primeiros califas, Omar, fez um pacto com eles, e a prática islâmica apropriada requer manter a paz de Omar. A famosa "Carta a Baghdadi" — a repreensão crítica assinada por dezenas de estudiosos islâmicos renomados — exproba o califa com os seguintes argumentos: "Da perspectiva legal da Xaria", diz a carta, os cristãos "se enquadram todos em acordos antigos que têm cerca de 1400 anos".[48] Muitos salafistas reconhecem os pactos do califa Omar como vinculantes depois de sua morte, pois Omar foi um dos quatro califas que sucederam a Maomé diretamente. Isso lhes dá a posição de califas "guiados com retidão" e os torna dignos de imitação pelos salafistas e, de fato, pela maioria dos demais sunitas.

No entanto, os líderes do Estado Islâmico não mostram reverência pelo pacto de Omar. Um dos líderes do Estado Islâmico do Iraque (o predecessor imediato do Isis), Abu Omar al-Baghdadi, *cancelou* o pacto e demandou outro novo. Em maio de 2014, o Isis reformulou unilateralmente o pacto, preservando partes e acrescentando outras que lhe convinham.[49] Para muitos observadores, essa seletividade cheirou a hipocrisia ou indicou que se estava renegando um acordo eterno entre fés. Para os zahiristas, não houve contradição: o Estado Islâmico violou o pacto de Omar porque o pacto foi de Omar, e não de Deus. Se Deus quisesse que os muçulmanos se comprometessem para sempre com os ditames de Omar, teria dito isso.

O Estado Islâmico costuma fazer coisas que contrariam o método zahirista. Musa é contra os ataques suicidas, que é uma das marcas registradas do Estado Islâmico, e sua justificativa baseia-se no zahirismo clássico: "O Alcorão ordena: 'não cometais suicídio'", ele me disse.[50] "Se a intenção fosse ordenar que não cometêssemos suicídio sob certas condições, estaria dito isso." Empurrar homossexuais vendados dos prédios mais altos de Raqqa e Mossul dá continuidade a uma prática de Abu Bakr al-Siddiq. Como zahirista, Musa desaprova essas execuções, pois Deus não deu a última palavra a Abu Bakr al-Siddiq, e nada na suna e no Alcorão determina que se lide com os homossexuais dessa maneira. Aliás, Ibn Hazm expressou-se com enlevo poético sobre os homens belos que conheceu. Ele foi célebre por sua tolerância à homossexualidade, e disse que esse crime deveria ser objeto apenas de punições discricionárias [*ta'zir*], por exemplo, açoitamento.[51]

Musa admite que seu entusiasmo talvez o leve a enxergar zahirismo até onde não há nenhum. Quando amigos lhe contaram que zahiristas tinham poder no Estado Islâmico e essa influência lhe foi confirmada também por seu professor, ele ficou empolgado. "É como quando aparece uma mulher linda e você descobre que ela gosta de você", ele disse. Sua atenção se aguça. "Você começa a pensar: 'Uau, é mesmo?'." Embora o Estado Islâmico não seja oficialmente zahirista, não resta dúvida quanto à presença de tendências zahiristas entre os seguidores do *Dawlah* e ao valor de seu minimalismo legal para seu projeto.

Um dos oponentes de Ibn Hazm elogiou-o dizendo que seu único pecado era ter proibido o *qiyas*. Salvo essa proibição, ele conclamou os muçulmanos a seguir o Alcorão e a suna. Quem poderia se opor? Essas são as fontes que todos os muçulmanos seguem, e todos eles concordam que elas têm precedência sobre todas as demais fontes. Uma interpretação pragmática do evidente pendor zahirista do Estado Islâmico é o fato de ele apelar para o menor denominador comum da *ummah*, os critérios sobre os quais todos concordam. O zahirismo pode afirmar que une diversos muçulmanos. É o tipo de jurisprudência islâmica de sangue tipo O: um doador universal.[52]

Talvez ainda mais importante seja o tipo de mentalidade dos que se sentem atraídos pelo zahirismo. Existe algo no zahirismo que atrai jovens propensos a visões de mundo binárias, totalitaristas. Em suas formas mais conservadoras, muitas religiões e seitas têm em comum a característica da inflexibilidade. Mas os zahiristas são especiais. A rejeição da interpretação figurativa ou analógica parece absurda a muitos estudiosos das correntes majoritárias (e aos alafitas), considerando o imenso esforço que os muçulmanos dedicam à interpretação. Aos olhos dos zahiristas, a mesma escritura que para esses estudiosos necessita de interpretação minuciosa não é mais complexa que o manual de um liquidificador. As nuanças desaparecem. Os zahiristas leem o Alcorão como se fosse um programa de computador, e sua ambição é ser a máquina capaz de rodar esse software. Em uma conversa pela internet, mencionei a um amigo salafista não jihadista que Musa é zahirista, e ele respondeu como quem está se matando de rir: "LOL... fazendo a dancinha do robô".

Outra atração do zahirismo é na esfera política. Como Sulayman ibn Sihman mil anos depois, Ibn Hazm preocupou-se com a geografia da terra muçulmana e com a possibilidade de que a religião dos muçulmanos fosse comprometida caso eles vivessem perto de não muçulmanos.[53] Em 1031, Ibn Hazm assistiu à fragmentação do califado omíada pela guerra civil. Pelo resto da vida, ele sentiu o fardo do caos e da desunião. Por isso, ressaltou a obrigação de declarar lealdade a um líder muçulmano individual forte. Um califa não era apenas a fonte da salvação espiritual, mas também um baluarte contra os perigos deste mundo. E, como a Andaluzia estava situada na fronteira da conquista muçulmana e nas vizinhanças de povoações cristãs, surgia constantemente a questão de se os muçulmanos podiam ou não se instalar e viver entre cristãos ou se tinham a obrigação de criar seu próprio estado. Assim, um literalista da linha de Ibn Hazm talvez se sentisse obrigado a declarar um califado antes de tudo. Um requisito óbvio do literalismo zahirista é que o califa atenda a todos os critérios, inclusive ser coraixita.

As determinações de Ibn Hazm sobre esse assunto podem ter tido alguma influência para provocar a declaração do califado pelo Estado Islâmico em 2014. Muito antes do pronunciamento de Baghdadi já existiam as condições para um califado válido, e os zahiristas sabiam disso. Eles notaram que o *mise-en-place* para o califado estava pronto, disse Musa, e seu professor, Yahya Abu Hassan (que os zahiristas anglófonos reverenciam como "uma espécie de líder"), começou a pregar que a declaração de um califado era uma questão de obrigação religiosa — não meramente uma boa medida a se tomar, mas uma exigência do islã.

"[Yahya e eu] estávamos falando sobre Mindanao", Musa me disse. "Em teoria, se alguém puder tomar o poder em certa área e encontrar alguém que seja um *khalifah* legítimo, será um dever estabelecer o *khilafah*. Isso é verdade mesmo se o *Dawlah* dissesse: 'Vamos estabelecer o *khilafah* dentro de duas semanas'. Não. Se for possível estabelecer amanhã, estabeleça amanhã. É um dever." Musa não disse que pretendia fazer isso, nem que ele tinha um possível califa à disposição. Não se acha um muçulmano filipino de ascendência coraixita comprovada passeando na praça de alimentação do shopping Davao City. Mas ele e seu professor cogitaram sobre o possível efeito de uma proclamação rival. Teoricamente, não podem existir dois califados; o primeiro sempre suplantaria o segundo. Mas a menção de um possível califado rival poderia amedrontar Baghdadi e acelerar seus planos. "Yahya pensava [que um possível califado rival] poderia impeli-los a fazer o que eles devem fazer de qualquer modo."

Yahya e outros, já na Síria, conversaram discretamente com os que estavam no poder e disseram que estavam dispostos a pegar em armas contra Baghdadi se ele protelasse mais. A perspectiva de um califado pesava na mente dos jihadistas, e eles receavam que dois califados duelando fosse pior do que nenhum. Yahya e seus aliados prepararam uma carta aos emires das províncias do Isis, comunicando sua insatisfação pela ausência de nomeação de um califa. "Yahya deu uma dura em 'Adnani [porta-voz do Isis]", disse Musa. Semanas antes do pronunciamento de Baghdadi em Mossul, Yahya procurou 'Adnani, se encontrou com ele nas proximidades de Aleppo e alertou-o de que Baghdadi estaria em pecado se não se promovesse a califa imediatamente. 'Adnani respondeu com uma boa notícia: o califado já fora declarado em segredo, meses antes, e o anúncio ao público aconteceria em breve. Yahya compartilhou essa atualização com Musa, que vazou a notícia de uma declaração de califado no Facebook a seguidores céticos mas entusiasmados.

Intrigava-me a figura de Yahya — um convertido anglófono no Isis, com acesso livre a 'Adnani e audácia suficiente para desafiar Baghdadi para uma luta de morte. Musa, porém, não fornecia mais dados sobre sua identidade, e apenas mencionava seu *kunya*, ou patronímico: Yahya, pai de Hassan. Ele mencionou que Yahya recentemente tivera azar e fora aprisionado pelo Exército Livre da Síria, um dos grupos rebeldes seculares que lutavam contra o Isis e Bashar al-Assad. Musa não disse — ou não quis dizer — mais nada.

Não foi preciso. Em 2015, um usuário do Twitter partidário do Estado Islâmico que se identificava como Swordsman me escreveu e aconselhou a entrar em contato com "Abu Yahya" para saber mais. O nome era tão parecido com o de Yahya Abu Hassan que me levou a crer que se tratava da mesma pessoa mencionada por Musa. O usuário do Twitter identificava-o como o Grego. "Ele está em campo [na zona de guerra] também e faz parte do IS", escreveu o usuário do Twitter. "Uma mente grandiosa e um estudante digno de confiança."

Ele me passou o link para um site chamado Ghuraba', uma coletânea de textos zahiristas escritos por Musa e alguns outros, entre eles um tal de "Yahya al-Bahrumi". Em árabe e inglês fluentes, Yahya discorria prolificamente sobre muitos assuntos, todos pela causa da jihad. Projetava calma mesmo em suas opiniões mais grotescas. E usava o rótulo *irhabi* [terrorista] com orgulho:

> Já faz anos que os *kuffar* atribuem *irhab* [terror] aos muçulmanos, e faz anos que os muçulmanos procuram se livrar dessa nomenclatura (muitas vezes a razão é facilitar no trato com os *kuffar*). Essa

palavra ("terrorista") também tem sido usada como um insulto e recebida como tal. Mas o *irhab* propriamente dito é algo que estudiosos renomados declararam obrigatório e tem apoio literal no próprio Alcorão.

Ele clamou pela emigração para o Estado Islâmico: "O Mensageiro de Alá até retirou sua proteção a todo muçulmano que vive entre os descrentes", ele disse. (Em um dos primeiros ataques de muçulmanos a território infiel, combatentes muçulmanos mataram acidentalmente muçulmanos que viviam em território de descrentes. Foram perguntar ao Profeta o que fazer com respeito a esse dano colateral, ele respondeu: "Sou inocente do sangue deles".) Yahya escreveu:

> Alá rejeita a *wilāyah* [aliança] dos que ainda não emigraram; um homem que vive em *dār-al-kufr* [território infiel] e diz que dar-lhe *bay'a* é obrigatório contradiz diretamente este *ayah* [versículo]; buscamos refúgio com Alá de tal desgraça... O *khalifah* somente será encontrado entre as fileiras na jihad ou entre aqueles em franca preparação para ela.

Essa desgraça — não fazer *hijrah* e a jihad — era uma forma de apostasia.

> Podem me chamar de extremista, mas imagino que todos os que deliberadamente escolhem viver entre aqueles com quem os muçulmanos estão em guerra estão eles próprios em guerra com os muçulmanos — por isso, não são verdadeiros muçulmanos.
>
> Saiam se puderem — não só em apoio aos seus irmãos e irmãs a quem os seus impostos estão matando, mas também para se protegerem da punição que Alá ordenou para todos os que traem a nação.

Ele clamou pela morte de líderes muçulmanos que não instituem a Xaria nos moldes do Isis:

Quanto a [...] lidar com a atual situação na qual líderes políticos não usam a Xaria no governo de seu país e quanto à questão de isso constituir ou não *kufr*, a resposta deve ser evidente. A resposta, inclua ou não *takfir* (embora as condições tenham de ser atendidas), deve ser ordenar a virtude e proibir o vício, e isso pode e deve incluir a derrubada de regimes tirânicos, sejam eles muçulmanos ou não.

Devemos reconhecer que qualquer um que se oponha ao *khalifah* depois que o seu *khilafah* já tiver sido estabelecido deve apresentar sua prova completa ou calar-se. Do contrário, será um renegado cujo sangue é permissível.

Entre os piores apóstatas, ele explicou, estão os muçulmanos que negligenciam o dever de estabelecer o *khilafah* e em vez disso se ocupam da discussão masturbatória de questões secundárias — por exemplo, se o canguru é halal ou como usar o banheiro segundo o modo islâmico ideal. Essas são táticas evasivas para evitar a verdadeira tarefa do islã, que é a jihad em prol de um estado muçulmano.

Quem são vocês para criticar alguém por estabelecer o *khilafah* se não encontraram oportunidade para fazer isso por si mesmos?! Reclamam que não foram consultados? Nossos homens, mulheres e crianças vêm sangrando há décadas (no mínimo) por causa de sua inação, por causa das suas intermináveis conversações, por causa de sua preocupação com o sangue menstrual e com "como fazer *Hajj* [peregrinação a Meca] corretamente", por causa de sua falta de coragem para iniciar essa obrigação, ou apenas porque vocês não sabem de fato o que o *khilafah* implica e como suas condições devem ser entendidas.

Em dezenas de artigos publicados ao longo de anos no site Ghuraba', Yahya demonstrou conhecimento do árabe clássico e familiaridade com fontes e história islâmicas. Seu árabe era assombroso até para Musa. Este me contou que, certa vez, outro muçulmano de seu grupo na internet contestou a liderança de Yahya. "Então Yahya fez uma coisa que deixou todo mundo espantado. Ele respondeu ao sujeito com um poema em árabe no estilo tradicional que ele compôs de improviso, usando o nome do cara na poesia, explicando a situação e replicando às suas objeções", Musa conta. "Fiquei pasmo. O cara saiu da conversa e nunca mais participou."

Como Musa, Yahya tinha marcas do autodidatismo e uma autoconfiança absoluta. O mais perturbador era que tanta calma se justificava: ele conhecia seus textos melhor do que os oponentes e dava-lhes uma interpretação que, embora incomum, seguia uma lógica severa mas inegável. Para qualquer afirmação ele podia apresentar fundamentos eruditos, e para qualquer contra-argumento ele tinha uma rasteira retórica implacável.

No entanto, eu ainda não sabia quem era aquela figura estranha. O site incluía uma biografia narrativa e uma pequena foto. O retrato de Yahya mostrava um jovem de óculos com um fuzil Kalashnikov no ombro. Estava bem agasalhado, como que preparado para um ataque ou patrulha à noite. Estava sorrindo, e quando o vi me perguntei quando fora a última vez que eu tinha visto alguém que parecia tão satisfeito.

Quanto ao texto da biografia, quase toda palavra dava mostras de ter sido cuidadosamente escolhida, inclusive seu nome, "Bahrumi", um neologismo. "Bahrumi" não é uma palavra árabe. É uma combinação de duas palavras dessa língua: *bahr* [mar] e *rumi* [romano]. O "mar romano" é aquele que os romanos chamavam de *mare nostrum*, "nosso mar", em latim. Jihadistas costumam escolher nomes de guerra compostos de seus prenomes e de sua origem nacional. Ele se intitulava Yaha do Mediterrâneo. A biografia dizia também:

> Abū Ḥassān Yaḥyā ibn Sharaf ibn 'Aṭā' ibn al-Ḥārith al-Ḥuwayrithī. Suas raízes são da ilha de Creta, no mar Romano (Baḥr al-Rūm). Nascido em 1404 [1983-4 d.C.] e criado como nazareno [cristão], Yahya entrou para o islã em 1422 [2001-2 d.C.]. Viajou em busca de conhecimento e trabalhou na senda de Alá até que Alá concedeu-lhe a hijrah para o Sham. Atualmente reside no interior de Aleppo.

Ele usou apenas o calendário islâmico. Declarou seu prenome não só com o *kunya* (Abū Ḥassān, pai de Hassan), mas sua ascendência patrilinear, "filho de Sharaf, o filho de Ata" etc. "Nazareno" com a acepção de "cristão" obedece à nomenclatura do Isis. (A letra *nun* [ن] para representar "nazareno" era pintada nas casas de cristãos abandonadas em Mossul, para marcá-las como passíveis de confisco.) A transliteração de palavras árabes observava minuciosamente os sinais diacríticos.

Portanto, talvez ele fosse grego, afinal de contas, e de Creta. Como eu já tinha dados suficientes para reduzir o universo em que devia procurar sua identidade, pensei: um jihadista cretense com pendor para a filologia convertido ao zahirismo. A lista de candidatos não podia ser grande.

É comum os convertidos escolherem nomes árabes que são equivalentes aos seus nomes de nascimento. Yahya é o equivalente árabe de John em inglês ou Ioannis (Ιωάννης) em grego. Assim, comecei uma busca na internet por zahiristas com esses nomes. Logo encontrei uma referência a um zahirista chamado "Ioannis

Georgilakis", e a trilha começou a crepitar sob meus pés. A página de Georgilakis no Facebook trazia fotos do mesmo jovem hirsuto de óculos, em trajes muçulmanos, brincando com os filhos. O mais velho deles devia ser Hassan, cujo nascimento transformou Ioannis em "Abu Hassan".

O nome trazia algumas pistas. O sufixo — *akis*, em grego, é cretense. Seu prenome é formal e pomposo — Ioannis, a forma que seria pronunciada em um batizado, por exemplo, em vez da versão mais coloquial e descontraída Γιάννης (Yannis). O grego seria uma afetação? Muitos de seus amigos no Facebook eram anglófonos, e poucos falavam grego. "Georgilakis" não é um sobrenome muito comum, mesmo em Creta, e tendo em mente a evidente criatividade de Yahya para se autonomear, tentei algumas permutações, entre elas o inglês "John" e a versão mais tradicional, não cretense, de "Georgilakis", que seria "Georgelas".

Um dos primeiros resultados para "John Georgelas" foi de um comunicado à imprensa feito pelo FBI em 15 de agosto de 2006. "Colaborador de site pró-jihad condenado a 34 meses de prisão", dizia a notícia. Yahya era americano. Na época de sua condenação, morava em um bairro residencial de Dallas, a vinte minutos da casa onde eu cresci.

4. Yahya, o americano

The pure products of America go crazy... *
William Carlos Williams, "To Elsie" (1923)

Um bom filme, para mim, é aquele no qual o inimigo diz alguma coisa que faz sentido.
Anne Carson, *The Beauty of the Husband* (2001)

Chega-se à cidade de Plano, no Texas, depois de uma breve viagem de carro a partir do centro de Dallas em direção à fronteira com Oklahoma. Duas décadas atrás, a Plano da minha juventude era uma planície de subdivisões de classe média que se expandia com a inevitabilidade de um califado profetizado. O dinheiro velho de Dallas e seus magnatas do petróleo raramente paravam ali. Preferiam seguir caminho rumo aos ranchos nas campinas, onde se podia caçar, pescar e cochilar na varanda ou-

---

* "Os produtos puros da América/ enlouquecem..." (N. T.)

vindo a brisa roçar nos choupos. Desde então, chegou ali dinheiro novo, em especial de imigrantes; os recém-chegados buscavam empregos em tecnologia e não eram muito afeitos àquelas atividades rústicas. Em vez disso, acrescentaram casas às pastagens ondulantes, e as subdivisões se multiplicaram. Tolstói escreveu que as famílias felizes são todas iguais. Se suas casas também são iguais, então a infinidade de mansões indistinguíveis que se reproduzem infinitamente em Plano é um sinal de que Deus sorriu para essa terra.

O último endereço conhecido de John Georgelas nessa área é uma elegante casa de tijolos com colunas dóricas, um pequeno pórtico e uma entrada de carros circular. Em agosto de 2015, quando estive lá pela primeira vez, pude ouvir a alegria das crianças. Vi um menino de uns dez anos batendo uma bola de basquete na entrada de carros e dois outros brincando por perto. Ao me aproximar da porta de entrada, avistei um adesivo de fita amarela com os dizeres "Apoiamos nossos soldados" na janela, e atrás um saguão muito arrumado e ricamente decorado, no qual um piano ostentava fotos de família.

O homem que veio abrir a porta era Timothy Georgelas, pai de John e proprietário da casa (junto com sua mulher, Martha, mãe de John). Ambos são americanos descendentes de gregos, e quando fui informado sobre o nome do pai, compreendi mais um elemento da biografia de Yahya. "Timothy" deriva do grego Τιμόθεος (Timotheos), "aquele que honra a Deus". Yahya chamava a si mesmo de "Yahya, filho de Sharaf", abreviando Timothy para Tim — "honra", ou *sharaf* em árabe. *Huayrithy*, o último em sua cadeia de nomes, foi mais demorado para eu decifrar. É um diminutivo árabe da palavra *harith*, ou "ceifeiro": "pequeno ceifeiro". Essa é uma tradução aproximada de "Georgelakis". O sufixo "-lakis" é um diminutivo cretense, e "George" vem de γεώ-

(geo), ou "terra", e -έργ (erg), "trabalho": pequenos trabalhadores do solo, ou pequenos ceifeiros.

Tim tem 65 anos, é formado pela academia militar de Westpoint e radiologista. Tem cabeleira branca e traços suaves que não trazem nenhum sinal de ter criado o mais destacado americano membro do Estado Islâmico. No entanto, ele não acalenta nenhuma ilusão quanto à vida que seu filho escolheu. "Ele e John [Yahya] são inimigos até o Dia do Juízo Final", fiquei sabendo por alguém que conhece bem os dois.

Tim estava de bermuda e camiseta, e um sopro fresco de ar condicionado escapou quando ele disse bom-dia. Quando eu lhe falei que tinha vindo para perguntar sobre Yahya Abu Hassan ibn Sharaf, ele veio para fora e fechou a porta, como se quisesse barrar a entrada da casa para o nome de seu próprio filho. Afundou em uma cadeira branca de vime ao lado da porta principal e, com um gesto relutante, convidou-me a sentar à sua frente.

Fitou o pé de magnólia no jardim e não disse nada. Contei a ele o que eu sabia: que seu filho John era Yahya, um veterano jihadista que agora trabalhava para o Estado Islâmico na Síria. Tim franziu os lábios, balançou a cabeça desgostoso e começou a falar. "Em cada passo da vida ele tomou as decisões erradas, desde o ensino secundário até agora", lamentou. "Não consigo entender por que ele jogou fora o que possuía." Acrescentou que as duas irmãs de Yahya tinham doutorado, como se quisesse provar que não foi por falta de cuidados dos pais que o rapaz abandonou os estudos, se lançou em uma guerra santa em dois continentes, quase alcançou o martírio na Síria e tramou assassinato em massa.

"Acho que fomos moles demais com ele", Tim comentou. "Ele foi sempre o garoto mais novo da classe, sempre um seguidor. Salvei a pele dele muitas vezes — financeiramente, em problemas com a mulher e os filhos, em muitas outras coisas. Eu sempre limpei a barra." (As crianças que eu vira brincando eram três dos quatro filhos de John. O mais novo ainda era bebê.)

O Yahya que Tim me descreveu era uma figura lastimável, uma ovelha que se desgarrara e acabara entrando em um rebanho perverso. Acima de tudo, ele era facilmente manipulável. Tim não sabia, ou não queria saber, que Yahya se metamorfoseara de ovelha em lobo, de seguidor patético em líder de homens.

Relativamente poucos americanos fizeram *hijrah* para o Estado Islâmico — centenas, em comparação com milhares da Europa e dezenas de milhares do mundo árabe —, e esses números não estão crescendo depressa. Segundo o diretor do FBI James Comey, o número de americanos que viaja para a Síria caiu de entre seis e dez por mês no começo de 2015 para apenas um por mês em meados de 2016.[1] Muitos são americanos descendentes de gerações recém-emigradas, alguns dos quais passaram mais tempo no país de nascimento de seus pais do que no deles próprios. O número dos que foram criados nos Estados Unidos, sem laços recentes com outro país, é ínfimo. A facilidade de John Georgelas com a tecnologia (uma área na qual ele nunca precisou se esforçar) e seu domínio da doutrina do Estado Islâmico fizeram dele um elemento perigoso e útil. Sabemos que ele é íntimo dos chefes do grupo e que combateu e foi ferido na Síria. Algumas daquelas transliterações meticulosas e pedantemente acuradas de palavras árabes na *Dabiq* são obra de John, e em meados de 2016 ele já se tornara o principal polemista anglófono do Estado Islâmico.[2]

São assombrosos os paralelos entre Yahya e outro americano jihadista, John Walker Lindh. Este último entrou para a Al-Qaeda antes do ataque terrorista de 11 de setembro de 2001 em Nova York, e foi para o Afeganistão combater na brigada *ansar*, da Al--Qaeda. Em novembro de 2001, as Forças Especiais dos Estados

Unidos apanharam-no quase sem vida em um monte de escombros nas proximidades de Mazar-e Sharif, no Afeganistão. Depois de receber cuidados médicos até recobrar a saúde, Lindh foi levado a julgamento na região de Northern Virginia e se declarou culpado de auxiliar um grupo terrorista. O momento dessa ocorrência foi, para ele, uma sorte ou um azar: ele foi preso, e não morto, ainda jovem e ingênuo. O juiz sentenciou-o a vinte anos de prisão, e, se seu bom comportamento continuar, Yahya Lindh (como ele agora se intitula) será libertado em 2019, aos 38 anos.

Lindh, como Georgelas, teve uma criação privilegiada, embora em um ambiente politicamente oposto: o pai dele, Frank, é um advogado gay de esquerda em San Francisco, enquanto Tim Georgelas é um republicano conservador. Frank defende seu filho como um prisioneiro de consciência. "Eles são prisioneiros políticos!", Frank me disse, referindo-se aos colegas de John na penitenciária de Terre Haute.[3] (A consciência levou alguns deles a tentar explodir o túnel Lincoln.)

Antes de converter-se ao islã, Lindh tinha hobbies como publicar em fóruns na internet sobre música rap enquanto fingia ser um negro revoltado.[4] Depois de sua conversão — que se precipitou assim que ele assistiu ao filme *Malcolm X*, de Spike Lee —, Lindh passou a estudar principalmente o salafismo e, por fim, a jihad. Como Georgelas, Lindh não tinha treinamento militar — George W. Bush, zombeteiro, chamou-o de "mimadinho de Marin County"* — e mostrava um pendor para a erudição. Está usando o tempo de sua sentença para estudar o islã.

A prisão onde Lindh cumpre a pena impede-o de ler as *fatwas* dos estudiosos do Estado Islâmico. Sei disso porque tentei enviar-lhe textos de Georgelas e me devolveram o material, pois

---

* Área da Califórnia que tem a quinta renda per capita mais alta dos Estados Unidos. (N. T.)

a prisão proíbe material subversivo. Lindh agradeceu-me assim mesmo pela tentativa.

Perguntei sua opinião sobre o Estado Islâmico, e ele respondeu com cautela:

> Como você provavelmente pode imaginar, estou um tanto isolado do mundo exterior, por isso acho que não seria apropriado fazer comentários... Considerando a atenção que o Estado Islâmico tem despertado nos meios de comunicação, acadêmicos, nos pesquisadores e outros nestes dois últimos anos, fico surpreso em ver que tão poucos parecem ter de fato ido ao Estado Islâmico para ver como as coisas realmente são, conhecer e entrevistar seus líderes. Eu sugeriria que você visitasse o Estado Islâmico, para poder fazer suas perguntas diretamente aos seus líderes e autoridades.[5]

Respondi que adoraria ir se eles me dessem permissão, mas não confiava em que não seria decapitado ou escravizado.

> Compreendo seu receio de ser morto ou escravizado, porém acredito que suas apreensões são equivocadas. Os jornalistas que foram detidos pelas autoridades do Estado Islâmico entraram lá ilegalmente. Se tivessem ido com a documentação apropriada, tenho certeza de que as autoridades do Estado Islâmico teriam honrado seus acordos, como determina a lei islâmica.[6]

Fiz mais algumas perguntas sobre o islã. Por fim, ele parou de responder e me indicou um colega em cuja opinião confiava: Ahmad Musa Jibril, o clérigo palestino-americano que consta na lista elaborada pelos pesquisadores de terrorismo do King's College com as "novas autoridades espirituais" a quem os combatentes na Síria procuram quando desejam orientação.

Pelo visto, a década na prisão teve sobre Lindh o mesmo

efeito que os 34 meses de detenção de Georgelas: em vez de abrandar o jihadismo, confirmou-o.

Em dezembro de 1983, John Georgelas nasceu em uma família rica de brancos com uma longa tradição militar. Seu avô, o coronel John Georgelas, foi ferido duas vezes na Segunda Guerra Mundial e trabalhou por mais de uma década no Estado-Maior Conjunto antes de abrir uma próspera construtora no norte da Virgínia.[7] O pai de John, Tim, serviu durante sete anos no Exército dos Estados Unidos, depois aceitou uma missão da Força Aérea para estudar medicina. ("Na mesma faculdade de Nidal Hasan", o atirador de Fort Hood, ele me contou.) Tim reformou-se no posto de coronel em 2001 e hoje atua como médico particular em uma clínica de mamografia no norte de Dallas. É louco por Martha, uma dona de casa baixinha, de cabelo curto, que em sua foto no Facebook aparece toda orgulhosa na entrada da Biblioteca Presidencial George W. Bush, próximo ao centro de Dallas.

Os Georgelas mudaram-se várias vezes, por exigência das designações militares de Tim. John entrou para a escola aos quatro anos, quando a família morava na Inglaterra, e era muito novo e miúdo em comparação com as outras crianças de sua turma. Menino doentio, com tumores benignos e fragilidade óssea, talvez suas enfermidades o tenham impelido para a religião. Aos onze anos, fraturou a perna e passou muito tempo sem ir à escola, recuperando-se na casa de sua família em San Antonio. Sozinho e deprimido, sua mente voltava-se para Deus nos momentos de ociosidade, e ele se apegou à Igreja Ortodoxa Grega, insistindo com a família para que a frequentassem mais assiduamente.

Por ser o herdeiro do sexo masculino e a criança mais nova da família, John desfrutava de uma posição privilegiada no patriarcado dos Georgelas. Com ela vieram as expectativas e, portanto, a decepção quando ficou claro que ele não se adequava à vida de soldado. Seu corpo recusava-se a crescer em uma forma robusta e apta para a batalha. Seu temperamento não se amoldava à disciplina. Ao voltar para a escola depois da lesão na perna, ele não demonstrou interesse por realizações acadêmicas nem pela obediência a regras — especialmente o tipo de regras comuns em escolas com grande número de filhos de famílias militares. O pai tentou muitas vezes corrigir seu comportamento, mas fracassou.

A rebeldia de John assumiu várias formas, e, como muitos filhos de militares antes dele, o garoto fez incursões na contracultura. Na adolescência, fumou maconha, usou ácido e ingeriu cogumelos mágicos. Odiava o pai, que o punia por usar drogas, e o governo dos Estados Unidos, por criminalizá-las. Na época em que se formou na Air Academy High School, uma escola pública no recinto da Academia da Força Aérea dos Estados Unidos, em Colorado Springs, seu principal interesse era o consumo voraz de drogas psicodélicas. Tinha notas péssimas, Tim conta, mas suas pontuações em testes padronizados superavam as de suas irmãs, que eram ótimas alunas. John acabou indo estudar filosofia no Blinn College, uma faculdade sem processo seletivo de admissão no centro do Texas. Foi aprovado em apenas algumas disciplinas.

No entanto, ele demonstrou capacidade intelectual: aprendeu programação sozinho e montava seus próprios computadores, fazendo-os rodar com o sistema operacional Linux em vez de usar as máquinas do Windows ou Mac preferidas pelas massas. Aos quinze anos, deu de presente à sua mãe uma lista de desejos de aniversário que rendeu a ela uma magnífica safra de presentes, em sua maioria livros. A mãe, na esperança de incentivar o desenvolvimento intelectual do rapaz, comprou para ele um Alcorão, na tradução de Muhammad Marmaduke Pickthall. Mais tarde, no curso sobre religiões mundiais em Blinn, uma aula superficial sobre o islã irritou John, que saiu à procura de mais informações junto a muçulmanos de sua área.

A curiosidade transformou-se em algo mais. "Não odeio os muçulmanos", Tim me disse, no preâmbulo clássico a comentários anti-islâmicos. "Mas com certeza detesto a religião pelo que ela fez ao meu filho." Pouco antes do Dia de Ação de Graças de 2001, no primeiro dia do Ramadã, John converteu-se em uma mesquita em College Station frequentada por estudantes muçulmanos estrangeiros da Universidade Texas A&M.

Os jihadistas ocidentais encontram seu caminho para a violência por rotas diversas, mas muitos deles se encaixam em um perfil geral. E esse perfil ajustava-se a John como um traje de mergulho. Ele provinha de uma família de classe média ou média-alta; desperdiçava oportunidades à altura de seu talento inato; reconhecia que não se destacaria nas áreas escolhidas ou valorizadas por seus pais e figuras de autoridade. Para muitos, uma crise pessoal — morte na família, uma experiência de quase morte — desencadeia a contemplação existencial e o comportamento de buscar significado que leva uma pessoa à religião; no caso de John, a fragilidade na infância pode ter exercido esse papel.[8] Além disso, os jihadistas costumam ser tipos analíticos, de raciocínio predominantemente lógico. (Musa estudara história em uma universidade de Melbourne antes de ser preso. Mas antes de o jihadismo prejudicar sua empregabilidade, ele trabalhou como técnico em segurança de computadores.[9])

Não há como saber se a conversão teve por fim irritar seus pais ou se a irritação foi apenas um benefício adicional da conversão espiritual. Também não sabemos se John escolheu imediatamente o jihadismo violento. Mas o momento era sugestivo. Quando do John enfim pronunciou a declaração de fé muçulmana, as cinzas do World Trade Center ainda não haviam esfriado. O sentimento antimuçulmano nos Estados Unidos chegava a novas alturas, e no centro do Texas a conversão ao islã provavelmente seria um singular ato de rebeldia, um tremendo escarro nos olhos de seu pai e de outras figuras de autoridade.

John, agora conhecido como Yahya, sentiu-se insultado com a falta de curiosidade de seus pais sobre sua conversão. Os pais, por sua vez, acharam essa conversão um insulto e um sinal de fraqueza mental. "Cada cidade universitária neste país possui uma mesquita por uma razão", Tim me disse. "A garotada está longe de casa pela primeira vez, vulnerável, sujeita a influências. Eles ouvem a mensagem e ficam fascinados, e foi isso o que aconteceu com John." Yahya abandonou os estudos e vendeu seu utilitário esportivo para comprar uma passagem de avião. Em dezembro de 2001, a família recebeu um e-mail de Yahya informando que ele estava em Damasco aprendendo árabe.

Ele comprou o *Dictionary of Modern Written Arabic*, de Hans Wehr, um tijolão que é a mais usada obra de referência em árabe-inglês. O livro não se destina a ser lido de ponta a ponta. O estudante de árabe típico mantém o Hans Wehr num canto da mesa, consultando-o quando necessário pelo resto da vida. Yahya o memorizou em seis meses. Depois, como sobremesa, memorizou o *Kitab al 'Ayn*, dicionário de árabe escrito no século IX por Khalil al-Farahidi. Yahya perambulou por Damasco, onde conversou com meio mundo e aprendeu o árabe clássico até atingir um nível de proficiência raras vezes alcançado por falantes nativos instruídos. Ali estava uma tarefa, como a montagem de seus próprios computadores, que ele podia executar no seu ritmo, com suas ferramentas, e cuja realização era só dele e não um resultado de seguir cegamente seu pai ou seus professores.

Ao chegar a Damasco, Yahya identificou-se como sufista, talvez um resquício de sua adolescência na contracultura. Porém, aos poucos, sob a influência de muçulmanos britânicos que tinham uma relação mais rígida com a fé, ele adquiriu curiosidade pela jihad. Convenceram-no a adotar uma postura salafista na linha de Bin Laden. Yahya não gostava da tendência da maioria dos imames a dizer-lhe que confiasse nas palavras dos doutos ("fazer *taqlid*") em vez de procurar sua própria interpretação da escritura e da lei. Os muçulmanos leigos em geral são aconselhados a seguir os eruditos mais experientes em vez de derivar determinações legais por conta própria. Yahya, porém, manteve com a religião uma atitude tipicamente americana de se aprofundar no assunto, uma atitude como a de muitos texanos em relação às suas picapes: se não for capaz de entendê-la ou consertá-la, a sensação é de que não é dele.

Ele se afastou ainda mais dos pais e irmãs. Mais tarde, ao aconselhar outros muçulmanos a respeito do grau de esforço que se deve empregar no proselitismo em casa em vez de seguir diretamente para o Estado Islâmico, Yahya escreveu:

> E quanto àqueles [muçulmanos] que procuram trabalhar com sua família, mas a família insiste em *kufr*? Eles devem esperar pacientemente a vida inteira, tentando guiar alguém a quem Alá não escolheu para ser guiado, ou devem tentar mudar e ajudar sua verdadeira família, os muçulmanos?

No *Banquete*, de Platão, um dos personagens imagina que cada par de apaixonados um dia já compartilhou um corpo único — duas cabeças, quatro braços, quatro pernas, tudo incomodamente grudado — até que os deuses os separaram. E então eles vaguearam pelo mundo, ansiando pelo parceiro perdido e só sentindo a completude quando reunidos. Esse sentimento é o amor.

Essa peculiar visão infiel talvez explique o tempestuoso romance entre Yahya e sua mulher, duas pessoas feitas, por Zeus ou Alá, do mesmo material físico e mental. Tania Choudhury nasceu em Londres em 1983, filha de pais bengaleses. Como Yahya, ela cresceu atormentada por tumores benignos e com uma rebeldia incorrigível. Como muitos outros representantes da primeira geração de muçulmanos britânicos, ela torturou os pais primeiro usando drogas e depois adotando com um vigor alarmante a religião que eles negligenciaram ao procurar a assimilação na vida de classe média inglesa. Aos dezessete anos, Tania estarreceu os pais aparecendo coberta da cabeça aos pés por um *jilbab*. Aos dezenove, quando se casou com Yahya, ela acalentou a fantasia de acomodar uma bomba sob seu traje.

Ela era uma menina graciosa, uma bombinha endiabrada. Mas as diabruras não eram um tipo de desobediência usual, como sair com rapazes que os pais não aprovavam. Quando os pais sugeriram que ela tentasse se encontrar com rapazes, Tania disparou: "muçulmanos não namoram", e jurou que antes do casamento nenhum homem estranho conheceria mais de sua aparência física além da silhueta coberta. O seu tipo ideal, o pretendente ambicionado, a paixonite sobre quem ela se derretia nas conversas com as amigas, era John Walker Lindh.

O romance com Yahya começou através de um site matrimonial muçulmano. Em certos aspectos, o namoro digital deles foi como o prometido nos anúncios: interesses em comum, amor verdadeiro, casamento e filhos. Em outros, porém, foi do tipo que as agências matrimoniais prefeririam omitir de seu material promocional. Os dois se apaixonaram depressa, e assim como alguns casais podem se unir graças ao gosto por Netflix, corrida ou culinária, eles se uniram em suas ideias sobre a jihad e na capacidade de tomar más decisões. Após um mês de flerte digital, Yahya pegou um avião para Londres e eles se encontraram pessoalmente em 15 de março de 2003. Três dias depois, casaram-se em segredo. A família de Tania concluiu que ela se casara e lhe disse que ela havia jogado sua vida fora. Mas abrandaram-se, calculando que o herdeiro de uma rica família americana talvez não fosse o pior partido para a filha.

Depois de algumas semanas em Londres, Yahya e Tania partiram para College Station. No Texas, compartilharam os prazeres da liberdade, do amor jovem, da independência da família e, no caso de Tania, dos rigores de uma vida inglesa respeitável. Viveram felizes com parcos recursos, adotando como sua comunidade os estudantes muçulmanos estrangeiros da mesquita onde Yahya se convertera. A mesquita deu uma festa de casamento para eles, e árabes do Golfo, ricaços que moravam nas vizinhanças da universidade, fizeram uma vaquinha para financiar os estudos islâmicos de Yahya.

O casal também se entregou a outra de suas paixões em comum: ficar chapado. A ortodoxia islâmica diz que a maconha é um tóxico, por isso a proíbe. Mas já então a prática do islã por Yahya era heterodoxa. Como de costume, ele se rebelou eruditamente. Em um ensaio histórico intitulado "Cannabis", repleto de notas de rodapé citando fontes árabes clássicas, ele defendeu o argumento islâmico a favor da maconha:

> Este artigo foi elaborado para refutar a afirmação de que a cânabis, a planta que produz o produto consumido em cigarros, conhecido comumente como *hashishah* [حشيشة] no Oriente ou *kif* [كيف] no Magreb, deve ser proibida em razão de seu uso como intoxicante. Este trabalho demonstrará, sem margem para qualquer possível dúvida de interpretação, que a cânabis não só foi lícita segundo os primeiros tempos do islã como também foi amplamente usada na sociedade muçulmana sem causar danos. [...] A planta não deve ser proibida, primeiro por ser uma criação natural de Alá sem diretrizes explícitas de proibição na revelação; segundo, por ser uma excelente fonte de usos materiais e medicinais.

Evidências indicam que os primeiros líderes islâmicos tributavam a cânabis. Como os muçulmanos não podem tributar substâncias proibidas, por exemplo, carne de porco ou álcool, conclui-se que eles consideravam a maconha permissível. O Profeta nunca proibiu a maconha literalmente, embora ela fosse uma substância conhecida pelos árabes antigos, e talvez por Maomé.

Quanto à psilocibina, um hadith mencionado por Yahya relata que o profeta desceu de uma montanha depois de meditar e louvou as propriedades medicinais dos cogumelos, especialmente como cura para doenças dos olhos. Yahya e Tania interpretaram isso como um indicador de que Deus sancionou a ingestão de cogumelos psicodélicos. Essa ideia não é tão maluca quanto parece: o hadith diz também que o cogumelo se tornava azul — e a tendência a ficar azulado quando machucado é um indicador de que um cogumelo possui propriedades que alteram a mente.[10] Assim, sob o céu texano, os dois apaixonados entregaram-se às suas viagens movidas a cogumelo, seguindo o exemplo do Profeta.

A página de Tania no Facebook identificava-a como "Tania Internationalhobo",* e os primeiros anos de casamento geraram altas milhagens, ainda que pouco trabalho remunerado. Yahya e Tania viveram furtivamente em Damasco durante uma prolongada lua de mel, associando-se com discrição a outros jihadistas. Era uma existência semelhante à de muitos jovens terroristas errantes de outrora: os Panteras Negras, o bando do Baader-Meinhof, os anarquistas do *fin de siècle*. Eles se escondiam das autoridades e mentiam a quem indagasse sobre suas atividades. Quando espiões do governo sírio começavam a perguntar sobre eles aos vizinhos, eles se mudavam,

---

* Em tradução livre, "Andarilhainternacional". (N. T)

instalavam-se por algum tempo em uma cidade previamente escolhida por ser mencionada em profecias que a indicavam como o quartel-general do Profeta 'Issa [Jesus] quando ele retornasse.

Tania e Yahya tinham brigas frequentes. Ainda voluntariosa, ela queria obedecer só a Deus. Acontece que as palavras de Deus eram inequívocas: *Os homens são os protetores das mulheres*,[11] diz um versículo corânico que reproduz o que John Georgelas talvez ouvisse na casa cristã conservadora de seus pais. Por isso, durante a maior parte dos dez anos antes da fundação do Estado Islâmico, Yahya manteve um controle rasputinesco sobre Tania. Hipnotizava-a com sua certeza, e ela, quando se pegava questionando o que ele dizia, reprimia as dúvidas. Tania tinha dislexia leve; a leitura dos textos islâmicos por Yahya a convenceu, pela fluência, abrangência e capacidade de recordar, de que ele era capaz de apresentar um argumento irrefutável sobre qualquer assunto em que os dois discordassem.

Por ter sido também uma criança enfermiça, Tania contemplara Deus e tinha sólidas noções acerca da salvação. Concluiu que Yahya era um gênio com dons que Deus negara a ela, e aceitou seu lugar no mundo da jihad. Servir a Yahya era para ela o bilhete de ingresso para o céu. Ela endossou a escravidão, o apocalipse, a poligamia e o assassinato. Almejava criar sete meninos como guerreiros santos: um para a conquista de cada continente.

Da Síria voltaram para Londres. A cidade era, e talvez ainda seja, a capital mundial de certo tipo de jihadista: o que foi exilado de seu país natal não por suas ideias políticas abomináveis, mas porque não cala a boca.

As figuras mais espalhafatosas desse meio ganharam fama nacional e depois internacional por berrarem abominações. Qualquer jornalista a fim de encontrar um muçulmano irado que emita uma opinião incompatível com os valores liberais ou a liberdade de expressão só precisava postar-se à saída das mesquitas de Finsbury Park ou Brixton, perguntar aos homens que vinham de lá após as orações se falavam inglês e se por acaso tinham críticas veementes a fazer sobre, digamos, Salman Rushdie ou a incrustação intencional de fezes de cachorro no Alcorão por provocadores anti-islâmicos. Esse exercício fazia uma eficiente triagem dos aloprados e dos caçadores de publicidade, alguns dos quais ainda hoje ornam os noticiários da TV a cabo.

Dessa malta de bichos-papões, Yahya escolheu seguir um jordaniano chamado Muhammad bin 'Issa bin Musa al-Rifa'i, conhecido por seus acólitos como Abu 'Issa. Nascido em 1959 na cidade de Zarqa (berço de outro herói jihadista, Abu Musab al-Zarqawi), Abu 'Issa combatera os soviéticos no Afeganistão nos anos 1980 e circulara entre jihadistas de Maqdisi instalados na Jordânia no começo dos anos 1990. Nos anos 90, depois de uma breve temporada na prisão em seu país natal, ele voltou para o Afeganistão e novamente combateu, desta vez sob a bandeira de um grupo chamado Jama 'at al-Muslimin (o Grupo de Muçulmanos).

Em todos esses aspectos, seu currículo de jihadista não se destacava. No entanto, Abu 'Issa era especial: descendia da tribo dos coraixitas. Assim que sua linhagem veio a público, seus seguidores no Afeganistão apresentaram-no como candidato a califa; em 3 de abril de 1993, juraram lealdade a ele e criaram o que o estudioso francês Kévin Jackson chama de "o califado esquecido", um precursor malogrado do Estado Islâmico.

A base de Abu 'Issa durante esse período era a fronteira entre Paquistão e Afeganistão. Nos anos 1980 e 1990, Peshawar, a capital da Província da Fronteira Noroeste, no Paquistão, serviu de campo de provas para jihadistas, e muitos dos jihadistas atuais combateram lá ou apoiaram quem o fez. Nos anos 1980, Bin Laden espalhou sua riqueza pela região, pagando a jihadistas árabes para lutarem contra os soviéticos, e Abdullah Azzam, o jihadista palestino mentor de Bin Laden, foi assassinado ali em 1989. Até o Xeque Cego apareceu por lá. Surgiram tantas facções, sobretudo no lado paquistanês, que a característica definidora dos jihadistas da região passou a ser a desunião. A pretensão de Abu 'Issa ao califado tinha por fim unir as facções.

Não deu certo. "O anúncio do califado provocou uma forte reação de oposição", disse-me Jackson, o especialista francês. "Eles foram ridicularizados por outros jihadistas."[12] Pelas mesmas razões que levam a Al-Qaeda a rejeitar o Estado Islâmico hoje, seus predecessores rejeitaram Abu 'Issa na época. Poucos se dispuseram a entregar a ele o poder que detinham, e quando ele expressou sua oferta de liderança em forma de exigência, responderam primeiro com zombaria, depois com a força.

Abu 'Issa consolidou o controle de seu microcalifado na província afegã de Kunar. Ali adotou muitas das práticas que o Estado Islâmico mais tarde empregaria em maior escala. Entre elas estavam a abolição de moeda de infiéis (a moeda oficial do Estado Islâmico é um dinar cunhado em ouro na própria região) e a rejeição do nacionalismo. A área total controlada não ia além de algumas cidadezinhas, e os afegãos locais desprezavam Abu 'Issa e seus seguidores. "Eles são a ala extremista de toda a comunidade jihadista", Jackson explica. Produziram inimigos em massa. Quando Bin Laden chegou ao Afeganistão em 1996, Abu 'Issa enviou uma mensagem exigindo obediência. (Não há registro de resposta.) A descrição do microcalifado por Jackson prenuncia algumas das ideias heterodoxas de Yahya:

> Abu 'Issa emitiu *fatwas* "tristes e engraçadas", nas palavras de Abu al-Walid, com destaque para a sanção ao uso de drogas. Forjara-se um nexo entre [o grupo de Abu 'Issa] e os traficantes de drogas locais. (A *fatwa* levou um autor jihadista da internet a menosprezar

Abu 'Issa como "o califa dos muçulmanos em meio a traficantes de droga e takfir".) Abu'Issa também proibiu o uso de papel-moeda e ordenou a seus homens que queimassem seus passaportes.[13]

Em fins dos anos 1990, quando o Talibã dominou Kunar, Abu 'Issa e seus homens mudaram-se para Londres, e foi nesse estado diminuído, pregando para uma intelectualidade jihadista quase inteiramente cética sobre a obrigação de estabelecer um califado, que Yahya e Tania os viram pela primeira vez. Por intermédio de contatos de Tania, o casal se encontrou com um membro do grupo de Abu 'Issa que se intitulava líder ou emir do "Emirado de Shepherd's Bush". Entraram formalmente para o grupo e prometeram lealdade, ou *bay'a*, a Abu 'Issa. O califa morava em Marylebone, próximo ao endereço fictício de Sherlock Holmes, o número 221B da Baker Street. Por algum tempo, Yahya acalentou o simplório sonho jihadista de ser o professor do filho do califa em disciplinas como invasão de computadores e artes marciais.

Mas um califa sem território não é um califa, por isso Yahya acabou abandonando Abu 'Issa. O califado de Marylebone não controlava coisa alguma — nem sequer uma rua —, e Abu 'Issa não podia servir como califa a nenhuma sociedade islâmica. A *bay'a* assume a forma de um contrato: o califa entra com o governo islâmico, e os súditos, com a obediência. Assim, se o califa não conseguir fazer sua parte do trato, o contrato se desfaz, e ambas as partes revertem à sua condição anterior de pessoas comuns descomprometidas.

O que, em última análise, pôs fim à associação de Yahya com Abu 'Issa foi uma disputa legal. Os dois homens concordavam que a cobrança de juros [*riba*] era proibida pelo Alcorão. Discordavam, porém, quanto ao modo como classificar os que cobravam juros ou permitiam essa prática: apóstatas ou meramente pecadores? Yahya acreditava na primeira alternativa, e Abu 'Issa discordava com tanta veemência que convocou uma reunião e lhe passou uma reprimenda em público. Yahya e Tania dissolveram a *bayʻa* e se mudaram de Londres para Manchester. No começo de 2014, Abu 'Issa morreu depois de passar a maior parte de seus derradeiros anos na prisão em Londres.[14]

Enquanto isso, Yahya começava a encontrar sua vocação intelectual. O tempo passado com Abu 'Issa não fora totalmente desperdiçado jogando na internet e ensinando *roundhouse kicks* ao filho do califa. Em uma livraria londrina, antes de juntar-se a Abu 'Issa, Yahya encontrara um exemplar dos textos de Ibn Hazm. Abu 'Issa e seu grupo conheciam a obra de Ibn Hazm, e, durante o tempo que Yahya passou com eles, aumentou seu interesse por aqueles textos. A metodologia legal zahirista delineava uma posição legal e teológica que condizia com a inclinação lógica de Yahya.

Por toda a vida, Yahya gravitara para a racionalidade e os sistemas mecânicos. Os computadores faziam o que ele mandava. Os humanos, não. Em seus escritos, ele frequentemente se congratula pela racionalidade de suas posições, por fazer questão de evidências para cada afirmação. Em seu site, ele compartilhou algumas linhas na linguagem de programação C++ que são uma declaração *geeky* de sua postura linha-dura:

```
if (1+1+1 != 1 && 1 == 1) return true; else die();
```

Tradução: Se você acredita que a Santíssima Trindade ("1+1+1") não é monoteística ("! = 1"), e se você acredita na unidade de Deus ("1 == 1"), beleza. Se não: morra.

Yahya via a confirmação do método zahirista onde quer que olhasse, até mesmo nos textos of Thomas Jefferson ("As leis [...]

devem ser elaboradas segundo as regras comuns do bom senso. Sua intenção não é serem sondadas em busca de sutilezas metafísicas que podem fazer qualquer coisa significar tudo ou nada conforme se desejar").[15] Ele também ainda lia a Bíblia. "Lembrem-se de 1 Coríntios 14:33: *Pois Deus não é Deus de desordem*",* diz em um de seus posts. "Sem dúvida, afirmar que devemos acreditar em um único Deus e ao mesmo tempo dizer que Deus é três pessoas distintas é uma declaração bastante confusa."

"Por outro lado", ele prossegue, com sarcasmo digno de Ibn Hazm, "talvez minha mente esteja apenas corrompida pelas perigosas doenças do pensamento racional e da lógica."

Em setembro de 2014, Yahya e Tania voltaram para os Estados Unidos, ainda dependendo financeiramente dos pais de Yahya. Instalaram-se por pouco tempo em Torrance, na Califórnia, onde Yahya esperava encontrar trabalho como imame. No entanto, seu jihadismo desqualificava-o para tarefas em mesquitas, e cada vez mais o casal passou a buscar o companheirismo intelectual apenas um do outro. Por fim, pararam de frequentar mesquitas, alegando que eram um antro de espiões.

Em 2004, na Califórnia, nasceu o primeiro filho deles. Pretendiam chamá-lo Muqatil, que significa "matador" ou "lutador" em árabe. Não é um nome árabe comum. Acabaram escolhendo Hassan, em homenagem a Hassan ibn Thabit, um poeta e companheiro do Profeta. Em inglês chamaram-no de Michael, que tem um som mais ou menos parecido com Muqatil. O bebê precisava de um nome não muçulmano se quisesse ser um terrorista internacional um dia.

---

* Todas as citações da Bíblia nesta tradução foram extraídas de *Bíblia de Jerusalém* (São Paulo: Paulus, 2013). (N. T.)

Yahya e Tania mudaram-se com Hassan novamente para Dallas, e um ano depois Yahya conseguiu um emprego como técnico de dados na Rackspace, uma empresa de servidores com sede no Texas. À noite, ele vagueava por fóruns jihadistas e oferecia suporte técnico ao Jihad Unspun, um site islamita sediado no Canadá que muitos consideravam um campo de recrutamento de aspirantes a terroristas (e possivelmente uma armadilha — um "pote de mel" — que as autoridades usavam para atraí-los e detê--los.) Também durante o dia Yahya procurava modos de usar seu cargo na Rackspace em prol da jihad. Em 8 de abril ele acessou a senha de um cliente, o Comitê de Assuntos Públicos Americanos--Israelenses, com a intenção de hackear seu site.

Como trabalho de hacker, esse foi bem amador. A Rackspace descobriu, e o FBI, ciente das ligações de Yahya com o terrorismo, agiu rápido. Uma equipe da Swat apareceu de manhã bem cedo. Ele e Tania já estavam acordados para as orações da manhã. Yahya rendeu-se calmamente e avisou os policiais de que havia uma criança dormindo dentro da casa e sua mulher precisava vestir-se. O FBI o processou por invadir um computador protegido — essa foi a fonte do comunicado do Departamento de Justiça à imprensa que eu tinha encontrado — e o mandou para a prisão por 34 meses.[16] Ele cumpriu boa parte da sentença numa penitenciária em Seagoville, Texas. Antes de ser preso, tinha planos de viajar para o Iraque e combater os americanos; portanto, a prisão pode ter salvado sua vida.

Tim diz que a prisão de Yahya causou uma espécie de tensão conjugal. Com o marido na cadeia e estudando textos islâmicos em tempo integral, Tania começou a fazer valer sua independência. Depois de ver a cara feia dos vizinhos para seus trajes muçulmanos, ela disse a Yahya que estava pensando em usar apenas um véu, em vez de cobrir o corpo todo com o manto. Yahya, furioso, exigiu que ela se cobrisse por inteiro quando fosse visitá-lo na prisão, para ter certeza de que ninguém se riria do impudor da mulher do xeque. (Ele tinha conhecidos muçulmanos na prisão e era o mais erudito de todos.) Mandou que ela deixasse os Estados Unidos, país de infiéis, e entrasse para o grupo conhecido como Talibã Nigeriano, um predecessor do Boko Haram. Ela se recusou e ameaçou pedir o divórcio.

Mas nunca o deixou. Nem mesmo depois que ele saiu da prisão e arranjou uma segunda mulher, uma britânica-jamaicana amiga dela. Tania não aprovou, tampouco se opôs à união. A nova noiva vivia em Londres, e o noivo não poderia viajar em liberdade condicional. Yahya investigou a legalidade islâmica de um casamento existente apenas à distância. Encontrou precedente: Maomé casou-se com Ramla bint Abi Sufyan, viúva do cunhado dele, quando ela estava na Etiópia e ele em Meca. O casamento do Profeta realizou-se por carta. Assim, Yahya e sua segunda esposa casaram-se por telefone, na presença calada e furiosa de Tania. (Mais tarde, Yahya divorciou-se dessa segunda mulher.)

Quanto aos crimes, ele não se arrependeu. "Ele consegue justificar qualquer coisa que faça, e não acha que tenha feito alguma coisa errada", diz Tim. "Ele se acha o máximo." Durante a liberdade condicional, Yahya permaneceu em Dallas, fez trabalhos na área de tecnologia e trabalhou como especialista em TI para um atacadista de calçados. Em agosto de 2009, dez meses depois de ele ter saído da prisão, um segundo filho chegou, e Yahya e Tania permaneceram até que bem-comportados, embora colegas de Yahya na empresa de calçados relatem que de vez em quando o casal publicava umas coisas politicamente preocupantes no Facebook.

Um dos entusiasmos do casal na época era o candidato presidencial republicano Ron Paul, um libertário cujas obsessões antigoverno e política externa isolacionista Yahya e Tania aprovavam. O Profeta era a favor do padrão-ouro, e Paul também. Yahya e Tania gostavam de maconha, e os libertários eram o que os Estados Unidos possuíam de mais parecido com um partido antiproibição. E — finalmente — a política externa de Paul sugeria um possível desligamento de Israel. "Vocês [americanos] precisam parar de apoiar a democracia e escolher Ron Paul como seu rei", Tania escreveu, não muito de brincadeira. Yahya queria a revolução. "A tirania está aqui", ele replicou, "e a Árvore da Liberdade está sedenta."

Em 1º de outubro de 2011 expirou o prazo da liberdade condicional de Yahya, e ele seguiu de carro para o aeroporto de Dallas-Fort Worth com mulher e dois filhos. Era um homem livre. Quando o avião decolou rumo a Londres, aquela provavelmente seria sua última vez nos Estados Unidos. Mais ou menos nessa época, ele escreveu: "Muçulmanos nos Estados Unidos, lembrem-se: a hijrah é sempre uma opção, e às vezes uma obrigação".

De Londres seguiram para o Cairo. Desde fevereiro daquele ano, a cidade era receptiva aos islamitas. Hesham Elashry e Musa Cerantonio faziam suas transmissões livremente, e um barbudo devoto podia andar pelas ruas sem medo. Yahya e Tania viveram lá nos três anos seguintes, felizes no início: seus dois filhos eram espertos e precoces — vídeos no YouTube mostram o mais novo lendo palavras em inglês, francês e árabe antes dos dois anos de idade — e no dia de Natal de 2011 mais um menino chegou à família. Eles passeavam de faluca pelo Nilo e aproveitavam a vida fora do alcance do governo americano.

Yahya ganhava dinheiro traduzindo *fatwas* dos eruditos religiosos que eram contratados pelo governo do Qatar. Sempre alérgico à autoridade humana, ele se enfurecia com a banalidade daquelas *fatwas* e com o abjeto servilismo dos clérigos do governo aos tiranos. Nenhuma das *fatwas* jamais mencionou o que ele considerava os imperativos fundamentais do islã (por exemplo, o estabelecimento de um califado e a emigração das terras dos descrentes). Os eruditos nunca tratavam da escravidão ou da jihad exceto para minimizá-las, e exaltavam incansavelmente a família real do Qatar. Yahya dizia que aquelas *fatwas* baseavam-se em *ra'i* [opinião] e não em evidência. Em seu tempo livre, ele trabalhava no site de uma rede social voltado para a ciência islâmica do hadith. Alguns de seus escritos dessa época são teológicos, e não jurídicos ou políticos, e podemos vislumbrar neles uma inteligência sutil, menos violenta do que viria a ser mais tarde. Em um ensaio ele propôs uma curiosa posição metafísica zahirista que conferia a Deus um último atributo além dos 99 nomes ("o misericordioso", "o vingador", "o majestoso" etc.) dados a ele pela corrente principal do islã.[17] O atributo final é *dahr* [tempo], e a dissertação de Yahya sobre ele é quase mística:

> Não amaldiçoeis o tempo, pois em verdade Alá (Deus): Ele é o tempo (Sahih Muslim 5827).
> A palavra em árabe que significa "tempo" é الدهر Ad-Dahr. Sua definição equivale aproximadamente a "conceito de tempo", e não a uma quantidade medida dos efeitos do tempo. [...] Deus ser o tempo explica ele ser eterno, ele ser o Primeiro (Al-Awwal الأول) e também o Último (Al-Akhir الآخر), dois outros dos 99 nomes de Alá no islã.
> A lógica necessita da natureza eterna do tempo, pois somos incapazes de compreender "antes que o tempo existisse" ou "depois que o tempo cessar", uma vez que antes e depois (e passado e futuro) são conceitos que necessitam do tempo; portanto, é apenas lógico dizer o óbvio: o tempo não é limitado pelo tempo; de fato, nada é limitado por si mesmo, e sim é limitado por algo externo a si mesmo... exceto o tempo, pois o tempo limita tudo o mais, des-

de o nascer e o pôr do sol, o início das estações e a passagem dos anos até as coisas que fazemos, as coisas que dizemos, o que recordamos, o que esquecemos, nossas ações, nossos pensamentos — todas essas coisas são limitadas pelo tempo, e isso é inescapável. Já somos escravos do tempo, apenas precisamos reconhecer isso e deixar que o tempo nos governe...

É mais fácil ir em frente assim que percebemos que o islã não promove uma deidade antropomórfica de figura paterna, nem algo que encarnou, nem um espírito no vento ou coisa parecida. O tempo é muito mais merecedor de louvor e veneração do que qualquer homem, animal, planta ou ser celestial, pois todas essas coisas são governadas pelo tempo.

Um homem com esse temperamento está a apenas alguns baseados de distância de uma versão hippie e inofensiva do islã. Mas a metafísica despertava menos interesse que a política, e por fim o chamado à jihad e ao *khilafah* foi irresistível.

No Cairo, Yahya encontrou-se com jihadistas e se tornou respeitado por seu rigor acadêmico. Uma pessoa que o conheceu descreve-o como uma das mais incisivas vozes pró-califado dos tempos pré-Isis e diz que os seminários on-line que ele dava em árabe e inglês contribuíram muito para "preparar" os ocidentais para a declaração de califado que viria alguns anos depois. Musa conheceu Yahya digitalmente, por meio das suas pregações, e nunca o encontrou em pessoa. Jihadistas europeus começaram a viajar para o Egito com o objetivo de aprender com ele. Um xeque impressionou-se com Yahya a ponto de declarar que seria um pecado ele se expor ao perigo em campo de batalha num conflito como o da Síria ou do Afeganistão. "Você", ele disse, apontando para Yahya — "o seu sangue é *haram* [proibido de ser derramado]."

Em seus sermões e pronunciamentos, Yahya prenunciou muitos dos temas da propaganda do Estado Islâmico, incluindo a desconfiança de movimentos islâmicos que comprometiam sua religião porque participavam da política secular. Ele criticou o governo do Sudão, um dos regimes islâmicos mais conservadores. "Duvido que o Sudão esteja implementando ativamente a Xaria", ele disse a um amigo, "pois (a) eles são um estado sectário e (b) não clamam por *ghazw* [invasões de território não muçulmano] nem pelo estabelecimento de um *khilafah* comandado por um coraixita, coisas que são partes essenciais da Xaria."

Quando dezenas morreram em tumultos no mundo muçulmano porque Maomé foi retratado no breve clipe do YouTube *The Innocence of Muslims* [A inocência dos muçulmanos], Yahya declarou inequivocamente que o autor do vídeo devia ser morto, citando Ibn Hazm e Dawud al-Zahiri. Os muçulmanos devem amar seu Profeta acima de tudo, ele escreveu. "Se o seu amor por ele não cresceu ao ponto em que você está disposto a sacrificar sua vida e a vida de todos a quem ama por causa dele, então rezo para que Alá ponha logo esse amor em seu coração."

Yahya idolatrava os líderes da Al-Qaeda, desde pouco tempo depois de sua conversão. Considerava-os soldados, não pensadores, e perdoava suas deficiências ideológicas. Quando o grupo de elite americano Seal Team 6 assassinou Osama bin Laden, em 11 de maio de 2011, Yahya postou uma eulógia solene. Aconselhou os muçulmanos a nunca se referirem aos mártires como "mortos", sob pena de deixarem de ser muçulmanos. A eulógia cita o mesmo versículo do Alcorão que inspirou Islam Yaken na oração *istikhara*. Sua elegância provém, em parte, de nunca mencionar o nome de Bin Laden:

> É *haram* dizer a palavra "morto" ao referir-se a qualquer muçulmano que tenha sido morto pela Causa de Alá, e é *kufr* considerar morta essa pessoa.

Com respeito à proibição de proferir a palavra "morto" ou seus equivalentes traduzidos, Alá determinou: *E não digais que estão mortos aqueles que sucumbiram pela causa de Allah. Ao contrário, estão vivos, porém vós não percebeis isso* (2:154).

Quanto à descrença de quem os considera mortos, Alá (o exaltado) determinou: *E não creiais que aqueles que sucumbiram pela causa de Allah estejam mortos; ao contrário, vivem, agraciados, ao lado do seu Senhor* (3:169).

Tania, nesse meio-tempo, apoiou o marido. "É uma vergonha que ninguém [no Cairo] clame por um *khilafah* comandado por um coraixita", ela disse a amigos. "Por que muçulmanos não querem ver o retorno da era de ouro islâmica?"

Na intimidade, porém, ela já não andava tão empolgada com a ideia de voltar para a Síria e dedicar a vida de seus filhos à violência. A cada bebê que nascia, seu fervor ia arrefecendo. Yahya lembrou-a de que o Alcorão é duro com os que desistem da *hijrah*. Anjos lhes arrancarão a alma do corpo mortal e os prepararão para o julgamento por Deus:

> Aqueles a quem os anjos arrancarem a vida, em estado de iniquidade, dizendo: "Em que condições estáveis?". Dirão: "Estávamos subjugados na terra (de Makka)". Dir-lhes-ão os anjos: "Acaso a terra de Allah não era bastante ampla para que migrásseis?". Tais pessoas terão o inferno por morada.[18]

Em julho de 2013 caiu o governo de Muhammad Morsi, e o momento islamita passou no Egito tão depressa quanto havia chegado. Yahya e Tania preocuparam-se com as possíveis consequências de seu jihadismo e tentaram escapar. Justo quando Yahya ficava mais fascinado pela ideia da *hijrah* e de correr para o combate, Tania demandava confortos para a família. Musa, a essa altura de volta à Austrália e trocando mensagens com Yahya, incentivou-os a pensar no sul das Filipinas. Era rústico demais. "Sabe, eu não me importo em viver, hã, numa cabana de barro", Yahya disse a ele. "Mas minha mulher é muito meticulosa e pede que você mande fotos das casas." As casas eram inadequadas, por isso eles descartaram o plano.

No entanto, a guerra civil na Síria trouxera oportunidades que Yahya não podia deixar passar. Ele compôs poesias em árabe e em inglês, com uma estranha e antipática mistura de formas arábicas com a língua inglesa. Muitas tinham um tom marcial:

> *Smite, indict the might: red, blue, white —*
> *tight, they benight, ignite the bight —*
> *The weak: bleak, meek, antique but right,*
> *lost, tossed across terminal zeit…*
> *Rise, cut ties: spies disguised in white,*
> *by the sword, for the Lord of Might*
> *Defeat the cheat, trite fleet of fright,*
> *by rod — by God! — by baud, by byte.**

Durante anos antes da ascensão do Estado Islâmico, Yahya dissera que sua arma preferida era o teclado do computador ("por baud, por byte"). Agora que a Síria se tornava o campo de batalha de seus sonhos, ele estava disposto a pegar em outras armas.

---

* "Puni, indiciai os poderosos: vermelhos, azuis, brancos —/ coesos, eles cegam, acendem o laço —/ Os fracos: desolados, dóceis,/ antigos mas certos,/ perdidos, lançados através do tempo terminal …// Erguei-vos, cortai laços: espiões disfarçados em branco,/ pela espada, pelo Senhor Poderoso/ Derrotai os impostores, vulgar frota de medo/ pela vara — por Deus! — por baud, por byte." (N. T.)

Ao deixarem o Cairo, Yahya fez questão de ir para a Turquia. Era supostamente um país muçulmano, e sua proximidade com a Síria convinha a ele. Chegaram de avião a Gaziantep, no sul da Turquia, graças a passagens compradas pelos pais de Yahya. Tania, porém, duvidava das intenções do marido. Estava grávida mais uma vez, e agora que iriam morar a pouca distância de carro da fronteira síria ela receava que Yahya forçasse a ida da família para território sírio. Ele prometeu que não o faria. O trauma de ter de fugir do Egito, temendo serem presos ou coisa pior, gerou nela ainda mais aversão pela jihad. Ela brigou com Yahya e sugeriu que ele aguardasse até que os filhos crescessem antes de ir combater. Exausta e intimidada, cedeu quando ele a lembrou das obrigações de uma esposa.

Em agosto de 2013, Yahya pôs a família num ônibus e disse que estavam indo viajar. Não revelou o destino até que Tania (grávida de cinco meses) viu a fronteira da Síria. Entraram no país e se declararam sírios. Yahya assegurou a Tania que eles se encontrariam com alguns amigos e voltariam imediatamente. Àquela altura, o governo de Assad perdera o controle de grandes partes do norte da Síria e, ao redor de Aleppo, facções aliavam-se e combatiam umas às outras. A região tornara-se uma terra devastada assombrada pela morte.

Eles se instalaram como posseiros em um casarão abandonado que fora a residência de um general sírio na cidade de A'zaz, a alguns quilômetros da fronteira. A casa tinha janelas estilhaçadas e encanamento entupido, mas os lustres continuavam no teto. Grupos de *mujahidin* controlavam o território: o emir dos jihadistas estrangeiros era, temporariamente, Abdelhamid Abaaoud, o belga que planejara o ataque de novembro de 2015 em Paris. Yahya passou dias com seus amigos jihadistas. Tinha conhecido alguns deles apenas em uma vida de fantasia on-line, e agora eram companheiros de armas.

Os contatos de Yahya garantiam à família apenas um parco suprimento de comida. Tania e as crianças vomitavam e tinham infecções misteriosas. Ela se preparou para a possibilidade de forças do governo ou outros rebeldes dominarem sua posição. Mas ainda assim gostava daquela excitação e sentia curiosidade pelos combates nas proximidades. Queria ver a ação, mas, por ser mulher, quando punha a cabeça para fora da janela diziam-lhe que fosse sensata e entrasse. Por causa dos filhos, ela queria voltar para o outro lado da fronteira. Quando se queixou a Yahya — "Como pôde fazer isso conosco?" —, ele citou um hadith: "Guerra é logro".

Tania não era vítima: ela se juntou à jihad e deixou passar quase uma década de oportunidades para se livrar de Yahya e levar seus filhos para algum lugar — qualquer lugar — longe dos sonhos de assassinato e devastação do marido. O fascínio que Yahya exercia sobre ela era poderoso. Mas ela era no mínimo tão culpável quanto Patty Hearst (cujo nome como membro do Exército Simbionês de Libertação, curiosamente, era "Tania"), pois pelo menos a mulher de Yahya não tinha sido forçada a ingressar no movimento sob a mira de armas. Tania adorou ser endiabrada, até que a vida de seus filhos tornou as diabruras caras demais.[19]

Seu marido passara a se referir a ela como inimiga, e ela tinha de pensar na possibilidade de ser estuprada e assassinada e ver os filhos vendidos como escravos. Dez anos nessa situação eram demais. Tania exigiu levar as crianças de volta para a Turquia. Yahya não pôde ou não quis ir com eles: viera para combater pelo Isis, e sabia qual era a punição na vida após a morte se recuasse do campo de batalha. Seus filhos, porém, não eram *mujahidin*, por isso ele deixou que fossem, supondo que a família se reuniria quando houvesse segurança.

Em setembro de 2013, os combates haviam alcançado também a passagem na fronteira por onde eles haviam entrado. Um dia, ao amanhecer, Tania e Yahya alugaram um veículo para contornar esse perigo. Foram deixados em outra parte da fronteira, a duas horas da passagem original, em um bosque de árvores espinhentas. Em meio a sinais alertando que a área estava juncada de minas terrestres, eles caminharam por uma hora. Quando chegaram à fronteira, um atirador do governo sírio disparou contra eles, e as balas resvalaram no chão de terra próximo deles. Os dois adultos arrastaram três crianças vomitando, uma mala e um carrinho de bebê através daquele campo minado, passaram por um buraco no arame farpado e entraram na Turquia.

Tania, além disso, começara a sentir contrações e a perder líquido amniótico. Yahya providenciara para que um traficante de gente viesse buscá-los; quando o caminhão do traficante chegou, Yahya pagou a ele alguns dólares e voltou para a fronteira, mais uma vez sob disparos, sem dizer adeus nem acenar em despedida. O traficante transportou Tania e os meninos por uma curta distância em direção ao interior da Turquia, deixou-os à beira da estrada sem comida nem água e safou-se com o dinheiro. Tania carregou os filhos e a bagagem na direção da cidade mais próxima. O dia terminou com a intercessão de um estranho de motocicleta que a ajudou a transportar suas coisas até uma estação de ônibus e de lá para o aeroporto. A perda de líquido amniótico cessou espontaneamente, e Tania passou as semanas seguintes recuperando-se sozinha em Istambul e com parentes em Londres antes de voltar para Dallas. Aos seis meses de gestação, pesava 44 quilos.

Tania disse a amigos que Yahya prometera não entrar para grupos terroristas, e que ele iria trabalhar para organizações de ajuda britânicas ou americanas. Era mentira. Depois que ela foi embora, Yahya fez treinamento como soldado por vários meses e continuou a escrever e postar no Twitter textos agressivos em favor do Isis, embora ainda não estivesse no território do grupo.

Durante um combate em 2014, estilhaços de uma explosão de morteiro entraram em suas costas e quase lhe fenderam a espinha. "Foi uma dor atroz", ele escreveu, "mas ao menos eu sabia que minha recompensa está com Alá, e isso me consolou imensamente." Como não havia atendimento médico na Síria, ele precisou seguir com pressa para um pronto-socorro em İskenderun, na Turquia. Para atravessar a fronteira, mais uma vez ele fingiu ser um civil sírio. Depois de algum tempo em recuperação, ele começou a sentir medo de ser descoberto. "Era só questão de tempo até que alguém informasse às autoridades turcas que eu era um *muhajir*", ele escreveu. A descoberta significaria prisão. Ele retornou à Síria, tratou de seus ferimentos e recebeu cuidados de Adam Brookman, um australiano que atendia pelo nome de Abu Sufyan e que já está de volta à Austrália, preso por acusações de crimes terroristas. Yahya postou imagens de suas feridas supuradas, deitado na cama, sorridente.

Por volta dessa época, ele começou a atazanar os líderes do Isis, principalmente 'Adnani, para declararem um califado. Quando a declaração aconteceu, Yahya vivia nos arredores de Aleppo, a cerca de 150 quilômetros da capital do Estado Islâmico, próximo a Binnish, a cidade natal de 'Adnani. "Este é o momento que venho esperando há anos", escreveu, "sobretudo recentemente, desde que começou a guerra entre o Estado Islâmico e o Ṣaḥawāt" — o Exército Livre da Síria (ELS). De imediato, ele prometeu lealdade ao califa e se comprometeu a emigrar para Raqqa.

Os obstáculos continuavam grandes. Ele andava de muletas e arranjara um amigo que era estrangeiro como ele, mas falava pior o árabe, e Yahya não queria deixá-lo para trás. Yahya conseguia passar por sírio, mas seu amigo não demoraria a estragar o disfarce. A situação ganhou ainda mais urgência quando seu fiador naquela região — um partidário do Isis que comandava uma brigada e prometera protegê-lo do ELS — foi morto inesperadamente.

Em 24 de setembro, um grupo ligado ao ELS prendeu-o na orla de Aleppo, junto com "Abu I.", o outro estrangeiro. "Abu I. usava um cinturão explosivo que causou comoção, mas por fim tirou-o devido à presença de mulheres e crianças", Yahya escreveu depois em um relato sobre essa detenção. Desta vez ele fingiu ser um grego inocente, mas foi traído por tuítes incriminadores em favor do Estado Islâmico no seu computador. Por isso, ele declarou que tinha prometido lealdade ao califa Abu Bakr al-Baghdadi. Seus captores prometeram matá-lo, mas descobriram sua verdadeira nacionalidade, e talvez tramassem vendê-lo para os americanos. No entanto, quando o identificaram, grupos islamitas locais (entre eles o Jabhat al-Nusra, afiliado da Al-Qaeda) descobriram que o ELS tinha um estrangeiro, e avisaram que considerariam a entrega aos americanos de um *muhajir,* mesmo que fosse um *muhajir* pró-Estado Islâmico, um ato merecedor de represália.

Passados seis meses, o ELS libertou Abu I. porque não havia provas de que ele prometera lealdade ao EI. Yahya e outro prisioneiro, um sírio partidário do EI chamado Abu Subhi, permaneceram detidos e fizeram planos para fugir. Suas intenções incluíam mais sangue na tela do que os filmes de Steve McQueen:

> Podíamos contar com alguns dos outros prisioneiros, contanto que não lhes revelássemos a nossa ideia por inteiro. Ou seja, pensavam que iríamos apenas fazer um policial de refém, pegar as chaves e fugir, ou fazer um refém e negociar nossa libertação. Isso eles aceitavam bem. Mas Abū Ṣubḥī e eu queríamos um pouco mais. Pensávamos em fazer o maior número possível de reféns, decapitar os que não fossem importantes, pintar as paredes com o

sangue deles e executar todos os prisioneiros que merecessem execução [por crimes como blasfêmia ou adultério]. Na prisão havia internet via satélite e computadores, então pensamos em gravar tudo e postar...

Tivemos duas oportunidades perfeitas para essa operação. Na primeira, eu não tinha certeza, por isso fiz sinal a Abū Ṣubḥī para não pôr o plano em prática. Na segunda, eu tinha certeza, mas ele não. Eu me arrependo um pouco, pois poderíamos ter matado muitos daqueles evidentes apóstatas e perversos arremedos de ser humano. Só rezo a Alá para que, quando o Estado [Islâmico] retornar a esta área, essas "pessoas" sejam executadas.

Yahya acabou sendo libertado mesmo assim, com a condição de renunciar ao Estado Islâmico e trabalhar para o ELS. Ele mentiu sobre a primeira parte do trato e descumpriu a segunda. Depois de alguns meses exortando discretamente a população das imediações de Aleppo a apoiar o Estado Islâmico, ele queimou seu passaporte americano, pegou carona em um caminhão de contrabando de combustível e, em agosto de 2015, enfim chegou a Raqqa.

Para o Estado Islâmico, os ferimentos que Yahya sofreu em batalha qualificavam-no para uma condecoração militar equivalente à Purple Heart americana e lhe davam direito a isenção do serviço militar. Porém, mesmo se ele estivesse são, o departamento de recursos humanos do Estado Islâmico teria poupado Yahya para outras tarefas. Suas costas podiam estar estropiadas por estilhaços de morteiro, mas sua mente estava intacta. Ele continuava fluente tanto na doutrina e cultura da jihad como na sua cultura e língua maternas. Por isso, não surpreende que Yahya tenha passado a ser o principal produtor de propaganda sofisticada em inglês sobre o Estado Islâmico e, recentemente, um colaborador prolífico da *Dabiq*. Yahya ama poesia, e suas obras são da mesma linha de outro americano poliglota fascista expatriado, Ezra Pound, só que a serviço do califado em vez de Il Duce. Pound viveu o suficiente para se arrepender de sua traição; com Yahya isso talvez não aconteça. Desde seu último contato conhecido, em outubro de 2016, drones armados rodeavam Raqqa com o único objetivo de eliminar pessoas como ele.

Em 8 de dezembro de 2015, a voz de Yahya soou nitidamente na rádio Al-Bayan: a voz do Estado Islâmico. (Como em todas as transmissões da Bayan, essa deu apenas notícias boas sobre as frentes militares do Estado Islâmico: operações suicidas que mandaram soldados "*Nusayri*" [alauitas] pelos ares; confrontos entre "apóstatas *Sahawat* [sunitas anti-Estado Islâmico] e "soldados do *khilafah*"). Ele continuou a postar no Twitter sob pseudônimos. A foto do perfil em uma conta mostra um laptop muito gasto, com um revólver semiautomático Browning de 9 mm deitado no teclado.

Alguns meses mais tarde, a *Dabiq* publicou o primeiro artigo que eu pude confirmar ter sido escrito por Yahya. Falava sobre os muçulmanos ocidentais que, apesar de se intitularem muçulmanos, são infiéis. O título, "Matem os imames da *kufr* no Ocidente", era apenas ligeiramente menos grotesco do que as imagens que o acompanhavam: alvos traçados sobre imagens de Suhaib Webb (um destacado imame de Boston), Nihad Awad (fundador do Conselho de Relações Americanas-Islâmicas) e Hamza Yusuf (presidente do Zaytuna College em Berkeley, na Califórnia); fotos de vários outros muçulmanos ocidentais; uma imagem de um "apóstata" agachado e vendado no momento em que a lâmina do carrasco entra em seu pescoço. O texto ressalta a natureza binária do islã: crente ou infiel, 1 ou 0. Yahya enumera as muitas histórias do tratamento implacável dispensado por Maomé e seus Companheiros a muçulmanos que decaíram: mãos e pés decepados, olhos arrancados com as unhas, cabeças cortadas, corpos pisoteados até a morte.

Ele menciona muitos muçulmanos ocidentais, citando aridamente suas palavras em apoio aos "cruzados" e inimigos do islã. "Shaytān [Satã], com sua astúcia e experiência sobre o *kufr*, sempre tenta infiltrar-se na *ummah*. [...] Ele aprendeu muito bem a desencaminhar os muçulmanos, não precisa fazê-los mudar de nome ou rejeitar a religião como um todo — uma única diretriz é suficiente."

Não se deixem enganar por títulos, ele escreve, por discursos eloquentes ou por tentativas de conciliar os comandos de Deus com os comandos de governos seculares.

> Imames venenosos mantêm sua desunião em assuntos do islã enquanto se unem quando se trata dos interesses ocidentais. São vistos recitando lemas sufistas e "salafistas", citam suas *madhāhib* [escolas legais] e seus *"ulamās"* [eruditos] e, no entanto, reinterpretam qualquer coisa que os eruditos que até eles próprios reconhecem disseram sobre os conceitos de *tawhīd* [monoteísmo], *jihād*, *walā* [lealdade aos muçulmanos] e *barā* [repúdio aos infiéis], a fim de torná-los compatíveis com a ideologia ocidental.

Um caminho leva à salvação. E, ao longo dele, é dever matar quaisquer imames insubordinados que se encontrar:

> Deve-se fazer a jornada a *dār al-Islām* [a morada do islã], juntando-se às fileiras de seus *mujāhidīn*, ou então fazer a *jihād* por conta própria, com os recursos disponíveis (facas, armas de fogo, explosivos etc.) para matar os cruzados e outros descrentes e apóstatas, inclusive os imames do *kufr*, a fim de fazer deles um exemplo, pois todos são alvos válidos — ou melhor, obrigató-

rios — segundo a *Sharī'ah*, exceto aqueles que se arrependerem declaradamente do *kufr* antes de serem presos.[20]

A edição seguinte — o número 15 da *Dabiq* — traz as impressões digitais de Yahya por toda a revista. Um artigo polêmico sobre o cristianismo, com o conhecido pedantismo e alguns dos versos bíblicos favoritos de Yahya, ressalta incompatibilidades entre a doutrina cristã e o registro histórico. Com mais bom humor, outro artigo zomba da ideia secularista de que o ser humano foi criado por forças naturais e não por Deus:

> A Criação [foi dividida] em dois campos, um que usa seu amor e ódio em submissão ao seu Criador, com fé em Seu Mensageiro, e outro que usa seu amor e ódio em submissão aos seus desejos, com fé em suas dúvidas... O campo da sinceridade congregou-se no Levante e no Iraque e se difundiu por outras partes da Terra, revivendo assim o califado, que estivera ausente por séculos, desde o colapso do estado abássida... É o choque dos acampamentos — "civilizações" — que muitos viram chegar, conforme encontrado em sinais de Alá por toda a história e em acontecimentos correntes. E, no entanto, quem nega afirma que tudo isso é meramente o resultado do caos!

O artigo é assinado por Abul-Harith ath-Thaghri, provavelmente um pseudônimo de Yahya.[21]

Não há dúvida de que alguns artigos sejam mesmo dele, enquanto outros, dele ou não, falam em uma voz que ele aprimorou. Não assinado, mas talvez escrito por Yahya, é o transparente "Por que odiamos vocês e por que combatemos vocês", que expõe a natureza da guerra. "Odiamos vocês, antes de tudo, porque são descrentes", ele começa. "Odiamos vocês porque suas sociedades seculares liberais permitem justamente as coisas que Alá proíbe e proíbe muitas das coisas que Ele permite." O artigo parece uma destilação de todas as conversas que tive com jihadistas:

> O fato é que, mesmo se vocês parassem de nos bombardear, prender, torturar, difamar e usurpar nossas terras, continuaríamos a odiá-los porque nossa principal razão para odiá-los não deixará de existir até que esposem o islã. Mesmo se vocês pagassem *jizya* e vivessem na humilhação sob a autoridade do islã, continuaríamos a odiá-los. Sem dúvida nesse caso pararíamos de combatê-los, do mesmo modo que pararíamos de lutar contra quaisquer descrentes que fizessem um pacto conosco, porém não deixaríamos de odiar vocês.
>
> O que é igualmente importante entender, ou talvez ainda mais importante, é que combatemos vocês não apenas para puni-los ou detê-los, mas para trazer-lhes a verdadeira liberdade neste mundo e a salvação na Vida Após a Morte, torná-los livres de ser escravizados por seus caprichos e desejos e os de seus clérigos e legisladores, e trazer-lhes a salvação pela devoção unicamente ao seu criador e obediência a Seu Mensageiro.

O Estado Islâmico alicerçou sua sobrevivência na criação de um movimento muçulmano revolucionário de massa. Com Yahya, empresta um sotaque americano à sua mensagem jihadista universal, com um porta-voz cujos pontos fortes e fracos, personalidade e inseguranças também são profundamente americanos. Ele sabe como falar para americanos, como amedrontá-los, recrutá-los e fazer com que a guerra do Estado Islâmico seja deles.

Tania fez a *hijrah* inversa: voltou para Plano, foi morar com Tim e Martha e deu à luz seu quarto menino em janeiro de 2014.

O bebê recebeu o nome do pai — ou de quem seu pai foi um dia, não Yahya, mas Ioannis.

Ela não esqueceu Yahya. Em uma rede social, escreveu a um parente generoso do marido:

> Como começar a falar sobre o 'complexo Ioannis'?... Ele é um homem dividido entre dois mundos, ou melhor, quatro, no caso dele (Oriente versus Ocidente, princípios religiosos versus família e felicidade). Não está satisfeito com o modo como a vida acontece... Parece estar sempre em um estado de espírito sombrio e emocionalmente dilacerado. Sorri apenas quando vê os rostos corados de seus filhos... Ele fez algumas escolhas muito ruins que repercutiram sobre nós.
>
> Cogitar um futuro com Ioannis significaria continuar a viver perigosamente. Um dos meus maiores medos é ver um de meus filhos crescer e então encontrá-lo morto no chão imundo de uma cela ou em alguma infame prisão subterrânea. Ioannis é obcecado por mudar os corações e as mentes das pessoas e alterar o rumo da história. Sinto um pouco de ciúme porque ele tem mais amor e devoção pelo islã do que por mim.

A verdadeira fé, no caso de Yahya, revelou-se impaciente, cruel, jactanciosa e arrogante. Tania explicou a atração nos termos mais claros possíveis:

> Alguns me perguntam por que Ioannis, um americano, se preocupa tanto com a Síria. Por isso, tenho de explicar a eles as narrativas proféticas de que "Jesus (que a paz esteja com ele) retornará ao Levante, primeiramente a Damasco, para combater o Anticristo... quando o mundo estiver tomado pela tirania, a Síria será o único refúgio seguro para os verdadeiros crentes etc. etc.".
>
> Ele espera que, depois da queda de Bashar [al-Assad], a profecia

(do profeta Maomé, que a paz esteja com ele) prevalecerá. Eu, por outro lado, espero nunca ver esse período. Não quero me envolver, pois tenho medo da guerra.

Em dezembro de 2014, Tania requereu o divórcio. Na petição, mencionou que o último paradeiro conhecido de seu marido era a Síria e solicitou a custódia dos filhos. Yahya não apareceu em Plano para contestar. Como ele não reconhece a autoridade da lei americana, presumivelmente ainda considera Tania sua mulher.

Em sua transformação, amargura e alegria se misturam. Quando conversa com amigos pela internet, ela agora se descreve como "muçulmana agnóstica" ou, outras vezes, como "agora uma causa perdida para os muçulmanos". Musa me disse que não sabe se ela permanece muçulmana. "No mínimo, ela se desgarrou", ele diz, com uma ponta de desprezo. "Vejo no Facebook que ela sai com homens, celebra o Dia dos Namorados, o Natal". Em fotos no Facebook, ela aparece de cabeça descoberta, exposta ao mundo pela primeira vez em sua vida adulta. "Não gosto desse termo, mas ela é um coco", Musa me disse: muçulmana por fora, infiel por dentro.

Hoje ela se parece com qualquer infiel maquiada do norte de Dallas. Usa roupas da moda, às vezes deixa um ombro à mostra, fez reflexos no cabelo castanho. Ainda na casa dos trinta, ela parece livre, renascida até. "Alguns poderiam fazer *takfir* comigo [excomungá-la]", ela escreve. "Mas espero que Deus compreenda minhas fraquezas."

No Dia das Mães de 2014, Hassan, seu filho de nove anos, escreveu na escola uma mensagem para ela:

Querida mamãe,

Voce é forte e linda. Voce é uma das Melhores mães do mundo, até das mães do mundo animal. Nunca disista do que voce esta fasendo. Continue nesse caminho por favor. Você esta no caminho da gramdesa. Voce nunca vai ser abamdonada pelos seus filhos. Por favor não fique mais brava com o meu pai. Sei que voce tem razao mas por favor perdoa ele.

Muitos considerariam imperdoável o modo como Yahya tratou Tania e a aconselhariam a esquecê-lo. No entanto, com exceção do tempo que Yahya esteve na prisão e destes dois últimos anos, os dois compartilharam a vida adulta, as dificuldades, as emoções. Vidas tão entrelaçadas não podem ser desligadas por completo. A que vida ela poderia retornar, se a única que ela conhece é a vida tumultuada com Yahya? Sabendo disso, o que perdoar? Que alternativa ela conhece? Um dos posts de Tania no Facebook resume o impasse: "Continuo muito apaixonada por Ioannis… Mas estou cansada de tanto ele me deixar louca, me dizer 'Tania, você é uma mulher forte! Trate de se controlar para que eu possa deixar você louca de novo!'. Quero meu marido de volta, mas não nessas condições".

Os pais de Yahya desistiram. "Nos tornamos insensíveis para o que ele está fazendo", Tim comentou. Ele me disse que não têm notícias do filho desde 2014 e não tinham confirmação de que ele estava com o Estado Islâmico antes de eu bater à porta. "Eu não o reconheço mais. Não procuro saber o que está fazendo, ou como está passando, porque não sei se isso faria diferença." Martha levou mais tempo para se conformar com a perda do filho, ele conta. Os dois acham que ele não voltará para os Estados Unidos, pelo menos enquanto tiver seguidores em Raqqa e a certeza da prisão aqui. "É a primeira vez na vida que ele se vê numa posição em que podem querer imitá-lo", Tim disse.

Eu queria dizer que ele vinha sendo imitado fazia anos e que eles não percebiam isso porque eram incapazes de ver a religião do filho como uma área séria de especialização. Eles não sabiam o quanto seu filho se tornara perverso. Como outros pais de jihadistas, viam-no como queriam ver: o jovem que ia mal nos estudos, fumava seu baseado e não parava no emprego. É reconfortante imaginar que ele ainda é o pobre-diabo de sempre e que o islã é só mais uma fase. Ficariam mais perturbados com a verdade: aquele filho, que fracassou em tantas coisas, encontrou sua vocação.

Eles acolheram Tania durante mais de um ano. Ela e seus anfitriões tinham antipatia mútua, mesmo depois que ela se tornou mais liberal e secularizada. No começo de 2015, pediram que ela fosse embora. Agora os netos vivem com Tim e Martha, que trocaram com Satã um filho por quatro que eles podem criar para Cristo, para o Partido Republicano ou ambos. Tania, depois de passar a maior parte desta última década como uma incubadora de jihadistas itinerante, não possui qualificação profissional nem formação acadêmica apropriada ao seu intelecto, por isso não tem recursos nem perspectivas de carreira para criar sozinha quatro filhos pequenos. Os meninos crescerão em Plano e terão sua segurança e educação financiadas pela herança que o pai deles abandonou.

Segundo a tradição, o Profeta determinou que o homem seja o chefe da família. Para muitos muçulmanos, isso significa que, no Dia do Juízo Final, Deus cobrará do pai a criação de seus filhos como muçulmanos e perguntará por que não foram ensinados a orar, jejuar e temê-Lo. Como Yahya teme a Deus, presumivelmente se preocupa com esse interrogatório final. Quando passou por baixo do arame farpado e reentrou na Síria, ele também fez uma barganha: salvou sua alma em troca das de sua mulher e filhos. Terá sorte se as indagações sobre essa troca forem as mais severas que o aguardam.

5. Um sonho adiado

Sempre é possível ligar um grande número de pessoas pelo amor, desde que restem outras para que se exteriorize a agressividade.

Freud, O mal-estar na civilização

Ouvi e obedecei [vossos líderes], mesmo se um escravo etíope se tornar vosso chefe e tiver a cabeça como uma uva-passa.

Bukhari

Se o Estado Islâmico pusesse em campo um exército composto inteiramente de ratos de biblioteca excêntricos como Musa e Yahya, seu califado seria um dos mais breves da história. As forças sírias, iraquianas e curdas combinadas poderiam dizimá-los enquanto eles estivessem fazendo uma pausa no campo de batalha para um baseado ou uma torrada besuntada de Vegemite, e os soldados do *khilafah* expirariam no deserto em meio a sangue, louvores a Alá e falas de Monty Python. No entanto, o apoio ao califado é amplo e diversificado, muito mais complexo do que sugerem os exemplos de Musa e Yahya, ou mesmo de Tania, Islam Yaken e Hesham.

É tentador — sobretudo nos casos como o de Musa, que nunca chegou mais perto do califado do que o sul das Filipinas — zombar dessas figuras por seu solipsismo ou hipocrisia. O único califado que muitos deles conhecem está em sua mente. Por outro lado, também é verdade que o único califado no planeta é aquele que existe nas mentes de homens e mulheres, sejam eles fanáticos no Twitter, soldados nas linhas de frente do *ribat* ou o próprio Baghdadi. Os zahiristas tiveram uma visão, mas os salafistas tiveram outra, e sem dúvida os sírios, iraquianos, chechenos, tunisianos e outros no Iraque e Levante têm cada qual a sua. Não existem duas exatamente iguais. Muito antes que o Estado Islâmico controlasse um único bairro, gente assim já vagueava pelo mundo, enfeitiçada por um califado mental, talvez semelhante, ou talvez diferente, do califado físico que governaria Raqqa e Mossul.

"Tudo isso começou basicamente com uma ideia", Musa me disse certa vez: a ideia de que o islã requer um governo muçulmano e de que o califado é o governo muçulmano em sua forma mais pura. Em minhas conversas com partidários do Estado Islâmico, comecei a perceber quanto essa ideia era maleável e quanto ela poderia ser potente e inspiradora, apesar de a forma exata que assumia diferir muito de muçulmano para muçulmano. Também constatei uma lacuna persistente entre ideia e ação, uma relutância dos proponentes em macular suas ideias caso as pusessem em prática.

A véspera do dia em que conheci Anjem Choudary — o mais famoso partidário do Estado Islâmico na Grã-Bretanha — foi o dia em que seu mais talentoso aprendiz anunciou ao mundo que tinha feito *hijrah*.

Esse aprendiz, Abu Rumaysah, na época com uns trinta anos, era um homem procurado. Fisicamente não intimidava ninguém — como Yahya, tinha deficiências que lhe impossibilitavam combater. Porém, com sua língua viperina, sob a tutela de Choudary ele se transformara em um exaltado propagandista do califado. Em setembro de 2014, autoridades britânicas prenderam-no por participar de uma organização proibida. Em liberdade provisória durante o andamento da ação, ele pegou a esposa grávida e três filhos, embarcou num ônibus na estação Victoria, em Londres, e entrou na Europa continental sem ser percebido pelas autoridades britânicas.

Agora, dois meses depois da fuga, o tempo em Londres fazia a *hijrah* para climas menos gelados e úmidos parecer uma coisa absolutamente sensata. Choudary me disse para encontrá-lo em Nawal, uma confeitaria perto de sua casa, em Ilford. Quando cheguei, no meio da tarde, o dia já estava escuro, triste e, apesar do frio, tão úmido que brotava orvalho das minhas bochechas. O pessoal da loja já sabia que eu estava lá para ver Choudary; ali era o seu ponto de encontro favorito com repórteres. Ele entrou, deixando a chuva lá fora. Usava uma túnica azul nova que roçava os tornozelos. Choudary tomou a iniciativa na conversa com um gesto de magnanimidade, pedindo doces sul-asiáticos sortidos para eu ir comendo enquanto ouvia sua arenga. Sentamo-nos, ele leu o último tuíte de Abu Rumaysah, postado da Síria horas antes. "Ele me deixa orgulhoso", Choudary comentou. Abu Rumaysah tinha um fuzil pendurado no ombro direito e, no braço, seu filho recém-nascido, de macacão marrom de *fleece*. Hashtag: *#GenerationKhilafah*.

Se o apoio ao Estado Islâmico é uma doença contagiosa, uma infecção da mente, Choudary é sua Maria Tifoide.* Formado em

---

* Apelido de Mary Mallon, que em 1883 emigrou da Inglaterra para os Estados Unidos; ela contraíra febre tifoide, mas em seu caso a doença não apresentou

direito, ele chamou a atenção do público em fins dos anos 1990 e logo se tornou uma das figuras mais abominadas no Reino Unido por defender a morte, o açoitamento ou a subjugação de seus concidadãos. Em meados dos anos 2000, ele foi a face do islamismo britânico militante. A face anterior tinha sido medonha: Abu Hamza, o imame da mesquita de Finsbury Park, era o estereótipo do vilão de cinema — carranca, olho de vidro e ganchos no lugar de mãos. Nascido em Alexandria, ele tinha todas as opiniões mais retrógradas a respeito de apóstatas e blasfemadores, e as expressava com o tato e a graça do leão de chácara de boate que ele fora um dia. Desde a prisão de Abu Hamza (que hoje cumpre a sentença perpétua nos Estados Unidos por apoiar o terrorismo no Iêmen, Afeganistão e Oregon), Choudary lidera uma reinvenção do jihadismo britânico como um empreendimento brando e intelectual além de terrorista. Fala bem, enquanto Abu Hamza grunhia; veste-se com apuro, enquanto Abu Hamza era desmazelado. No entanto, quando fala, faz eco a Abu Hamza na maioria das coisas e concorda com o califado em quase tudo.

Choudary nasceu em Londres, em 1967, filho de paquistaneses. Como muitos jihadistas antes dele, dedicou sua juventude à devassidão, particularmente durante seu tempo de estudante em Southampton. No começo dos anos 1990, começou a fazer trabalhos ocasionais como organizador para Omar Bakri Mohammed, um pregador sírio que foi banido do Reino Unido em 2005 e está preso no Líbano por acusações de terrorismo desde 2014.[1] Bakri era um homem instruído, falava árabe com refinamento e pregava uma mensagem de avivamento religioso centrada no califado. A maior parte dos seguidores britânicos de Bakri não sabia bem o árabe, por isso ele pôde assumir a liderança baseado somente

---

manifestações graves. Depois de praticamente sadia, ela continuou a transmitir a enfermidade, contagiando dezenas de pessoas. (N. T.)

em seu conhecimento da língua. Em 2002, Choudary deixou de praticar a advocacia — ou, pelo menos, a advocacia segundo o direito inglês — para se dedicar em tempo integral à sublevação islamita. Junto com Bakri, ele chefiou um grupo chamado Al--Muhajiroun [os emigrantes], antes que este fosse proibido pelo governo britânico em 2010. Sob nomes afins — entre eles Al--Ghuraba' [os Estranhos], Islam4UK, Sharia 4UK e Sharia4Belgium, além de inúmeras outras permutações — grupos ligados a Choudary querem a morte de apóstatas, adúlteros e outros enquanto militam pela conversão de vários marcos da cidade (o Palácio de Buckingham, a Coluna de Nelson) em mesquitas, palácios de califado e minaretes.[2]

O nome de Choudary desperta ira e desprezo entre os britânicos, inclusive entre a maioria dos islamitas britânicos. É fácil entender por quê: ele tem um talento fabuloso para a publicidade enganosa; exige dos outros sacrifícios que ele próprio não faz; aparece muito mais do que devia na mídia porque aceita todo e qualquer convite que recebe (Sean Hannity, da Fox, convida-o regularmente); e faz tudo isso apesar de sua ignorância notável. "O árabe de Anjem é uma piada", um muçulmano britânico me disse, e acrescentou que a estratégia de Choudary consiste tão somente em ser insultado, insultante e odiado. Quando confrontado com sutilezas da lei islâmica, sua principal tática é mudar de assunto. "Como é que ele consegue se fazer passar por um juiz de tribunal da Xaria é algo que nunca vou entender." Ele tem seguidores às centenas, e outros muçulmanos trouxeram-lhe constrangimentos desmascarando sua ignorância da língua árabe ou destruindo-o em debates públicos.

"Não gosto de lidar com eles", Musa Cerantonio me disse, referindo-se a Choudary e seus seguidores. Ele discorda dos métodos — aceitam o *qiyas* — e da reverência desbragada por seu líder sírio encarcerado. (Choudary insinuou, na conversa comigo, que Bakri é um "*mujaddid*" [renovador], uma figura que, segundo uma profecia, surge mais ou menos a cada século para purificar o islã e devolvê-lo ao rumo correto.)[3] "São meus irmãos, sem dúvida, mas fazem muito alarde sobre [permitir] *qiyas* e veneram Omar Bakri, por isso não me meto com eles", disse Musa. Ele também criticou os homens de Choudary por não emigrarem. "[Al-Muhajiroun] não vê que é pecado estar no Reino Unido", Musa comentou. "Lá eles estão no maior conforto. Dizemos 'Alguns de vocês têm passaporte. Por que ainda estão aqui?'"

Os que menosprezam Choudary como uma figura apalhaçada têm de admitir que, pelo menos, ele é um palhaço sinistro, mais para o Pennywise de Stephen King do que para o Bozo. Além disso, descobri que tendem a subestimá-lo como professor e proselitista, talvez porque ele se preste a esse papel nos programas de TV a cabo, agindo como um barbudo vociferante do islã radical, na dicotomia vilão-herói dos espetáculos de luta livre: uma voadora muçulmana na cara cristã de Sean Hannity. Ele sabe ser um canastrão.

No entanto, não se pode negar que sua mensagem encontrou clientela entre os muçulmanos britânicos influenciáveis. Membros do grupo de Choudary foram associados a 23 de 51 atrocidades terroristas recentes na Grã-Bretanha, entre elas a decapitação do soldado Lee Rigby em Woolwich em 2013 e a explosão de bombas em um ônibus de dois andares e três trens do metrô em 7 de julho de 2005, que matou 52 pessoas.[4] O governo britânico calcula que Choudary e seus seguidores influenciaram ou inspiraram mais de cem combatentes estrangeiros que se lançaram à jihad.[5] Ele me apresentou a Mizanur Rahman (Abu Baraa), de 31 anos, e a Abdul Muhid, de 32, dois seguidores de Londres que são vigiados de perto pelo serviço de segurança porque andam com

Choudary e Bakri e defendem o Estado Islâmico. São homens inteligentes, ambos grandes amigos de Abu Rumaysah. Como estavam aguardando julgamento por apoiarem o terrorismo, Choudary, Abu Baraa e Abdul Muhid tiveram de encontrar-se comigo separadamente: a comunicação entre eles violaria as condições de sua condicional. Como em qualquer culto, o efeito "Manchurian Candidate"* foi forte: faça a mesma pergunta, ou diga as mesmas palavras-gatilho, e receba as mesmas respostas catequizadoras decoradas. Falar com eles deu-me a sensação de falar com a mesma pessoa atrás de máscaras diferentes.

Mas Abu Rumaysah é a maior criação de Choudary. Nascido Siddhartha Dhar por volta de 1983, Abu Rumaysah converteu-se do hinduísmo no final da adolescência por intermédio de seu contato com Abu Baraa. Nos anos 2000, quando tinha uma firma que alugava pula-pulas para festas infantis, ele também demonstrou talento para o islamismo que suscita manchetes e atiça a indignação. Ele co-organizou um grupo que fazia "patrulhas da Xaria" nos bairros predominantemente muçulmanos do leste de Londres, rondando as ruas e intimidando os passantes para que se submetessem a normas religiosas e culturais conservadoras do islã. Assediavam mulheres para que cobrissem o corpo e o rosto e derramavam a cerveja dos homens.

Depois de uma breve conversa para quebrar o gelo e de vermos fotos de Abu Rumaysah, Choudary aguardou enquanto eu ligava o gravador, depois baixou o olhar e resmungou em árabe:

---

* Título de um livro de Richard Condon que conta a história de um filho de uma família de grande prestígio que sofre lavagem cerebral para se tornar um assassino político. (N. T.)

"Em nome de Deus, o gracioso, o misericordioso". E então me olhou e começou a falar.

Começou com uma posição legalista. "Talvez 85% da Xaria esteja ausente de nossas vidas", ele disse. "Essas leis ficam em suspensão até que tenhamos o *khilafah*. E agora nós temos." A lei islâmica não pode ser implementada na ausência de um verdadeiro governo islâmico sob um califa, explicou. O Alcorão estipula a punição da amputação para ladrões: "Quanto ao ladrão e à ladra, decepai-lhes a mão, como castigo de tudo quanto tenham cometido; é um exemplo que emana de Allah".[6] Mas o versículo corânico não autoriza qualquer justiceiro munido de cutelo a decepar mãos de ladrões. É necessário um sistema legal, com tribunais e um poder executivo.

O executivo é o califa, e ele deve, junto com seus juízes, providenciar todas as proteções apropriadas aos acusados, Choudary explica. Ele faz questão de frisar que os procedimentos para decidir judicialmente sobre a culpa são onerosos. "Em séculos de governo islâmico, apenas um número pequeno de mãos foi decepado", ele me diz.[7] A defesa das punições para os crimes *hadd* que Choudary apresenta é comum na apologética muçulmana. As salvaguardas contra a condenação falsa são significativas, e historicamente vigoram muitas isenções para proteger da punição até mesmo os culpados. Por exemplo, para amputar a mão, o juiz tem de provar que o acusado roubou apenas bens não perecíveis de valor significativo e que ele não é jovem demais para entender o que fez, nem insano nem muito pobre. Quando é proferido um veredito de culpa e a sentença é a amputação, o Estado Islâmico toma precauções para que a punição não exceda seu intuito: se existir a possibilidade de que o culpado morra por causa da amputação, ela não pode ser feita. A sentença é amputação, e não morte. (Como recomenda Pórcia a Shylock em *O mercador de Veneza* enquanto ele se prepara para extrair a libra de carne, "Providencia um cirurgião à tua custa para estancar o ferimento, a fim de que não morra por sangrar". O portador da lâmina "terá toda a justiça", porém "nada terá além da pena".) Por isso, os cirurgiões leigos do Estado Islâmico molham com iodo o punho e a lâmina, e um socorrista aplica bandagens limpas no ferimento. Para garantir um corte bem-feito e impedir movimentos súbitos, eles vendam o acusado e aplicam tensão puxando a mão com uma corda. A lâmina cai com um baque — às vezes é encostada delicadamente no punho e golpeada com uma haste de metal pesada — e decepa a mão na articulação.

Choudary fez uma pausa e me estudou, quem sabe admirado por eu ainda não ter me crispado. Eu viera decidido a negar-lhe a costumeira reação de jornalista, de contestação ou recriminação. Eu já sabia que ele tinha essas opiniões chocantes, e qualquer vídeo dele no YouTube mostra que ele sente um prazer primitivo em provocar e depois observar a indignação. Deixei que falasse, esperando que se cansasse no processo de me perturbar. Acho que a estratégia funcionou, pois mais ou menos na metade da conversa ele pediu aquele elixir moderno da energia declinante, o Red Bull ("Tem um gosto bom").

Incentivei-o a me explicar qual seria o resultado de todo esse sofrimento — não só as amputações, mas também os assassinatos em massa e a guerra. Bebericando seu Red Bull, ele respondeu que o resultado seria menos sofrimento. Que essa era a verdadeira razão para o Estado Islâmico praticar terrorismo: o terror salva vidas, no fim das contas, e se faz obsoleto. Ele me disse que o Estado Islâmico tem a obrigação de aterrorizar seus inimigos, o dever sagrado de apavorá-los com decapitações, crucificações, escravização de mulheres e crianças, pois isso acelera a vitória e evita o conflito prolongado. A submissão a Deus é uma condição da paz e, em última análise, da salvação.

Veja o Alcorão, por exemplo — "Mobilizai todo poder que

dispuserdes, em armas e cavalaria, para intimidardes, com isso, o inimigo de Allah e vosso"⁸ —, mas também o próprio exemplo do Profeta. Na Batalha de Badr, em 624, uma vitória fundamental em sua conquista de Meca, o Profeta ouviu um de seus Companheiros dar um grito de guerra de gelar o sangue. Comentou que, em qualquer outro momento, o homem que gritou mereceria uma repreenda por um comportamento grosseiro. Em batalha, contudo, isso não só era permitido, mas também nobre. As decapitações e a selvageria telegênica do Estado Islâmico ocorrem exatamente nesse tipo de circunstâncias enobrecedoras. Eles são o equivalente moderno do "*Allahu akbar!*" proferido com um berro de fazer sujar as calças num combate corpo a corpo.

Choudary me disse que o avivamento do califado despertara as doutrinas da guerra que andavam adormecidas. Se antes ele e outros, por exemplo, Abu Hamza, justificavam o apoio aos ataques contra soldados britânicos como "uma autodefesa" dos muçulmanos, agora a existência de um califado obrigava-o a apoiar a "jihad ofensiva" [*jihad al-talab*], a expansão, pela força, para os países governados por não muçulmanos. Eles incluem Turquia e Jordânia, pois seus governantes são considerados apóstatas. "Até agora, estávamos apenas nos defendendo", disse Choudary. Mas fazer guerra para expandir o califado é dever do califa.

O colega de Choudary, Abu Baraa, explicou-me que a lei islâmica permite apenas tratados de paz temporários, com prazos de até uma década — a duração máxima dos tratados e cessar-fogo firmados pelo Profeta no Tratado de Hudaybiyah, em 628.⁹ É anátema aceitar uma fronteira fixa — admitir que a autoridade do islã pode ser finita. Se o califa consentir em uma paz de prazo mais longo ou em uma fronteira permanente, estará em erro. Os tratados de paz temporária são renováveis, mas não podem ser aplicados simultaneamente a todos os inimigos: no mínimo uma vez por ano, o califa tem de guerrear para expandir o domínio do islã ou para remover obstáculos à sua prática. Ele não pode descansar, senão cairá em estado de pecado.

Por seu utopismo assassino, o Estado Islâmico foi comparado ao Khmer Vermelho, que matou aproximadamente um quarto da população do Camboja. Mas o Khmer Vermelho ocupou uma cadeira nas Nações Unidas, um ato ao qual o Estado Islâmico, enquanto estado, não se submete. "Isso não é permitido", disse Abu Baraa. "Enviar um embaixador à ONU é reconhecer outra autoridade além da de Deus." Essa forma de diplomacia é *shirk* [politeísmo], ele explicou, e seria motivo para excomungar e substituir Baghdadi. Até mesmo apressar a vinda de um califado por meios democráticos — por exemplo, votando em candidatos políticos favoráveis a um califado — seria *shirk*. "Mantenha-se muçulmano: não vote", diziam cartazes levados por ativistas pró-Estado Islâmico no dia da eleição geral na Grã-Bretanha, em maio de 2015.

Esse contexto de atitudes de rejeição desculpava e explicava todo tipo de pecado. Segundo Abu Baraa, aquilo que, para os de fora, parece brutalidade do Estado Islâmico são os sintomas duradouros das sociedades doentes que ele substituiu. Pelas contas de Choudary, o Estado Islâmico estava apedrejando criminosos e decepando seus membros sadios a uma taxa centenas de milhares de vezes mais alta que a dos califados anteriores. "O Estado Islâmico é novo, e o povo que vive sob seu domínio passou muitos anos sob governos *kafir*. Eles tinham prostituição, pornografia, venda de álcool sem disfarces", ele disse. Sendo assim, perguntou, por acaso é de surpreender que eles necessitem de correção? As tiranias seculares de Saddam Hussein ou Bashar al-Assad tornaram doloroso o nascimento de uma nação muçulmana, e as populações precisam de uma readaptação forçada às normas do islã.[10] Para confundir ainda mais, ele disse, a compreensão da Xaria era equivocada, pois provinha de falsas sociedades islâmicas, como a Arábia Saudita, que aplica punições sem implementar um conjunto complementar de reformas e aprimoramentos sociais. A Arábia Saudita decapita assassinos e decepa mãos de ladrões, como exige o Estado Islâmico. No entanto, ele explicou, "o problema é que quando lugares como a Arábia Saudita implementam apenas o código penal e não cuidam da justiça social e econômica da Xaria — o pacote completo — acabam engendrando ódio à Xaria". O pacote completo, segundo ele, incluiria casa, comida e roupa de graça para todos, embora quem quisesse pagar por isso poderia fazê-lo.

Choudary e seus seguidores antes faziam umas gracinhas para atrair publicidade. As patrulhas da Xaria por Abu Rumaysah e outros (como eles viviam mudando o nome do grupo, comecei a chamá-los de "os Choudaretes") podem ter derrubado umas garrafas das mãos de algumas pessoas. Mas paravam por aí, e não pareciam ter nenhum propósito maior. Agora, porém, é visível a relação entre essas gracinhas e a visão corrente, mais ambiciosa. As patrulhas lembravam os muçulmanos de suas obrigações, garante Choudary. Eram pequenos passos para um mundo melhor. E veja o que o Estado Islâmico fez desde então, ele diz: aproveitou o impulso por trás do pelotão de moralidade da arraia-miúda liderado por Abu Rumaysah e investiu-o do poder de governo. "Eles têm *hisba* nas ruas", ele diz. "São parte do Estado, que está cumprindo sua obrigação de proibir o vício e comandar o certo." As patrulhas de Abu Rumaysah em Whitechapel eram um ensaio para Raqqa.

Há no mínimo três Anjem Choudary. Um é esse com quem falei: comedido, calmo, didático. O pessoal da confeitaria, nenhum deles visivelmente um conservador muçulmano, recebia-o como um homem digno que talvez lhes tenha trazido um bom faturamento ao longo dos anos, na forma de jornalistas visitantes. Tempos depois, assisti a palestras proferidas por esse Choudary (para um público presencial de no máximo uma dúzia de pessoas) no Ilm Centre, um minúsculo centro educacional islâmico em Whitechapel. Na sala de aula ele mantinha essa imagem, mais um pedagogo do que um demagogo, passando habilmente da teoria ao exemplo, do geral para o específico e de novo para o geral. Um segundo Choudary é o fanfarrão sem classe que se oferecia para entrevistas à Fox News.

O terceiro Choudary é um jovem que atendia pelo nome de "Andy" e que os outros dois Choudarys tentam sepultar. Quando era estudante universitário, Choudary levava uma vida secular — vale dizer, uma vida que, no mínimo, o faria ser açoitado em público pelo Estado Islâmico ou repreendido aos berros por Abu Rumaysah. Fotos dessa época, hoje amplamente divulgadas, mostram-no em pleno espírito moleque da pesada, entornando cerveja barata e babando diante de revistas pornô. Shiraz Maher, um dos pesquisadores do jihadismo do King's College londrino, sugeriu que, se eu algum dia fosse novamente a uma palestra de Choudary, levasse uma foto do jovem Andy rodeado de latas de cerveja e perguntasse o que a lei islâmica tinha a dizer sobre isso.

Paradoxalmente, porém, quando perguntei a Choudary sobre seu passado, me surpreendi simpatizando um pouco mais com ele. Tenho certeza de que muitos dos seguidores de Choudary sentem o mesmo. Ele não é um Elmer Gantry.* Ele não negou. "Nem sempre fui um bom muçulmano", admitiu. "Mas me arrependi e voltei para o islã, e acabou-se." É possível que, ao sair da confeitaria, ele tenha removido uma barba postiça e seguido direto para o pub

---

* Personagem do romance satírico de mesmo nome escrito por Sinclair Lewis em 1926, Elmer Gantry é um pregador hipócrita que vive na farra mas ganha rios de dinheiro para sua igreja. (N. T.)

mais próximo para uma cerveja e um cigarro. Mas duvido. Os católicos que pecam e depois vão se confessar são menos católicos do que aqueles que ficam em casa e não pecam nunca?

O desejo dele, assim como de seus seguidores, não era a pureza, mas a *purificação*. Ninguém pode ser purificado sem antes ter sido poluído. Portanto, o mau comportamento faz parte do jogo, e o ciclo de se empanturrar com moralidade e purgar os pecados é uma característica, e não uma falha do programa. Apontar a hipocrisia é equivocar-se quanto ao que o Estado Islâmico significa para seus seguidores. Se alguém aceita que eles podem se considerar criaturas necessitadas de resgate permanente, o Estado Islâmico lhe parecerá uma missão de salvação. Os seguidores do EI veem a entidade como um pai disciplinador, cuja polícia da moralidade existe não para prejudicar, mas para corrigir: a ferroada do látego no dorso e, só nos casos mais terríveis, a mordida de uma lâmina no punho ou no pescoço.

Quando conheci Abdul Muhid, outro seguidor de Choudary, no restaurante E1 em Whitechapel, ele tinha barba de bombril e se vestia em estilo *mujahidin* chique: túnica azul, chapéu afegão e carteira do lado de fora da roupa, presa a uma alça que lembrava um coldre de revólver. Quando nos sentamos, ele parecia muito ansioso para debater sobre os serviços sociais. O Estado Islâmico pode ter punições medievais para crimes morais, mas seu programa de bem-estar social é progressista, ele comentou. A assistência médica é gratuita. "E na Grã-Bretanha também não é?", perguntei. "Não de verdade", ele respondeu. "Alguns procedimentos não são cobertos, por exemplo, a visão." Ele disse que o bem-estar social era uma *obrigação* inerente às leis de Deus. Relatos vindos de Raqqa sugerem que essa promessa é cumprida, pelo menos às vezes. Em novembro de 2015, o *New York Times* entrevistou uma mulher síria que desertara do Estado Islâmico. Ela acusou o Estado Islâmico de muitos crimes, mas admitiu que a entidade custeava a assistência médica — às vezes generosamente, em casos que requeriam viajar para hospitais na Turquia.[11]

Em um espantoso ataque de otimismo, Abdul Muhid descreveu um estado utópico que prodigalizava assistência aos seus cidadãos. Não disse nada sobre onde o estado buscaria os recursos para tanta generosidade. O Estado Islâmico não possui recursos econômicos ilimitados. Na verdade, suas poucas fontes de renda (gotejos de petróleo do mercado negro, uma pequenina base tributária e despojos de guerra [*ghanima*; tributados pelo estado à taxa de 20%, chamada *khums*]. Não teria recursos para custear um estado de bem-estar em estilo escandinavo mesmo se suas receitas triplicassem.[12] Por fim, Abdul Muhid admitiu que a receita seria inadequada para fornecer os serviços que ele imaginava.

Mas aproveitou a deixa para invocar a genialidade da missão moral do Estado Islâmico. "Quando não há álcool nem pornografia, não é preciso combater esses males sociais", explicou. Quantos problemas da sociedade resultam da bebida, de bobalhões quebrando garrafas uns nos outros ou sacando a faca para decidir discussões insufladas pelo álcool?[13] O que aconteceria se os recursos destinados a combater esses males fossem direcionados para a assistência médica ou a redução da pobreza? E se os prisioneiros trabalhassem para se sustentar e pagassem *zakat* [caridade], como Deus ordenou? Uma sociedade verdadeiramente islâmica poderia ser menos dispendiosa e muito mais produtiva.

Para elaborar o argumento, Abu Baraa acrescentou noções fiscais; falava de modo confiante mas não persuasivo. Antes de juntar-se a Choudary, ele fora estudante de economia da faculdade Goldsmiths da Universidade de Londres. Ele perguntou: e se os banqueiros que recentemente quase arrasaram a economia mundial fossem proibidos de praticar sua atividade parasítica?

(Para impedir que o dinheiro fique ocioso, o islã financeiro proíbe a cobrança de juros e segue o padrão-ouro.) Ele argumentou que se a economia fosse libertada da influência dos banqueiros o mundo seria levado a níveis de produção de riqueza que poderiam facilmente custear um robusto estado de bem-estar social.

Depois de muito ouvir conversas desse tipo, percebi que o mais notável nos Choudaretes não era a rejeição, mas a adesão inadvertida ao Ocidente infiel. Eles eram tão marcados pelo seu país natal que seu barrete muçulmano até poderia dar lugar a um britânico chapéu-coco. Choudary, Abdul Muhid e Abu Baraa nasceram na Inglaterra e falavam não o inglês culto, mas uma variante londrina multicultural — algo mais autenticamente britânico, pois gerações de súditos coloniais estudaram e dominaram o inglês culto, porém só quem morou a vida inteira em Londres fala o dialeto das ruas. Eles estavam sempre projetando sua idealizada visão cor-de-rosa da Grã-Bretanha sobre o Estado Islâmico. Todos haviam entrado para a idade adulta em um período no qual o governo prometia justiça social. Enquanto Yahya via o Estado Islâmico através de seu libertarismo texano, Abdul Muhid e os outros projetavam sobre a entidade os malogrados ideais britânicos com os quais tinham sido criados. Abdul Muhid lamentou a sorte dos pobres na Inglaterra: a luta para alimentar a família, as iniquidades da economia e das oportunidades, o fracasso da regulação para proporcionar uma existência justa e humana aos mais fracos. Quando o encontrei pela primeira vez, ele perguntou se eu iria para a Síria. Menti, respondi que talvez fosse. "Por favor, me leve com você", ele pediu. Porém, quando mais tarde lhe perguntei que atividade ele pretendia ter como um *muhajir* no Estado Islâmico, ele disse que se imaginava trabalhando com *da'wah* [serviços religiosos externos] — aqui mesmo, de volta ao Reino Unido. Em outras palavras, apesar de dizer que queria emigrar, ele ainda sabia que a Inglaterra era seu habitat natural.

As teorias econômicas de Abu Baraa, o ex-aluno da Goldsmiths, seriam bem recebidas nos círculos intelectuais do movimento Occupy. Outras lembram as clássicas teorias do bem-estar britânicas. Para garantir a sociedade que os Choudaretes almejavam, eles podiam até ter dado *bay'a* a Sir William Beveridge, o arquiteto do bem-estar social britânico no pós-guerra. Desconfio que talvez essa ironia lhes tenha ocorrido: seu vocabulário e suas preocupações eram tão permeados por normas e expectativas britânicas que sem dúvida eles tinham notado, mesmo que de modo subconsciente, o quanto suas origens eram inescapáveis. E isso decerto os enfurecia. A sensação de que a mente é prisioneira de uma civilização que se odeia é uma humilhação sem igual. Esses muçulmanos lançaram-se no islã sem jamais perceber o quanto sua visão do islã se tornara britânica.

Às vezes essas contradições ficavam mais claras. Em minha presença, Choudary nunca disse uma palavra negativa sobre o Estado Islâmico, e quando mencionava o nome de Abu Bakr al--Baghdadi proferia em seguida a bênção "Que Alá o preserve". Mas sua fanfarronice murchava quando eram discutidas práticas para as quais não havia nenhuma justificativa liberal possível. A principal delas era a escravidão sexual.

A permissão corânica para as relações sexuais com escravas pode ser encontrada na surata "al-Muminun" [Os fiéis], que marca as "cônjuges ou cativas" como parceiras sexuais lícitas.[14] Portanto, ter relações sexuais com escravas não é *zina*, mas um ato permitido por Deus e, assim, não pode ser proibido em princípio, apenas na prática. Como os cristãos e judeus, os muçulmanos podem dizer que a escravidão sexual não é legítima hoje, nesta conjuntura histórica. Muitos dizem exatamente isso. No entanto, não podem condenar a escravidão sexual em teoria, contradizendo o Alcorão e o exemplo do Profeta. Os muçulmanos que se opõem ao Estado Islâmico lidam de várias formas com o endosso corânico à escravidão sexual.[15] Como Choudary e Baraa, eruditos islâmicos (de ambos os gêneros) nos Estados Unidos afirmam que, segundo a "posição da lei islâmica", os senhores podem ter relações sexuais com escravas que eles adquirirem de forma legal. No entanto, os muçulmanos majoritários, mas não Choudary e o Estado Islâmico, dizem que os exércitos conquistadores não podem mais adquirir escravos de acordo com a lei, portanto eles nunca poderão fazer sexo com escravas.

Choudary expressou uma espécie de pesar pela necessidade da escravidão. De início, como Musa, ele defendeu a prática como uma instituição misericordiosa em uma época violenta. Quando o Estado Islâmico subjuga uma cidade que combateu a organização, apodera-se dos despojos de guerra, incluindo os prisioneiros. Os apóstatas muçulmanos — sunitas e xiitas — têm de ser mortos. Os cristãos e judeus que aceitam o governo do Estado Islâmico podem ser libertados, e lhes é permitido viver no local como cidadãos subjugados, pagando o imposto chamado *jizya*.[16] Mas eles também podem ser mortos ou escravizados. "O que fazer com viúvas e órfãos?", Choudary perguntou. "Não podem ser deixados para morrer no deserto." Como a população que resiste à expansão do Estado Islâmico pode ser morta ou libertada mediante resgate, é magnânimo transformar essas pessoas em escravos.[17] A escravidão sexual no islã, segundo ele, é diferente do uso do sexo como uma arma de guerra em outras sociedades, pois os escravos têm direitos.

O modo pesaroso como Choudary defende a escravidão contradiz o espírito das declarações do Estado Islâmico, que se orgulha de escravizar.[18] Membros da comunidade yazidi do Iraque, o principal alvo dos traficantes de escravos para o Estado Islâmico, disseram a autores de um relatório das Nações Unidas de 2016 que 5838 yazidis tinham sido raptados e no mínimo 3500 permaneciam em cativeiro. O resto fugira, fora morto ou libertado mediante resgate. O Estado Islâmico não tenta ocultar a prática; na verdade, faz de tudo para alardeá-la. Promete aos combatentes escravas como despojos de guerra, e os estudiosos da Xaria que justificam essa escravização explicitam que uma das razões dessa prática é proporcionar gratificação sexual aos que lutam pelo Estado Islâmico. Em uma competição de memorização do Alcorão em Mossul em junho de 2015, os três vencedores foram premiados com escravas sexuais.[19] Os juristas do Estado Islâmico trataram do tema da escravidão sexual com a mesma impassibilidade arrepiante com que abordam outros temas. Admitiram que os orgasmos dos combatentes eram uma forma de compensação por um trabalho árduo; foram investigar e encontraram brechas na legislação que possibilitavam maior eficiência na economia da escravidão sexual. Pela lei clássica que trata das escravas sexuais, o proprietário deve aguardar um mês após a relação sexual para confirmar que a escrava menstruou e seu útero está vazio [*istibra'*] antes de vendê-la. Baseados em uma opinião malikita, os eruditos do Estado Islâmico decidiram que os proprietários poderiam obedecer ao espírito dessa regra do prazo de um mês simplesmente obrigando as escravas sexuais a usar contraceptivos. Nessas condições, os combatentes podem trocar e vender escravas de útero vazio quando eles bem entenderem.[20] Nada disso poderia ser usado como a mais remota desculpa de que são os interesses das escravas que se têm em mente.

Em outras partes, o Estado Islâmico faz de tudo para vangloriar-se de sua prática escravista. "Conquistaremos sua Roma, quebraremos suas cruzes e escravizaremos suas mulheres", prometeu o porta-voz 'Adnani em uma de suas cartas de amor periódicas ao Ocidente. "Se nós não vivermos até esse tempo, nossos filhos e netos viverão, e venderão os filhos de vocês como escravos no mercado de escravos." Nas páginas da *Dabiq*, Umm Sumayyah al-Muhajirah imaginou o preço que Michelle Obama alcançaria como escrava — um terço de dinar (aproximadamente 40 dólares).[21] Umm Sumayyah afirma que as relações sexuais com escravas são aceitáveis inclusive se as cativas forem casadas com outros. Ela se diz preocupada pelo fato de os partidários do Estado Islâmico terem esquecido que a escravidão sexual é lícita:

> Os [oponentes do Estado Islâmico] ousam estender a língua com rumores e acusações falsas, para desfigurar o governo da Xaria e a suna profética pura intitulada *saby* [escravização de moças]? Depois de tudo isso, *saby* torna-se fornicação e *tasarri* [concubinato] torna-se estupro? Antes tivéssemos ouvido essas falsidades dos *kuffar*, que são ignorantes da nossa religião. Mas ouvimos daqueles que são ligados à nossa *ummah*! Por isso eu pergunto, estarrecida: o nosso povo está acordado ou adormecido? Porém, o que me alarmou extremamente foi alguns partidários do Estado Islâmico [que Alá os perdoe] apressarem-se a defender o Estado Islâmico negando o assunto, como se os soldados do *khilafah* tivessem cometido um erro ou uma maldade.

Ela frisa que os muçulmanos têm de obedecer ao comando de fazer escravos e conduzi-los ao islã, e que Deus não só os aceita no paraíso, mas tem por eles um amor especial, "admirado com os que entram no paraíso em grilhões".

Quem está melhor, ela indaga: uma escrava sexual do Estado Islâmico ou uma prostituta em terras infiéis?

> Em suas terras, uma prostituta vem e vai, pecando publicamente. Vive de vender sua honra, vista e ouvida pelos doutos desviantes dos quais não escutamos o menor som. Quanto à escrava que foi tomada pela espada de homens que seguem o guerreiro alegre [Maomé], dá para dizer que sua escravização vai contra os direitos humanos e que copular com ela é estupro? O que há com vocês?

O sentimental espantalho muçulmano que ela ataca nesse texto poderia muito bem ser Anjem Choudary. Quando ele me explicou a escravidão, procurou sempre ser cauteloso e evasivo, insistindo ansiosamente para que tudo não parecesse tão ruim quanto se afigurava. Disse que o Profeta proibiu que os escravos fossem espancados por divertimento. Choudary garantiu que, na prática, surrar os escravos seria libertá-los, pois não se pode manter um escravo a quem se maltrata demais. Os muçulmanos que têm escravos precisam alimentá-los com a mesma comida consumida pelos membros livres da casa. Cuidar desses cativos e ensinar-lhes sobre o islã é um comando e uma bênção. E repetiu: escravidão sexual não é estupro, é permitido por Deus como uma relação consensual no contexto do cuidado que um senhor tem de ter com seus escravos.

Eu tinha certeza de que ele sabia que eu não o deixaria safar-se com esse argumento. Pode-se até dizer que há compaixão em escravizar uma mulher em vez de deixá-la morrer de fome. Mas depois forçá-la a ter relações sexuais? Isso, para mim, é estupro. Eu disse isso a Choudary, e ele negou tenazmente. "O estupro é proibido no islã", falou. "O senhor não pode ter relações sexuais com a escrava se ela não permitir." Repliquei que a dinâmica de poder entre um assassino checheno armado e uma menina yazidi pré-púbere poderia impedi-la de dar um consentimento fidedigno. Ele ficou sem resposta; disse apenas que, se o senhor fizer qualquer mal à escrava, será obrigado a libertá-la.

"Então simplesmente haveria um impasse se ele quisesse ter relações sexuais e ela recusasse?"

Choudary disse que não sabia. "Talvez pudessem procurar um juiz, e ele poderia explicar as coisas para ela." Foi a primeira vez que o ouvi apresentar um argumento no qual eu tinha certeza de que ele não acreditava.[22]

Choudary me disse que não tinha feito *hijrah* para o Estado Islâmico porque, sendo uma figura pública, teria poucas chances de escapar do Reino Unido. Seu passaporte havia sido confiscado, e ele precisava apresentar-se à polícia diariamente. "Sou o muçulmano mais famoso da Grã-Bretanha! Não posso remeter a mim mesmo dentro de uma caixa", protestou. Outro membro do grupo de Choudary adotou uma postura mais fatalista. "Acreditamos que as pessoas que vão [para a Síria] são escolhidas por Alá", ele me disse, " e acreditamos que, se ele escolher uma pessoa, ninguém a impedirá. Rezamos para que um dia Deus nos escolha para ser uma delas."

O cerco da lei estreitou-se aos poucos em torno de Choudary e Abu Baraa; eles foram proibidos de usar aparelhos eletrônicos e, depois de seus julgamentos, acabaram condenados a cinco anos de prisão por apoio terrorista em julho de 2016. A polícia londrina pediu que eu testemunhasse contra eles, com base nas afirmações pró-Estado Islâmico que me fizeram durante entrevistas. Eu recusei, citando o sigilo jornalístico, mas também tinha certeza de que os promotores da Coroa não precisavam da minha ajuda para sentenciar homens que, durante anos, literalmente berraram em público o seu amor pela jihad e pelo terrorismo.

Como Musa, agora eles estão a salvo de terem de agir com base em seu comprometimento com o Estado Islâmico. Porém, considerando o conforto em que Choudary viveu por muito tempo — tabloides britânicos informam que ele recebia 25 mil libras por ano em benefícios sociais —, muitos desconfiam de que as razões dele para não emigrar não se deveram a princípios elevados.[23] Ele embolsava o auxílio do governo e, o mais importante, não precisava enfrentar a verdadeira guerra nem o possível descrédito de seus ideais. Amava Londres, mesmo a contragosto. Se tivesse de emigrar e ver de perto os inevitáveis defeitos do califado, seu sonho se desfaria como as asas de uma borboleta, beliscado pela realidade e pelo fardo de ser governado por humanos que não eram apenas falíveis, mas perversos. Na segurança de Ilford, Choudary podia muito bem manter suas fantasias sobre um califado no qual os direitos humanos atingiam o apogeu e onde as escravas podiam recusar educadamente as carícias de seus senhores.

Centenas de simpatizantes visitaram o Estado Islâmico e retornaram desiludidos. Compreensivelmente, relutam em descrever o que os levou a partir. Uma das razões é que muitos deles têm contas a acertar com a justiça de seu país natal. Além disso, o Estado Islâmico jurou matá-los. Durante uma visita a Mossul em dezembro de 2014, seis meses após a declaração do califado, o jornalista Jürgen Todenhöfer entrevistou um corpulento jihadista alemão, Abu Qatadah (nascido Christian Emde), e perguntou se algum de seus companheiros tinha voltado à Europa para fazer ataques. O jihadista considerava os que voltaram não como soldados, mas desertores. "O fato é que os que retornaram do Estado Islâmico deveriam se arrepender de ter voltado", ele disse. "Espero que reexaminem sua religião."[24] Ele estava sendo polido. Muitos que tentaram partir foram mortos pelo Estado Islâmico, e os que conseguiram voltar para casa sabem que seus velhos amigos lhes cortarão a garganta se tiverem a chance. (Desde então, surgiram indícios de um esforço estratégico, inicialmente pequeno, mas agora formidável, para reverter o fluxo da migração, enviando assassinos treinados à Europa e ao mesmo tempo instigando os muçulmanos já na Europa a ficarem onde estão e atacar.)[25]

Mas os desertores estão por aí. Desde agosto de 2015, Peter R. Neumann, do King's College de Londres, contou 58 pessoas que haviam desertado, por motivos variados como frustração com indivíduos específicos no Estado Islâmico (embora "praticamente ninguém acreditasse que a corrupção era sistêmica"), exaustão com a brutalidade e a violência (contra sunitas como eles, verdade seja dita — em grande medida, eles eram indiferentes à violência contra outros) e saudade dos confortos de sua casa na Europa

Ocidental.²⁶ Esses são os que se declararam publicamente. Há outros que retornaram e tentam permanecer quietos, muitos com a cooperação de autoridades. Em Dinslaken, a cidade da Renânia que contribuiu com um número desproporcional de combatentes para o Estado Islâmico, autoridades me disseram que um dos que voltaram trabalha agora em um restaurante da cidade e que a principal preocupação deles é mantê-lo pelo menos minimamente empregado — melhor cozinheiro do que homem-bomba.²⁷

O mais espantoso nesses desertores que vieram a público não é o fato de seu idealismo ter desmoronado, mas o quanto havia sido potente. Muitos tinham, e continuam a ter, elevadas expectativas morais para o islã e para o Estado Islâmico. Alguns foram lutar contra Bashar al-Assad, uma ambição que poderia plausivelmente ser vista como humanitária, considerando os crimes de Assad. Muitos haviam sido cativados pela "promessa fundamental do Estado Islâmico de criar uma sociedade islâmica perfeita", Neumann escreveu. "Ainda que muitos estivessem dispostos a tolerar as agruras da guerra, foi impossível aceitarem casos de injustiça, desigualdade e racismo que, segundo eles, contrariavam todos os princípios que o Isis dizia defender."

Para aprender sobre esse idealismo, procurei um dos mais inusitados partidários do Isis que retornaram: um japonês convertido chamado Hassan Ko Nakata, professor de estudos islâmicos. Passei a prestar atenção nele quando deu uma entrevista coletiva à imprensa em Tóquio depois que dois cidadãos japoneses foram executados pelo Estado Islâmico. Desde o início, Nakata garantiu que não apoiou o Estado Islâmico, não se juntou à organização nem recrutou ninguém para ela nem para outro grupo terrorista. Esses esclarecimentos foram úteis, pois ele tinha visitado o Estado Islâmico várias vezes, a convite do Isis, e as buscas on-line pelo seu nome resultaram em uma foto dele todo feliz, de bandana preta e fuzil Kalashnikov nas mãos, defronte a uma bandeira do Estado Islâmico.

Ele concordou em se encontrar comigo no escritório recendente a flores de sua advogada, no distrito de Shibuya, em Tóquio. Zelosa dos interesses de seu cliente, a advogada observou nossa conversa. Nakata tem 55 anos, mas parece uma década mais velho por causa de seus fiapos de barba grisalha. Quando entrei na sala, ele permaneceu sentado. Usava roupas folgadas, meio parecidas com um agasalho esportivo. O traje informal e a recusa em se levantar pareceram-me uma violação intencional da etiqueta: *não me levanto para homem algum*. Porém, depois de conversar com ele alguns minutos, percebi que a informalidade não era afetada e que qualquer ofensa era inadvertida. (Ele se desculpou depois por permanecer sentado e explicou que tinha uma doença nas pernas.) Seu senso de humor surpreendeu-me, era incomum entre os islamitas, e ele demonstrou uma delicadeza que me pareceu incompatível com qualquer ligação com uma organização terrorista.

As autoridades japonesas estavam cogitando processá-lo por infrações de cunho terrorista. De quando em quando na conversa, a advogada intervinha para assegurar que as respostas dele não pudessem ser usadas para incriminá-lo. Como outros extremistas do Estado Islâmico, ele falava sem rodeios e de modo inteligente. Desconsiderou a recomendação da advogada para permanecer calado. Em certo momento, quando ela o aconselhou a não dizer mais nada a respeito de um determinado incidente, ele não ligou e prosseguiu. Ela protestou: "Não sei por que estou aqui, se você simplesmente me ignora." Ele deu de ombros. "Você não precisa estar aqui. Pode ir", ele disse.

Nakata é um homem estranho. Neto de um sacerdote xintoísta e filho de pais desprovidos de sentimentos religiosos intensos, ele nasceu em Okayama, no extremo sudoeste da maior ilha do Japão, Honshu. Quando jovem, não se entrosava com os colegas na escola e se dedicava a atividades solitárias ou intelectuais, como o *shogi* [xadrez japonês]. Também gostava de acompanhar competições de luta romana profissional. Um de seus lutadores favoritos era Abdullah, o Açougueiro, o "Louco de Cartum", mais conhecido por espetar os adversários com um garfo.[28] Essa imagem caricaturesca da barbárie muçulmana não deu a Nakata uma impressão favorável do islã (e nem devia, pois Abdullah é um canadense não muçulmano chamado Larry Shreve).

Nakata cursou o ensino médio na escola Nada, em Kobe, depois foi para a Universidade de Tóquio. Essas duas são consideradas as melhores escolas de seu tipo no Japão. Na universidade, ele estudou o cristianismo e o judaísmo, e no terceiro ano tornou-se um dos primeiros alunos no novo programa de estudos islâmicos. Esperava uma abordagem acentuadamente baseada em textos, com leituras do Alcorão para entender a religião. "Na verdade, houve pouquíssimas aulas desse tipo", ele escreveu mais tarde em um breve relato biográfico. "Minha decepção talvez tenha transparecido na minha atitude. Dei de corrigir os professores nas aulas, e passaram a antipatizar comigo."[29]

Ele se converteu no fim do ano letivo, aos 22 anos, por motivos que parecerão bem conhecidos. Achou o islã "lógico", "baseado em um conjunto claro de leis detalhadas". Dispensava as explicações complicadas e evasivas que ele encontrara no cristianismo. Tudo fazia sentido e era "fácil", ele diz. Ele não era particularmente devoto e se permitiu prazeres não islâmicos até a véspera de sua conversão. Antes de seguir para a mesquita de Kobe para tornar a conversão oficial, ele escreveu, "saí para comer meu *tonkatsu* [costeleta de porco frita] favorito e tomar vinho do Porto".[30] Um imame filipino testemunhou sua conversão e lhe deu o nome de Hassan. Até então ele havia passado pouco tempo em companhia de muçulmanos. Nas mais de três décadas desde que começaram as aulas sobre o islã na universidade, Nakata diz, ele ainda é o único estudante que se converteu. Mudou-se do Japão para o Cairo e defendeu sua tese de doutorado na Universidade do Cairo; o tema foi o pensamento político de Ibn Taymiyya. No começo dos anos 1990 ele trabalhou na embaixada japonesa em Riad, depois voltou ao Japão e lecionou estudos islâmicos na Universidade Doshisha, uma instituição protestante em Kyoto.

Embora de início o comprometimento de Nakata com o islã tenha sido um tanto frouxo, com o tempo ele passou a devotar-se à religião e, por fim, à ideia de um califado. Uma grande influência sobre seu pensamento foi um grupo conhecido como Hizb ut-Tahrir [o Partido da Libertação]. Fundado na Jordânia em 1952 por Taqi al-Din al-Nabhani, o Hizb ut-Tahrir defendia uma grande reordenação política em países de maioria muçulmana. Na época, as forças políticas em ascensão no mundo islâmico eram socialistas — entre elas, o Partido Baath — e grupos islamitas fragmentados, incluindo a Irmandade Muçulmana. Nabhani achava que uma entidade muçulmana unificada poderia eliminar as linhagens reais e regimes autoritários da região e permitir um governo muçulmano único.

O califado era, e continua a ser, o modelo que inspira o Hizb ut-Tahrir. Porém, em contraste com Musa, os membros do grupo não são rigorosos quanto aos aspectos clássicos dos requisitos do califado. Não se importam com a regra da linhagem coraixita.[31] Consideram legítimo o califado otomano (também não coraixita), que terminou em 1924, extinto pelo governo republicano secularista da Turquia chefiado por Mustafa Kemal Atatürk, apesar de o último califa, Abdülmecid II, não ter sido de modo algum um rei--guerreiro coraixita. Quando deposto, sua reação não foi arregimentar um exército, mas se aposentar para cuidar da barba e pintar nus em Paris. (A edição número quinze da *Dabiq* nega que tenha existido qualquer califado desde o último abássida, em 1258.)[32]

Enquanto Musa e o Estado Islâmico incansavelmente inspiram sua argumentação no período clássico, Nabhani olhava ora para a frente, ora para trás. Misturava posições retrógradas (inclusive uma simpatia pela jurisprudência zahirista) com a adoção de conveniências e tecnologias modernas. Conclamou os muçulmanos a escolherem seu califa com ampla participação e voto secreto franqueado a todos, e sua organização implementou a estratégia de se infiltrar em movimentos estudantis e cooptá-los em todo o mundo muçulmano, em uma investida de longo prazo pelo poder.[33]

Depois da morte de Nabhani, em Beirute, em 1977, o Hizb ut-Tahrir continuou a preconizar o califado, com o único critério fixo de que os muçulmanos fossem unificados sob um líder e governados em um estado muçulmano sem fronteiras. O Hizb ut-Tahrir rejeita o nacionalismo, inclusive a soberania palestina e a ideia do "islamismo em um país" adotada pelo Paquistão e a Irmandade Muçulmana. Em 1979, quando o aiatolá Ruhollah Khomeini parecia pronto para voltar do exílio na França e tomar o poder no Irã, o Hizb ut-Tahrir enviou à França uma delegação para propor Khomeini como califa. Até um califa xiita serviria — qualquer coisa para unir os muçulmanos sob uma única bandeira e começar o processo de cobrir a Terra com o islã.

Em 1992, na Arábia Saudita, Nakata conheceu um membro secreto do Hizb ut-Tahrir e se apaixonou pela mensagem do grupo (que é proibido no reino). "Em países muçulmanos, é proibido ensinar sobre o califado", ele diz, mas no Japão ele, Nakata, é livre para dizer o que bem entender, sem receio de que o povo ou o governo japonês se importem ou mesmo que tenham alguma ideia sobre o que ele está falando. Em 2009, num livro intitulado *The Mission of Islam in the Contemporary World* [A missão do islã no mundo contemporâneo], ele clamou pela "libertação da Terra e de todas as suas criaturas pelo restabelecimento do califado". Segundo ele, "o verdadeiro significado do califado não é uma ditadura, como acreditam muitos não muçulmanos e até muçulmanos". É um sistema político benevolente, uma espécie de anarquismo islâmico. O califa deve monopolizar o governo político e deixar seus súditos, tanto muçulmanos como infiéis, livres para obedecer à própria consciência e praticar a religião como quiserem.[34] Ao concretizar esse país das maravilhas multicultural, o califa estaria emulando e superando califados anteriores, que foram mais tolerantes do que as sociedades cristãs de suas respectivas épocas.

Nakata tornou-se assíduo no circuito de palestras do Hizb ut-Tahrir, falando sobre o califado em um árabe fluente, apesar do ceceio e do sotaque japonês. "O islã ensina que as pessoas devem viver em igualdade e sob a mesma lei", ele me disse. "Os europeus não falam muito sobre a liberdade de ir e vir, mas esse é o mais fundamental dos direitos humanos, e o califado o protegeria." Mais uma vez, o califado da mente de um homem era refratado pela lente de sua cultura original. "O califado é [...] o inverso do estado policial", ele escreveu. Como o instintivo viés dos Choudaretes para o sistema do estado de bem-estar, a visão de Nakata parecia alicerçada na tradicional distinção japonesa entre *honne* [sentimentos ou crenças privados] e *tatemae* [sentimentos ou crenças públicos]. A lei islâmica respeita tão rigorosamente o espaço privado, Nakata afirmou, que se um leigo sentir o cheiro de bebida ou ouvir algo que sugira uma reunião alegre deve passar ao largo da janela do infrator, se a atividade estiver ocorrendo a portas fechadas.[35] A educação permaneceria uma prerrogativa privada, também com liberdade para os pais ensinarem o que desejassem. De modo geral, Nakata concluiu, o califado deve ser "secular, antitotalitarista e pluralista". Sua vinda é tão importante que todos os muçulmanos têm o dever de difundi-lo "por toda a Terra, mesmo se for necessário recorrer ao poder militar". Nesse otimismo, internacionalismo e característica de culto de minoria há ecos do trotskismo.

Nakata acompanhou a guerra civil na Síria de longe até 2012, quando fez a primeira de cinco visitas para observar o progresso dos movimentos islamitas na região. Amigos que ele conhecera no Egito providenciaram as apresentações, e entre uma visita e outra ele voltou ao Japão para lecionar em Tóquio. Em parte, ele se manteve em dia com as discussões dos islamitas sobre a guerra lendo boletins na internet, como o *Minbar al-Tawhid wa'l-Jihad* [púlpito do monoteísmo e jihad], de Abu Muhammad al-Maqdisi, o renomado entreposto on-line da ideologia jihadista. Não há indícios de que ele tenha combatido durante essas visitas, mas ele considerava o califado tão importante que era capaz de celebrar sua possível ascensão mesmo em circunstâncias violentas.

Nakata conta que em 2014 detectou sinais de que Abu Bakr al-Baghdadi estava se preparando para declarar-se califa. "Seus seguidores tinham começado a chamá-lo de *amir al-mu'minin*", ele diz, e ressalta que esse título é ligado ao posto histórico de califa. (Analogamente, seria de esperar que quem se proclamasse "Chefe da Commonwealth Britânica" ou "Defensor da Fé e Supremo Governador da Igreja da Inglaterra" logo se declararia Rei da Inglaterra.) Antes dele, outros haviam usado o título de "príncipe dos crentes" — incluindo o mulá Omar, do Talibã, e o rei Muhammad VI, do Marrocos —, por isso Nakata não tirou conclusões. Entrou em contato com um amigo que servia como comandante local do Isis em Idlib, na Síria, e perguntou se Baghdadi estava se proclamando califa. O amigo garantiu que não.

No começo de 2014, Nakata serviu de acompanhante a um

jornalista japonês em território do Isis e apresentou-o a cristãos armênios que ali viviam como cidadãos subjugados. Exultou com a perspectiva de declaração de um califado e, quando me descreveu essas primeiras viagens, pareceu ao mesmo tempo repelido e atraído. Por um lado, ele detestava violência. Escrevera sobre um califado que surgiria de modo pacífico e orgânico, como a queda do muro de Berlim. Mas admitia que o califado do Isis só seria legítimo se abolisse fronteiras e governasse segundo o islã — e o Isis prometia fazer as duas coisas.

Nakata ficou sabendo sobre a declaração de Baghdadi pelo Twitter quando estava em sua casa, em Tóquio. "Fiquei surpreso com a rapidez com que aconteceu", admite, ainda digerindo o fato. Não é todo mundo que chega a ver sua utopia se realizar. Mas ele viu, por um breve período. Sua teoria do califado estava prestes a ser posta à prova pela realidade.

Em meados de 2014, pouco depois da declaração de Baghdadi, Nakata recebeu pelo WhatsApp uma mensagem de um combatente conhecido como Omar al-Gharib — "Omar, o Estranho". Solicitava a presença dele no Estado Islâmico, a convite do califado. A população de japoneses que militam pelo califado é provavelmente só um pouco maior que a de sacerdotes xintoístas islamitas, por isso, quando o Estado Islâmico quis um espécime japonês, não é de surpreender que recorresse a Nakata.

"Temos um jornalista japonês e vamos submetê-lo a julgamento", dizia a mensagem. O "jornalista", descobriu-se, era Haruna Yukawa, um atribulado nômade de 44 anos que talvez tenha combatido com o Exército Livre da Síria. Yukawa sofrera desventuras em série — infância infeliz, morte da esposa por câncer, ruína financeira — e reagiu entregando-se a automutilações extremas. Antes de ir para a Síria, tentara o suicídio castrando-se.

Desde então, reinventara-se como consultor em segurança e se mudara para a Síria a fim de combater ao lado dos rebeldes. O vídeo da captura de Yukawa mostra-o descabelado e ensanguentado, cercado por combatentes do Estado Islâmico. Ele repete a palavra "médico", fingindo ser um ou pedindo para ser atendido. Depois desse vídeo, ele desapareceu.

Nakata viu razões para ter esperança. Ao convidá-lo para atuar como intérprete, "o Estado Islâmico queria mostrar que estavam fazendo um julgamento justo, mostrar que têm um lado bom". Disseram a Nakata para levar um jornalista como observador. Ele imaginou que o Estado Islâmico poderia querer usá-lo para divulgar e validar o assassinato de um cidadão japonês. Mas havia também a possibilidade de eles almejarem o maior público possível para um gesto magnânimo de misericórdia.

Em agosto ele se apresentou na fronteira da Turquia, próximo a Tal Abyad, com um videojornalista japonês. Tinha o número de Omar e deveria ligar para ele assim que chegasse ao Estado Islâmico. "Várias dezenas de estrangeiros estavam indo, como eu", ele conta. "A maioria era árabe — egípcios e outros — e no mínimo três eram uigures, sem passaporte nenhum." Eles se amontoaram em uma área de espera improvisada, e, quando os guardas da fronteira turca olharam para o outro lado, o bando inteiro passou por uma brecha no arame farpado e entrou na Síria. Estavam sendo aguardados por um ônibus com destino a Raqqa, a cerca de uma hora de viagem, onde recentemente haviam começado os bombardeios americanos.

"Quando entrei, não fizeram nenhum tipo de verificação", ele conta. "Não mostramos passaporte e não havia nada na fronteira." O Estado Islâmico apagara a fronteira, como havia prometido, e uma coalizão multicolorida de muçulmanos do mundo todo estava imigrando. "Cada um tinha suas razões", Nakata diz. "Meu amigo egípcio queria estar em um califado, e muitos dos europeus, argelinos e tunisianos disseram que tinham passado por experiências ruins no país natal." Muitos não eram combatentes, ele acrescentou: eram inválidos ou mulheres. A advogada chiou quando Nakata começou a parecer meio desalentado. Quanto a ele, disse, não estava lá por devoção ou lealdade, mas apenas porque tinha sido "convidado a ir. Só que ninguém sabia disso".

Ônibus vieram buscar as pessoas, e ele pegou um dos últimos daquela noite. O transporte foi gratuito. O Estado Islâmico facilitava o caminho de entrada e dificultava o de saída. Chegando a Raqqa, ele conta, todos assinaram uma espécie de livro de visita, e ele escreveu Hassan al-Yabani, "Hassan, o Japonês".

O bombardeio deixara Raqqa no caos, com pane na maioria das redes de comunicação, inclusive em todas as linhas telefônicas. Muitos dos recém-chegados tinham vindo sem contatos locais, por isso o estado acomodou-os em uma escola e serviu-lhes refeições coletivas. "Em geral nos davam comida árabe comum, mas o cozinheiro era indiano, por isso às vezes fazia um curry muito bom", ele conta. Nakata não conseguiu entrar em contato com Omar, por isso enviou um mensageiro para procurá-lo. Enquanto isso, todos se dividiram em grupos de até uma dúzia de pessoas e foram designados para moradias — novamente, em vida comunitária.

Estavam felizes, segundo Nakata. Prometeram aos recém-chegados uma subvenção mensal paga pelo Estado Islâmico equivalente a cerca de trinta dólares, depois reajustada para cinquenta. "As pessoas pareciam estar gostando muito da vida ali", diz Nakata, e preferi-la à vida que tinham no país do qual haviam fugido. "Numa ocasião, um sujeito me parou num posto de controle. Tinha o rosto coberto e uma arma. Ele perguntou: 'De onde você é?' Respondi 'do Japão'. Ele disse 'Tudo bem, então', e me deu um chocolate."

Eu não sabia como reagir a essas cenas de fraternidade e gentileza. Nakata não forneceu um único detalhe grotesco ou lamentável — nem um açoitamento em público, nem uma reprimenda de algum policial *hisba* por aquela sua barba rala de japonês. "No momento, o Estado Islâmico se encontra em guerra, e qualquer lugar em estado de guerra tem muitas preocupações com a segurança", ele disse. "Mas a vida não era tão ruim." De fato, com tudo o que ele disse a respeito de vida comunitária e diversidade de imigrantes, eu podia imaginar que era possível surgir a solidariedade mesmo se ela não existisse no início. Um jihadista francês relatou que em Raqqa havia "ingleses, bósnios, somalis, japoneses, chineses" — "é a Euro Disney dos *mujahidin*!".[36] Que cosmopolita resistiria às cenas descritas por Nakata? Um japonês fã de luta romana repartindo o pão com um garoto francês suburbano à esquerda e um turco chinês à direita; um estado-babá islâmico prometendo, e pela primeira vez entregando, conforto e segurança, igualdade racial e constantes expressões de amor mútuo e respeito por todos, doentes ou sãos, jovens ou velhos. A presença de um inimigo comum acrescenta outra dose de solidariedade. Um kibutz em 1967 talvez trouxesse uma sensação parecida.

Mas Nakata não ficou. No caos do bombardeio, seu contato desaparecera, e o mensageiro voltou com a única coisa que o senso de ordem japonês de Nakata não podia tolerar: notícia de atraso. "Quando o mensageiro enfim encontrou o sujeito, foi informado de que eu teria de aguardar mais uma semana. Mas eu tinha data para retornar ao Japão", disse Nakata. "Fiquei aborrecido." Ele enviou uma mensagem em resposta: "Vim porque você me disse para vir, e agora você me deixa esperando esse tempo todo. Da próxima vez, cumpra suas promessas." Não se podia fazer nada, por isso ele partiu de Raqqa para participar de uma reunião marcada anteriormente com o Talibã no Qatar.

De volta ao Japão, o governo fez uma batida na casa de Nakata e confiscou seu passaporte; com isso, deixou-o no mesmo limbo conveniente ou inconveniente de Musa e dos Choudaretes. Em outubro de 2014, o jornalista Kenji Goto viajou para a Síria e tentou obter a liberdade de Yukawa. Em janeiro de 2015, Goto e Yukawa apareceram em um vídeo do Estado Islâmico. De macacão laranja, ajoelharam-se diante do carrasco, Muhammad "Jihadi John" Emwazi. Ele exigiu um resgate de 200 milhões de dólares. O governo japonês pediu a Nakata que enviasse a seus contatos uma mensagem de recusa a pagar o resgate. Nakata julgou que a mensagem proposta resultaria na morte dos dois homens, por isso não atendeu ao pedido. Eles foram mortos mesmo assim.[37]

Nakata foi poupado de ter de decidir se precisa cumprir a obrigação com o califado ao qual devotou a vida. Assim como Musa e os outros, ele parece gostar de seu país natal, embora se destaque dos demais por admitir isso francamente. Em uma entrevista, ele fez a espantosa afirmação de que "todos os japoneses irão para o paraíso" porque Deus só julgará os muçulmanos e os que ouviram e rejeitaram a mensagem do islã. Os japoneses são tão ignorantes sobre essa religião que terão passe livre. Mas a ele o passe livre não se aplicará. Eu também não lhe dei passe livre. Perguntei sobre suas breves férias na utopia: "Era tudo o que você queria? Era um califado válido?".

Ele respondeu, primeiro, que o califado continha muitos sírios e iraquianos baathistas e que muitos tinham se "convertido" ao salafismo, mas ainda possuíam uma mente secular perversa. Quanto aos verdadeiros crentes, esses também compreenderam de forma errada a missão do islã. ("Preste atenção para não acabar sendo assassinado", aparteou exasperada a advogada, enquanto ele continuava a elaborar — e, da perspectiva do Estado Islâmico, provavelmente a flertar com a apostasia.) "Muitos dos salafistas só leram um punhado de panfletos e não conhecem a verdadeira importância do califado", Nakata disse. "Acham que deixar crescer bastante a barba e usar certo tipo de chapéu é adequado. Para mim, a essência do califado é o fim das fronteiras."

"Acha que muitos outros têm uma noção de califado igual à sua?", perguntei.

"Não, acho que não", ele respondeu, rindo.

Apesar disso, continuou a defender os partidários do califado contra os que rejeitavam totalmente a instituição. Na guerra de *fatwas* entre o Estado Islâmico e os doutos das grandes universidades e das mesquitas patrocinadas por governos, os doutos do Estado Islâmico estavam vencendo, ele afirmou. "O nível da argumentação contra eles é muito inferior ao daqueles que os defendem." E acrescentou: "Não sei se o nível dos estudiosos do Estado Islâmico é superior ao dos demais". Mas eles não estavam perdendo o debate.

Não deixava de ser uma resposta evasiva. Seus conterrâneos poderiam ser salvos pela ignorância, mas ele, por ter educado sua alma, pusera-a em perigo. Ele ainda podia tentar sair do Japão; ainda podia jurar lealdade ao califa — que, afinal de contas, controlava território e exigia obediência publicamente.

Tomás de Aquino recomendou: "Quando encontrardes uma contradição, fazei uma distinção". Nakata deparou com um califado de selvagens, por isso criou uma distinção — sem precedente clássico — entre dois tipos de *bay'a*. A primeira, segundo ele, é a *bay'a* que cria um califado e o fixa em um lugar. Está reservada ao círculo mais íntimo de doutos, as "pessoas que soltam e atam" [*ahl al-hall wa-al 'aqd*]. Só então, quando esses doutos tiverem ratificado e endossado um califado, a obrigação de dar lealdade chegará aos outros, inclusive a ele, Nakata. "Ainda estamos no estágio de fixar ou criar um califado, e não existe uma lei fixa ou um quórum que esclareça quando ele estará pronto", ele diz. Nakata não soube dizer quando ele seria obrigado a agir. Mas, pelo visto, achava que ainda não era hora e que provavelmente sua vida terminaria por causas naturais antes que ele fosse forçado a decidir.

A essa altura eu já conhecia as objeções de um lealista do Estado Islâmico como Musa o suficiente para ouvir seu sotaque australiano berrando nos meus ouvidos contra esses equívocos. "Vocês disseram que queriam o *khilafah*?", Musa perguntou certa vez a muçulmanos que defendiam um caminho gradualista para o *khilafah*. "Muito bem: então como vão consegui-lo? Estão dizendo que o *Dawlah* é inválido por causa de um determinado elemento? Vão para lá e ajudem! A melhor chance está bem na sua frente. Não desejam, pelo menos, viver sob a Xaria?"

Considerando que Nakata ainda se lembrava ternamente de sua última costeleta de porco e copo de vinho, só me restava concluir que a resposta secreta a essa última pergunta talvez fosse "não". E podia imaginar um punhado de ações mais destrutivas do que persuadi-los do contrário.

Como organização, o Hizb ut-Tahrir opôs-se oficialmente ao califado de Baghdadi, ainda que alguns de seus integrantes extremistas (seguidores de Choudary, Omar Bakri e outros) tenham feito *hijrah* para juntar-se ao EI. Procurei líderes do Hizb ut-Tahrir, mas eles se recusaram a falar comigo. Alguns de seus partidários, porém, foram mais acessíveis, e nem todos eram tão idiossincráticos como Nakata-*san*.

No começo de 2015, um usuário do Twitter, @GleamingRazor, enviou-me uma série de tuítes e comentários on-line criticando meus textos. Apresentou-se com o nome "Da Masked Avenger" [o Vingador Mascarado] — e isso não é invenção minha. Depois de várias trocas de mensagens, ele me respondeu com amabilidade e inteligência, porém sem jamais deixar cair a máscara e revelar sua verdadeira identidade. Aludiu em suas mensagens a Christopher Marlowe e Thomas Hobbes, e sua dicção sugeria educação superior ocidental — e, espero, outra visão do *khilafah* complementar à de Nakata. Declarou-se "islamita". Odiava apóstatas e os muçulmanos que facilitavam a vida dos apóstatas. Disse que Ayaan Hirsi Ali, a parlamentar holandesa e autora dos livros anti-islâmicos *Rebel* [traduzido em Portugal com o título *Uma mulher rebelde*] e *Herege*, era "ridícula". Afirmou que assassiná-la não seria má ideia. Quando Malala Yousafzai, que aos quinze anos foi baleada no rosto pelo Talibã e mais tarde recebeu o Nobel da Paz, foi retratada em um documentário que critica o islã conservador, ele escreveu em um tuíte que preferia "ser estuprado por um rinoceronte no cio" a assistir ao filme.

Ele não quis me dizer seu nome verdadeiro, mas contou que os "serviços de segurança [britânicos] conhecem" sua identidade. "Tenho minhas razões", ele explicou, e eu não insisti. Depois de uma breve negociação, ele concordou em falar pessoalmente comigo. Quando cheguei ao nosso ponto de encontro — o Starbucks no quarto andar da loja de departamentos Selfridges, em Londres —, avistei um sul-asiático de moletom azul, tomando chá. Parecia beirar a casa dos quarenta, e tinha o cabelo e a barba bem-aparada salpicados de fios brancos. Se estava nervoso, não demonstrava, e em nenhum momento relanceou os olhos em volta, apesar da insistência paranoica em um pseudônimo ridículo. Tinha um típico sotaque multicultural londrino, mais refinado que o dos Choudaretes, mas não afetado. Não me deu dados biográficos, e foi logo dizendo que certos assuntos estavam fora de questão. "Não vou falar sobre a jihad, senão acabaria me enrolando com as leis sobre terrorismo bem depressa."

O estereótipo na comunidade islamita britânica, ele me explicou durante nossos chás, é que a massa vira salafista e a classe média instruída apoia o Hizb ut-Tahrir, como Nakata. O Vingador não disse se era membro do Hizb ut-Tahrir, mas recomendou que eu falasse com o grupo, e tudo o que ele disse seguia a cartilha deles.

A massa que apoia o Estado Islâmico "não é a intelectualidade da *ummah* muçulmana", ele comentou. "São facínoras." Ele fez uma pausa, mordeu a língua. "Quero dizer, não foi minha intenção fazer pouco deles, ainda mais [falando] com um infiel. Eles são meus irmãos." Mas que ele falou mal, falou. Disse que eram ignorantes do califado e do islã, e foi mais incisivo quanto aos assuntos que eles menos conheciam. Declarou que Choudary merecia ser ainda mais ridicularizado e criticado, pois era suficientemente inteligente para saber o que estava fazendo, e mesmo assim induzia dezenas de outros a pecar. "Ele não é bobo. Com sua inteligência, consegue que gente menos inteligente o siga. E é por isso que o odeio tanto", concluiu.

Ele discordava dos muçulmanos — de zahiristas para baixo — que interpretavam a escritura em linhas literais ou legais. "Pensam que o islã é um código de leis, uma coletânea de permissões e proibições. E, de fato, existem coisas que estão gravadas em pedra: as punições *hadd* não podem ser revogadas", explicou. Porém, com exceção desses elementos do código criminal ordenado por Deus, a religião transcendia a lei e devia ser considerada uma "metodologia", segundo ele, com diversos valores a serem sopesados, entre eles o costume [*'urf*] e o interesse público [*maslahah*].

Essa noção moldava sua ideia sobre a escravidão. "O islã permitiu a escravidão", disse ele, em tom tranquilo. "Não existe nenhum *ayah* ou hadith que a proíba. Mas o islã não *ordena* que os muçulmanos escravizem." O costume, e também os melhores interesses dos muçulmanos, tornaram a prática de possuir seres humanos inaplicável em nossa época. "Antigamente, quando os homens iam para a guerra e derrotavam o inimigo, podiam se apoderar da bagagem dele, que incluía as mulheres. Hoje, quando franceses e alemães vão para a batalha, não levam suas mulheres junto." Por essa interpretação da escritura, a escravidão é tão relevante para as batalhas da atualidade quanto catapultas e trirremes. "O costume diz que não fazemos isso, portanto *maslahah* e *'urf* nos levam a dizer que [a escravidão] é proibida." Os salafistas fingem que essas considerações não existem, ele disse, e acreditam que tudo é permitido e também ordenado.

No entanto, para o Vingador também era anátema o esforço dos "modernistas" para levar longe demais essas considerações atenuantes e fingir que o islã não ordena coisa alguma — nada de *hadd*, *bay'a*, subjugação de judeus e cristãos. O costume em excesso poderia autorizar os muçulmanos a descartar quaisquer elementos de sua fé que não se encaixassem em uma visão sobre os direitos humanos e a ordem internacional que esteja na moda e seja favorável aos infiéis. Os mais extremistas desses muçulmanos eram ateus e pseudoateístas como Ayaan Hirsi Ali e Maajid Nawaz, o idealizador da Fundação Quilliam de Londres. (O Vingador disse que era amigo do irmão de Nawaz.) Hirsi Ali e Nawaz identificam-se como muçulmanos, porém se aliam a não muçulmanos no clamor pela reforma e liberalização — o Vingador diria abolição — do islã. "Por causa deles, Choudary usa *'urf* como um palavrão", reclamou. Os salafistas e os modernistas, ele disse, formavam uma dialética da ignorância que deixava grupos como o Hizb ut-Tahrir abandonados no meio.

E isso o levou ao que considerava a verdadeira solução para o problema do califado de Baghdadi. "Você anda com uma turma interessante", ele me disse. Pensei que se referia a partidários do Estado Islâmico, mas ele esclareceu que estava falando sobre companhias mais sinistras, como o Centre for Strategic and International Studies e o Council on Foreign Relations, dois *think tanks* onde eu fizera palestras nos últimos tempos. "Você fala com essa gente", ele disse. Parecia magoado. "Poderia informar a eles, finalmente, que eles não podem dizer para sempre aos muçulmanos como viver a nossa vida?" Eu me perguntei se ele estava sugerindo a sério que eu tinha poder sobre os titãs da política que dirigem essas instituições.

Ele reiterou a ideia, mas desta vez como uma ameaça: "Se não nos deixarem escolher nosso próprio governo, as coisas só irão piorar". O Estado Islâmico o deixava horrorizado, mas só existia porque a hegemonia americana frustrara os sonhos dos muçulmanos. O conflito atual poderia ter sido evitado se os Estados Unidos houvessem recuado e permitido que um verdadeiro califado criasse raízes e governasse a *ummah*. Seria um califado obediente às leis de Deus, mas douto e cauteloso ao invés de bronco e impetuoso. "Não vou fingir que o islã nunca fará guerra contra vocês, ou que viveremos em harmonia para sempre", ele disse. "A expansão faz parte do islã, e por fim nós os subjugaremos. Mas vocês não percebem que deixar que governemos a nós mesmos pelo menos é melhor do que ter grupos como o Estado Islâmico?"

O autogoverno muçulmano só poderia acontecer por meio de um califado, ele revelou, e eu deveria me preparar para isso — ou através do Estado Islâmico ou de outros meios mais brandos. Eu preferia a segunda opção, mas estava curioso sobre a primeira. "Você consegue se imaginar dando *bayʻa* a Baghdadi?", perguntei. Em que momento aceitaria o Califado da Ignorância?

Ele pensou um pouco. Como Nakata, estava dividido entre um sonho utópico futuro e um pesadelo distópico já em curso. E sabia que, em teoria, era obrigado a prestar juramento a qualquer califado válido. A crítica típica dos defensores do Estado Islâmico ao Hizb ut-Tahrir é que, assim que passa a existir um califado, eles começam a adicionar requisitos para evitar reconhecê-lo. "Dizem que ele tem de ser grande", Musa comentou, pasmo. "Mas de que tamanho, afinal? Cinco vezes o atual? Só estão inventando." A desculpa que o Vingador me deu pareceu preocupantemente arbitrária nesse contexto. "Ainda não é um estado. Pequeno demais, desorganizado demais", ele concluiu.

"Mas e se continuar crescendo e tomar Bagdá, Damasco ou Amã?"

Ele pensou mais. "Então vou ter de reconsiderar."

6. Dissensão

Atravessarão o islã como uma flecha atravessa sua presa.

Bukhari

Se eles estivessem certos, um já seria suficiente.

Albert Einstein, após publicação
de *Cem autores contra Einstein*

A maioria dos que entrevistei eram pessoas bem-articuladas. Muitos outros recrutas do Estado Islâmico, tanto quanto muitas pessoas normais, são tolos, simplórios, incapazes de explicar as crenças que governam suas vidas. Na melhor das hipóteses, são proficientes em recitá-las como papagaios, com os mesmos efeitos encolhedores de cérebro que vemos nos membros da seita Hare Krishna quando cantam seu mantra de duas sílabas pela décima milésima vez no dia. Os mantras do Estado Islâmico são bem conhecidos. "Avivamento do califado." "Purificação do islã." "*Kuffar*." "Aplicação das punições *hadd*." "Fim do mundo." Eles sabem essas coisas porque lhes foram ensinadas, e não porque construíram sua própria ideologia ou estudaram o árabe clássico. "O recruta médio é intelectualmente submisso", diz Thomas Hegghammer. "Sabe no que esperam que ele acredite, e é provável que acredite naquilo. Mas pode ser influenciado com muita facilidade."[1] Aimen Dean, um ex-membro da Al-Qaeda que hoje é consultor do governo britânico, disse coisa parecida durante uma conferência a que assisti no Qatar. "Um militante confuso é um militante ineficaz."[2] Confusão é fácil de semear. Não é preciso convencer partidários comuns do Estado Islâmico de que eles estão errados. Basta convencê-los de que talvez não estejam certos.

Convencer ideólogos empedernidos é mais difícil e tem possíveis consequências mais importantes. Curioso para saber como alguém poderia tentar argumentar, fui conversar com os dois mais destacados eruditos muçulmanos dos Estados Unidos atualmente: Hamza Yusuf e Yasir Qadhi. Yusuf é presidente do Zaytuna College, em Berkeley, e Qadhi leciona no Rhodes College, em Memphis. Um professor de estudos islâmicos prometeu-me: "Se você for a uma convenção da Isna [Sociedade Islâmica da América do Norte], esses dois serão os astros do rock. Eles têm fãs que os seguem aonde vão. Têm groupies. Plateias superlotam para ouvi-los falar sobre *fiqh* [lei islâmica]".

Ele estava exagerando um pouco. Em se tratando de malcriação de astro de rock, o Estado Islâmico é imbatível: Turki al-Binali faz o equivalente islâmico de espatifar uma guitarra e chutar um amplificador toda vez que sobe no *minbar* [púlpito] para falar. Em contraste, Hamza Yusuf e Yasir Qadhi são, na melhor das hipóteses, soft rock. São homens afáveis, cultos, e seus groupies os procuram não por serem renegados, mas porque se submetem à tradição — ao sufismo, no caso de Yusuf, e a uma versão do salafismo reformado, no de Qadhi. Essas tradições são mutuamente conflitantes. Os salafistas acusam os sufistas de idolatria, e os sufistas acusam os salafistas de intolerância e anti-intelectualismo — e os dois homens discordam com fúria.

No entanto, ambos são unidos no fato de terem sido marcados para morrer pelo Estado Islâmico. A *Dabiq* escreveu duas vezes sobre eles — na segunda vez em um artigo de Yahya Abu Hassan que os pronunciou "alvos válidos, ou melhor, obrigatórios" de assassinato.[3] Seu supremo pecado é colaborar com os "cruzados" contra os muçulmanos, algo que, por si, já invalida seu islã, Yahya escreveu. Yusuf, frisaram Yahya e outros, encontrou-se com George W. Bush para aconselhá-lo no começo da Guerra do Afeganistão.[4] A orientação salafista de Qadhi aproxima-o mais das ideias aceitáveis para o Estado Islâmico. Originalmente instruído como um wahabita, Qadhi transformou-se em um ferrenho patriota americano.

Em meados de 2015, Musa Cerantonio enviou a seus seguidores, pela internet, questões sobre Qadhi e Yusuf e expressou um sentimento semelhante ao de Yahya, pondo os seguidores em guarda para o menor vacilo em suas crenças:

> Alguns podem se deixar enganar pela aparência, já que [Qadhi e Yusuf] se apresentam como professores do islã, quando, na verdade, estão clamando pelo Fogo. Não permitam que essa aparência os engane, pois sabemos que uma única palavra de *kufr* já pode causar a anulação de todos os atos de uma pessoa... O conhecimento e a educação, sozinhos, não nos salvarão de cair na descrença ou desvio, como muitos com mais conhecimento do que nós que se desencaminharam devido ao mal oculto em seus corações.[5]

Musa conhece Qadhi pessoalmente. Os dois apareceram juntos em pelo menos um painel de uma conferência salafista na Índia em 2008. Musa diz que Qadhi convidou-o a escrever para o site dele. (Qadhi lembrou-me de que Musa ainda não tinha expressado ideias jihadistas naquela época.) No entanto, desaparecera qualquer sentimento de companheirismo. Qadhi me disse que Musa é "doido" e "não passa de um joão-ninguém na Austrália". Musa tem fantasias de encontrar Qadhi novamente: "Espero vê-lo cara a cara de novo. Ele vai sair correndo". Afirmou que Qadhi é culpado de ʿirja, a crença de que se tem o islã no coração sem que isso se traduza em atos piedosos ou na jihad. Para o caso de eu não ter entendido, ele deu outra tradução para ʿirja: "Yasir é meio frouxo".

Em 2015, depois de Qadhi e Yusuf terem sido mencionados na *Dabiq*, encontrei-me com eles, em ocasiões separadas. Procurei-os porque estava frustrado com as explicações dadas por outros muçulmanos sobre a relação do Estado Islâmico com o islã. O problema não era, e nunca fora, a maioria dos muçulmanos não condenar o terrorismo ou não criticar o Estado Islâmico. O problema é sua relutância em reconhecer intelectualmente o Estado Islâmico ou debater a sério com a entidade. Em vez disso, costumam se limitar a defender o islã com o refrão "o islã é uma religião da paz", combinado a frases melosas sobre misericórdia e amor. Não se pronunciam a respeito das escrituras que o Estado Islâmico cita quando fala sobre guerra ou ódio. Esse tipo de apologismo é o negativo das afirmações radicais de que o islã é, na essência, impiedoso e assassino. É igualmente simplista e sem sentido. E Yusuf, pelo menos, estava farto disso. Durante o Ramadã de 2016, quando o Estado Islâmico desferia uma onda de ataques terroristas, ele escreveu:

> O que precisamos para combater essa praga são as vozes de doutos e também de ativistas das massas que possam começar a identificar os verdadeiros culpados por trás dessa ideologia fanática. O que não precisamos é de mais vozes que encubram o problema com argumentos vazios, ocos e vãos de que essa militância não

tem muito a ver com religião; ela tem tudo a ver com religião: religião equivocada, fanática, ideológica e politizada. É a religião do ressentimento, da inveja, da impotência e do niilismo. Entretanto, não tem nada a ver com os ensinamentos misericordiosos do nosso Profeta, que a paz e as bênçãos de Deus estejam com ele.[6]

Depois de tanta negação por outros, as palavras de Yusuf soaram como franqueza.

A maioria muçulmana está num impasse. O Estado Islâmico professa que só existe um Deus e que Maomé é seu último e maior profeta. Negar a fé do Estado Islâmico e a condição de muçulmanos de seus partidários — excomungá-los por terem outra versão do islã — é admitir a derrota. Afinal de contas, *takfir* é o esporte oficial do Estado Islâmico, e quem o pratica torna-se um deles. Para os muçulmanos que detestam o grupo, a declaração pelo Estado Islâmico de que só existe um Deus e Maomé é seu profeta é uma profissão de fé que força uma admissão dolorosa: o Estado Islâmico é um fenômeno muçulmano. Perverso, talvez; ultraviolento, sem dúvida. Mas muçulmano por definição.[7]

Ninguém quer que os mais conhecidos praticantes de sua religião sejam também os mais exaltados e sanguinários. A maioria das religiões tem fanáticos que grande parte dos fiéis preferiria que desaparecessem, e o impasse muçulmano não é único. Os protestantes admitirão, com relutância, que os membros da Igreja Batista de Westboro — que fazem piquete em funerais de soldados americanos empunhando placas com os dizeres "Deus detesta bichas" — são cristãos que passam um tempo enorme estudando a Bíblia e aceitam Jesus como seu salvador. Os judeus se horrorizam com o Neturei Karta, o culto ultraortodoxo que envia delegações a conferências de negação do Holocausto, mas admitem que eles são judeus. O movimento 969 da Birmânia é extremamente budista, apesar de pregar a nada iluminada mensagem de ódio étnico aos muçulmanos. Mel Gibson acha que o papa não é católico o bastante e que isso pode qualificá-lo como louco — porém um louco *católico*.[8]

O Estado Islâmico é tão islâmico quanto o pessoal citado acima é protestante, judeu, budista ou católico — ou seja, é totalmente islâmico, apesar de ser, e admitir com orgulho que é, uma seita minoritária.[9] Se é "legítimo" ou não, essa é uma questão que os demais crentes respondem por si mesmos, a imensa maioria com uma negativa. No entanto, essas questões de legitimidade são das esferas de opinião e dogma: o fato de a maioria acreditar que o Estado Islâmico é desviante não torna a entidade objetivamente desviante, do mesmo modo que a noção de muitos cristãos de que o mormonismo é desviante não torna o mormonismo "ilegítimo" ou uma "perversão do cristianismo". O mesmo se poderia dizer sobre qualquer outra minoria religiosa, inclusive as progressistas; ser uma minoria (violenta ou não) não é sinônimo de ser ilegítimo. Ser minoria significa ser minoria.[10]

Assim, os muçulmanos que criticam o Estado Islâmico são obrigados a reconhecer que o grupo é liderado e apoiado por muçulmanos, apesar de serem muçulmanos de quem esses críticos discordam com veemência. O orgulho fica ainda mais ferido pela descoberta de que o Estado Islâmico consulta os mesmos textos que os demais muçulmanos e se baseia na mesma tradição histórica sunita. Os estudiosos do Estado Islâmico não citam Marx, os *philosophes*, o código de Manu ou o apóstolo Paulo. Citam o Alcorão, o hadith e pensadores cuidadosamente selecionados da tradição islâmica. Seu fanatismo é um fanatismo muçulmano. É preciso um nível assombroso de negação para afirmar, como fazem incontáveis muçulmanos e não muçulmanos, que o Estado Islâmico não tem "nenhuma relação com o islã" só porque o comportamento hediondo do grupo é conflitante com a interpretação mainstream ou liberal dos muçulmanos.[11]

A interpretação do islã por Yasir Qadhi pode ser mainstream, mas não é liberal, exceto em comparação com seu trabalho anterior. Filho de paquistaneses, ele nasceu em Houston em 1975, formou-se em engenharia química pela Universidade de Houston e depois em estudos islâmicos na Arábia Saudita pela Universidade de Medina, a Harvard do salafismo. Entre seus trabalhos anteriores está um *close reading*, quase uma resenha de fã, das obras de Muhammad ibn ʿAbd al-Wahhab, o padrinho espiritual do islã saudita e um dos doutos preferidos do Estado Islâmico. Qadhi concentrou-se na noção de Ibn ʿAbd al-Wahhab sobre *shirk*, a atribuição de um "parceiro" a Deus, negando, assim, que Deus é único e o senhor supremo.[12] Seu comentário sobre Ibn ʿAbd al-Wahhab é paciente e comedido, condizente com a austeridade wahabita, incluindo a recomendação sobre a remoção de adornos em sepulturas e a abolição de cantos e veneração de santos. Ele também flertou com o antissemitismo e a negação do Holocausto, afirmando, a certa altura, que "Hitler nunca almejou a destruição em massa dos judeus" e que o Holocausto foi um "embuste".[13]

A volta de Qadhi para os Estados Unidos, em 2005, deu início a uma transformação que o levou a despir-se dos rótulos de "salafista" e "wahabita", embora ele reconheça que Ibn ʿAbd al--Wahhab tinha muita razão em vários aspectos. Ele repudiou seus comentários anteriores sobre o Holocausto[14] e complementou sua formação religiosa com outra rigorosamente secular, concluindo um doutorado em estudos religiosos na Universidade Yale, onde eu leciono. Yahya está certo quando acusa Qadhi de patriotismo americano. Qadhi não se importa de adornar seu site com bandeiras americanas e de viver segundo a Constituição dos Estados

Unidos, orgulhando-se disso. Alguns salafistas não compreendem e se perguntam o que pode ter acontecido. Porém, para cada inimigo que ele fez entre os patrulheiros do *shirk*, conquistou vários admiradores na comunidade de muçulmanos que procuram levar uma vida devota baseada na Xaria, à sua maneira mais tolerante — talvez mais como os membros da Irmandade Muçulmana do que como os salafistas.

Desde que ele retornou aos Estados Unidos, seus textos primam pelo conflito interno decorrente de sua metamorfose — como se a voz de Ibn 'Abd al-Wahhab de vez em quando ainda lhe sussurrasse ao ouvido e ele não soubesse como responder. Em 2008, em Yale, Qadhi assistiu a uma aula de Tony Blair. Em um ensaio pomposo para seu site, ele conta que teve dificuldade para decidir se era "moral e eticamente permitido que eu assistisse a uma aula dada por alguém a quem muitos viam como um possível criminoso de guerra". Ele seria capaz de conter a "força e o vigor" de seu ódio? Ele confronta Blair sobre a moralidade da invasão do Iraque e recebe uma resposta serena.[15] (Musa achou patético. "Qadhi diz que fez o que devia como muçulmano fazendo uma pergunta a Blair", Musa critica. "Tudo isso? Nossa! Não estou dizendo que devia ter cortado a garganta dele. Mas faça o favor! Eu o chamo de Yasir Gandhi.")

Em fevereiro de 2015, Qadhi voltou a Yale para uma breve visita, e seu orientador do doutorado, Frank Griffel, deu um jantar em sua homenagem no mezanino do Mory's, um clube oficioso dos docentes, defronte ao prédio da biblioteca principal da universidade. Era a noite mais fria do ano, e, quando cheguei, todo agasalhado e alguns minutos atrasado, Qadhi e um grupo de alunos de pós-graduação já estavam aconchegados numa sala privada com paredes de madeira, estudando os filés e risotos do cardápio.

Qadhi e eu trocamos um gélido aperto de mão. Ele conhecia meus textos sobre o Estado Islâmico e era contra meu argumento de que o Estado Islâmico é deveras islâmico e que possui intelectuais islâmicos inteligentes incansavelmente emitindo *fatwas* que justificam (entre outras coisas) o assassinato de Yasir Qadhi. Sentei-me ao seu lado, e ele foi cordial ao explicar suas discordâncias.

"O problema não é o que você diz" — que o Estado Islâmico é islâmico — "mas o que não diz e precisa ser dito", ele me explicou. O público americano precisa conhecer as origens do Estado Islâmico como produto de uma política externa belicosa dos Estados Unidos, com uma fixação quase psicopata em bombardear e espoliar terras muçulmanas. O público não precisa conhecer a fundo o lugar da entidade na história e no pensamento islâmicos. Os americanos pensam "o Estado Islâmico nos odeia por nossas liberdades", ele disse, que somos "angélicos" e, sabe-se lá como, há décadas guerreamos em terras muçulmanas sem mácula moral. Descrever os argumentos do Estado Islâmico e suas bases religiosas não era errado, mas era politicamente desastroso, ele explicou, pois, mesmo que o Estado Islâmico seja islâmico, classificá-lo como tal fortalecia os argumentos dos que já identificam o Estado Islâmico com o islã e já ameaçavam a ele, Qadhi, e a outros muçulmanos. Ele mencionou Pamela Geller, uma ativista antimuçulmana intolerante e feroz, como um exemplo de fã dos meus textos.

Jornalistas como eu deviam ter o cuidado de ressaltar as fontes de autoridade no islã, ele disse. E essas fontes não são pessoas como Musa Cerantonio e Anjem Choudary — "extremistas caricatos que não têm mesquita nem presença institucional, quanto mais autoridade na comunidade muçulmana", ele escreveu dias depois em seu blog em um exaltado post sobre meu trabalho. (Comparou-me a "outro Wood", Clint Eastwood — o diretor de *Sniper americano* — por meu papel em "atiçar" o sentimento antimuçulmano.)[16] As verdadeiras autoridades, ele me disse, eram os acadêmicos, os professores universitários e as pessoas que devotavam a vida não a arengas em lanchonetes, mas à perseverança na longa e difícil tradição do islã.

Já que eu tinha um daqueles acadêmicos bem à minha frente, aproveitei e perguntei: o Estado Islâmico é islâmico? Sua resposta foi enfática, mas evasiva: "Eles são muçulmanos", falou, mas contestam ensinamentos do cerne da religião, entre os quais estão injunções para ter misericórdia e humildade e tradições históricas e legais muito antigas destinadas a prevenir exatamente os excessos com os quais o Estado Islâmico se deleita. Depois repetiu sua ideia sobre a verdadeira raiz do problema: os pecados do governo americano — não apenas na política externa, mas no sistema penitenciário, na cultura militarista, nos ataques com drones e no erro em não remover o dinheiro do processo político.

Raspei as últimas ervilhas do prato e, com delicadeza, comecei minha réplica. Admiti, sem problemas, que a invasão do Iraque em 2003 criou o vácuo de poder que o Estado Islâmico preencheu (embora a guerra civil na Síria e a longa história de governo predatório na região não fossem em sua totalidade atribuíveis à política externa americana). Não era novidade o fato de que o Estado Islâmico existia em um mundo político.

O que me espantava, comentei — e Qadhi visivelmente se irritou —, era que um destacado teólogo muçulmano respondesse à teologia do Estado Islâmico com um sermão sobre reforma de finanças de campanha. Ainda que se possa achar que o dinheiro na política contribuiu para a ascensão de uma política externa neoconservadora nos Estados Unidos, ele não tinha nada a dizer sobre a teologia do grupo, suas interpretações da escritura, sua metodologia legal? Não podia enfrentar gente como Musa Cerantonio com as mesmas armas? Qadhi estava replicando às afirmações religiosas de Musa não com afirmações religiosas, mas políticas — e afirmações políticas com as quais Musa concordaria! A história do Estado Islâmico sobre suas próprias origens reconhece que o erro de George W. Bush no Iraque ensejou as condições para o *khilafah*. Eles consideram a política externa de Bush uma bênção.

Tentei delinear quais eram, a meu ver, os problemas do Estado Islâmico para as noções teológicas de Qadhi. Ele claramente sentia repulsa pela ideia de ter que debater com Musa (por intermédio de um Clint Eastwood mais novo) como se Musa fosse um douto. Parecia estar dizendo que o grau do erro do Estado Islâmico era tão grande que os garçons do Mory's apagariam as luzes e nos enxotariam dali antes que ele pudesse começar a explicar. Nem mesmo em seu blog, três dias depois, ele abordou assuntos teológicos. O único argumento que ele apresentou durante o jantar usando texto ou história muçulmana foi uma referência aos carijitas, uma seita do século VII que levava ao extremo sua prática de excomungar e assassinar seus semelhantes muçulmanos. Essa seita foi condenada por muçulmanos sunitas e xiitas, disse Qadhi, e o Estado Islâmico, como sua encarnação moderna, seria condenado pelas mesmas razões.

O jantar terminou com um aperto de mão ainda mais gélido que o primeiro. Conseguira provocar uma resposta de Qadhi que se esquivava de todas as questões sobre as quais eu viera me informar. Decerto ele estava tão exasperado quanto eu. Era difícil criticá-lo por sua frustração: como um muçulmano conservador que passara seus primeiros anos de carreira refletindo sobre o vício do *shirk*, agora ele precisava distanciar-se de um grupo pelo qual sentia desprezo, mas que não era menos obcecado do que ele pelo *shirk* e que era, segundo ele mesmo, indubitavelmente muçulmano. Não é nada fácil criticar alguém que discorda tão pouco de nós — em especial quando alguém como eu não para de apontar as semelhanças. As diferenças, embora pequenas, asseguravam uma inimizade mútua permanente entre Qadhi e o Estado Islâmico. Mas as semelhanças eram suficientes para tornar embaraçoso explicar essa inimizade.

Quando Qadhi confronta diretamente as afirmações religiosas do Estado Islâmico, seus argumentos merecem atenção. Um dos exemplos é sua afirmação sobre os carijitas, a antiga seita cismática que ele e outros comparam ao Estado Islâmico.

A história do carijismo é breve e sangrenta, e fontes muçulmanas fazem um relato nada imparcial sobre os malfeitos do grupo. Em 657, um quarto de século após a morte de Maomé, dois pretendentes rivais à liderança da comunidade muçulmana enfrentaram-se na Batalha de Siffin, atual Raqqa. De um lado estava 'Ali ibn Abi Talib — primo do Profeta, marido da filha dele, Fátima, e sucessor legítimo de Maomé segundo os xiitas; do outro estava Mu'awiyya, que não pertencia à família do Profeta, mas era o preferido dos sunitas. A batalha encarniçada matou 25 mil homens de 'Ali e 45 mil de Mu'awiyya em três meses de combates intermitentes. Por fim, os rivais pouparam seus exércitos de mais mortandade e concordaram com uma reconciliação.

Foi então que, do campo de 'Ali, surgiu um terceiro grupo dos chamados *qurra'*, ou recitadores do Alcorão, que provinham da tribo tamimi, do Iraque, e eram bem conhecidos como idiotas perigosos. Opuseram-se à arbitragem porque acreditavam que debater a questão significava preterir o juízo de Deus em favor do humano. Esse grupo deixou o campo de 'Ali para seguir um obscuro líder tribal chamado 'Abdullah ibn Wahb al-Rasibi, também conhecido como "o calejado" [Dhu'l-Thafinat] pelas grossas almofadas de pele na testa e joelhos adquiridas em intensas orações. Em razão desse êxodo, a história lembra-se deles como "os que partiram" [*Khawarij*], ou carijitas.

Hoje eles estão entre os grupos mais desprezados na história do islã. Opuseram-se a sunitas e xiitas e desencadearam uma onda de morticínio por toda a Arábia. Edward Gibbon descreveu-a em *Declínio e queda do Império romano:*

> No templo de Meca, três carijitas ou entusiastas discursaram sobre as desordens da igreja e do estado: logo concordaram que as mortes de Ali, de Moawiyah e de seu amigo Amrou, vice-rei do Egito, restaurariam a paz e a unidade da região. Cada assassino escolheu sua vítima, envenenou sua adaga, devotou sua vida e, em segredo, dirigiu-se ao local da ação. Sua determinação era igualmente inflamada; porém, o primeiro confundiu-se e, em vez de Amrou, esfaqueou o substituto que ocupava sua cadeira; o príncipe de Damasco [Mu'awiyya] foi ferido com gravidade pelo segundo; o califa legítimo ['Ali], na mesquita de Cufa, recebeu um ferimento mortal pela mão do terceiro. Expirou aos 63 anos de idade e misericordiosamente recomendou aos seus filhos que dessem cabo do assassino de um só golpe.[17]

Assassinar 'Ali, um califa guiado pela retidão, no momento em que ele se prostrava diante de Deus era um tríplice pecado impressionante. Por serem vilões intratáveis, os carijitas não tinham aliados nem amigos, e tanto os líderes xiitas como os sunitas matavam-nos em todas as oportunidades. Os carijitas dominavam bolsões isolados da Arábia, aplicavam uma justiça implacável aos que escolhiam imigrar para sua terra ou que por acaso viviam nela. Os mais extremistas dentre eles — seguidores de um guerreiro carijita chamado Nafi' ibn Azraq — tratavam todos os não carijitas como infiéis e afirmavam que era obrigação de todos os muçulmanos fazer *hijrah* para o pequenino território dos carijitas no sul do Iraque e oeste do Irã. Segundo uma fonte, quem quisesse fazer *hijrah* para se juntar aos azraquitas precisava passar por um ritual de iniciação brutal no qual cada aspirante tinha de matar um muçulmano não carijita. Seu comando de devoção não admitia tropeços: se um muçulmano pecasse, podia ser considerado um apóstata mesmo se o pecado fosse secundário, como beber. Os carijitas interpretavam literalmente a escritura e o culto. Em vez de orarem cinco vezes por dia, como fazem todos os outros muçulmanos, eles citavam o Alcorão, 11:114 ("E observa a oração em ambas as extremidades do dia"), e rezavam apenas duas vezes.[18] Em um século, foram reduzidos a minúsculas comunidades que haviam desistido de recuperar o poder terreno.[19]

Xingar alguém de "carijita" é uma prática que reapareceu muitas vezes na história islâmica, em geral como um termo que abrange todo muçulmano que não se dá bem com outros muçulmanos. Como insulto, associa a pecado qualquer seita carola irritante. De fato, os carijitas seguiam um programa um tanto específico e idiossincrático, que quase todos os muçulmanos desde então consideram desviante. Eles não tinham o menor escrúpulo em derramar sangue — segundo algumas fontes, partiam pessoas ao meio e praticavam vivissecção em grávidas — e, nas batalhas, não distinguiam entre soldados e civis. Com seus ataques de cavalaria e táticas de guerrilha, ganharam fama por tomar cidades em campanhas fulminantes, antes que as autoridades pudessem se preparar.

Poucas fontes muçulmanas fazem algum elogio a esses fanáticos. Contudo, lembrar-se deles apenas por sua irascível sede de sangue é esquecer aspectos atrativos do carijismo que, sem dúvida, foram responsáveis pelo êxito que eles tiveram por algum tempo. Fontes posteriores podem enxovalhá-los, mas o fato é que, em certos detalhes, os carijitas preservavam os impulsos iniciais daquilo que se tornaria o islã. Eles enfatizavam leitura do Alcorão, *hijrah*, ascetismo, *takfir* e *al-wala' wa-l bara'* [lealdade aos muçulmanos e repúdio aos infiéis] — todos princípios e práticas fundamentais dos primórdios da religião. Maomé chegara ao poder como unificador de tribos em guerra — os *ansar* originalmente o receberam em Medina como mediador —, e, na época da Batalha de Siffin, Muʿawiyya e ʿAli passaram a agir como reis hereditários beligerantes. A ênfase dos carijitas na devoção prometia abolir mais uma vez a importância da tribo, raça e linhagem. (Eles até negavam que seu califa tinha de provir da tribo coraixita.) Os carijitas defendiam a igualdade de oportunidade — para liderar, para ser decapitado, para assumir a responsabilidade pela própria alma. O hadith sobre seguir seu emir "mesmo se ele for um escravo etíope que tem a cabeça como uma uva-passa" há tempos é considerado um lema carijita sobre a igualdade racial.[20] A maioria dos muçulmanos pode injuriar os carijitas da história, mas há aspectos do carijismo que são inescapavelmente modernos. Os que acreditam na igualdade dos homens, na perversidade do despotismo e na liberdade de decidir seu próprio destino encontrarão muito o que apreciar nos carijitas.

Os elos entre o carijismo e o Estado Islâmico talvez dispensem explicações. Ambos os grupos rejeitaram a autoridade e provocaram o caos; instigaram revolta contra governantes injustos como uma questão de princípio, apesar da preferência geral do islã pela obediência, inclusive a líderes injustos. Os carijitas praticavam a excomunhão em massa; o Estado Islâmico decapita "apóstatas" todos os dias e declara infiéis classes inteiras de muçulmanos (os xiitas).Os carijitas separaram-se ou partiram [*kharaja*] da corrente principal dos muçulmanos; o Estado Islâmico declarou que contesta o islã majoritário (e, com isso, retorna ao verdadeiro islã). Acima de tudo, ambos os grupos são extraordinariamente perversos.

Uma consequência de chamar o Estado Islâmico de carijitas modernos é afirmar que, por implicação, eles também são muçulmanos: os carijitas tentaram expulsar outros muçulmanos da religião, mas a maioria de seus inimigos não retribuiu o favor.[21] Em segundo lugar, como se supõe que o Profeta predisse o surgimento de um grupo carijita e ordenou a seus seguidores que o combatessem, assim que alguém chama outro de carijita, está afirmando que tem de combatê-lo. Não pode ser apenas um insulto. Contudo, porque os carijitas são muçulmanos, não são os infiéis que devem combatê-los: esse é um trabalho para muçulmanos. No jantar, Qadhi concordou com essas duas ideias: o Estado Islâmico é um grupo muçulmano, não infiel, e os muçulmanos devem censurá-los e combatê-los. Ele gostaria de ver o Estado Islâmico ser derrotado por muçulmanos, e não por um exército não muçulmano.

Os partidários do Estado Islâmico negam ser carijitas. Turki al-Binali rejeitou minuciosamente essa comparação em um sermão gravado. "Não excomungamos pessoas por pecados graves, como beber álcool ou roubar", ele disse. Os carijitas consideravam o consumo de álcool prova de apostasia. Mas o Estado Islâmico não executou ninguém por beber, comer durante o jejum do Ramadã, fumar ou roubar. Tampouco o Estado Islâmico "pratica a excomunhão em massa com base em suposições falsas", ele disse. Eles só julgam pessoas por apostasia se elas tiverem cometido individualmente atos de descrença, por exemplo, lutar contra muçulmanos ou outros clássicos anuladores da fé wahabitas. Em seguida, ele antecipa o próximo aspecto que os inimigos do Estado Islâmico apontarão para chamá-los de carijitas: "lutar contra muçulmanos" não é o que o Estado Islâmico faz todos os dias? Mais uma vez, Binali diz que não. "Não consideramos legítima a rebelião contra um líder que seja muçulmano e monoteísta", ele explica. O Estado Islâmico somente luta contra não muçulmanos e politeístas.[22] (Esse argumento só é válido se aceitarmos que é correta a sua enorme relação de pessoas que são apóstatas.)

Outros defensores do Estado Islâmico salientam que o igualitarismo dos carijitas incluía a abolição do requisito de ser coraixita para tornar-se califa. Em contraste, o Estado Islâmico observa e ressalta essa exigência — portanto, não pode ser carijita. Eles não se revoltaram contra um governante injusto nem "deixaram" o islã, dizem os defensores. Em vez disso, apoderaram-se de terras não controladas, permaneceram na religião e a fortaleceram. Seus defensores frisam que os carijitas tomavam parte em outras heterodoxias estrambóticas: por exemplo, requerer que as mulheres orassem mesmo estando menstruadas, mudar o esquema de orações diárias e editar certos versículos do Alcorão — isso ninguém acusa o Estado Islâmico de fazer.[23] Periodicamente, o Estado Islâmico afirma ter descoberto e punido seitas carijitas em suas próprias fileiras.[24] Por fim, o Estado Islâmico procura fazer o tiro sair pela culatra para seus inimigos: quem disser que "o Estado Islâmico não é muçulmano" estará cometendo *takfir* contra muçulmanos — coisa que só um carijita faria.

Como golpe retórico, chamar de "carijita" o Estado Islâmico atinge duramente seus seguidores. Eles se comparam aos Companheiros do Profeta, mas seus oponentes dizem que deviam mesmo era comparar-se ao primeiro bando de facínoras da história islâmica. No entanto, a acusação de carijita também favorece o Estado Islâmico com a ideia de que o melhor modo de resolver as discordâncias modernas é apelar para a teologia ou a história antiga, e não para a respeitabilidade básica ou a moralidade moderna geral. Por outro lado, só porque essa acusação enfurece o Estado Islâmico, muitos muçulmanos continuam a fazê-la.

Muitos me disseram que Hamza Yusuf expressaria opiniões veementes contra o Estado Islâmico e seria mais direto do que Qadhi. Os dois não são chegados: Qadhi ainda é considerado influenciado pelos salafistas, e Yusuf é visto como sufista. Os sufistas variam bastante em seus pontos de vista políticos e na prática religiosa. Alguns enfatizam a leitura de textos; outros, a dança (por exemplo, os dervixes rodopiantes), a música devocional ou outras práticas. Como os sufistas veneram santos e sepulturas e dão grande importância a seguir eruditos mais velhos, os salafistas tendem a vê-los como entusiastas do *shirk* e, talvez, como poetas e panteístas disfarçados de muçulmanos. Já os sufistas veem os salafistas como intolerantes e obtusos, propensos a queimar livros sufistas e a demolir os santuários sufistas em todo o planeta se tiverem a chance.

No começo de 2015, escrevi a Yusuf e recebi um convite para me encontrar com ele. As posições ideológicas dos partidários do Estado Islâmico e as afirmações de não muçulmanos de que o grupo pode ter legitimidade religiosa deixavam-no "muito preocupado", ele disse. O Isis "é um problema religioso e não meramente político, mas os detalhes desse fato são complicados". E ele me lembrou de que o Estado Islâmico recentemente sentenciara a ele e a "outro intelectual muçulmano" — não proferiu o nome de Qadhi — à execução.

Hamza Yusuf nasceu Mark Hanson em 1960 e cresceu em Marin County, onde John Walker Lindh seria criado duas décadas mais tarde. Na adolescência, quase morreu em um acidente de carro; durante a convalescença, ele encontrou um Alcorão, conheceu muçulmanos e se converteu ao islã. Ainda adolescente, mudou-se para Norwich, Inglaterra, para seguir um xeque sufista, e depois continuou seus estudos nos Emirados Árabes Unidos. Ele passou anos estudando na Argélia e Mauritânia antes de voltar para a Califórnia em 1988 para aprender enfermagem e ajudar pobres e doentes. No entanto, era mais procurado como orador e estudioso muçulmano do que como profissional de saúde. Plateias nos Estados Unidos, Europa e Oriente Médio extasiavam-se com seu domínio do árabe, suas inspiradoras histórias de peregrinações em terras exóticas, seu domínio fascinante e embasado da história islâmica e da filosofia e literatura ocidentais. Agora firmemente estabelecido como figura importante entre os muçulmanos americanos, ele atrai multidões e tem público numeroso em eventos religiosos.[25]

Yusuf convidou-me para ir à sua casa em San Ramon Valley, do outro lado das montanhas que ladeiam Berkeley. Veio abrir a porta de seu sobrado e me recebeu com intenso contato visual. Usava um pequeno turbante, a barba bem-aparada. Seu rosto era liso e jovem, e, exceto pelo turbante, ele não parecia diferente de outros berkeleyenses que haviam trocado as drogas e roupas psicodélicas por uma austera saúde espiritual e física. Ele me levou para uma sala atapetada com uma parede inteira forrada de livros, defronte à qual ele se sentou, em meio a um pequeno número de estudantes, entre eles um docente do Zaytuna e um médico de Michigan que recentemente se mudara para a vizinhança. Ao longo da tarde, ele fez frequentes consultas aos livros e várias pausas para pegá-los e confirmar as passagens. Não eram livros ornamentais, nem estavam lá para intimidar. Eram instrumentos vitais.

Para Yusuf, a pretensa erudição do Estado Islâmico era só um verniz muito fino. "Por fora [os líderes do Estado Islâmico] parecem muito impressionantes", ele diz, "porque sabem citar o Alcorão e o hadith e realmente conseguem fazer as pessoas pensarem que eles sabem do que estão falando. Mas se você se sentar com eles por cinco minutos, logo poderá pôr a nu sua ignorância."

Considere, por exemplo, a justificativa do Estado Islâmico para matar na fogueira o piloto jordaniano Muʻdh al-Kasasbeh — ou seja, o argumento de que, como o piloto havia queimado pessoas vivas e esmagado seus corpos com escombros, ele tinha de sofrer o mesmo destino, segundo a doutrina da punição recíproca, ou *qisas*. "Para começar, *qisas* nunca é aplicada em *fitna* [discórdia social] nem na guerra. Isso é consenso entre os estudiosos: nada de *qisas* na guerra." Ele disse que *qisas* restringe-se a punição civil, o literal olho por olho aplicado em tempos de paz por um tribunal apropriado, para decidir disputas entre dois cidadãos. O Estado Islâmico estava aplicando uma doutrina estabelecida, mas só depois de tirá-la do contexto que vinha sendo considerado essencial há séculos.

Em segundo lugar, ele disse, ao queimarem Kasasbeh eles reconheceram o mandamento da escritura para não usar o fogo como instrumento de tortura — só Deus pode punir com o fogo[26] —, mas trataram esse mandamento como subordinado ao uso de *qisas* por Abu Bakr al-Siddiq e outros. No entanto, tradicionalmente os exemplos históricos são considerados a categoria mais fraca de autoridade, inadequados para se tirar uma vida. "Nunca um douto deve usar uma tradição *histórica* como evidência *legal*", disse Yusuf. "Estamos diante de amadores grosseiros, não de juristas."

Ele achava igualmente ridícula a interminável prédica do Estado Islâmico sobre a necessidade de estabelecer um califado. Disse que o estabelecimento de um califado é um elemento opcional do islã, e que o Estado Islâmico implementara-o de forma errônea. "O califa [tem de] representar todos os muçulmanos", comentou, exasperado. "[O califa] Omar disse: 'se alguém se declarar califa, não lhe dê *bay'a*'." Porque uma declaração unilateral e contestada de califado é sempre inadmissível, pois um califa só é um califa com o consentimento de todos os muçulmanos. Portanto, todas as pretensões rivais são ilegítimas em razão da rivalidade. "Eu não posso simplesmente me declarar *khalifah*: 'Declaro que este é o meu califado! E vocês aí são todos meus súditos!'", ele disse, fazendo gestos de feiticeiro maluco. "Isso é estupidez."

Quanto à guerra contra os infiéis, Yusuf admitiu que a guerra é um componente da jihad, e nem um pouco secundário. Mas frisou que a jihad "é prerrogativa de um estado [válido]. [Declarar jihad] é uma decisão legal que compete exclusivamente à autoridade política. Não se pode ter uma justiça de justiceiros", do mesmo modo que seria um absurdo uma milícia de fronteira no Arizona "declarar guerra" ao México e atacar o país. Nas tradições muçulmanas da guerra justa, a jihad também requer que sejam examinados os resultados prováveis. Declarar guerra a todo o resto do mundo seria tolice, pois os muçulmanos seriam aniquilados, ele explicou. "Se alguém no mundo atual clamar pela jihad preventiva contra [os infiéis], nós [muçulmanos] o consideraremos louco."

Tentei ouvir Yusuf como seus inimigos teriam feito — com a predileção de Musa pela excomunhão, a belicosidade de Choudary e o idealismo sentimental do califado de Hassan Ko Nakata. Primeiro, eles criticariam os métodos e conclusões de Yusuf. "Como ele ousa limitar a *qisas*!", diria Musa. "Com que autoridade? Isso é algo que Alá permitiu. Quando foi que ele disse que isso não é permitido na guerra?" Nenhum partidário do Estado Islâmico se abalaria com o fato de doutos muçulmanos concordarem sobre a inaplicabilidade dessa prática em tempo de guerra. Tampouco, tenho certeza, eles se incomodariam com as afirmações de Yusuf sobre a jihad, que também se baseiam em um consenso que o Estado Islâmico simplesmente não reconhece.

Outros apelariam para ataques ad hominem. "São eruditos pagos em dólares", Choudary me disse, menosprezando Yusuf e outros como instrumentos de estados existentes, incluindo as monarquias do Golfo e, sim, os Estados Unidos. A associação de Yusuf com George W. Bush é considerada condenatória, assim como o fato de seu estimado mestre, Abdullah bin Bayyah, ser um professor universitário na Arábia Saudita. Perguntei a Choudary sobre o documento assinado por mais de cem eruditos muçulmanos — uma "Carta a Baghdadi" informando sobre seu erro e sobre a desaprovação da intelectualidade muçulmana.[27] "Olhe só para eles", Choudary esbravejou. "Eles estão em palácios. E onde estão os nossos eruditos? Em prisões, ou na Síria."

Quando mencionei essas prováveis réplicas, Yusuf ficou tão irritado quanto Qadhi. Sim, Yusuf tinha alcançado fama e prosperidade com suas pregações, mas também tinha estudado o islã durante os últimos quarenta anos. Era mais do que o tempo de vida de Turki al-Binali. Todo esse tempo ele passara imerso nas tradições clássicas do islã, inclusive em anos de memorização de textos. Ele não iria jogar fora aquelas tradições só porque um bando de lunáticos do deserto dizia que seria bom. Não era possível que os estudiosos do Estado Islâmico soubessem o que estavam descartando, muito menos que construíssem argumentos capazes de refutar 1400 anos de consenso acumulado. Não havia tempo em uma vida humana para se aprender todo o conteúdo que é consensual, muito menos para decidir que ele deve ser abandonado.

Esse argumento não teria impressionado Musa e seus amigos. "A prova da sua educação está naquilo que você *diz*", Musa comentou uma ocasião. "Não importa se você é uma criança de sete anos ou o erudito mais instruído da Arábia Saudita." No entanto, como disse Yusuf, a ignorância imatura de indivíduos como Musa tornava-os refratários a argumentos. Como convencer um sujeito de que ele jogou fora as melhores partes de sua tradição se ele se recusa a examinar o que descartou? Sa'adia Gaon, o grande rabino de Bagdá no século x, zomba de seus críticos nessas mesmas linhas:

> [O crítico] não seria capaz de reconhecer a verdade mesmo se ela por acaso lhe ocorresse ou se ele topasse com ela. Assim, ele é como um credor que desconhece a arte de pesar ou até a natureza

de uma balança e dos pesos, e ainda nem sabe quanto seu devedor tem de pagar-lhe. Mesmo que o devedor quitasse a dívida, ele não saberia se ela foi paga ou não.[28]

O problema permanecia: Yusuf podia dizer que os partidários do Estado Islâmico não possuíam o conhecimento necessário para julgar se estavam certos ou errados. Isso, porém, ainda não significava que eles estavam errados. Por isso, continuei a pressioná-lo para que me apresentasse argumentos contra o Estado Islâmico baseados apenas nos textos da revelação, sem referência a opiniões de eruditos.

Contudo, a tarefa que lhe dei era impossível, em sua opinião — ainda mais porque os textos da revelação não se leem nem se interpretam por si mesmos. Eles necessitam de estudiosos. Eu me sentia cada vez mais constrangido por insistir. Era como perguntar ao papa o que ele pensava sobre alguma seita católica cismática do interior do Kansas. Yusuf também se sentia visivelmente contrariado com essa linha de questionamento, pois acabou se levantando de repente do tapete, andou até a parede e apontou para um breve documento em árabe em uma moldura despojada. Ele não respondeu minha pergunta. "Venha cá, quero mostrar uma coisa a você", ele disse. Descruzei as pernas enrijecidas de tanto ficar sentado e me aproximei em passinhos vacilantes para ler.

"Esta é a minha *ijazah* [permissão]", explicou — uma carta assinada por seu professor, autorizando-o a lecionar e enumerando a série de professores que o precederam, através dos quais seu conhecimento fora transmitido. Li a carta em silêncio, até que Yusuf começou a ler em voz alta por nós dois. A maior parte consistia na lista de nomes de estudiosos, iniciada por Abdullah bin Bayyah, seguida pelo professor de Bin Bayyah, depois pelo professor deste e assim por diante. Por mais de um minuto, Yusuf leu a série de autoridades que terminou em Maomé, o Profeta de Deus. "Essas são pessoas reais, pessoas que viveram", disse. "Essa é a nossa tradição, e é desse modo que asseguramos a proteção da tradição. Eles não têm isso — não têm doutos, não têm professores." Na verdade, os jihadistas têm professores, e doutos como Maqdisi, que emite *ijazah* para os discípulos em quem confia (a de Binali, emitida por Maqdisi, foi publicada na internet). Mas o argumento permanece: os pensadores do Estado Islâmico geralmente não contam com o saber institucionalizado que culmina com pedaços de papel emoldurados na parede.

Pela primeira, vez, Yusuf me pareceu desesperado. Como poderia pensar que eu me deixaria impressionar por aquela lista de nomes que, pelo que eu soubesse, poderiam ter sido extraídos de uma lista telefônica da Mauritânia? Comentei depois com Musa sobre a leitura da *ijazah* em voz alta por Yusuf, e ele riu. "Imagino que no fim ele disse: 'Agora ajoelhe-se e beije meu anel'." Yusuf representa a geração atual de uma longa linhagem de eruditos, e é mais paciente do que os esquentadinhos de Raqqa. Porém, no fim das contas, ele estava oferecendo um apelo à autoridade — mais de mil anos de autoridade, mas ainda assim autoridade. A tradição sufista da África Ocidental, na qual Yusuf se formou, defende que é preciso seguir um estudioso veterano e aprender a seus pés. Quando Yusuf falava de seu mestre, Abdullah bin Bayyah, sua voz transmitia verdadeiro fascínio e até amor. Ele amava seu xeque, mas o Estado Islâmico não amava ninguém, por isso aquele amor não tinha a menor importância contra as pessoas que ele desejava derrotar. O mais importante foi que Yusuf não conseguiu apontar um único exemplo no qual o Estado Islâmico estivesse em erro flagrante e comprovado. A religião não proporciona muitas ocasiões para esse tipo de argumento conclusivo.

Antes de eu ir embora, Yusuf comentou que a vida de um muçulmano nos Estados Unidos se tornara horrível. No curto prazo, ele se preocupava mais com as ameaças que recebia do Estado Islâmico. Vira no Facebook a página de um fã do Estado Islâmico em Fresno. Aquele sujeito poderia almoçar, ir de carro até Berkeley, crivar o Zaytuna College de balas e estar em casa para a oração da noite. Mas Yusuf também temia quase na mesma proporção as milícias antimuçulmanas. "Fui acusado em um livro de ser um chefão muçulmano mafioso", ele disse. Eu, lá por dentro, ri da ideia daquele rato de biblioteca endinheirado contratando um assassino de aluguel para liquidar alguém. Mais provável seria Yusuf convidar seu inimigo para um almoço, entabular uma conversa douta e acidentalmente esmagá-lo com uma estante abarrotada. "Pode rir, mas é verdade", ele disse. Teóricos da conspiração acreditavam que ele podia ser um agente secreto do Estado Islâmico, e ninguém sabia prever como ele agiria. Uns sujeitos com cara de milícia de extrema direita andavam se organizando ali perto em Dublin, Califórnia. "Tenho cinco filhos. Me pergunto como os judeus [na Alemanha] se sentiram em 1933, quando as primeiras leis antissemitas entraram em vigor. O que será que eles pensaram? Muitos foram embora quando perceberam que estavam sendo demonizados. E eu sinto isso agora."

Yusuf evitou dizer o nome "Yasir Qadhi" durante nossa conversa. Mas insinuou, de forma ameaçadora, que até mesmo wahabitas típicos podiam estar implicados na ascensão de grupos como o Estado Islâmico. Yusuf lamenta a influência dos salafistas e os culpa por causarem tensão e animosidade entre muçulmanos, repreendendo-os com frequência por suposto *shirk* e afirmando que muitos são infiéis. "Aonde quer que vão, é só isso que fazem. Em todo lugar. E, quando acrescentamos a isso a dimensão política, torna-se letal." Yusuf considera o salafismo um transtorno de espectro, com o salafismo quietista em um extremo e o salafismo jihadista desconcertantemente próximo no outro. Ele disse que não se opunha ao salafismo quieto, mas o espírito de intolerância muitas vezes continuava presente. "Acho que não são de fato [tão diferentes do Estado Islâmico], no final das contas", ele me disse. "Apenas traçam o limite em outro ponto." Mais tarde, depois dos letais ataques durante o Ramadã de 2016, ele classificou a mortandade e destruição como "a mais cruel safra de ensinamentos que já emanou de púlpitos da península Arábica".[29]

Eu tinha agora conversado com pessoas de várias facções muçulmanas que se opunham ao Estado Islâmico: Yusuf, que se devotava à sabedoria sufista milenar; Hassan Ko Nakata e o Vingador e suas visões concorrentes do califado; Qadhi e sua agitação política. Desses, apenas Qadhi poderia ser chamado de salafista. E ele parecia ter se afastado da linha wahabita. A ironia, porém, é que, apesar das insinuações de Yusuf, de certa forma os salafistas são os que estão na melhor posição para debater com o Estado Islâmico. A maioria dos salafistas não é jihadista e rejeita o Estado Islâmico. Em contraste com os sufistas, eles podem tratar com jihadistas em questões de interesse mútuo. Não são barrados da conversa antes de ela começar.

As diferenças entre salafistas jihadistas e quietistas são, em parte, uma questão de momento. Os salafistas têm o compromisso de expandir *Dar al-Islam*, a terra do islã — inclusive, talvez, com escravidão e amputações —, mas não necessariamente já. A prioridade dos quietistas é a purificação pessoal e a observância religiosa, e eles acreditam que qualquer coisa que interfira nesses objetivos — por exemplo, causar guerra ou turbulência que perturbem a vida, as orações e o aprendizado — é proibida. Por sua interioridade radical, os salafistas quietistas são acusados de parecer-se com uma seita islâmica antiga, os murjiitas, ou aqueles que "postergam" o julgamento de outros muçulmanos. Os murjiitas opunham-se aos carijitas. Estes afirmavam que um indivíduo podia ser removido do islã caso não orasse ou cometesse pecados como a ingestão de álcool ou a fornicação. Os murjiitas acreditavam que o islã é da esfera do coração, algo que pode ser invisível para os de fora e que não requer nenhuma atuação externa nem deveres religiosos. (Alguns estabelecem um limite quando se trata da oração: quem negligencia total e deliberadamente suas orações não é muçulmano.) Os murjiitas dizem que seria preciso ter uma janela para a alma de uma pessoa para saber se o islã existe com força dentro dela. Portanto, a execução por apostasia nunca seria justificável.

Hoje em dia ninguém se intitula murjiita; é consenso que o islã não é algo *totalmente* interior, por isso o murjiismo rigoroso é considerado heresia.[30] No entanto, posturas próximas do murjiismo pelo menos livram o crente de adotar posições intolerantes e radicais que requereriam assumir o dever de forçar outros a adotá-las. Se Hamza Yusuf representa uma resposta ao Estado Islâmico que clama por um islã de orientação sufista, tolerante, os salafistas murjiitas quietistas representam uma dupla resposta a uma leitura intolerante do texto. Os quietistas ainda acusam outros de *kufr*, mas chegam a conclusões políticas opostas às do Estado Islâmico. A evidência mais eloquente da compatibilidade dessa seita com as sociedades ocidentais é o fato de seus membros ainda viverem nessas sociedades sem graves rancores nem perturbações.

Em fins de 2014 visitei pela primeira vez a mesquita do imame Breton Pocius, na Filadélfia. Ele tinha então 28 anos. É um salafista quietista conhecido como Abdullah. Sua mesquita situa-se na fronteira entre o bairro barra-pesada de Northern Fringe e uma área elitizada que poderíamos chamar de Dar al-Hipster. A barba desse imame permite que ele passe despercebido nessa segunda zona. Até culturalmente ele passa por lá sem chamar atenção. Após meses conversando ao vivo e pelo Twitter, ele simpatizou comigo o suficiente para confessar que sonhava ser o David Letterman salafista, o apresentador de um programa onde ele pudesse trazer pessoas para o islã e entrevistar muçulmanos sobre sua fé. Idealmente, seus primeiros convidados seriam dois recém-convertidos, Tracy Morgan e eu.

Criado em Chicago como católico polonês, Abdullah converteu-se na adolescência. Ele nega ser um erudito, mas fala como um veterano do islã, mostra familiaridade com textos antigos e comprometimento com o estudo desses textos, motivado pela convicção de que são o único modo de escapar do fogo do inferno. Quando me encontrei com ele em uma cafeteria de Northern Liberties, ele trazia um livro de estudos corânicos em árabe e outro de japonês para autodidatas. Estava se preparando para um sermão para os cerca de 150 devotos de sua congregação das sextas-feiras, e o tema eram as obrigações da paternidade.

Abdullah me disse que seu objetivo principal é incentivar os muçulmanos a levarem uma vida halal. Isso inclui proibir práticas que são comuns na Filadélfia (comer carne de porco, beber cerveja) e outras que muitos muçulmanos erroneamente consideram essenciais em sua vida espiritual, como música, celebração de datas consagradas a santos e misticismo. Essas proibições classificam-no do lado conservador do espectro legal muçulmano, mas não têm implicações políticas óbvias. Ele diz que a ascensão do Estado Islâmico forçou-o a confrontar posturas políticas que ele, como a maioria dos salafistas quietistas, nunca havia levado em consideração antes, e que as encarou com ceticismo depois de examiná-las. "A maior parte do que eles dizem sobre como se deve rezar e vestir-se é exatamente o que eu digo na minha *masjid* [mesquita]. Mas quando se trata de questões ligadas à sublevação social, eles lembram Che Guevara."

Quando Baghdadi surgiu em cena, Abdullah adotou o lema "Não é meu *khalifah*" e, em nossas conversas, zombou dos juristas amadores do Estado Islâmico como "zahiristas diletantes". "A época do Profeta foi um tempo de muita carnificina; ele sabia que a pior situação possível para todo o povo era o caos, especialmente na *ummah*", comentou. Por isso, ele prosseguiu, os salafistas não devem semear a discórdia promovendo o sectarismo e declarando apóstatas seus semelhantes muçulmanos.[31] Em vez disso, Abdullah, assim como a maioria dos salafistas, acredita que os muçulmanos devem afastar-se por completo da política.

Os salafistas quietistas como Abdullah concordam com o Estado Islâmico na ideia de que a lei de Deus é a única lei, e evitam práticas como votar e criar partidos políticos. Interpretam a aversão corânica à discórdia e ao caos como uma exigência de que eles obedeçam a praticamente quaisquer líderes, inclusive os pecadores manifestos. "O Profeta disse: 'contanto que o governante não esteja claramente em *kufr*, obedeçam-lhe em tudo'", Abdullah me explicou. Todas as obras clássicas da fé — inclusive os textos do próprio Ibn ʿAbd al-Wahhab — alertam que não se deve provocar comoção social. Os salafistas quietistas são proibidos de dividir os muçulmanos, por exemplo, pela excomunhão em massa. Viver sem *bayʿa* de fato torna o indivíduo *jahil* ou inculto, disse Abdullah. Mas ele afirma que *bayʿa* nem sempre significa lealdade a um califa, muito menos a Abu Bakr al-Baghdadi. Por essa interpretação, *bayʿa* poderia assemelhar-se ao reconhecimento de que se vive em sociedade, porém não como uma figura de homem-bomba, isolada e alheia. Pode significar a adesão a um contrato social e o compromisso de viver em uma sociedade de muçulmanos, governados ou não por um califa.

Os salafistas quietistas acham que os muçulmanos devem voltar suas energias para o aperfeiçoamento da vida pessoal, atentando para a oração, o ritual e a higiene. Assim como judeus podem discordar quanto ao ato de destacar quadrados de papel higiênico no Shabat ser ou não kasher (pode ser considerado "cortar pano?"), os quietistas gastam um tempo descomunal — mais ainda que Hesham — para assegurar que suas calças não sejam compridas demais, que sua barba esteja aparada em algumas partes e desgrenhada em outras. Acreditam que, por meio dessa observância meticulosa, os muçulmanos receberão o favor de Deus, serão recompensados com força e números e verão a ascensão de um califa legítimo. Nesse momento, os muçulmanos alcançarão uma gloriosa vitória sobre os cruzados em um confronto apocalíptico decisivo. Mas Abdullah está com Hamza Yusuf na ideia de que um califado só poderá vir através da vontade de Deus, por um caminho preciso e ordenado.

O Estado Islâmico também concordaria com isso, até certo ponto. Mas seus membros dizem que a vontade de Deus está escrita no campo de batalha e na sobrevivência e sucesso de Baghdadi. A réplica de Abdullah equivale a um clamor por humildade. Ele cita 'Abdullah ibn 'Abbas, um dos Companheiros do Profeta, que se sentou com dissidentes e lhes perguntou onde tinham ido buscar o atrevimento, sendo uma minoria, para dizer que a maioria estava errada. A dissidência violenta é proibida sempre que causar derramamento de sangue ou dividir a *ummah*. Até o modo como Baghdadi estabeleceu seu califado contraria o que, segundo Abdullah, os muçulmanos esperam baseados na profecia. "O *khilafah* é algo que Alá vai estabelecer", ele me disse, "e terá o consenso dos doutos de Meca e Medina. Não foi isso que aconteceu. O Isis surgiu do nada."

O Estado Islâmico abomina essa conversa, e seus fãs tuítam zombarias a respeito dos salafistas quietistas. Ridicularizam-nos como "salafistas de menstruação" por seus julgamentos obscuros sobre o período em que as mulheres não são limpas e outros aspectos nada prioritários da vida. "Nossa necessidade agora é uma *fatwa* sobre por que é *haram* andar de bicicleta em Júpiter", tuitou um, asperamente. "É nisso que os estudiosos devem se concentrar.

Mais urgente que o estado da *ummah*." Em julho de 2016, quando eruditos do governo saudita deblateraram contra o game de celular Pokémon GO, um australiano que se dizia partidário do Estado Islâmico criticou-os, e não foi porque ele quisesse jogar. "Nossos governos são cúmplices dos *kuffar* no massacre de muçulmanos, estudiosos apodrecem na prisão, mulheres são estupradas e vocês querem falar sobre Pokémon? Depois perguntam por que os jovens não respeitam mais sua sabedoria."[32] Anjem Choudary diz que nenhum pecado requer oposição mais forte do que o pecado de usurpar a lei de Deus, e que ser extremista em defesa do monoteísmo não é um vício. Portanto, rebelar-se contra líderes injustos é obrigatório.

Essa briga não tem solução. No entanto, mostra que uma leitura literalista conservadora dos textos islâmicos pode aconselhar tanto a não violência como a violência. Nem todos os que esposam essa fé ansiosos por uma luta podem ser dissuadidos do jihadismo, mas os que buscam um islã ultraconservador podem encontrar aqui a sua alternativa. Ela não é moderada; a maioria dos muçulmanos a consideraria extremista. Mas os que procuram uma versão literalista da fé não considerariam hipócrita a versão de Abdullah assim que deparassem com ela, nem a veriam como uma versão blasfematoriamente expurgada de suas inconveniências, como poderiam ver a versão de Hamza Yusuf. O sufismo californiano de Yusuf nunca persuadiria um muçulmano a procurar a interpretação mais cruel, mais extremista no mercado. Essa outra versão do salafismo — alicerçada em uma leitura inflexível, literal, que busca vigorosamente aperfeiçoar o eu interior em vez de punir os outros — talvez persuadisse.

Para esse segmento empedernido da população muçulmana, a única tática diversionista plausível, pelo que eu saiba, foi sugerida por Yahya Michot, um professor de teologia islâmica no Hartford Seminary. Michot — nascido Jean Michot em 1952 — converteu-se ao islã e começou sua carreira como estudioso de Avicena, filósofo e cientista persa do século XI. Passou do estudo da metafísica ao terreno mais político de Ibn Taymiyya, o político de Damasco citado com frequência pelo Estado Islâmico. Michot afirma que esse douto favorito do Estado Islâmico pode ser usado contra o grupo. Segundo Michot, Ibn Taymiyya tem sido usado erroneamente, e uma avaliação mais atenta demonstrará, inclusive aos mais prováveis soldados rasos, que a teoria da jihad defendida pelo Estado Islâmico é fajuta.

Michot declara-se um tradutor "compulsivo" de Ibn Taymiyya. Traduzir é para ele um remédio. Ele precisa verter um pouco de Ibn Taymiyya para o francês por dia só para manter a sanidade mental. No início, ele conta, impressionou-se não com a profundidade da análise de Ibn Taymiyya pelo Estado Islâmico, mas com a abrangência do material que eles citavam. "Pensei, 'Nossa, onde será que encontraram isso?'", Michot diz. "Eles haviam feito a lição de casa, e me perguntei se teriam usado as minhas traduções."[33]

Os elogios terminam por aí. Michot diz que eles tinham citado Taymiyya com exatidão, mas não o haviam lido com atenção suficiente. Ibn Taymiyya desprezava a idolatria, coisa que o Estado Islâmico também afirma fazer, ele explicou. Mas não criticava os idólatras individualmente. Por exemplo, os xiitas. "Eles foram os hippies daquele tempo", Michot caçoou. "Não seguiam nenhuma prescrição religiosa nem convenções sociais. E Ibn Taymiyya chegou a dizer que eles não eram crentes." Porém, em vez de condená-los diretamente, ele adotou o que Michot chama de "uma abordagem sociológica": declarou que o melhor era tratar a doença da descrença sistemicamente em vez de recorrer ao *takfir* caso a caso. Os doutos xiitas não tinham educado o povo sobre as fontes do erro teológico. Curando-se os doutos, curava-se a doença. Sendo ele próprio um douto, disse Ibn Taymiyya, seu trabalho era ensinar que dançar ou conversar com Deus era uma forma de descrença. "Mas ao lidar com um indivíduo específico, não podemos condenar, lutar ou matar", ele disse, a não ser que fique claro que o transgressor estava ciente de seu erro e não tinha justificativa para sua ignorância. Ele afirmou que era preciso investigar minuciosamente as fontes de erro dos possíveis apóstatas — o processo chamado *istitabah*. Se o acusado tivesse um xeque que ensinava mal ou não era claro ou convincente, isso poderia ser motivo para misericórdia, e o acusado devia ser encaminhado para uma reeducação. "Muita gente pode estar crescendo em lugares e momentos nos quais várias das ciências da profetização declinaram", escreve Ibn Taymiyya. Esses indivíduos "não devem ser acusados de descrença".[34] Com um sorriso zombeteiro, Michot concluiu: "Em outras palavras, boa sorte [se proferir uma sentença por apostasia], pois você sempre poderá encontrar circunstâncias que impossibilitarão aplicar a regra a indivíduos".

Em outro texto, Ibn Taymiyya cita um hadith sobre um homem que "nunca fez uma boa ação" e disse à sua família para queimar seu corpo e espalhar as cinzas por terra e mar, com o blasfemo propósito de separar seus restos mortais de tal modo que Deus não conseguisse reconstruí-lo para a punição. Deus perdoa o homem, pois a causa de sua blasfêmia foi o temor a Deus. Mais uma vez, parece que a lição é que Deus concede misericórdia livremente, ainda que de maneira imprevisível, sendo preciso cautela ao fazer acusações de descrença.

Ibn Taymiyya censurava os mongóis — que haviam dominado o Levante e matado o califa abássida — como não muçulmanos, apesar de estes afirmarem o contrário. No entanto, também nesse caso seu julgamento não foi tão abrangente como em geral se supõe. Aplicava-se apenas aos mongóis, e não a qualquer governante muçulmano que pudesse ser apontado como pecador.

Sabemos que ele se referia especificamente aos mongóis porque não acusou de descrença outros governantes (inclusive os que ele julgava em erro). "Ele jamais clamaria — e jamais clamou — por uma rebelião armada contra [seus próprios] governantes mamelucos", embora os mamelucos evitassem lutar contra os mongóis, como Ibn Taymiyya desejava. Mais tarde, jihadistas removeram essa ordem antimongol do contexto e a interpretaram como justificativa para a rebelião contra um conjunto mais amplo de alvos, entre eles Sadat, a monarquia saudita e outros. Essa "mongolização" de líderes muçulmanos não condiz com a precisão na escolha de alvos recomendada nos escritos de Ibn Taymiyya — e Michot diz que Osama bin Laden, fã de Ibn Taymiyya, sabia disso. Quando Bin Laden, nascido na Arábia Saudita, informou aos soberanos de seu país que estavam governando em estado de descrença, não os ameaçou com a deposição. "Ele deu um passo menor e mais obediente", Michot explicou. "Pediu-lhes que renunciassem." (Na verdade, Bin Laden achava que os americanos eram os mongóis modernos, Michot comentou.)

A solução, na opinião de Michel, não é alegar uma falsa tolerância para o islã, na mesma linha dos sufistas, que fingem que as fronteiras da religião são indistintas ou afirmam que um crente nunca resvalaria para a descrença, a não ser deliberadamente. O melhor, ele diz, seria ensinar aos possíveis jihadistas que, se não gostarem de seus líderes muçulmanos, seus próprios textos favoritos recomendam calar a boca e aguentar firme. Ser determinado e resiliente, mesmo que isso signifique ir para a cadeia, como Ibn Taymiyya. Mas nada de revoltar-se contra os líderes pegando em armas. "Com Taymiyya temos todos os textos sobre desobediência civil e sacrifício pessoal de que precisamos. Obviamente, esses textos não são lidos", ele diz.

A questão permanece: se Ibn Taymiyya daria um companheiro de cela tão entrosado com Thoreau ou Martin Luther King, por que tão poucos dentre os seus intérpretes percebem isso? A estoica não violência de Ibn Taymiyya é menos conhecida do que sua crueldade, demonstrada, por exemplo, quando ele exigiu que um cristão fosse esquartejado por caluniar Maomé. O responsável por essa interpretação parcial pode ter sido Ibn ʿAbd al-Wahhab, o mais influente seguidor de Ibn Taymiyya. O clérigo saudita obscureceu a tolerância de Ibn Taymiyya removendo a desculpa da ignorância em casos específicos de apostasia e excomunhão. Segundo Michot, Ibn Taymiyya preconizava insistentemente o *istitabah*. Ibn ʿAbd al-Wahhab declarou que todos tinham conhecimento suficiente sobre politeísmo e idolatria. Até dos leigos se podia esperar que soubessem a respeito da indivisibilidade de Deus e seu monopólio do caráter divino. Se eles não ouvissem a mensagem logo da primeira vez, sua apostasia só podia ser deliberada. Outra causa da aparente persistência de Ibn Taymiyya é que, até recentemente, grande parte de sua obra foi inacessível. Ibn ʿAbd al-Wahhab leu e citou seus textos. Mas é provável que não tenha ido a Damasco, o repositório da maior coletânea de manuscritos de Taymiyya, e com certeza não teve acesso aos textos que qualquer um pode encontrar na internet hoje. Só nos anos 1960 foi publicada uma edição completa de suas *fatwas*.

Portanto, Michot propõe uma solução bibliográfica para um problema bibliográfico. Ele lecionou estudos islâmicos por vários anos em Oxford; quando as autoridades do sistema prisional britânico lhe perguntaram como lidar com a radicalização nos presídios, ele respondeu: *torne o árabe compulsório para todos os prisioneiros muçulmanos. Providencie uma biblioteca em árabe com as obras de Ibn Taymiyya para todas as bibliotecas*. Interpretações violentas não podem sobreviver ao contato com o texto completo. "O sufismo foi promovido a antídoto [islâmico] ao terrorismo: 'Deixe que dancem, e eles não mais armarão bombas'", ele diz. Isso não funcionaria. Melhor seria deixar que reflitam profundamente sobre *kufr*. "O islã deve ser compreendido como um caminho do meio entre o câncer espiritual do Isis e o diabetes espiritual de Hamza Yusuf."

Infelizmente, a maioria dos recrutas do Estado Islâmico está imunizada contra a dissuasão. Como disse Yusuf, eles não sabem o que desconhecem — além do mais, desconfiariam, em especial se o conhecimento lhes fosse transmitido por professores de Oxford ou "ex-muçulmanos" como Aimen Dean, que hoje trabalha para infiéis. Aprender árabe o suficiente para ler Ibn Taymiyya leva anos até para uma pessoa paciente com inclinações acadêmicas; para um arruaceiro semianalfabeto, poderia levar a vida inteira. Recrutas desejam gratificação imediata, e a antologia de lemas de Taymiyya descontextualizados é uma leitura imensamente mais fácil do que o volume 17 de *Majmua 'al Fatawah* desse pensador.

E permanece o fato: o islã não é ciência, e sim religião. É acentuadamente — mas não infinitamente — maleável, sem conclusões definitivas. E, por mais que seja penoso admitir, muitas afirmações do Estado Islâmico estão dentro das fronteiras do debate racional, ainda que não respeitável.

Hamza Yusuf disse que Baghdadi é "patético" e seus representantes ideológicos, "desprezíveis". Porém, em um momento da nossa conversa, fez a eles um elogio impremeditado. O islã foi perfeito desde o início, ele disse. "Isso dificulta 'reformar' o islã. Mas o que se pode fazer é ajudar as pessoas a compreender a vastidão da tradição e a saber que as ferramentas necessárias para os muçulmanos se orientarem em seus tempos mais difíceis estão dentro da própria tradição." Ele comentou que sua reverência pela tradição e sua insistência no papel primordial das instituições do saber no islã fizeram dele um "muçulmano católico", análogo aos que se mantiveram leais à Igreja de Roma e resistiram à Reforma no cristianismo.

Os primeiros protestantes também se viam como as bolas de demolição de um sistema corrupto — no caso deles, um sistema corroído pela venda de indulgências e um clero que negligenciava a Europa setentrional. O Estado Islâmico enxerga a mesma podridão na Arábia Saudita e nas instituições muçulmanas de ensino superior como a Universidade de Al-Azhar, no Cairo, e se recusa a ouvir os doutos que considera corruptos.

O Estado Islâmico zomba de Hamza Yusuf e de outros dissidentes muçulmanos por praticarem *taqlid*, ou seja, seguir um erudito veterano em vez de usar sua própria avaliação da lei (um processo denominado *ijtihad*). *Ijtihad* é como manusear plutônio, segundo a maioria dos clérigos muçulmanos. Não se deve fazer isso sem um preparo adequado.[35] As reformas de Martinho Lutero (e as dos carijitas) democratizaram a liberdade para interpretar a religião. Se Yusuf fosse um clérigo católico na época de Lutero, ficaria irritado e perturbado porque os protestantes tiveram a pretensão de jogar fora mil anos de salvaguardas e sabedoria institucionais só para substituí-las por seu próprio conhecimento individual ou ausência dele. O analfabetismo da massa outrora protegia a religião do amadorismo. Mas então os portões da usina nuclear foram arrombados, e diletantes e alunos do ensino médio estão brincando com o material físsil.

Tanto a Reforma Protestante como a atual reforma pelo Estado Islâmico foram impulsionadas por uma grande revolução tecnológica. A de Lutero foi acelerada pela prensa, que pôs nas mãos de pessoas comuns os textos religiosos e políticos que antes só eram acessíveis à elite clerical instruída. O letramento aumentou rapidamente entre os muçulmanos nos últimos cem anos, e agora as redes sociais e a internet dão às massas muçulmanas a confiança para lerem textos por si próprios e nem sempre chegar às mesmas conclusões dos doutos. Conversei com muitos partidários do Estado Islâmico que concluíram a conversa me aconselhando: "deixe que o YouTube seja o seu xeque" — procure vídeos de pregadores jihadistas como Anwar al 'Awlaqi e outros, e pule Al-Azhar ou o Zaytuna College de Yusuf. As autoridades tradicionais têm razão de sentir-se ameaçadas.

O islã não é o cristianismo com cinco séculos de atraso, e sua reforma pode muito bem seguir outros moldes.[36] Jonathan Sacks, ex-rabino chefe das Congregações Hebraicas Unidas da Comunidade Britânica, comentou comigo que os dois primeiros monoteísmos abraâmicos tiveram surtos de extremismo violento mais ou menos na mesma fase de sua história, aproximadamente 1500 anos depois de sua fundação. Para os judeus, esse momento de rebelião adolescente ocorreu com a revolta dos macabeus nos séculos I e II a.C., e para os cristãos, com a Reforma Protestante no século XVI. Agora está acontecendo para os muçulmanos, e a encarnação desse ímpeto reformador é o Estado Islâmico.

As semelhanças são inquietantes, e a conclusão para a qual elas apontam são menos favoráveis do que Yusuf pode querer admitir. A Reforma Protestante *teve êxito*. Hoje só os católicos ou protestantes mais dogmáticos diriam que seu lado derrotou completamente o outro no combate intelectual. As guerras religiosas na Europa terminaram não com um lado convencendo o outro de que uma interpretação das escrituras era correta e a outra era errada, mas com uma orgia de violência que durou décadas e deixou o continente exausto, nadando em sangue. O atual show de horrores na Síria é, na melhor das hipóteses, o começo de mais um ciclo de guerra religiosa.

7. Apocalipse

Minha mão empunha o poder de matar no céu e na terra;
Para decapitar os maus, poupar os justos e aliviar o sofrimento
do povo.

Os não civilizados e povos da fronteira prestam tributo,
E todos os bárbaros se submetem.
Por mais que o território seja vasto,
Cairão todos em nosso poder.

Hong Xiuquan, líder da Rebelião de Taiping

Houg foi uma daquelas pessoas que acreditam ser sua missão tornar todas as coisas "novas, para a surpresa dos filhos do céu". Um dos grandes tormentos da história é o fato de que os que se lançam em tais missões raramente se preocupam em calcular o custo.

Jonathan D. Spence.[1]

O Estado Islâmico anseia por uma guerra total de civilizações. Travada com armas modernas, essa guerra deixaria bilhões de pessoas calcinadas, crucificadas, decapitadas ou baleadas na nuca, tudo por causa de uma disputa irreconciliável sobre a natureza de Deus. Muitos dos partidários do Estado Islâmico que encontrei desejavam manifestamente essa guerra. A maioria tinha esperanças mais amistosas, ao menos para mim; convidaram-me para aderir à sua luta, pois temiam pelo meu bem-estar se eu não o fizesse. A sede de sangue e a preocupação eram reais. Esses homens levavam uma vida não menos contraditória que o resto de nós: também se alternavam entre amor e ódio, preocupações terrenas e espirituais, confiança completa no futuro e inquietação por ele.

Esta última tensão é a que melhor expõe sua estranha psicologia. Eles *sabiam* que acontecimentos confirmariam sua teoria do mundo e do fim do mundo, e que, com o tempo, ficaria patente que tinham razão. Mas não conseguiam simplesmente aguardar o momento do "eu bem que avisei". Estavam desesperados — como se o apocalipse pré-ordenado pudesse ser cancelado por sua inação. A contradição não os incomodava, pelo menos até onde eu pude ver. Eles tinham encontrado um estado mental que conciliava as duas possibilidades.

A capacidade de aceitar dois resultados opostos lembrou-me a deificação de *dahr* [o Tempo] por Yahya e o comentário de Musa de que a lei do Estado Islâmico não procurava regredir ao século VII, mas *avançar* para uma lei eterna. Eles viam o tempo como algo ilusório, porém supremo. O que aconteceu no século VII está acontecendo agora; o que está acontecendo agora determinará a Vida Após a Morte. Essa tentativa de viver sob o aspecto da eternidade coloca-os em dissonância não só com a corrente principal do islã (pense na preocupação de Abdullah Pocius com o consumo habitual de carne de porco pelos muçulmanos da Filadélfia), mas também com a vida como ela é vivida por pessoas como eu, para as quais o amanhã será diferente do hoje. A perspectiva deles podia parecer cruel ou insana. Não diferia tanto assim da perspectiva que líderes religiosos preconizam há milhares de anos: o sofrimento é uma ilusão, assim como a alegria; o que acontece agora acontece para sempre; preparai-vos para um reino que não é deste mundo.

Uma tarde, em Oslo, fui comer pizza na hora do almoço com uma delegação da Profetens Ummah [a Comunidade do Profeta], um grupo islamita norueguês de talvez cem membros ligado aos Choudaretes.[2] (Como de hábito, nenhum dos integrantes declarou apoiar o Estado Islâmico. Mas muitos postavam imagens da Síria em suas páginas em redes sociais, e seus comentários eram invariavelmente condizentes com a ideologia do Estado Islâmico.) Após horas discutindo sobre decapitações e escravização, um homem de barba branca chamado Abu Aisha — que viera da Argélia para a Noruega em 1989, aos 24 anos — tocou meu antebraço em um gesto amistoso e disse: "Respeito quando você diz que não apoia o Estado Islâmico. Mas por quê? É por causa do que vê na mídia — porque você viu o que pessoas dizem sobre eles?".

Respondi que havia muitas razões.

"Qual é a principal?"

"Matança, escravidão, amputação", respondi, e acrescentei que poderia continuar citando.

"Compreendo", ele disse. "Você acha que isso é demais, e não é o único. O próprio Profeta disse que pessoas lhe fariam oposição. Isto é uma guerra — e não uma guerra que nós escolhemos. Não fazemos isso porque desejamos ferir vocês. Fazemos porque desejamos lhes oferecer alguma coisa." Ele virou as palmas das mãos para cima, no gesto universal que representa dar. "Queremos ver todos os seres humanos no paraíso. Esta não é uma religião egoísta. Queremos ver vocês lá conosco."

Ele avisou que o tempo estava se esgotando. "Quando o Profeta era vivo, Alá deu-lhe milagres", como disse Abu Aisha. "Alá concedeu a ele a capacidade de ver tudo até o Dia do Juízo Final." Esse dia está próximo. "Sempre devemos procurar por *'asharat sa 'a* [os Sinais da Hora]", ele explicou, citando a literatura do hadith sobre sinais do fim do tempo. Deus não é incompreensivo. Ele nos disse tudo o que precisamos saber para reconhecer a hora final, declarou.

"Por que acreditamos no Estado Islâmico? Porque o Profeta disse que ele está chegando." A era dos califas passará e será substituída pela era dos reis, a era dos reis dará lugar à era dos califas, e então os sinais do Fim irão proliferar. "Um hadith autêntico diz que haverá um *khilafah 'ala manhaj al-nabuwa* [califado segundo a metodologia profética]", ele explicou, fazendo eco ao lema do Estado Islâmico. "Será como no tempo do Profeta: se você roubar, perderá a mão. As Nações Unidas podem não gostar, mas é assim que vai ser."

Abu Aisha enumerou os Sinais da Hora — acontecimentos preditos na profecia que lentamente vêm sendo cumpridos ao longo dos últimos mil anos. Entre eles um embargo ao Iraque (cumprido nos anos 1990 sob Saddam Hussein), o governo de nações muçulmanas por pessoas indignas (como os governantes pretensamente apóstatas atuais) e uma guerra entre muçulmanos e judeus (confere). A deidade pré-islâmica Lat — um dos ídolos de Meca despedaçados pelo Profeta em pessoa— uma vez mais encontrará devotos. (A *Dabiq* chama o partido xiita libanês Hezbollah [Partido de Deus] de "Hizb al-Lat" [Partido de Lat].[3]) Os muçulmanos cavalgarão e empunharão espadas — como fazem em muitos vídeos de propaganda do Estado Islâmico.

Muitas das predições referem-se à decadência dos costumes e da moral. Haverá muitos escritores e críticos — "Você!", disse Abu Aisha —, e tolos discorrerão sobre assuntos de grande importância. (Eu também? Minha educação não me permitiu perguntar.) Haverá ignorância generalizada, fornicação frenética e consumo de álcool, diz uma tradição. Haverá música, diz outra, e as pessoas fornicarão nas ruas, como asnos.[4] (Esta talvez seja a única profecia de uma religião importante que poderia ser cumprida com um festival anual de hip-hop.)

"Pastores nus e descalços competirão para erguer construções altas", diz outro hadith. Abu Aisha diz que o esporte de construir arranha-céus desnecessariamente altos no Golfo reflete essa profecia, pois os príncipes e emires que o fazem estão a apenas uma ou duas gerações de seus antepassados pobres. As profecias também predizem a importação em massa de servos não muçulmanos para terras muçulmanas, além de dinheiro em abundância. Com a riqueza do petróleo e os programas de trabalhadores convidados atraindo centenas de milhares de ocidentais, filipinos e chineses para a região, esses sinais estão inquestionavelmente cumpridos.

Para Abu Aisha, minha obstinação seria cômica se não fosse trágica. Ele parecia pronto para me pegar pelas mãos e me sacudir para ver se eu despertava. Esses sinais — sem falar na perfeição do Alcorão e no exemplo do Profeta — não eram suficientes para me arrancar da hipnose da *kufr*? "Estamos aqui para tornar o islã fácil para você!"

Repliquei que a maioria dos muçulmanos não tinha essa noção de que o mundo terminaria em breve. Ele respondeu que o mundo estava mesmo mudando, e os próprios muçulmanos estavam saindo de uma hipnose. "A primeira geração [de muçulmanos] que veio para a Noruega era muito pobre e ignorante", ele disse. Fugiram de países que controlavam sua vida política e religiosa. "Só faziam trabalhar, beber leite e dormir. Mas esta [segunda] geração nasceu livre. O governo foi ingênuo se pensou que os descendentes se comportariam do mesmo modo."

Conversamos mais um pouco, e Abu Aisha me perguntou: "Você tem onde dormir esta noite? Está em segurança?". Ele estava obedecendo a um mandamento do Profeta: se um infiel procurá-lo para indagar sobre a religião, responda às suas perguntas e cuide para que se vá em segurança. Garanti que estava em segurança (alguém está inseguro em Oslo?). A Profetens Ummah pagou a pizza.

Os detalhes do fim do mundo não são uma preocupação para a grande maioria dos muçulmanos. Como no cristianismo, quando o clérigo do bairro começa a falar o tempo todo sobre o apocalipse, a reação natural é pensar em procurar outro clérigo. A homilia de domingo não costuma incluir especulações minuciosas sobre a Grande Meretriz, a Marca da Besta e os Quatro Cavaleiros do Apocalipse. Os teólogos cristãos sérios encontram outros temas mais interessantes. O futuro é obscuro demais, desconhecido demais. As profecias são, ao mesmo tempo, vagas e sinistras, e pouco delas se aplica ao cotidiano.

Contudo, tanto no islã como no cristianismo, a escatologia — o estudo do fim dos tempos — é parte da religião. E a curiosidade sobre o fim dos tempos é tão grande no laicato quanto é pequena no clero. As livrarias islâmicas de Whitechapel, ou dos arredores da estação Couronnes, em Paris, contêm vastas seções dedicadas ao apocalipse: estantes e estantes, em várias línguas, que compilam as difusas e fragmentadas declarações do Profeta sobre o fim dos tempos. As capas tendem a mostrar imagens do céu com raios e fogo, em uma estética que, talvez não por coincidência, lembra os livros da série de ficção cristã-apocalíptica *Deixados para trás* e os filmes da literatura cristã evangélica. Em meio a numerosos títulos sobre temas insípidos (vida de califas, tratados morais sobre a pureza, manuais de orações), esses livros relatam histórias dramáticas e impressionantes de batalhas finais entre o bem e o mal, poderes sobrenaturais, a ascensão final de uma elite muçulmana, pragas e carnificina.

Jean-Pierre Filiu, professor de estudos islâmicos na Sciences Po de Paris, disse-me que os muçulmanos geralmente aprendem essas histórias não no ensino formal, mas em murmúrios, boatos e casos contados de geração em geração. "A história do Dia do Juízo Final é contada aos pequenos muçulmanos na hora de dormir, e até os muçulmanos com níveis rudimentares de conhecimento já ouviram parte dela", ele diz. "Não é algo tratado nos *khutbahs*. É assunto de bate-papo do lado de fora da mesquita antes de voltar para casa."

Por sua vez, os imames e os líderes comunitários nada dizem sobre o hadith do apocalipse ou negam explicitamente que ele exista. O chefe do Conselho de Relações Americanas-Islâmicas, Nihad Awad, afirma ignorar o apocaliptismo muçulmano. "Não existe um banho de sangue apocalíptico no islã", ele declarou a um site depois que comecei a escrever sobre o assunto.[5] Porém, sem a menor sombra de dúvida, existe sim um banho de sangue, como muitos muçulmanos mais bem educados ou menos constrangidos poderiam informar-lhe citando coletâneas canônicas do hadith.[6] São relatos medonhos, e o cenário de muitos dos piores acontecimentos é Sham, a área da Síria e Iraque onde o Estado Islâmico instalou sua base.

Os pregadores de rua do Estado Islâmico não mostram o mesmo embaraço que os doutos do islã majoritário quando falam sobre esse tema. "Se você disser 'fim dos tempos' e 'Sham' para a massa de recrutas [do Estado Islâmico], eles entenderão imediatamente", comentou Filiu. Desde meados dos anos 2000, as correntes jihadistas apocalípticas ganharam força. "A Al-Qaeda era tóxica demais, com assassinatos em massa, genocídio. Adicione o apocalipse, e se torna insuportável", ele diz. A Al-Qaeda agia como um movimento político clandestino, com objetivos mundanos perceptíveis em todos os momentos: expulsar os não muçulmanos da península Arábica, abolir o estado de Israel, acabar com as ditaduras em terras muçulmanas. Bin Laden raramente mencionava o apocalipse; quando o fazia, insinuava que, ao chegar essa hora, ele estaria morto há muito tempo. "Bin Laden e Zawahiri são de famílias da elite sunita que desprezam esse tipo de especulação, pensam que é coisa das massas", diz Will McCants, da Brookings Institution, autor de um livro sobre o pensamento apocalíptico do Estado Islâmico.[7]

Como aconteceu em muitos rumos recentes do jihadismo — o antixiismo virulento, o deleite com sangue —, a mudança começou com Abu Musab al-Zarqawi. "Zarqawi injetou a mensagem apocalíptica na jihad", diz McCants. Nos últimos anos da ocupação do Iraque pelos americanos, os predecessores do Estado Islâmico viram sinais do fim dos tempos por toda parte. Previram a chegada iminente do Mádi, uma figura messiânica destinada a conduzir os muçulmanos à vitória antes do fim do mundo. Um proeminente juiz da Al-Qaeda foi avisar Bin Laden em 2008 de que o grupo era liderado por milenaristas que "não paravam de falar sobre o Mádi e sobre a tomada de decisões estratégicas" baseadas em quando eles julgavam que o Mádi chegaria. "A Al-Qaeda tinha de escrever [a esses líderes] e dizer 'Corta essa!'", McCants comenta. Em vez disso, reiteraram seu engajamento na narrativa do fim dos tempos.

Os sinais mencionados por Abu Aisha estão entre os "Sinais Menores", e alguns poderiam dizer que sua concretização não é tão notável quanto poderia parecer à primeira vista. "Uma escrava dará à luz seu senhor", diz uma profecia. O revivescimento da escravidão pelo Estado Islâmico tornou isso possível: o filho de um homem muçulmano livre é um muçulmano livre e herda os direitos de seu pai, inclusive a posse da própria mãe se ela for escrava. Acontece que essas regras se aplicam há muito tempo, por isso escravas deram à luz seus senhores numerosas vezes na história islâmica. Os emires do Golfo competem para construir torres, e seus antepassados foram pobres e talvez andaram descalços. No entanto, eles próprios são bilionários, vestem-se bem e preferem os sapatos Ferragamo. Portanto, não são pastores descalços. (Por outro lado, se mesmo um deles fosse, já seria suficiente para se considerar cumprida a profecia.) O temor da decadência moral é perene em todas as culturas, e os que procuram a realização das profecias moralistas provavelmente poderiam encontrá-la em qualquer época, inclusive na do Profeta.[8]

Mais perturbador — e impressionante, se acontecesse — é o que virá depois. Esses chamados "Sinais Maiores", que darão início ao fim do mundo, são os presságios nos quais o Estado Islâmico investe e pelos quais anseia, e eles moldam as crenças de seus membros sobre como terminará seu grandioso experimento: muito mal para quase todo mundo.

Antes dos Sinais Maiores vem o que é, rigorosamente, o último dos Sinais Menores: uma batalha em Dabiq, cidade no norte da Síria, que extermina um terço dos muçulmanos do mundo, seguida por outra batalha conhecida como "a Grande Matança". Assim que o califado for revivido, o islã entrará em um período de discórdia, durante o qual proliferarão falsos profetas e desviantes. Segundo a profecia, os muçulmanos enfrentarão um inimigo unido por trás de oitenta bandeiras. "Estamos contando as bandeiras, que segundo nosso Profeta serão oitenta", diz o narrador anônimo de um vídeo do Estado Islâmico.[9] Esse inimigo será uma entidade que, na escritura, é chamada de "Roma" [*rum*], ou terá essa entidade como líder; mas a identidade dessa Roma permanece controversa no presente. Quando a batalha for iminente, um exército dos melhores do islã se reunirá e marchará para Sham a partir da cidade de Medina. (Grande número de combatentes do Estado Islâmico provém da Arábia Saudita.)

Em busca de um guia para essa parte da profecia, fui consultar meu velho amigo Musa Cerantonio. Depois de minha última visita à Austrália e antes de ele ser preso, Musa escreveu e publicou um panfleto conjecturando sobre a identidade da "Roma" do hadith apocalíptico. Ele concorda com a interpretação dominante, segundo a qual, na época do Profeta, "Roma" significava o Império Bizantino ou Romano do Oriente. Os bizantinos tiveram sua capital em Constantinopla até a cidade ser tomada pelos otomanos em 1453. Como não existem mais bizantinos, o significado atual de "Roma" é obscuro. Alguns intérpretes do Estado Islâmico inferem que agora "Roma" significa qualquer exército cristão. Outros especificam: Otan, Rússia ou Estados Unidos.

Para Musa, Roma não é nada disso, e sim a atual Turquia. Os otomanos foram substituídos pela República da Turquia, a mesma que, noventa anos atrás, encerrou o último califado que se identificou como tal. Por essa interpretação, "Roma" passou por duas trocas de indumentária: primeiro foram os otomanos, e agora, os turcos. Entram em cena então as oitenta bandeiras: uma coalizão de nações se arregimentará contra os muçulmanos em Dabiq e, segundo a maioria das interpretações, será derrotada. Dabiq também destroçará o exército romano, desequilibrando a geopolítica e introduzindo uma nova desordem mundial. Musa foi mais circunspecto. A fonte "diz apenas que haverá uma grande batalha", ele explica. "Não diz que será uma vitória". No decorrer da batalha, um terço dos muçulmanos fugirá, um terço morrerá como mártir e um terço sobreviverá para desferir um ataque a "Roma". Musa interpreta um hadith ("Travarão uma batalha como nunca se viu, tanto assim que, se um pássaro passar por entre seus flancos, cairá morto antes de atingir o fim deles") como predição de um colossal bombardeio aéreo.[10]

Mais ou menos nessa época, o mundo começará a sofrer desastres naturais incomensuráveis e outros fenômenos inusitados. O Eufrates desviará seu curso e revelará montanhas de ouro. Os crentes não devem tocar nesse ouro, ou devem pegar "só uma pequena quantidade". O número doze da *Dabiq* citou essas profecias na quarta capa e acrescentou que, nas brigas por causa do ouro, "noventa e nove em cada cem serão mortos, mas cada homem entre eles dirá 'Talvez eu sobreviva'".[11] A terra se abrirá e engolirá pessoas, e aparecerá fumaça.

Depois da batalha em Dabiq, o califado saqueará "Roma". Segundo algumas interpretações, a cidade voltará a cair em poder dos Cruzados. Haverá uma batalha semelhante à Terceira Guerra Mundial — *al-malhama al-kubra* [a Grande Matança], na qual os muçulmanos remanescentes lutarão contra todos os demais. Alguns acreditam que Meca e Medina cairão em poder das forças do califado, possivelmente antes da batalha de Dabiq —[12] e que um golpe no estilo bolchevique extinguirá a linhagem real da Casa de Saud. Alguns acreditam que então o califado abrangerá toda a terra, mas Musa afirma que sua maré talvez nunca chegue a ultrapassar o Bósforo. A essa altura, assim que a guerra virar a favor dos muçulmanos (ou talvez até seja vencida por eles), aparecerá o primeiro dos Grandes Sinais: o Anticristo.

Quem é o Anticristo? "Acreditamos que ele está vivo e atualmente acorrentado numa ilha no Mar Vermelho", Musa diz. Na época do Profeta, um grupo de navegadores muçulmanos liderado por um cristão convertido, Tamim al-Dari, perdeu-se e atracou na ilha. "Viram alguém com uma aparência estranha, peludo e tão feio que não era possível distinguir o traseiro da face." Esse homem levou-os até um mosteiro, e lá dentro eles encontraram um gigante acorrentado: o Anticristo. Ele lhes perguntou se o Profeta já tinha conquistado Meca. Responderam que sim, e o Anticristo disse: "Ótimo. Meu tempo está quase chegando".

O Anticristo é conhecido em árabe como *al-Masih al-Dajjal* [o Falso Messias] ou apenas Dajjal. "Alguns dizem que ele tem a pele avermelhada", segundo Musa. "Um de seus olhos é defeituoso, parcialmente coberto por pele. Esse olho é cego, saltado e parece uma uva, como se dissesse que não existe cor." Em sua testa está escrito كفر, o radical de três letras [K-F-R] da palavra *kafir*, ou infiel. Todo muçulmano, inclusive as crianças e os analfabetos, será capaz de ler e entender essas letras.

Vários presságios precederão a chegada de Dajjal. Um terço da terra ficará sem chuvas por um ano, e no ano seguinte não choverá em dois terços. (Compreensivelmente, a mudança climática é um tema de especulação para os partidários do Estado Islâmico.) E então o Anticristo aparecerá de forma misteriosa e se apresentará como o salvador das massas famintas do mundo. Milhões ou bilhões cairão agradecidos aos seus pés. Deus lhe concederá milagres. "As plantações não produzirão, a carne será rara e ele virá com montanhas de carne e comida e tudo o mais", Musa explica. Chamará a chuva quando quiser, e parecerá ressuscitar os mortos. Ele aponta para mim e diz: "Se os seus pais falecerem — espero que não — eles parecerão voltar e lhe dirão 'Ah, filho querido, esse é Alá. Ele nos deu a vida. Siga-o'".

Nem todos se deixarão impressionar. "Um menino aparecerá diante dele, e [o Anticristo] perguntará: 'Você não acredita que sou Alá?'. E então ele cortará o menino em dois, andará no meio das duas partes e as unirá novamente, e o menino permanecerá vivo." Mas o menino dirá, "Agora tenho mais certeza do que nunca de que você é *al-Masih al-Dajjal*!". O Anticristo tentará estrangulá-lo. Deus protegerá seu pescoço com um colar de chumbo, por isso o Anticristo, frustrado, o pegará pelos braços e pernas e o jogará no que parece o inferno. Mas a visão do inferno será uma ilusão, e o garoto obstinado estará no paraíso.[13]

O Anticristo arregimentará um exército, e as pessoas serão atraídas para ele, especialmente as mulheres e os judeus iranianos. O exército vagueará pelo planeta, matando, conquistando e forçando muçulmanos a se esconder.

"O que você faria se visse que ele está chegando?", perguntei a Musa.

"Partiria imediatamente", ele respondeu. "O Profeta diz que não devemos combatê-lo, pois perderíamos." Mas ele vai encontrar e matar muita, muita gente, inclusive muçulmanos que tentaram fugir.

Por fim, depois de muito tempo, 5 mil combatentes muçulmanos serão encurralados em Jerusalém pelos exércitos do Anticristo. Eles se refugiarão atrás dos portões da cidade. A essa altura, seu líder será o último califa, Muhammad ibn 'Abdullah al-Qahtani, conhecido como o Mádi ou "o guiado". Sua destruição lhes parecerá certa.

A salvação chegará do céu, na forma de Jesus. Os muçulmanos negam a divindade de Jesus, mas acreditam que ele não morreu na cruz e que ascendeu corporeamente ao céu. Preveem que ele retornará nessa hora desesperadora. Vestindo um manto cor de açafrão, será carregado por dois anjos e deixado no minarete branco da mesquita de Umayyad, em Damasco. Assim que chegar, seguirá depressa para Jerusalém e aparecerá nas fileiras muçulmanas durante as orações do amanhecer. Segundo a tradição, ele terá cabelo comprido e crespo que parecerá molhado. A mera aspiração de seu hálito bastará para matar infiéis.

A coreografia exata do que acontecerá em seguida é de especial interesse para o Estado Islâmico, que a mencionou várias vezes em sua propaganda. Os muçulmanos identificarão Jesus como um estranho, e, aos sussurros, concluirão que se trata de Jesus.

Então o Mádi, prestes a conduzir as orações, sugerirá que o próprio Jesus o faça. (Na história, o Mádi lembra um pouco um jovem cantor e compositor que, ao ver Bob Dylan na plateia, tenta persuadi-lo a subir ao palco, pegar seu violão e cantar.) Jesus não aceitará o oferecimento e se porá atrás do Mádi para orar, como qualquer outro muçulmano. Esse breve pas de deux é a prova de que Jesus retornará não como um profeta (Maomé foi o último), mas como homem. "Jesus e o Mádi serão como Batman e Robin", um muçulmano me disse.

Em seguida, Jesus pedirá que sejam abertos os portões da cidade, e os muçulmanos ficarão expostos às forças do Anticristo. Antes que os guerreiros entrem para liquidar os muçulmanos, Jesus — armado com seu hálito letal e com uma espada — correrá em direção ao Anticristo. O Anticristo, em sua fuga desabalada, derreterá como sal na água. Porém, antes que ele desapareça, Jesus o alcançará e o ferirá mortalmente com a espada. Erguerá então sua arma ensanguentada, e as forças do Anticristo se renderão e se submeterão ao governo do Mádi. O retorno de Jesus como muçulmano porá fim ao cristianismo, e — já que o próprio Cristo repreenderá os cristãos e lhes ordenará que sigam o islã — também eliminará a opção de viver como cristão ou judeu pagando *jizya* ao governo muçulmano. Os que persistirem na descrença serão aniquilados; os judeus irão se estrepar mais do que todos, pois as pedras e árvores gritarão para avisar os muçulmanos quando judeus se esconderem embaixo delas tentando em vão escapar da morte.[14]

O que acontecerá em seguida é nebuloso, Musa admite. O Estado Islâmico já terá sido reduzido a uns poucos milhares de combatentes. Porém, sob a parceria Jesus-Mádi, o domínio dos muçulmanos será glorioso. Reinarão durante quarenta anos, e então tudo vai piorar.

Diz a escritura que há milhares de anos dois povos temíveis

conhecidos como gogue e magogue [*ya'juj wa ma'juj*] vivem confinados por uma parede de ferro dentro de uma montanha da Ásia Central. Descritos ora como pequenos, ora como grandes, os indivíduos pertencentes a esses grupos são numerosos e subumanos. Eles escaparão durante a segunda estada de Jesus na terra, matarão muita gente, devastarão o mundo e esgotarão os recursos naturais. Invadirão o Iraque e a Palestina como uma peste. Sua sede secará os rios e o mar da Galileia, e sua fome consumirá as plantações. Morrerão incontáveis pessoas antes que Deus ordene a um inseto ou verme que penetre no pescoço dos gogues e magogues para matá-los. Várias outras tribulações sobrevirão. Os corpos dos gogues e magogues se decomporão, e os vapores engolfarão o planeta antes que Deus lave toda a sujeira com chuvaradas. Até os crentes acham medonho imaginar essa série de eventos. Um seguidor no Twitter perguntou a Musa se ele publicará uma sequência de seu panfleto sobre a identidade de "Roma" falando sobre gogue e magogue. Musa respondeu que qualquer panfleto com esse tema seria "extremamente breve e composto sobretudo das palavras *Allahu 'alim* [Deus sabe — isto é, 'sei lá eu']".

Ao final de todo esse caos e sofrimento — guerras entre os homens, demônios e criaturas subumanas — poucos árabes sobreviverão, e a maioria dos sobreviventes serão "romanos" (turcos, segundo Musa). Os acontecimentos conducentes a esse momento vão ser inimaginavelmente pavorosos. "Rezo para que eu nunca venha a saber o que irá se passar", Musa escreve. Um hadith sinistro diz que durante as décadas apocalípticas "quem passar por um túmulo dirá: juro por Deus que eu queria estar no lugar desse que está enterrado aqui".[15]

Os descrentes restantes — que, sabe-se lá como, não terão deduzido que o islã é o time vencedor — ainda terão a chance de submeter-se a Deus. A humanidade será cercada pelo fogo. No fim dos tempos, até os muçulmanos morrerão: terão a vida ceifada por uma pavorosa ventania. No derradeiro dia, o sol nascerá no oeste, e Deus não irá mais aceitar arrependimento de ninguém. O mundo acabará. E vai ser essa a história de todos nós.

Não é de admirar que as autoridades se empenhem para tirar alguma conclusão dessas histórias. Em 2015, um alto funcionário da inteligência europeia me disse que tinha certeza de que o Estado Islâmico "não é motivado por toda essa asneira religiosa" e de que o pensamento apocalíptico não podia ser genuíno. Bernard Haykel, de Princeton — para quem, salvo essa parte, as demais noções religiosas do Estado Islâmico são sérias —, expressou opinião semelhante. Ele recomendou ao Comitê do Senado dos Estados Unidos sobre Segurança Interna e Assuntos Governamentais que não levasse em conta essa conversa sobre fim do mundo:

> Esse aspecto da ideologia é usado unicamente para fins de propaganda e recrutamento e não deve ser levado a sério. Por que a revista do Estado Islâmico em língua inglesa intitula-se *Dabiq*, nome de uma localidade da Síria na qual uma das batalhas do apocalipse acontece, enquanto em suas publicações em árabe o grupo não faz nenhuma alusão assim tão explícita? Além disso, e mais importante, se o fim está próximo, por que o Estado Islâmico despende esforços e dinheiro na construção de instituições estatais, como vem fazendo na Síria e no Iraque?[16]

Compartilhei desse ceticismo até que os indícios em contrário se tornaram avassaladores.[17] Haykel acerta quando diz que a narrativa apocalíptica é um motor do recrutamento e que as referências ao apocalipse são menos comuns nas fontes árabes do Estado Islâmico do que em outras línguas. No entanto, as referências ao apocalipse estão presentes e são proeminentes também em árabe: a principal fonte noticiosa do Estado Islâmico em árabe é a agência de notícias A'maq, cujo nome se inspira no vale de A'maq, local de outra batalha apocalíptica profetizada. Em 2014, o grupo comemorou quando conquistou (a um grande custo) planícies de Dabiq que eram estrategicamente pouco importantes. É lá que os exércitos de Roma instalarão seu acampamento, teria dito o Profeta. Os exércitos do islã os confrontarão, e Dabiq será a Waterloo ou Gettysburg de Roma. Se o Estado Islâmico não desse uma tremenda importância a essa localidade, não se teria empenhado tanto em conquistá-la. (Em outubro de 2006, rebeldes sírios apoiados pela Turquia atacaram Dabiq. No entanto, o Estado Islâmico já havia preparado seus combatentes para perdê-la, lembrando-lhes que Meca e Medina cairão antes que aconteça a verdadeira batalha de Dabiq.)[18]

Além disso, o recrutamento baseado em referências ao apocalipse não teria êxito se os partidários já não estivessem predispostos ao pensamento apocalíptico. Abu Aisha não estava sequer entre as pessoas mais obcecadas pelo apocalipse que encontrei. Praticamente todos mencionaram o fim do mundo e invocaram o apocalipse. Minha experiência não foi única. Jürgen Todenhöfer, o escritor alemão que visitou Mossul e Raqqa em dezembro de 2014 em companhia de combatentes do Estado Islâmico, conta que, das cento e tantas pessoas que ele entrevistou por lá, quase todas mencionaram o apocalipse. "Ouvi essa história de quase todos — suecos, alemães, todo tipo de gente", ele diz. Segundo ele, essa crença sincera tinha utilidade para o Estado Islâmico. Ainda assim, era crença. "Dizem isso a eles todos os dias. Ajuda-os a cometer atrocidades e a encontrar razões para serem brutais."[19]

As evidências mais persuasivas, porém, são as palavras dos líderes do Estado Islâmico. Baghdadi e 'Adnani, falando em árabe, referem-se com frequência ao apocalipse. Em maio de 2015, Baghdadi mencionou vários hadith apocalípticos em um parágrafo de discurso. Referiu-se ao último dia, quando o sol nascerá no oeste e todos os que permanecerem fora do islã estarão condenados, ao uso de cavalos nas derradeiras batalhas e ao retorno de Jesus ['Issa], o segundo profeta mais reverenciado do islã:

> O mensageiro de Deus (que a paz esteja com ele), disse, "... O arrependimento não deixará [de ser aceito] até o sol nascer no oeste". Ele (que a paz esteja com ele) disse também, "Benefícios — recompensa e butim — estarão nas crinas dos cavalos até o Dia do Juízo Final". Ele (que a paz esteja com ele) disse ainda, "Não deixará de existir um grupo da minha nação lutando pela verdade, manifesta até o Dia do Juízo Final. E então descerá Jesus, filho de Maria, e [o líder dos muçulmanos] dirá [a Jesus] 'Venha nos conduzir na oração'. E [Jesus] dirá, 'Não. Liderem vocês uns aos outros, essa é uma honra que Deus concede a esta nação'".[20]

A ênfase do Estado Islâmico em criar instituições condiz com a cronologia apocalíptica proposta pelo grupo. (E mesmo se não fosse condizente, considere este hadith: "Se a Ressurreição fosse concedida a alguém enquanto ele ainda tem nas mãos uma muda, que a plante".)[21] O Estado Islâmico afirma que o mundo pode terminar daqui a décadas, e não meses. Sabemos que essa hipótese penetrou no núcleo governante e em seu cronograma graças a ensaios escritos por Turki al-Binali. Em 2014, Binali publicou um ensaio sobre um hadith que predizia exatamente doze califas na história.[22] Ele interpreta o significado dos doze califas como doze califas *justos*, e elimina da história os califas que não descendem dos coraixitas ou não governam de acordo com a Xaria. Com isso, restam apenas uns sete, e Baghdadi integra o elenco como o número oito. Por essa lógica, para o Estado Islâmico faltam ainda três califas antes do último, o Mádi, e do fim do mundo. Assim, nomear califas não é apenas o que é certo fazer, mas também um modo de acelerar o apocalipse. Se a conversa sobre o apocalipse fosse puro cinismo, só para ludibriar recrutas, Binali não teria escrito sobre o tema em um fórum esotérico onde seu ensaio foi publicado.

Mas não se pode negar que o drama do apocalipse é usado como atrativo para as massas. Na propaganda oficial em língua inglesa, é um tema constante. Os recrutas amam. "Dabiq é basicamente toda agrícola. A gente pode imaginar grandes batalhas acontecendo ali", tuitou um fã do Estado Islâmico. Os propagandistas do Estado Islâmico babam só de pensar nesse evento, e constantemente insinuam que ele é iminente. Todas as edições da *Dabiq* têm como máxima uma citação de Zarqawi: "A fagulha foi acesa aqui no Iraque e continuará a se intensificar… até incinerar os exércitos dos cruzados em Dabiq".

"Aqui estamos, enterrando o primeiro cruzado americano em Dabiq, aguardando ansiosamente a chegada do resto dos seus exércitos", disse um carrasco mascarado em um vídeo de novembro de 2014, mostrando a cabeça decapitada de Peter (Abdul Rahman) Kassig, o funcionário de ajuda humanitária cuja vida Stanley Cohen conspirara com Maqdisi para salvar.[23] Durante combates no Iraque em dezembro de 2014, depois que se noticiou (talvez incorretamente) que alguns *mujahidin* tinham visto soldados americanos em batalha, as contas do Estado Islâmico no Twitter irromperam em espasmos de gozo, como anfitriões entusiasmadíssimos com a chegada dos primeiros convidados à sua festa.

Quando a filial do Estado Islâmico no Sinai anunciou que tinha derrubado o voo 9268 da Metrojet que estava a caminho de São Petersburgo nas proximidades de Sharm al-Sheik em 31 de outubro de 2015, prometeu aos russos que aguardaria seu contra-ataque "em A'maq". E que se apressassem, acrescentou. Algumas semanas depois, o Al-Hayat Media Center publicou um de seus vídeos mais gritantes. Esse dirigia-se ao mundo, e profetizava em crescendo: "Venham com tudo, todos vocês. Seus números só farão crescer a nossa fé, e estamos contando as suas bandeiras, que nosso profeta disse que serão oitenta, e então as chamas da guerra finalmente queimarão vocês nos morros de Dabiq".[24]

O apocaliptismo do Estado Islâmico ainda confunde os não iniciados. Em fevereiro de 2016, depois que o papa Francisco criticou o candidato à presidência Donald Trump por ser "não cristão", Trump alertou o papa de que um dia Sua Santidade desejaria ver Trump na presidência, pois o Vaticano é o "supremo troféu do Isis".[25] Além de suas suposições precipitadas quanto à identidade de "Roma", essa declaração de Trump sugeria que o Estado Islâmico concentrava seus esforços em prêmios apocalípticos distantes, quando na verdade seus objetivos no curto prazo, apocalípticos ou não, continuavam a ser o Levante.

É também bastante perigoso supor que o apocaliptismo do Estado Islâmico levará o grupo a cometer atos transparentemente irracionais porque eles confiam na intervenção divina. Se eles querem um confronto decisivo em Dabiq, alguns dizem, os Estados Unidos deveriam enviar 10 mil *marines* (além de forças especiais turcas, só para deixar Musa feliz) e massacrar todos os combatentes do Estado Islâmico que forem tolos o suficiente para defender seu terreno. Acontece que nada nas profecias requer que os muçulmanos ajam estupidamente para que elas se cumpram. Em vez disso, eles poderiam escolher retardar o confronto e ganhar reforços: essa é a interpretação exata que o Estado Islâmico preferiu quando Dabiq foi tomada. Como em todas as questões, a margem para interpretação criativa da escritura é enorme.

Em um nível estratégico, porém, conhecer o jogo apocalíptico do Estado Islâmico pode fornecer pistas sobre por que eles fazem o que fazem e o que poderão fazer em seguida. Certos acontecimentos são necessários, e outros não podem ocorrer, em uma determinada ordem. A ênfase nessa ordem pode fundamentar prioridades estratégicas. Por exemplo, o retorno de Jesus e seu triunfo em Jerusalém é o primeiro grande aparecimento de Israel na cronologia apocalíptica muçulmana. Antes disso, Israel não é arrasado, e talvez seja por essa razão que o Estado Islâmico passa menos tempo reclamando de Israel e dos judeus do que qualquer outra organização jihadista de mesmo porte. Outra razão é que, para o Estado Islâmico, os líderes da resistência palestina — Hamas e Fatah — são apóstatas. Considerando a popularidade desses grupos em todo o mundo muçulmano, enfatizar o desejo de decapitar seus líderes desgostaria possíveis seguidores.[26] Conhecer os comprometimentos apocalípticos do grupo também ajuda a explicar sua estratégia divisionista. A batalha final é apenas isso: uma conflagração armada, não uma branda persuasão para seguir o único Deus. Todos os seguidores do Estado Islâmico são levados a crer que estão entre os poucos. Assim, se a imensa maioria dos que se intitulam muçulmanos os rejeita, isso não é um sinal de erro, mas da verdade. *Obviamente* muitos muçulmanos não irão resistir ao canto de sereia do Anticristo. Nada poderia ser mais natural ou previsível.

No entanto, o mais importante é perceber como a narrativa apocalíptica mexe com o coração dos seguidores do grupo. Nenhum outro grupo jihadista recente — Al-Qaeda, os jihadistas do Afeganistão nos anos 1980, os seguidores do agitador da Irmandade Muçulmana Sayyid Qutb — conseguiu exercer tanto fascínio como o Estado Islâmico ou ter seu apelo visceral. Morrer na forca, como Sayyid Qutb, ou em um ataque suicida a um comboio da Otan em Cabul, faz um mártir. Mas o martírio de um guerreiro apocalíptico é especial. Essa guerra é o principal acontecimento da história humana, e não uma escaramuça décadas antes do fim. Como disse Magnus Ranstorp, um analista sueco do jihadismo, entrar para o Estado Islâmico é melhor do que conseguir ingressos para a Copa do Mundo. É como jogar na final e fazer um gol.[27]

Com os *mujahidin* amarrando as chuteiras em Sham, devemos tremer. Não porque eles possam estar certos a respeito do fim do mundo — a história dos movimentos messiânicos é uma história de fiascos —, mas porque é raro a convicção apocalíptica desaparecer calmamente, e com muita frequência ela termina em grandes massacres. Martinho Lutero acreditava que o apocalipse era iminente, e as guerras religiosas do século XVI que mataram números imensos de europeus foram guerras do fim do mundo. Na China dos anos 1850, o culto messiânico de Hong Xiuquan levou a uma guerra civil que liquidou *dezenas de milhões* de pessoas — mais do que a guerra civil na Síria caso ela tirasse a vida de cada homem, mulher e criança naquele país. No Brasil dos anos 1890, na paupérrima comunidade interiorana de Canudos, um pregador ascético apelidado de Antônio Conselheiro convenceu os sertanejos de que o fim estava próximo e liderou uma revolta contra o que, a seu ver, era um governo negligente e predador. Até que a revolta fosse debelada, morreram entre 5 mil e 25 mil pessoas.

Em muitos casos, o fervor messiânico nasce em condições penosas. O desespero penetra nos recessos da alma, leva embora o amor, a esperança, tudo menos a promessa de salvação no além-túmulo. A guerra civil na Síria preparou o povo para agarrar-se a esse fervor, um fervor que lembra o dos projetos apocalípticos cristãos de gerações passadas. A angústia é constante, e buscar consolo em um mundo imaginário é algo muito humano. Na era medieval, as agruras da vida camponesa, com pestes, fome e predação, combinavam-se à mudança social e faziam o mundo parecer perigosa e irremediavelmente torto. O pensamento milenarista foi uma tentativa de endireitá-lo. Norman Cohn, o historiador do pensamento apocalíptico europeu, escreveu que os camponeses do século XI, naquele estado de "insegurança crônica e inescapável", eram os perfeitos perpetradores da automatança apocalíptica:

A fantasia resultante [...] tornou-se um mito social coerente, capaz de possuir por completo os que nele acreditavam. Explicava por que sofriam, prometia-lhes recompensa, represava suas preocupações, dava-lhes a ilusão de segurança — ainda que os impelisse, unidos por um entusiasmo comum, em uma busca que era sempre infrutífera e frequentemente suicida.

Foi assim que multidões encenaram com energia feroz uma fantasia compartilhada que, apesar de delirante, lhes trazia tamanho alívio emocional que só conseguiam viver através dela e por ela estavam totalmente dispostos a morrer.[28]

Musa e Yahya evidentemente não eram movidos pelo apocalipse como seu único bálsamo em um mundo cruel. Nem eles, nem a maioria dos outros partidários estrangeiros do Estado Islâmico, que viviam na Inglaterra ou na Bélgica (com seus confortáveis benefícios do estado de bem-estar) ou no Egito e na Tunísia (que são pobres, mas não zonas de guerra). O pior que os estrangeiros poderiam alegar seria a alienação em seu meio natal, um sentimento de que, como ingleses ou noruegueses, eles nunca seriam adequados e de que seu destino permaneceria eternamente irrealizado. Muitos, como Musa e Yahya, não podiam sequer alegar isso. O que lhes faltava era sentido, talvez, ou propósito — coisas que sua existência abastada não lhes podia dar, e que eles não conseguiam fabricar para si mesmos com as ferramentas da vida moderna. Eles amavam o apocalipse em si. Escolheram a morte, e não, na maioria dos casos, para eles próprios, mas para as pessoas cuja terra distante era a tela onde pintavam seus sonhos.

Historicamente, o messianismo cristão tem sido uma doença mais letal do que o messianismo muçulmano. Este, porém, reaparece nestas últimas décadas sob formas cada vez mais virulentas. O último precursor do Estado Islâmico também foi um movimento apocalíptico. Nos anos 1970, um ex-guarda nacional saudita chamado Juhayman al 'Utaibi (1936-80) liderou um grupo de justiceiros em tentativas de livrar a Arábia Saudita de vícios como álcool, música e uso de manequins em vitrines de loja. Eles consideravam a maioria do establishment religioso saudita desencaminhada, e procuraram (e receberam) a bênção de certos clérigos, entre eles 'Abd al 'Aziz bin Baz, que mais tarde seria o grão-mufti da Arábia Saudita. Adotavam práticas minoritárias excêntricas, por exemplo, não tirar as sandálias enquanto oravam (como faziam Musa e seus seguidores na ACM de Footscray), e afirmavam que a família real saudita, por não ser da linhagem coraixita, colaborar com infiéis e omitir-se na jihad, não tinha legitimidade para governar. Finalmente, enfatizavam o monoteísmo devoto de *"millat Ibrahim"* [o povo de Abraão] — uma frase que é empregada com destaque na propaganda do Estado Islâmico e que é o nome adotado por um dos grupos jihadistas europeus mais proeminentes que fez *hijrah* para combater pelo Estado Islâmico.

Em fins dos anos 1970, Juhayman e seus seguidores fizeram planos para um califado. Em vez de ocuparem seu lugar na fila dos doze califas justos, eles pularam direto para o último, o Mádi. Compilaram nas profecias uma lista das características preditas para o Mádi, incluindo nome, tamanho da testa e a existência de uma marca de nascença na face. Por incrível que pareça, Juhayman encontrou um candidato adequado com todas as características desejáveis: seu cunhado, Muhammad ibn 'Abdullah al--Qahtani.[29]

Em 20 de novembro de 1979, o primeiro dia do ano 1400 no calendário islâmico,[30] cerca de trezentos conspiradores esconderam numerosas armas em caixões funerários e as contrabandearam para a Grande Mesquita em Meca. Depois das orações, Juhayman se apoderou do microfone, fechou a mesquita, declarou que seu cunhado era o Mádi e lhe prometeu *bay'a* perante uma plateia de peregrinos cuja maioria não falava árabe. Os combatentes previam, baseados na profecia, que um exército marcharia sobre eles vindo do norte e, a caminho da batalha, seria engolido pela terra. Seus rádios portáteis não revelaram nenhum acontecimento parecido. Em vez disso, forças de segurança sauditas atacaram, e em quatro dias de luta o Mádi foi morto (ele estava pegando granadas lançadas pelas forças sauditas e atirando-as de volta, possivelmente convencido de sua invencibilidade). Após duas semanas, os sauditas invadiram a mesquita e limparam a rede de túneis subterrâneos. Morreram por volta de quinhentas pessoas, a maioria soldados do governo; em 9 de janeiro de 1980, os sobreviventes do grupo de Juhayman, inclusive ele próprio, foram decapitados publicamente em oito cidades do reino.

Cole Bunzel, o acadêmico de Princeton, classifica o movimento de Juhayman na categoria "apocalipse agora" — um grupo para quem o fim já está acontecendo. Bunzel contrasta-o com o Estado Islâmico, um movimento cuja categoria é meramente a do "califado agora".[31] No entanto, as ligações entre os dois são claras. Fios de ascendência intelectual ligam esses grupos por intermédio de Abu Muhammad al-Maqdisi, que já foi um jovem admirador de Juhayman, e seu discípulo Turki al-Binali. No começo dos anos 1980, Maqdisi encontrou-se com seguidores de Juhayman no Kuwait, e seus escritos subsequentes adotaram a ideologia intransigente e centrada na jihad de Juhayman, incluindo o conceito de *millat Ibrahim*, que Maqdisi usou como título de um livro publicado em 1984.[32] Binali aprendeu com exemplos positivos e negativos de Juhayman. Nomear um Mádi podia ter sido um exagero, mas reviver um califado talvez fosse um caminho bem-sucedido para o cumprimento da profecia.

O mais espantoso no golpe sensacionalista de Juhayman é o fato de seu rematado fracasso não ter extinguido seu apelo emocional para muçulmanos de várias origens e inclinações. Osama bin Laden falou positivamente sobre Juhayman. Ilustres eruditos sauditas choraram a morte de Juhayman e de seus seguidores, que não eram uns perdedores fanáticos, e sim estudantes dedicados.

Em 2014, antes de o Estado Islâmico declará-lo oficialmente um apóstata, Yasir Qadhi classificou o grupo de Juhayman como "um dos movimentos mais assustadores e perigosos da nossa história recente".[33] No entanto, reconheceu que tinha dificuldade para discernir heresias nos textos de Juhayman. Este era ortodoxo e muito devoto, bem na tênue linha limítrofe "entre fanatismo e retidão". No ano seguinte, no trigésimo sexto aniversário da morte de Juhayman, Qadhi escreveu que a visão proposta por Juhayman era "muito bela e encantadora. No entanto, suas ações acabaram sendo piores que as de seus inimigos".[34] O Estado Islâmico explora essa mesma veia milenarista, e a inspiração continua a correr por ela, mesmo depois que o ato distintivo do grupo de Juhayman — a nomeação de um Mádi — literalmente explodiu na cara de seus perpetradores.

E essa é a nota final da canção apocalíptica. Poderíamos imaginar que o fracasso da profecia levasse aqueles que semearam tal carnificina em nome do Profeta a fazer uma reavaliação. *Por que não apenas derrotá-los em Dabiq e mostrar que estão enganados?* Essa sugestão nasce da mesma visão ingênua da religião que imagina que seus seguidores estão fadados — inevitavelmente, automaticamente — a interpretar texto e história de um único modo.

Em seu clássico estudo sobre um culto a óvnis cuja hora do juízo final passou sem novidades em 21 de dezembro de 1954,

Leon Festinger apresentou a hipótese de que às vezes a verdadeira crença, quando os acontecimentos provam que está errada, reage tornando-se mais forte e mais comprometida. Ele concluiu que a refutação *consolidaria* crenças mantidas com toda convicção por pessoas que tinham um comprometimento emocional, espiritual, social e material com sua verdade.[35]

Os seguidores do Estado Islâmico desviaram totalmente suas vidas e fazem de tudo para isolar-se em um meio social que apoia a continuidade da crença e pune a dúvida com a espada. Mesmo com o califado desmoronando à sua volta, seus líderes e a propaganda fornecem desculpas, fortalecem sua determinação e se empenham em explicar por que uma derrota acachapante é um passo na direção da justificação.[36]

E, para alguns que deixarem o califado de Baghdadi, o califado sobreviverá em seus corações. Eles não precisam ser violentos e podem reconhecer seu erro e voltar à sociedade. Mas desconfio que poucos se arrependerão verdadeiramente. Serão como aqueles esquerdistas de cabelos brancos que estiveram no extremo da contracultura nos anos 60 e se lembram desse período como aquele que lhes trouxe mais significado. Eles ergueram o punho com os radicais, depois voltaram para a faculdade e se tornaram dentistas. Mas ainda não dispensam as miçangas e sandálias no fim de semana.

Quando o escritor peruano Mario Vargas Llosa esteve no sertão brasileiro em 1979, fazendo pesquisa para seu romance sobre a malograda revolta de Antônio Conselheiro, encontrou uma idosa descalça, tostada de sol, em uma das povoações fundadas por ele. O homem estava morto fazia 81 anos. "Antônio Conselheiro? Não morreu", ela disse. "Eu tenho esperança de ver ele, quero pedir conselho antes de eu morrer." Para pessoas como ela, abandonadas pelo mundo, ou desgostosas com ele, [o Conselheiro] espiritualizou sua orfandade e lhes deu razões para continuar a viver e enfrentar a morte com bravura. Fez tudo isso remodelando a única cultura ao alcance: a religiosa. Curiosamente, ao optar pela ortodoxia mais rigorosa e tentar trazer à sua conclusão lógica a fé na qual fora criado, ele foi visto como um rebelde contra todas as instituições da sociedade, perseguido e exterminado como um cão raivoso.[37]

Abu Bakr al-Baghdadi não será e nem deve ser lembrado com esse tipo de imparcialidade ou afeto. Seu cinismo e brutalidade não permitem. Mas seus seguidores creem. E isso é uma garantia de que, de uma forma ou de outra, o movimento perdurará.

Posfácio

> *Os alemães já tinham se dado conta de que [...] a suspensão do jugo da lei era boa forma de encontrar assassinos que pudessem ser recrutados para ações mais organizadas. Em poucas semanas, perceberam que pessoas liberadas do domínio soviético podiam ser atraídas para a violência por razões psicológicas, materiais e políticas.*
>
> Timothy Snyder, *Terra negra*[1]

No começo de outubro de 2016, o Exército do Iraque rondava a orla de Mossul. A retomada da cidade, que o Estado Islâmico conquistara em junho de 2014, parecia inevitável agora. Longas demoras tinham deixado os habitantes de Mossul céticos, mas a essa altura até o Estado Islâmico parecia resignado ao seu destino. Sua propaganda já não dizia que eles ocupariam seus redutos para sempre. Prometiam apenas a sobrevivência. A erradicação completa seria "impossível", dizia um editorial no jornal do Estado Islâmico em árabe, e eles seguiriam vivos para "conquistar Roma" e lutar ao lado de Jesus. Essa não era a primeira vez que o

Estado Islâmico tentava administrar as expectativas. Menos de um ano antes, Baghdadi prometera em tons churchillianos:

> Ó muçulmanos, não se assombrem com a reunião das nações e religiões da descrença contra o Estado Islâmico, pois essa é a condição do grupo vitorioso em todas as eras. Essa reunião continuará, e as provações e tribulações se intensificarão até que os dois campos estejam completos, de modo que neste campo não permaneça a hipocrisia e naquele campo não permaneça a fé... Quanto mais as nações adversárias aumentam sua mobilização, mais cresce a certeza [do Estado Islâmico] na vitória de Deus e de que este caminho é o certo, e quanto mais severas se tornarem suas tribulações, mais ele se despoja de inimigos e hipócritas e mais puras, firmes e constantes se tornam suas fileiras.[2]

Abu Muhammad al 'Adnani, o carismático porta-voz do grupo, vinha tentando racionalizar a derrota já fazia algum tempo. Sua última encíclica, com data de maio de 2016, parecia prever seu assassinato três meses depois, por um ataque de drone. "Por acaso pensa, ó América, que a vitória acontece matando um ou outro líder?", ele indagou.

> Ou pensa, ó América, que a derrota é a perda de uma cidade ou a perda de uma terra? Fomos derrotados quando perdemos as cidades no Iraque e estávamos no deserto sem nenhuma cidade ou terra? E seríamos derrotados e vocês seriam vitoriosos se tomassem Mossul, Sirte ou Raqqa ou mesmo se tomassem todas as cidades e nós voltássemos à nossa condição inicial? Decerto que não![3]

Em 2008, o Iraque e os Estados Unidos pagaram a tribos sunitas para expulsarem a Al-Qaeda, antecessora do Estado Islâmico, de cidades e vilarejos na província de Anbar. Os partidários do grupo foram forçados a se esconder no interior. Eles se recuperaram de reveses piores do que a perda de Mossul, e se recuperariam novamente, 'Adnani disse.

Enquanto as forças iraquianas preparavam-se para a mobilização, eu me encontrava a mais de 8 mil quilômetros de distância, ao lado de uma pilha de cocos que tinha mais da metade da minha altura. Estava em companhia dos anciões de Butril, um vilarejo em uma parte remota da ilha filipina de Mindanao, o destino presumido de Musa Cerantonio e os indômitos navegantes de Footscray. Mais ou menos um ano antes, Butril fora o local de uma operação dos fuzileiros navais das Filipinas que matou oito membros do Ansar al-Khilafah, um grupo jihadista ligado ao Estado Islâmico escondido nas selvas e montanhas da região. Se a queda de Mossul era certa, eu queria ver aonde o Estado Islâmico poderia ir em seguida. E este era o lugar.

Estava abafado, nenhuma brisa balançava as palmeiras e bananeiras. Obedecendo às imemoriais tradições da alta gestão e da imprensa, os anciões e eu observávamos um trabalhador suar. O homem, que não disse seu nome, parecia ter uns trinta anos e possuía o físico esguio e descarnado de quem canaliza cada caloria consumida para o esforço físico. Seu corpo era tão definido que poderia ser usado para ensinar anatomia na faculdade de medicina. Ele ganhava a vida descascando cocos, a cinquenta centavos a centena; a pedido dos anciões, o homem estava me mostrando como o vilarejo se sustentava com o processamento de cocos e a venda da sua polpa desidratada na cidade.

Musa me dissera, uma ocasião, que o amor pelo *Dawlah* [Estado Islâmico] no sul das Filipinas atingira um nível que ele nunca vira em outras partes. Em Butril não detectei um indício sequer de apreço pelo califado. Os homens que saíam da mesquita ao fim das orações do meio-dia não observavam nenhuma das regras de vestuário e asseio que o Estado Islâmico impinge aos seus súditos, e os moradores comentavam com orgulho que os professores da escola local eram cristãos. Todo mundo, inclusive os fuzileiros navais que tinham me acompanhado até Butril e rondavam as ruas enquanto eu conversava com os anciões, reconhecia que a presença do Ansar al-Khilafah consistia inteiramente em forasteiros — combatentes de outras partes do sul das Filipinas que se deslocavam com frequência pela área e subsistiam com atividades criminosas, em especial extorsão dos comerciantes locais.

Essa era a razão daquela demonstração agrícola. Eu tinha vindo junto com Justin Richmond, diretor de uma ONG chamada impl. project, que estava tentando avaliar como seria possível ajudar a financiar o desenvolvimento de Butril sem simplesmente transformar o vilarejo em um alvo mais suculento para o Ansar al-Khilafah ou outros. Richmond, de 37 anos, é um veterano de duas grandes instituições expedicionárias americanas, a Special Operations, dos Estados Unidos, e o ramo missionário da Igreja de Jesus Cristo dos Santos dos Últimos Dias. Sua religiosidade já não é a mesma, mas ele continua empenhado em sua área de especialização militar: a atividade islamita e criminosa no sul das Filipinas. É um dos poucos estrangeiros, e talvez o único americano, que viaja regularmente pelo interior despovoado de Mindanao, uma área que, nestes últimos vinte anos, se celebrizou pela propensão de grupos locais para sequestrar e decapitar brancos. Os grupos com as facas mais afiadas são Ansar al-Khilafah e Abu Sayyaf, este último sediado no mais perigoso arquipélago Sulu, a sudoeste de Mindanao. O líder do Abu Sayyaf, Abu Abdullah al--Filibini, prometeu *bay'a*, e em junho de 2016 um vídeo oficial do Estado Islâmico declarou a existência de uma protoprovíncia do Estado Islâmico. Para celebrar o evento, executaram três homens diante da câmera.[4]

Richmond esperava que a doação de um secador solar — uma lâmina de concreto para desidratar vegetais e impedir a decomposição — pudesse estimular a economia o suficiente para fortalecer a comunidade local e fazê-la cooperar melhor com o governo na resistência aos jihadistas. "Vemos que esse tipo de situação sempre se repete", Richmond me explicou. "Se há prosperidade, algo que dê a eles emprego e oportunidades, conseguimos atenuar os pontos mais vulneráveis dessas comunidades. E quando o sustento é garantido, eles contam com uma comunidade forte o bastante para se unir diante de uma ameaça."[5]

A batalha por Mossul seria travada com drones e tanques. Mas a próxima seria como esta: vilarejo por vilarejo, com secadores solares e outros equipamentos agrícolas. Cidades como Butril — não muito interessadas na jihad, mas vulneráveis a anexação por interessados — viriam em seguida na lista de alvos, quando o Estado Islâmico tramasse para se erguer das cinzas de Mossul e Dabiq.

A jihad nos arredores de Butril é fragmentada. É assim que o Estado Islâmico prefere. Um oficial dos fuzileiros navais nos informou que o Abu Sayyaf estava presente, sim — dizer que o grupo estava confinado em Sulu era exagero —, e que outros grupos mantinham células nas imediações. Se o Ansar al-Khilafah tivesse o monopólio das atividades islamitas por aqui, os fuzileiros navais poderiam controlar a fera pondo-lhe uma coleira. Acontece que a fera tinha muitas cabeças, e era preciso uma coleira para cada uma. Fazia anos que Mindanao era um centro de ressentimento muçulmano, em parte devido a políticas federais que, nos anos 1970 e 1980, haviam transferido populações cristãs, a maioria pertencente aos povos cebuano e ilonggo, para terras antes ocupadas por muçulmanos. Além do Abu Sayyaf havia os grupos Frente Nacional de Libertação dos Moros (que fizera um acordo com o governo em 1996), Combatentes Islâmicos pela Liberdade de Bangsamoro, Frente Islâmica de Libertação dos Moros (Milf, na sigla em inglês) e outros grupos que antes integravam este último (hoje conhecidos pelo gracioso apelido de "rogue Milf"*). As células jihadistas faziam alianças temporárias, mas também lutavam entre si e saqueavam os vilarejos quando tinham oportunidade. A ilha estava caótica, Richmond admitiu, e a única força estável capaz de manter em segurança o secador solar e seus proprietários eram os militares filipinos.

Os anciões da cidade estavam num dilema. Queriam o secador solar (ninguém iria recusar um equipamento agrícola gratuito), mas sabiam que laços mais estreitos com o governo filipino poderiam significar mais extorsão, e até retaliação, por parte do Ansar al-Khilafah, cujos integrantes se encontravam a apenas algumas centenas de metros dali. Fazia pouco tempo que os fuzileiros navais tinham vindo para o local, e nada garantia que permaneceriam. Por outro lado, o nível duradouro de insegurança era certo.

Ao final do nosso encontro, o prefeito de Butril disse que não via a hora de uma próxima visita de Richmond. Este concordou, mas não ficou nada combinado. A ONG de Richmond é uma entidade pequena, e Mindanao tem centenas de vilarejos que podem ser igualmente presa fácil dos jihadistas locais. Ninguém, nem mesmo o governo filipino, tinha condições de vigiar todos e assegurar que os projetos desenvolvessem as comunidades e melhorassem a resistência à jihad. Todos tinham suas prioridades. (Quando partimos, o prefeito olhou de esguelha e, com um meio sorriso maroto, sugeriu: "Quem sabe você não nos daria um trator também?".) Evidentemente, a próxima fase na guerra de mais de uma geração seria complicada.

---

* Literalmente, "Milf desgarrada", mas também pode significar, em tradução livre, "coroa safada". (N. T.)

* * *

Yahya incentivou Musa a ir para o *Dawlah,* mas salientou que a viagem não precisava incluir um voo arriscado (e provavelmente impossível para Musa, que estava sem passaporte) até a Turquia e uma passagem furtiva por baixo dos arames farpados da fronteira. O *Dawlah* tem províncias em outras partes, e, embora elas não se localizassem no abençoado *Sham,* ainda assim eram terras do islã. *Hijrah* era *hijrah.* Poucos duvidam que o sul das Filipinas era o destino que Musa pretendia. Ele já estivera lá antes e mantinha contatos. Segundo a mídia australiana, ele contou ao psicólogo de Sydney com quem conversou antes de partir que jihadistas das Filipinas tinham pedido sua ajuda para condenar e executar um "espião" que eles haviam capturado.[6]

Se Musa estava mesmo a caminho do sul das Filipinas, o que me espantava era o otimismo com que ele sem dúvida via sua viagem — não falo só da sobrevivência no mar (o martírio teria sido a recompensa), mas também da confiança de que, ao chegar, seus amigos jihadistas o receberiam como um colega e não, digamos, como uma mercadoria que poderia ser vendida a um grupo rival. Afinal de contas, o sequestro era a mais lucrativa atividade jihadista, rendia muito mais do que descascar coco. Nenhum dos grupos, nem mesmo os que se declaravam abertamente leais ao Estado Islâmico, tinha o aspecto culto no qual Musa e Yahya prosperavam. (Os fuzileiros navais disseram-me que, segundo seus informantes, ninguém nos grupos dos arredores de Butril sabia ler ou entendia o árabe.) Além disso, os grupos viviam às turras, e, mesmo se Musa encontrasse um que o adotasse e o adorasse, ele ainda assim seria uma figura desimportante em um ninho de cobras jihadistas desconfiadas umas das outras. Era esse o paraíso que ele desejava, o sonho para pôr fim a todos os sonhos? Entre as muitas perguntas que eu queria fazer a ele — seus advogados, talvez preocupados com seu julgamento iminente, não o deixariam à disposição — estava esta: o que seria da vida de um forasteiro que entrasse lá?

Mas nenhuma análise do Estado Islâmico podia ir longe se subestimasse a capacidade do grupo para enxergar glória em um revés. Eu me lembrava, antes de tudo, da máxima que Musa citava frequentemente sobre a importância do *khilafah*: se um califa governasse uma única rua (que diria então alguns vilarejos em Kunar ou uma ilha tropical no Pacífico), seu califado permaneceria em vigor e os muçulmanos continuariam obrigados a obedecê-lo. "A verdadeira derrota é a perda da força de vontade e do desejo de lutar", disse 'Adnani em seu último pronunciamento. "Estaríamos derrotados e vocês vitoriosos somente se vocês conseguissem remover o Alcorão do coração dos muçulmanos."[7]

Mais uma vez, o melhor modo de entender o incompreensível era migrar mentalmente para o califado, imaginar-me já em uma fantasia de avivamento na qual a ação de todos podia, e devia, imitar os atos virtuosos dos primeiros muçulmanos. Tentei ver as Filipinas com os olhos deles e com os do califa. Quando Maomé pregou o monoteísmo pela primeira vez a seus semelhantes coraixitas em Meca e eles o expulsaram da cidade, ele não seguiu para um lugar de harmonia, mas de discórdia. Fugiu para Medina, uma cidade tão tumultuada por disputas internas que, em comparação, faria os interjihadistas do sul das Filipinas, a violência de Milf contra Milf, parecerem brandos. A *hijrah* é uma jornada não para o conforto, mas para outros desafios. Até que a provação aconteça, não se pode dizer se Musa receberia essas tribulações de bom grado ou não. O objetivo do califado, e de seu próprio avivamento do zahirismo, era unificar os muçulmanos sob a versão mais básica de sua fé. Se Musa de fato estivesse a caminho das Filipinas, ele poderia ser o unificador e, embora provavelmente fosse tímido demais para afirmar isso, o Maomé moderno de seu pedacinho de mundo. Ele havia rejeitado as mesquitas da Austrália e sido rejeitado por elas. Seus melhores esforços na televisão egípcia também depararam com rejeição. Talvez, se ele pretendesse mesmo vir para as Filipinas, visse a relativa carência de conhecimento religioso entre os jihadistas não como uma desvantagem, mas uma oportunidade: finalmente ser uma figura respeitada, o mufti de sua ilha particular. Isso seria uma espécie de utopia.

Notavelmente, o Estado Islâmico redefine a utopia. Se Mossul cair, Raqqa será a próxima. Ambas as reconquistas serão sangrentas, e parte do sangue pode ser de Yahya. Mas a estratégia do Estado Islâmico é maior do que qualquer uma dessas cidades e se estende além das tocas no deserto para onde os combatentes correrão assim que fugirem da cidade. A construção de províncias a milhares de quilômetros de Raqqa era uma teoria de expansão paralela e simultânea, uma apólice de seguro para quando as blitzkriegs no oeste do Iraque interrompessem o crescimento do território do califado. A teoria envolvia encontrar lugares conturbados pela agitação e criminalidade e então usá-los em prol dos interesses do Estado Islâmico.

Os oficiais militares de Mindanao salientaram que os jihadistas locais eram exatamente o que Musa e Yahya não eram: meros bandidos. "Não passam de criminosos", disse um alto oficial. "Não querem saber da religião."[8] Para o califado, apesar de todas as suas pretensões intelectuais, um ambiente de banditismo — inclusive banditismo secular — é uma virtude. Não surpreende que a ruína do Iraque de Saddam Hussein tenha produzido um solo fértil para o Estado Islâmico. Quando a crença é deposta, serve-se da selvageria para restaurar seu poder. Como os leninistas e os maoistas antes deles, o Estado Islâmico mostra que as pessoas que vivem em condições intoleravelmente violentas buscarão a salvação com qualquer um que a ofereça de alguma maneira crível. Primeiro aceitam a salvação neste mundo, na forma de segurança física. Depois aprendem a buscá-la para o outro mundo nas mesmas fontes.

Assim que seu controle territorial se dissolver no Iraque e na Síria, a atividade de diáspora irá adquirir mais importância. A ausência da lei é problema em toda parte, como se vê no exemplo de Butril. O Estado Islâmico vê essas condições caóticas e sabe que, se for capaz de oferecer segurança sob sua marca, unificando facções e empregando violência extraordinária e sem precedentes, poderá encontrar novas bases, mediante o uso das mesmas táticas que deram ao grupo um êxito tão espetacular, ainda que temporário, no Oriente Médio.[9]

Condições caóticas semelhantes permitiram que o Boko Haram, o filiado do Estado Islâmico na África ocidental, se apoderasse de território em sua região. A rápida mudança social no norte da Nigéria deixou uma população muçulmana, antes poderosa e estável, tumultuada e negligenciada pelo governo nacional. "É um lugar que já foi rico, mas se tornou pobre", explicou-me Lamido Sanusi, o sultão de Kano, a maior cidade do norte da Nigéria. Ele comparou as tribulações da mudança social à dissonância intelectual que o filósofo Karl Popper citou como uma fonte ou sinal de convulsão social. "É um típico momento popperiano, no qual uma percepção aguda de instabilidade surgiu quando o norte perdeu poder econômico e militar e então se refugiou em uma identidade muçulmana."[10] Entretanto, quem acha que a religião está sendo explorada com objetivos políticos entendeu ao contrário. O Boko Haram encontrou desilusão e desgoverno, e então acelerou esses dois problemas para promover um objetivo religioso.[11] Crentes e bandidos trabalham em conjunto, uns usando os outros. Na Síria e no Iraque, os crentes venceram os celerados, expurgaram os baathistas descrentes de seu meio e todos os criminosos que não quiseram pôr sua violência a serviço de um Estado teocrático.

Como sua presença no Iraque e na Síria está cada vez mais precária, a estratégia do Estado Islâmico é forjar parcerias semelhantes no mundo todo. Basta olhar um mapa de países de maioria muçulmana e ter um conhecimento rudimentar sobre os níveis chocantes de desgoverno e criminalidade em muitos deles para ver que Mindanao e Nigéria são apenas dois exemplos de um problema global. Qualquer lugar com uma história de comoções sociais é um nicho em potencial para o califado. No começo de 2015, o Estado Islâmico enviou meia dúzia de partidários para procurar território no leste do Congo, uma zona permanentemente em guerra.[12] Há um vasto menu de outras localidades na África, Ásia, talvez na América do Sul. Onde quer que exista injustiça, a selvageria pode ser semeada. Onde quer que exista selvageria, ela pode ser usada e explorada. Onde ela puder ser explorada, o pesadelo pode perdurar.

Mas o pesadelo um dia vai acabar. Depois de dois anos ouvindo os seguidores do grupo, passei a vê-los como sonhadores doentios, uma companhia de visionários cujo anseio por significado nunca foi acompanhado por uma capacidade equivalente de distinguir o bem do mal, a beleza do horror. Eles estabelecem padrões elevados para si mesmos, e às vezes conseguem estar à altura. Não adianta fingirmos que eles não acreditam em nada ou que a crença deles é fraca. A maioria das pessoas que se submetem a critérios tão onerosos acaba por não conseguir cumpri-los, reformula seus ideais e volta para a sociedade com ambições terrenas e mais modestas. A tragédia é que mesmo os visionários invertidos que viveram para perceber seu erro nunca poderão desfazer o sofrimento que infligiram a tantos outros.

Agradecimentos

Escrevi este livro como pesquisador convidado do Council on Foreign Relations. Ali contei com o apoio de Janine Hill, Victoria Alekhine e Richard N. Haas, e reuniões com membros e pesquisadores do conselho aclararam minhas ideias. Gabriela Meltezer foi uma auxiliar de pesquisa inestimável.

Greg Veis, ex-editor executivo da revista *The New Republic*, encomendou minhas duas primeiras matérias sobre o Estado Islâmico e a primeira sobre o salafismo. Don Peck, James Bennet (agora no *New York Times*), Yvonne Rolzhausen e Scout Stossel reconheceram que havia mais a ser dito e prepararam meu artigo de capa sobre o Estado Islâmico para a edição de março de 2015 da *Atlantic*. Minha boa sorte com editores continuou na Random House com Hilary Redmon e Mika Kasuga. Devo muito a Jin Auh, James Pullen e Andrew Wylie por sua representação entusiasmada.

Várias plateias ofereceram comentários úteis, e sou grato a muitas pessoas e instituições pelo convite para falar-lhes: Robert Kerr, da Embaixada dos Estados Unidos em Abuja; R. Nicholas

Burns, do Aspen Strategy Group; Fernando Cardoso, da 2ª Conferência de Lisboa; R. Scott Appleby, Ebrahim Moosa e Atalia Omer, da Keough School of Global Affairs da Universidade de Notre Dame; Thomas Sanderson, do Centro de Estudos Estratégicos e Internacionais; Isak Svensson, da Uppsala University; Graham T. Allison e Niall Ferguson, do Grupo de Trabalho em História Aplicada da Harvard Kennedy School; Francis X. Clooney e Laura Thompson, do Centro para Religiões Mundiais da Harvard Divinity School; Stephen Sestanovich, da Universidade de Columbia; Universidade de Boston; Munk School of Global Affairs, da Universidade de Toronto; Pearson Institute for the Study and Resolution of Global Conflicts, da Universidade de Chicago; Universidade de Lagos; Universidade Georgetown; e Universidade Ahmadu Bello.

Muitos me concederam gratuitamente seu tempo e seus conhecimentos. Ao dizer que os erros remanescentes são meus, não estou procedendo ao ritual de absolvê-los dos equívocos como é praxe na seção de agradecimentos. Na verdade, alguns dos mencionados a seguir consideram permissível assassinar-me. Contudo, eles todos tornaram este livro melhor, por isso eu lhes sou grato. Foram especialmente solícitos: Bernard Haykel, Cole Bunzel, Will McCants, David Cook, Abdullah Pocius, Musa Cerantonio, Anjem Choudary, Mizanur Rahman, Ebrahim Moosa, Jon Hoover, Mia Bloom, Charlie Winter, Yasir Qadhi, Hamza Yusuf, Hesham El Ashry, Hassan Ko Nakata, Nelly Lahoud, Kecia Ali, Fred Donner, Jean-Pierre Filiu, Kévin Jackson, Pieter Van Ostaeyen, Shadi Hamid, Aymenn Jawad Al-Tamimi, Keith Lewinstein, Chase F. Robinson, Joas Wagemakers, Yahya Michot, Jacob Olidort, Shiraz Maher, Jacob Zenn, o time de futebol de salão de simpatizantes do Estado Islâmico na RecWest de Footscray, além de outros que pediram para permanecer anônimos.

Também aprendi em conversas e correspondência com Ali

Sada, Andy Kim, Carool Kersten, Anna Grzymala-Busse, Richard Nielsen, Vartan Gregorian, Leon Wieseltier, Ryan Crocker, Peter R. Neumann, Maajid Nawaz, Gregory Johnsen, Mark Juergensmeyer, Monica Duffy Toft, Rolf Mowatt-Larssen, Tariq Ramadan, David Ignatius, Richard Danzig, Jared Cohen e Thomas Hegghammer. Igualmente inestimáveis foram as recomendações de meus colegas de Yale Sigrun Kahl, Philip S. Gorski, Bruce Gordon, Zareena Grewal e Frank Griffel.

Enquanto escrevia e coletava dados para este livro, contei com a hospitalidade e os conselhos de dezenas de amigos. Kuba Wrzesniewski, Mauro De Lorenzo, Benjamin J. Dueholm, Benjamin Healy, Ryan Calder e Thomas Rid leram e comentaram partes do texto. Entre outros que contribuíram estão Yasir al-Gabara, Osama Ali, Mohammed Munder, Hakimuddin Dawud, Annette Rid, Matthew Cordell e Erin Renner, Chantana e James Noel Ward, Nils Rosenberg e Karen-Sofie Aasgaard, Gudmund Aasgaard, E. Clark Copelin, Will Masters e Diane Asadorian, Toshiko e Kent Calder, Theodor Dunkelgrün, Graham Harman, Paul Warham e Eriko Yamazaki, Zac Unger e Shona Armstrong, Natasha e Jesse Weisz, Nathan F. Sayre, Geoffrey Gresh e Leigh Nolan, Reihan Salam, Gabrielle Revlock e John Mangin, Kinch Hoekstra, Adelaide Papazoglou, Hunter Keith, Christopher Kirchhoff, Aubrey Clayton e Melissa Goldman, Urs Naber, Alexandra Leichtman, Andreas Schafer, Tim Heffernan e Lindsay Goldwert e Jennifer MacDonald. De nenhum deles ouvi um não quando pedi ajuda. Alguns me criticaram duramente, e por essa ajuda sou especialmente grato.

Davenport College
Outubro de 2016

Glossário

al-Masih al-Dajjal: Anticristo (literalmente, "o falso Messias").
al-salaf al-salih: os devotos antepassados.
amir al-mu'minin: príncipe dos fiéis (em português, miramolim).
ansar: os auxiliares do Profeta.
ayah: versículo corânico.
bay'a: lealdade ao califa.
bida': inovação religiosa.
Da 'esh: islâmico.
dahr: tempo.
da'wa: apelo às massas.
dawlah: Estado.
diyah: dinheiro pelo sangue derramado.
du'a': orações.
fatwas: determinações religiosas.
hadd: limite, restrição. Refere-se a um tipo de crime.
haram: proibido.
hijrah: hégira.
hisba: polícia da moralidade.
ijazah: permissão.
imāmah: liderança.
istikharah: prece.
istitabah: prática do arrependimento formal.
jahil: ignorante.
jannah: paraíso.
jizya: imposto cobrado de residentes não muçulmanos subjugados ao Estado Islâmico em troca de segurança.
kafir: infiel.

khalifa: califa.
khilafah: califado.
kuffar: infiéis.
kufr: descrença, ingratidão.
kunya: patronímico.
millat Ibrahim: o povo de Abraão.
miswak: palito com sabor de gengibre.
muhajir: migrante (participante da *hijrah*; pl.: *muhajirun*).
mujahidin: combatentes (que se empenham da jihad).
munafiq: hipócrita (pl.: *munafiqun*).
murtadd: apóstata (pl.: *murtaddin*).
mushrik: politeísta (pl.: *mushrikin*).
niqab: vestimenta feminina.
qisas: punição "olho por olho".
qiyas: raciocínio analógico.
rawafidh ou (*rafidah*): recusantes.
saby: escravização de mulheres e crianças.
Sahabah: Companheiros do Profeta.
shahadah: profissão de fé.
Sham: Levante (região).
shirk: idolatria, politeísmo.
taghut: tirano (pl.: *tawaghit*).
takfir: excomunhão.
ummah: comunidade constituída por todos os muçulmanos no mundo.
‘*urf*: costumes e convenções.
zina: fornicação.

Notas

NOTA SOBRE TERMINOLOGIA [pp. 11-5]

1. Ver C. E. Bosworth et al. (Orgs.), "Al-Shām". In: P. Bearman, et al. (Orgs.), *Encyclopaedia of Islam*. 2. ed. Leiden: Brill, 2012.
2. Para mais informações sobre os nomes do Estado Islâmico — especialmente "Da'esh" —, ver o ensaio de Alice Guthrie "Decoding Daesh: Why Is the New Name for Isis So Hard to Understand?" (Free Word, 19 fev. 2015. Disponível em: <freewordcentre.com/explore/daesh-isis-media-alice-guthrie>. Acesso em: 20 mar. 2017).
3. Ver "The Rafidah: From Ibn Saba' to the Dajjal" (*Dabiq*, n. 13, pp. 32-45, jan. 2016). Ao contrário dos xiitas e outros "apóstatas", cristãos e judeus podem se submeter aos muçulmanos e viver como cidadãos protegidos, mas subjugados. Conhece-se uma única exceção à ordem geral do Estado Islâmico para matar xiitas: a seita iemenita dos zaidistas, que os eruditos do Estado Islâmico classificam como meramente desviante e corrigível.
4. Alcorão, 48:10.

PRÓLOGO [pp. 16-30]

1. Russell Heimlich, "Jesus Christ's Return to Earth". Pew Research Center,

14 jul. 2010. Disponível em: <pewresearch.org/fact-tank/2010/07/14/jesus--christs-return-to-earth/>. Acesso em: 20 mar. 2017.

2. "From the Mannan Family in the Land of Khilafah", 3 jul. 2015. Disponível em: <justpaste.it/m4sy>. Acesso em: 20 mar. 2017.

3. Rachel Olding, "Australian Islamic State Doctor: Tareq Kamleh a 'Lazy Doctor Who Flirted with Patients'". *The Sydney Morning Herald*, 29 abr. 2015.

4. Tareq Kamleh, "My Reply to the Australian Health Practitioner Regulation Agency (AHPRA)", 8 maio 2015. Disponível em: <justpaste.it/loec>. Acesso em: 20 mar. 2017.

5. Roger Ebert, "*Pink Flamingos* Retain Schlock Value". *Chicago Sun-Times*, Chicago, 11 abr. 1997.

6. Graeme Wood, "'What Isis really wants?': The Response". The Atlantic.com, 24 fev. 2015. Disponível em: <theatlantic.com/international/archive/2015/02/what-isis-really-wants-reader-response-atlantic/385710/>. Acesso em: 20 mar. 2017.

1. A SEITA ESCOLHIDA [pp. 31-77]

1. Os termos "islamita" e "jihadista" são polêmicos. Quando digo "islamismo", refiro-me a um amplo espectro de posições políticas unidas pela convicção de que o islã deve ser um princípio norteador do governo. Quando digo "jihadismo", refiro-me ao apoio a formas de islamismo que procuram estabelecer a dominância do islã, se necessário pela força.

2. Há mais informações sobre o salafismo em Bernard Haykel, "On the Nature of Salafi Thought and Action", e em outros capítulos de Roel Meijer (Org.), *Global Salafism: Islam's New Religious Movement* (Londres: Hurst, 2009).

3. Outra categoria de pioneiros muçulmanos venerados é a dos Companheiros [*sahaba*]. Eles e os antepassados devotos [*salaf*] constituem categorias que se sobrepõem, mas não são idênticas. Os primeiros são uma classe restrita a homens e mulheres que Maomé conheceu pessoalmente enquanto eram muçulmanos e que nunca se tornaram apóstatas.

4. Bukhari 6065, Muslim 2533.

5. As referências corânicas mais frequentemente empregadas contra a democracia incluem 6:116 ("Se obedeceres à maioria dos seres da terra, eles desviar-te-ão da senda de Allah") e 12:106 ("E sua maioria não crê em Allah, sem atribuir-Lhe parceiros" [ou seja, politeísmo]). Entretanto, existem vários movimentos democráticos salafistas, com destaque para o Partido Al-Nour, do Egito. Para uma análise das atitudes dos salafistas em relação à democracia, além da

ideia comum de que ela é *haram*, ver Ovamir Anjum, "Salafis and Democracy: Doctrine and Context" (*The Muslim World*, Malden, v. 106, n. 3, pp. 448-73, 4 jul. 2016).

6. Mary Anne Weaver, *A Portrait of Egypt: A Journey Through the World of Militant Islam*. Nova York: Farrar, Straus and Giroux, 2001, p. 94.

7. O quietismo de Ibn Hanbal é descrito em Michael Cook, *Commanding Right and Forbidding Wrong in Islamic Thought* (Cambridge: Cambridge University Press, 2000, pp. 95-109).

8. Mais detalhes sobre a biografia de Omar Abdel-Rahman em Malika Zeghal, *Gardiens de l'islam: Les oulémas d'Al Azhar dans l'Égypte contemporaine* (Paris: Presses de Sciences Po, 1996, pp. 336-58).

9. Às vezes os salafistas contornam essa questão dizendo que "reverteram" e não que "se converteram" ao islã, independentemente de terem ou não nascido muçulmanos e passado a observar os preceitos, ou ainda de não terem nascido muçulmanos e se tornado muçulmanos.

Essa nomenclatura não é exclusiva dos salafistas. Maomé disse: "Nenhum bebê nasce exceto de acordo com o *fitrah* (em tradução livre: "plano de Deus"); e então seus pais fazem dele um judeu ou um cristão" (Muslim 63/6426). Portanto, todo aquele que encontra seu caminho para o islã na verdade encontra seu caminho *de volta* ao islã.

10. Seria desprezível mencionar essas torturas horripilantes sem acrescentar que o cristianismo também se destacou no campo do sadismo (aliás, adota como seu principal símbolo um instrumento de tortura). Menos óbvio talvez seja o idêntico deleite do mundo secular com o sofrimento humano crasso. Você já assistiu ao filme *O Albergue 2*? Wim Raven comentou a respeito de um texto medieval muçulmano sobre as punições aos condenados:

> É até fácil para uma pessoa do nosso tempo tachar esse texto de vulgar e malfeito. [...] Mas quando tentamos visualizar o inferno com base nesse texto, o resultado é semelhante ao das fantasias sádicas, filmes de terror e quadrinhos underground da nossa época: monstros com ganchos de ferro nas garras, membros decepados jorrando sangue e pus, peles arrancadas, cobras e escorpiões passeando sobre corpos nus. Hoje em dia, esse tipo de imagem e descrição suscita um misto de medo e volúpia em um bom número de pessoas; será que teria sido tão diferente nos séculos passados?

Ver Wim Raven, "Hell in Popular Muslim Imagination: The Anonymous Kitāb al-'Azama", em Christian Lange (Org.), *Locating Hell in Islamic Traditions* (Leiden: Brill, 2016).

11. "Open Letter to al-Baghdadi", 19 set. 2014. Disponível em: <lettertobaghdadi.com>. Acesso em: 20 mar. 2017.

12. Um de seus panfletos, que trata da prática da escravidão sexual, inclui a seguinte pergunta e resposta:

> Qual a recompensa por libertar uma escrava?
> Deus, o exaltado, disse [no Alcorão]: "E o que te fará entender o que é vencer as vicissitudes [o inferno]? É libertar um cativo". E o Profeta Maomé disse: "Daquele que libertar um crente Deus libertará todos os órgãos de seu corpo do fogo do inferno".

Ver Departamento de Pesquisas e Vereditos, "Questions and Answers on Taking Captives and Slaves"[S.l.: Al-Himma Library, nov. 2014).

13. Citado em Ebrahim Moosa, "Overlooking Political Theologies: Isis and Versions of Sunni Orthodoxy" (não publicado). Mosse prossegue dizendo que Usmani defende uma proibição temporária moderna à escravidão, porém somente porque países muçulmanos concordaram em não escravizar. Na ausência desses acordos, a escravização poderia continuar. Ele cita o xeque Suad Salih, da Universidade de Al-Azhar, e a saudita Suad al-Ghaith como duas eminentes acadêmicas que endossam a escravidão como um conceito vivo no islã.

14. Essas reações encontram fortes paralelos no tratamento da escravidão pelo Ocidente, em especial nos Estados Unidos. Poucos americanos querem reconhecer o quanto a escravidão está arraigada de forma profunda na vida americana. Tampouco a maioria de nós avalia a monstruosa ironia de que os mesmos pensadores democráticos e esclarecidos que fundaram o país também consagraram legalmente sua prática mais obscurantista e antidemocrática. O fato de Thomas Jefferson ter sido proprietário de suas parceiras sexuais raras vezes é mencionado como escravidão sexual, mas é exatamente isso — e o fato de que ele libertou escravas após ter tido relações sexuais com elas não serve de indício de que ele era favorável ao abolicionismo. Orlando Patterson sugeriu que paremos de fingir que a escravidão é a "instituição singular" e que a chamemos de "a instituição embaraçosa". Ver Orlando Patterson, *Slavery and Social Death* (Cambridge: Harvard University Press, 1982, p. ix).

15. David Brion Davis, *The Problem of Slavery in Western Culture*. Ithaca: Cornell University Press, 1966, pp. 31-2.

16. Ver Alcorão, 74:20. Sentimentos semelhantes sobre o perigo da inteligência podem ser encontrados em obras de outros grandes simplificadores da religião. Considere o alerta de João Calvino de que a mente é "uma perpétua forja de ídolos" ("Não é lícito conferir uma forma visível a Deus", em *A instituição da religião cristã* [1536]; "O coração é falso como ninguém" (Jeremias 17:9, um versículo muito apreciado pelos evangélicos); a polêmica do cardeal Newman sobre o "julgamento privado" ("Faith and Private Judgement", em *Discour-*

ses Addressed to Mixed Congregations [1849]); e o programa de doze passos dos Alcoólicos Anônimos advertindo contra os "pensamentos errados".

17. Abu 'Amr al-Qa'idi, *A Course in the Art of Recruitment*. Documento disponível on-line e descrito por Brian Fishman e Abdullah Warius em "A Jihadist's Course in the Art of Recruitment" (*CTC Sentinel*, v. 2, n. 2, 15 fev. 2009).

18. E-mail trocado com Maajid Nawaz em 2 de outubro de 2012.

19. Alcorão, 4:56.

20. Ver, por exemplo, os interiores espartanos, sem ícones, retratados nas pinturas de Pieter Janszoon Saenredam e Emanuel de Witte. Muitas de suas igrejas, se bem examinadas, são indistinguíveis de certos tipos de mesquita.

21. Bukhari e Muslim.

22. Sherman Jackson (Trad.), *On the Boundaries of Theological Tolerance in Islam: Abū Hāmid al-Ghazālī's Faysal al-Tafriqa*. Oxford: Oxford University Press, 2002, p. 112.

23. Outros afirmaram que apenas muçulmanos podem blasfemar, pois os insultos de infiéis ao Profeta nascem da ignorância. (Se fossem menos ignorantes, seriam muçulmanos.) O Alcorão, de forma indireta, apoia essa posição, de passagem, quando ordena aos muçulmanos que não insultem falsos deuses: "Não injurieis o que invocam, em vez de Allah, a menos que eles, em sua ignorância, injuriem iniquamente a Allah" (6:108).

24. A versão clássica dessa acusação aparece nos escritos de Ibn Battuta, o maior viajante árabe, que encontrou Ibn Taymiyya em Damasco e se perguntou se ele não teria um "parafuso a menos". Citado em George Makdisi, "Ibn Taymiyya: A Sufi of the Qadiriya Order" (*The American Journal of Arabic Studies*, v. I, p. 119, 1973).

25. Th. Emil Homerin, "Sufis and Their Detractors in Mamluk Egypt", em Frederick de Jong e Bernd Radtke (Orgs.), *Islamic Mysticism Contested* (Leiden: Brill, 1999, p. 233).

26. "Ibn Taymiyya", em Gerhard Bowering (Org.), *The Princeton Encyclopedia of Islamic Political Thought* (Princeton: Princeton University Press, 2012, p. 239).

27. Citado em no panfleto de Muhhamad 'Abd al-Salam Faraj, em Johannes J. G. Jansen, *The Neglected Duty: The Creed of Sadat's Assassins* (Nova York: Macmillan, 1986 [1980], p. 173).

28. Durante a maior parte do período após sua morte, até o século XIX, Ibn Taymiyya ocupou apenas um lugar secundário entre os eruditos sunitas, sobretudo fora da escola Hanbali prevalecente na península Arábica. Ver Khaled El-Rouayheb, "From Ibn Hajar al-Haytami (m. 1566) to Khayr al-Din al-Alusi (m. 1899): Changing Views of Ibn Taymiyya Among Non-Hanbali Sunni Scholars",

em Yossef Rapoport e Shahab Ahmed (Orgs.), *Ibn Taymiyya and His Times* (Karachi: Oxford University Press, 2010, p. 270).

29. Ibid., p. 172.

30. Lawrence Wright, *Thirteen Days in September*. Nova York: Knopf, 2014, p. 16.

31. Bernard Haykel salientou o fetiche salafista pelo árabe clássico: "Encontrei salafistas na Índia e em outras partes fora do mundo árabe para quem a fluência em árabe clássico é um importante distintivo do verdadeiro salafista [...] Alguns dizem até que, idealmente, todo muçulmano deveria falar o árabe como língua materna. Conseguir isso é uma verdadeira façanha, e uma marca de distinção e status elevado entre os membros do movimento". Haykel, "On the Nature of Salafi Thought and Action", op. cit., p. 35.

32. "Não há imposição quanto à religião" (Alcorão, 2:256). Alguns interpretam que esse verso se aplica apenas a cristãos e judeus, já que o profeta obrigava os idólatras de Meca a abandonar sua fé, ou supõem que os subsequentes versículos "da espada" (por exemplo, 9:5 e 9:29) ab-rogam esse versículo. Para uma discussão sobre a ab-rogação desse versículo no contexto do Estado Islâmico, ver Ella Landau-Tasseron, "Delegitimizing Isis on Islamic Grounds: Criticism of Abu Bakr al-Baghdadi by Muslim Scholars" (*MEMRI Inquiry & Analysis*, n. 1205, pp. 12-3, 19 nov. 2015).

2. A FÁBRICA DE *FATWAS* [pp. 78-130]

1. Jonathan Z. Smith, *Imagining Religion: From Babylon to Jonestown*. Chicago: University of Chicago Press, 1982, p. 108.

2. Cole Bunzel, "The Caliphate's Scholar-in-Arms". Jihadica, 9 jul. 2014. Disponível em: <jihadica.com/the-caliphate%E2%80%99s-scholar-in-arms/>. Acesso em: 20 mar. 2017.

3. "Treasury Sanctions Key Isil Leaders and Facilitators Including a Senior Oil Official", 11 fev. 2016. Disponível em: <treasury.gov/press-center/press-releases/Pages/jl0351.aspx>. Acesso em: 20 mar. 2017.

4. Cole Bunzel, "Binali Leaks: Revelations of the Silent Mufti". Jihadica, 15 jun. 2015. Disponível em: <jihadica.com/binali-leaks/>. Acesso em: 20 mar. 2017.

5. Entrevista com Bernard Haykel, Nova York, 30 set. 2016.

6. A afeição dos jihadistas pela poesia poderia estarrecer a maioria dos não árabes. Muitas declarações de líderes do Estado Islâmico incluem versos (as de Baghdadi são exceções), e desde 2014 o Estado Islâmico tem uma poeta oficial,

uma síria chamada Ahlam al-Nasr. Ver Robyn Creswell e Bernard Haykel, "Battle Lines" (*The New Yorker*, Nova York, 8 jun. 2015). Grupos a capella do Estado Islâmico entoam prolificamente uma forma poética afim, os *nashids*, e em dezembro de 2015 publicaram seu primeiro *nashid* em chinês ("Mujahid"). Um dos mais antigos e populares *nashids* jihadistas tem o conhecido título "Estranhos" ("Ghuraba'"). Partes da obra não passam da palavra *ghuraba'* repetida à exaustão. Há mais detalhes sobre a poesia jihadista em Elisabeth Kendall, "Jihadist Propaganda and Its Exploitation of the Arab Poetic Tradition", em Elisabeth Kendall e Ahmad Khan (Orgs.), *Reclaiming Islamic Tradition: Modern Interpretations of the Classical Heritage* (Edinburgh: Edinburgh University Press, 2016, cap. 9).

7. Entrevista com Cole Bunzel, Nova York, 4 nov. 2015.

Encontrei uma variação desnorteantemente incomensurável de opiniões sobre a fluência do árabe clássico de Baghdadi. Zareena Grewal, professora de estudos religiosos em Yale, diz que o árabe de Baghdadi "não é nada de mais" (entrevista, 29 abr. 2015), e Hamza Yusuf (entrevista, 10 maio 2015) também não se impressionou. Haykel e Bunzel salientaram o "domínio do árabe clássico" por Baghdadi ("A New Caliphate?". Project Syndicate, 10 jul. 2014), e a maioria dos árabes a quem perguntei foi, a contragosto, da mesma opinião. Como Baghdadi fez sua tese de doutorado em recitação corânica, seria razoável esperar essa facilidade com a fala religiosa clássica.

8. Reproduzido por Aymenn Jawad Al-Tamimi em seu blog, 27 out. 2015. Disponível em: <aymennjawad.org/2015/10/this-is-our-aqeeda-and-this-is-our--manhaj-islam>. Acesso em: 20 mar. 2017.

9. Richard Nielsen, cientista político do MIT, afirma que a atividade ideológica jihadista — redigir *fatwas* e outros textos eruditos em defesa do jihadismo — frequentemente é uma resposta à rejeição por instituições islâmicas majoritárias (também pode ser a causa dessa rejeição). Sua hipótese da "ambição bloqueada" sugere que ser barrado do êxito na corrente principal do islã cria ressentimentos intensos em clérigos jihadistas, e isso, por sua vez, leva a um jihadismo ainda mais exacerbado. Richard Nielsen, *Deadly Clerics: Blocked Ambition and the Turn to Violent Jihad*. Nova York: Cambridge University Press. No prelo.

10. Há mais informações sobre Maqdisi em Jobi Warrick, *Black Flags: the rise of Isis* (Nova York: Doubleday, 2015); Joas Wagemakers, *A Quietist Jihadi: The Ideology and Influence of Abu Muhammad al Maqdisi* (Cambridge: Cambridge University Press, 2012).

11. Citado em Eli Alshech, "The Doctrinal Crisis within the Salafi-Jihadi Ranks and the Emergence of Neo-Takfirism" (*Islamic Law and Society*, Leiden, v. 21, n. 4, pp. 419-52, 2014).

12. Abu Muhammad al-Maqdisi, "Waqafāt ma'a thamarāt al-jihād". Citado em Alshech, "The Doctrinal Crisis within the Salafi-Jihadi Ranks and the Emergence of Neo-Takfirism", op. cit., p. 432.

13. Maqdisi distinguiu entre matar para infligir sofrimento ao inimigo [*qital al-nikaya*] e matar para consolidar o poder [*qital al-tamkin*] e preferiu este segundo objetivo. Ver Joas Wagemakers, "Protecting Jihad: The Sharia Council of the Minbar al-Tawhid wa'l-Jihad" (*Middle East Policy*, n. 18, n. 2, 12 jun. 2011).

14. Em "Protecting Jihad", op. cit., Wagemakers identifica Binali como membro do "Conselho da Xaria" de Maqdisi, sob o pseudônimo de Abu Human Bakr ibn 'Abd al-'Aziz al-Athari. Maqdisi, na época, sentia uma afeição especial por Binali, segundo Wagemakers, porque este o defendera em altercações com outros ideólogos jihadistas.

15. Hélène Sallon, "Abou Mohammed al-Maqdissi, un théoricien du djihad contre l'organisation Etat islamique". *Le Monde*, Paris, 23 set. 2016.

16. Entrevista com Joas Wagemakers, Nijmegen, 27 mar. 2015.

17. Patrick Cockburn, "Middle East Leader of the Year? You'd be Surprised...". *The Independent*, Londres, 21 dez. 2013.

18. Ver Cole Bunzel, "Introducing the 'Islamic State of Iraq and Greater Syria'" (Jihadica, 9 abr. 2013. Disponível em: <jihadica.com/introducing-the-­islamic-state-of-iraq-and-greater-syria%E2%80%9D/>. Acesso em: 20 mar. 2017). Para uma descrição abrangente desse processo e sua relação com a guerra civil síria mais geral, ver Charles Lister, *The Syrian Jihad: Al-Qaeda, the Islamic State and the Evolution of an Insurgency* (Londres: Hurst, 2016).

19. William McCants, "The Believer: How an Introvert with Passion for Religion and Soccer Became Abu Bakr Al-Baghdadi, Leader of the Islamic State". The Brookings Essay, Washington, 1 set. 2015.

20. Entrevista com Nelly Lahoud, Nova York, 10 abr. 2015. Ver também Nelly Lahoud, "Metamorphosis: From al-Tawhid wa-al-Jihad to Dawlat al-Khilafa (2003-2014)", em Bryan Price, Dan Milton, Muhammad al-'Ubaydi e Nelly Lahoud, *The Group That Calls Itself a State: Understanding the Evolution and Challenges of the Islamic State* (West Point: Combating Terrorism Center, 2014). Se levada adiante, a analogia entre Zarqawi e Nur al-Din é ainda mais lisonjeira para Baghdadi. O sucessor de Nur al-Din foi Saladin, o guerreiro curdo que conquistou Jerusalém.

21. Entrevista com Cole Bunzel, Princeton, 5 abr. 2015.

22. Baghdadi não foi o primeiro a copiar Abu Bakr al-Siddiq. Eis o discurso de Muhhamad Morsi quando soube que tinha sido eleito presidente do Egito, em 2012 (tradução para o inglês pela Irmandade Muçulmana e reproduzido em *The Guardian*, 25 jun. 2012):

Ó povo do Egito, concederam-me uma séria confiança e grande responsabilidade. Digo a todos vocês que, pela graça de Deus e pela vontade de vocês, disso fui incumbido e não sou o melhor dentre vocês. [...] Peço a vocês, meu povo, que me apoiem enquanto eu estabelecer a justiça e a retidão entre o povo, e enquanto eu obedecer a Deus nos seus assuntos. Se eu não o fizer, e se eu desobedecer a Deus e não cumprir o que prometi, vocês não são obrigados a me obedecer.

23. Ver, de Fred Donner, *The Early Islamic Conquests* (Princeton: Princeton University Press, 1982, pp. 82-90) e *Muhammad and the Believers: At the Origins of Islam* (Cambridge: Harvard University Press, 2010, pp. 100-2).

24. A comunidade muçulmana global rejeitou a jihad de Baghdad quase tão decisivamente quanto rejeitara a última convocação recente feita por um califa. Durante a Primeira Guerra Mundial, o sultão Mehmed v declarou a jihad contra os Aliados e exigiu que os muçulmanos do Império Britânico se insurgissem contra seu governo. Não só os muçulmanos britânicos não se revoltaram, como também os árabes não britânicos aderiram à causa dos Aliados, e o Império Otomano foi desmembrado.

25. Alcorão, 50:16.

26. Não encontrei fontes para essa história popular além de Hesham e suas postagens no Facebook. Colin Imber, que escreveu um estudo sobre Abu al-Suʻud, não faz menção a essa história em fontes bem conhecidas.

27. H. A. R. Gibb, "The Fiscal Rescript of 'Umar II". *Arabica*, Leiden, v. 2, n. 1, pp. 4-5, jan. 1955.

28. Para uma tentativa de analisar os vários públicos da *Dabiq* ver Brandon Colas, "What Does *Dabiq* Do? Isis Hermeneutics and Organizational Fractures within *Dabiq* Magazine" (*Studies in Conflict & Terrorism*, Washington, v. 40, n. 3, 6 jun. 2016).

29. Uma interpretação moderna do termo "jihad" diz que não se trata principalmente de uma palavra relacionada a violência ou guerra. Para exemplos dessa interpretação, ver John L. Esposito, *The Islamic Threat: Myth or Reality?* (Nova York: Oxford University Press, 1999, p. 30); Reza Aslan, *No God but God: The Origins, Evolution and Future of Islam* (Nova York: Random House, 2005, pp. 81-2).

Esses intérpretes citam um dito do Profeta, em geral considerado espúrio por estudiosos muçulmanos, que faz referência à guerra como "jihad menor" e à luta íntima pela perfeição moral como "jihad maior". O termo "jihad", embora derive de um verbo árabe, *jahada* ["lutar" ou "esforçar-se"] — o aspecto "sagrado" não é necessário do ponto de vista semântico —, historicamente refere-se à guerra a serviço de Deus. Para discussões sobre esse tema, ver David Cook, *Understanding Jihad* (Berkeley: University of California Press, 2005, pp. 35-44).

30. Ella Landau-Tasseron, "The Religious Foundations of Political Allegiance: A Study of Bayʻa in Pre-Modern Islam". Hudson Institute Research Monographs on the Muslim World, v. n. 2, n. 4, p. 1, 21 maio 2010; Andrew Marsham, "Bayʻa", em P. Bearman, et al. (Orgs.), *Encyclopaedia of Islam* (3. ed. Leiden: Brill, 2014).

31. "Iraq: Isis Execution Site Located", Human Rights Watch, 26 jun. 2014. Disponível em: <hrw.org/news/2014/06/26/iraq-isis-execution-site-located>. Acesso em: 20 mar. 2017.

32. Praticamente todas as plataformas de redes sociais viram-se recrutadas por usuários para veicular a guerra de propaganda do Estado Islâmico, e o YouTube não foi o pior transgressor que hospedou conteúdo sangrento e genocida. Twitter, Facebook e YouTube buscaram conteúdo do Estado Islâmico e deletaram contas sempre que possível. Pesquisas recentes mostram que esses esforços de deleção tiveram alguma eficácia, impedindo que as redes crescessem e limitando o alcance dos tuiteiros jihadistas célebres. Ver J. M. Berger e Heather Perez, "The Islamic State's Diminishing Returns on Twitter: How Suspensions are Limiting the Social Networks of English-Speaking Isis Supporters" (Program on Extremism Occasional Paper, George Washington University, fev. 2016).

Um sintoma do êxito dessas campanhas de deleção é a migração para outras plataformas mais difíceis de usar ou menos populares. O site Justpaste.it, que um jovem polonês mantém sozinho, tornou-se um veículo bastante procurado para galerias de fotos do Estado Islâmico, e em 2016 o Telegram — uma plataforma de mensagens criptografadas de uso acessível — foi a fonte mais fácil de informações e vídeos oficiais. Ver Carmen Fishwick, "How a Polish Student's Website Became an Isis Propaganda Tool" (*The Guardian*, Londres, 14 ago. 2014).

33. Ver Mehdi Hasan, "What the Jihadists Who Bought *Islam for Dummies* on Amazon Tell Us About Radicalisation". *New Statesman*, Londres, 21 ago. 2014.

34. Mona El-Naggar, "From Cairo Private School to Syria's Killing Fields". *The New York Times*, Nova York, 19 fev. 2015.

35. Postado em dezembro de 2014. Disponível em: <justpaste.it/Islam Yakeno>. Acesso em: 20 mar. 2017.

36. Usuário do Twitter @i_yaken, 31 jul. [conta deletada].

37. Smith, *Imagining Religion*, op. cit., p. 112.

38. Ver, por exemplo, a apresentação de John Esposito em um painel do Centro de Estudos sobre Islã e Democracia em 28 ago. 2014.

39. Kevin McDonald, "Isis Jihadists Aren't Medieval — They Are Shaped By Modern Western Philosophy". *The Guardian*, Londres, 14 set. 2014.

40. "Não existem citações diretas de Maududi no discurso", McDonald escreveu-me em e-mail trocado em 15 de dezembro de 2014. "Meu artigo tenta

mostrar que a sacralização do poder político no islamismo contemporâneo tem origem ocidental, e não muçulmana." "A descrição [por Baghdadi] do papel do califa é construída em uma linguagem que, a meu ver, provém diretamente de *Islamic Way of Life*, de Maududi."

41. Liz Sly, "The Hidden Hand Behind the Islamic State Militants? Saddam Hussein's". *The Washington Post*, Washington, 4 abr. 2015.

42. Aya Batrawy, Paisley Dodds e Lori Hinnant, "'Islam for Dummies': IS Recruits Have Poor Grasp of Faith". Associated Press, 15 ago. 2016.

43. "Tariq Ramadan: 'Isil's Acts Are Un-Islamic'". Al-Jazeera, 17 out. 2014.

44. Sou grato a Kyle W. Orton e Craig A. Whiteside por estabelecerem essa cronologia. Ver Kyle Orton, "Saddam's Former Loyalists Are Leading Isis — as True Believers" (*National Review*, 20 jul. 2015).

45. Ver o arquivo de documentos coligido por Aymenn Jawad Al-Tamimi. Nele incluem-se muitos documentos de natureza secular, religiosa e híbrida. Disponível em: <aymennjawad.org/2015/01/archive-of-islamic-state-administrative-documents>. Acesso em: 20 mar. 2017.

46. Thomas Hegghammer, "Why Terrorists Weep". Paul Wilkinson Memorial Lecture, University of St. Andrews, 16 abr. 2015.

47. Ibid.

48. Andrew F. March identifica uma ironia no desinteresse de estudiosos ocidentais pela teologia islâmica em geral. Hoje os estudiosos que se concentrarem nas escrituras e teologia jihadistas excluindo a política, a demografia e a sociologida jihadista podem esperar ser tachados pelos colegas de orientalistas — membros da longa e às vezes mal-afamada tradição acadêmica ocidental que apelou para o fetichismo ou o aviltamento do Oriente ao estudá-lo. Contudo, antes dos anos 1990, os orientalistas foram os que desconsideraram ou menosprezaram a teologia. Desviaram-se das atividades intelectuais voltadas para as escrituras em favor das tradições da *falsafa* [filosofia] influenciada pelos gregos, as quais, segundo Tim Winter, não são "tolhidas por fúteis controles das escrituras". Citado em Andrew F. March, "Speaking About Muhammad, Speaking for Muslims" (*Critical Inquiry*, v. 37, n. 2, p. 808, 2011).

49. Will McCants, *The Isis Apocalypse: The History, Strategy, and Doomsday Vision of the Islamic State*. Nova York: St. Martin's Press, 2015.

50. Reuel Marc Gerecht, "The Last Orientalist". *Weekly Standard*, 5 jun. 2006.

51. Bernard Lewis, "The Significance of Heresy in Islam". *Studia Islamica*, n. 1, p. 44, 1953.

Nesse banquete de ciência social sem deus, o espectro é Karl Marx, que tornou célebre seu argumento para remover a religião da história atribuindo-lhe propriedades analgésicas ("o ópio do povo") e explicando que ela mascara as causas fundamentais relacionadas a péssimas condições materiais. A busca, frequentemente bem-sucedida, para encontrar essas causas materiais básicas tem animado uma parte colossal da ciência social da religião. No entanto, a suposição de que a religião *sempre* é redutível a explicações materiais não passa de dogma.

52. Michael Cook, *Ancient Religions, Modern Politics*. Princeton: Princeton University Press, 2014, p. 270.

53. Ibid., p. xii.

54. Para um esboço da política liberal islâmica e sua coerência teórica com Estados liberais, ver Andrew F. March, *Islam and Liberal Citizenship* (Nova York: Oxford University Press, 2009).

55. Uma característica que os pesquisadores colegas de Bunzel têm em comum é serem jovens. Aymenn J. Al-Tamimi, do Middle East Forum, Aaron Y. Zelin, do Washington Institute for Near East Policy, e Charlie Winter, do King's College londrino, estão na casa dos vinte. Os mais velhos nessa área — Peter R. Neumann e Shiraz Maher, do King's College londrino, Thomas Hegghammer, Pieter Van Ostaeyen (um pesquisador independente belga), Will McCants, da Brookings Institution, e Pieter Nanninga, da Universidade de Groningen —, estão, em sua maioria, na casa dos quarenta. Não confie em ninguém com mais de cinquenta anos como especialista em Estado Islâmico.

56. Cole Bunzel, "Introducing the 'Islamic State of Iraq and Greater Syria'".

57. Id., "The Islamic State of Disobedience: Al-Baghdadi Triumphant". Jihadica, 5 out. 2013.

58. "Statement by the Council of Senior Ulama Supporting Actions Taken by the Leader Inviting Qualified Forces to Respond to the Aggression Against This Country", 14 ago. 1990.

59. Comunicado pessoal de Stanley Cohen, 5 fev. 2015.

60. Ibid.

61. *Dabiq*, n. 6, pp. 34-7, dez. 2014. A referência ao título do filme *Although the Disbelievers Dislike It* encontra-se no Alcorão, 61:8: "Pretendem extinguir a Luz de Allah com suas (infames) bocas; porém, Allah completará (a revelação) de sua Luz, embora isso desgoste os incrédulos".

62. Joas Wagemakers, "Maqdisi in the Middle". Jihadica, 11 fev. 2015. Disponível em: <jihadica.com/maqdisi-in-the-middle-an-inside-account-of-the-secret-negotiations-to-free-a-jordanian-pilot/>. Acesso em: 20 mar. 2017.

63. Um hadith diz que o fogo é uma punição reservada a Deus: "Ateus foram levados a 'Ali, e ele os queimou. A notícia desse acontecimento chegou a Ibn 'Abbas, e este então disse: 'Estivesse eu no lugar dele, não os teria queimado, pois o Mensageiro de Deus o proibiu com estas palavras, *Não punirás com o castigo de Deus (fogo)*'". Bukhari, 9:84:57.

Os argumentos dados pelo Estado Islâmico para a punição recíproca estão claros na coreografia do vídeo de imolação. O homem que ateou fogo em Kasasbeh, que estava ensopado de gasolina, foi identificado como o comandante de uma unidade militar cujos integrantes haviam sido queimados em um ataque aéreo. Como golpe de misericórdia, um caminhão basculante despejou uma carga de entulho sobre o corpo calcinado de Kasasbeh — também porque ataques aéreos tinham destruído prédios e esmagado membros do Estado Islâmico com concreto despedaçado.

64. Cole Bunzel, "Binali Leaks: Revelations of the Silent Mufti", op. cit.

3. MUSA CERANTONIO [pp. 131-90]

1. Michele Amari, *Biblioteca arabo-sicula* (Turim; Roma: Ermanno Loescher, 1880, p. 213) e *Storia dei musulmani di Sicilia* (Florença: Felice Le Monnier, 1858, pp. 79-80).

2. Joseph A. Carter, Shiraz Maher e Peter R. Neumann, *#Greenbirds: Measuring Importance and Influence in Syrian Foreign Fighter Networks*. Londres: International Centre for the Study of Radicalisation amd Political Violence (ICSR), 2014.

3. Peter R. Neumann, *Die neuen Dschihadisten: IS, Europa und die nächste Welle des Terrorismus*. Berlim: Econ, 2015, p. 156.

4. Aliás, em um caso, descobriu-se que um renomado divulgador era um tal de Joshua Ryne Goldberg, um judeu mentalmente instável que morava no porão da casa de seus pais em Ocean Park, na Flórida.

5. Entrevista com Peter R. Neumann, Londres, 21 nov. 2014.

6. Entrevista com Horst Dickhäuser, Dinslaken, 27 mar. 2015.

7. Andrew Higgins, "A French Town Linked to Jihad Asks Itself Why". *The New York Times*, Nova York, 17 jan. 2015.

8. James Boswell, *The Life of Samuel Johnson*. Oxford: Oxford University Press, 2008 [1791], p. 347.

9. Muslim, 4562.

10. Como muitos elementos dos primórdios da história islâmica e do Alcorão, o uso e significado de *khalifa* ainda são objetos de acirrados debates. O Alcorão diz que Adão, a celebridade do Jardim do Éden, foi um *khalifa* (2:31), assim como Davi (38:26), e usa variantes dessa palavra para falar de outros "sucessores" ou vice-regentes de Deus na terra.

É evidente que *khilafa* implica um sucessor. A raiz da palavra árabe *khalafa* [suceder ou seguir] é antônimo de *salafa* [preceder ou anteceder]. A primeira gera as palavras *khilafa* e *khalifa*, e a segunda, *salaf* [predecessores ou antepassados], a raiz de "salafista". No entanto, a natureza da sucessão não está clara, pois tentar representar Deus seria blasfêmia e reivindicar o manto de Maomé não seria muito melhor. Além disso, de qualquer modo, durante os "califados" de Adão e Davi, Maomé não havia nascido, e Deus, como sempre, era eterno (portanto, incapaz de ser "sucedido" em um sentido temporal). Em parte, a questão é se o califa deve ser considerado um plenipotenciário nos assuntos religiosos ou apenas nos políticos. O campo do "apenas político" prevaleceu até 1986, quando Patricia Crone e Martin Hinds complicaram o quadro argumentando que o califado começou como uma instituição política *e* religiosa na qual o califa herdou a autoridade espiritual e temporal do Profeta. Ver Patricia Crone e Martin Hinds, *God's Caliph: Religious Authority in the First Centuries of Islam* (Cambridge: Cambridge University Press, 1986).

Os primeiros califas talvez nem sequer tenham reivindicado esse título. Não existem registros que mostrem o uso desse título pelos quatro primeiros califas, inclusive Abu Bakr al-Siddiq. Eles usavam o título *amir al-mu'minin*, que Abu Bakr al-Baghdadi também se arroga. Ver Fred M. Donner, *Muhammad and the Believers: At the Origins of Islam* (Cambridge: Harvard University Press, 2010, pp. 209-11).

11. As tradições relacionadas ao critério dos coraixitas aparecem em coletâneas clássicas. Porém, ao longo dos séculos, califados — desde os abássidas (750-1517) até os otomanos (1517-1924) — zombaram flagrantemente desse critério, e muitos indivíduos afirmaram, duvidosamente, ter sangue coraixita. Os sobrenomes Qureshi ou Kureishi, comuns entre muçulmanos do sul da Ásia, implicam ascendência coraixita.

12. Dentre as citações representativas relacionadas a *Sham* incluem-se, do hadith, "Os anjos repousam suas asas sobre *Sham*" e "a crença e o tempo de tribulação estão em *Sham*". No Alcorão (17:1), Deus fala sobre a "Mesquita de Alacsa, cujo recinto bendizemos", ou seja, o Levante.

13. Os inimigos do Estado Islâmico interpretarão a rápida ascensão de Musa como indício da imaturidade da organização. Os salafistas, porém, tendem a enxergar virtude em uma ordem religiosa meritocrática. Eles são "receptivos e até democráticos" nas suas estruturas de autoridade, escreveu Bernard Haykel. Ver Haykel, "On the Nature of Salafi Thought and Action", op. cit., p. 36.

14. John Safran, "Musa Cerantonio: Muslim Convert and Radical Supporter of Islamic State". *Sydney Morning Herald*, 17 jan. 2015.

15. Graeme Wood, "Isis: A History of the Islamic State's New Caliphate in Syria and Iraq". *New Republic*, 1 set. 2014.

16. Ver Cass Sustein, "Why the Unconstitutional Conditions Doctrine Is an Anachronism" (*Boston University Law Review*, v. 70, n. 4, p. 597, 1990).

17. Os fãs puristas de *Oz* notarão que elementos dessa interpretação da

história são extraídos do romance *Wicked*, de Gregory Maguire, e do musical nele baseado.

18. Ibn Qayyim al-Jawziyya, *Madarij al-Salikin*. Beirute: Dal al-Kitab al--'Arabi, 2004, p. 186.

19. Ver Alcorão, 9:107.

20. Will McCants informa que Baghdadi também era um craque do futebol, chamado de "nosso Messi" por seus companheiros de mesquita. (Ver "The Believer".) Vale mencionar, também, que a radicalização de Bin Laden ocorreu parcialmente em um ambiente futebolístico. Ver Lawrence Wright, *The Looming Tower: Al-Qaeda and the Road to 9/11* (Nova York: Knopf, 2006, pp. 86-91).

21. Alcorão, 5:44.

22. "Statement of Hudud", Estado Islâmico, Província de Aleppo, s.d. Essa nota e a seguinte foram coligidas e reproduzidas em árabe por Aymenn J. al-Tamimi. Disponível em: <justpaste.it.hududlistaleppo>. Acesso em: 20 mar. 2017.

23. O Estado Islâmico matou no mínimo 27 homens pelo crime de sodomia entre junho de 2014 e junho de 2016. Ver Aaron Y. Zelin e Jacob Olidort, "The Islamic State's Views on Homosexuality", Washington Institute for Near East Policy (Policywatch 2630), 14 jun. 2016.

A justificação nas escrituras é um relato segundo o qual Abu Bakr al-Siddiq matou um homossexual dessa maneira. (Outro relato diz que ele queimou um na fogueira, e outro ainda diz que ele esmagou um derrubando sobre ele um muro pesado. Este último método foi o preferido do Talibã.) A punição por sodomia deriva de um hadith no qual Maomé prescreve a morte para "aquele que faz e aquele a quem é feito" (Abu Dawud 4462; Tirmidhi 1:152). Segundo um relato de Ibn Taymiyya, Maomé preocupava-se tanto com os perigos da pederastia que uma ocasião mandou que um rapaz se sentasse atrás dele para que ele não o visse e, assim, não fosse tentado. Ibn Taymiyya, al Tafsir al Kabir, 5:348; citado em Sara Omar, "From Semantics to Normative Law: Perceptions of Liwāt (Sodomy) and Sihāq (Tribadism [Scissoring] in Islamic Jurisprudence (8th-15th Century CE)" (*Islamic Law and Society*, v. 19, n. 5, p. 223, 2012). Maomé também é citado como tendo dito que "O que mais temo para minha comunidade é a sodomia" (Tirmidhi, 1457).

24. Ver W. Heffening, "Sārik". In: M. Th. Houtsma (Orgs.), *Encyclopaedia of Islam*. 1. ed. Leiden: Brill, 1913-36.

25. Alcorão, 24:2.

26. "Statement on the Hadd Punishment for Theft", Islamic State, Wilayat al-Kheir, s.d., tradução inglesa de Aymenn Al-Tamimi, atribuído a Bukhari e Muslim. Disponível em: <justpaste.it/istheftdez>. Acesso em: 20 mar. 2017.

27. Alcorão, 24:2.

28. Citado em Michael Cook, *Commanding Right and Forbidding Wrong in Islamic Thought* (Cambridge: Cambridge University Press, 2000, p. 81).

29. Abu Muhammad al 'Adnani, "Indeed Your Lord Is Ever Watchful", 29 set. 2014.

30. Nos dois primeiros anos de existência do califado, a Austrália sofreu quatro ataques e frustrou outros onze. Megan Palin, "The 11 'Iminent' Terror Attacks Australia Narrowly Escaped". News.com.au, 15 nov. 2016.

31. Em seu último pronunciamento importante antes de ser aniquilado por um drone nas imediações de Aleppo em 30 de agosto de 2016, 'Adnani exortou os simpatizantes a reverterem a maré da jihad:

> Se os *tawaghit* [tiranos] fecharam a porta da *hidjra* em seus rostos, abram a porta da *jihad* no deles. Façam dos seus atos uma fonte de pesar para eles. Em verdade, o menor dos atos que vocês praticarem nas terras deles é mais estimado por nós do que o maior dos atos praticado aqui; é mais eficaz para nós e mais danoso para eles. Se um de vocês anseia pelas terras do Estado Islâmico e por elas se esforça, cada um de nós anseia por estar no seu lugar para transformar os cruzados em exemplos, dia e noite, incutindo-lhes o medo e o terror, até que cada vizinho tema o seu vizinho.

Abu Muhammad 'Adnani, "That They Live by Proof", Al-Hayat Media Center, maio de 2016.

32. Ver documento de Abbottabad (SOCOM-2012-0000019-HT) em Nelly Lahoud et al., "Letters from Abbottabad: Bin Ladin Sidelined?". Combating Terrorism Center; U.S. Military Academy, 3 maio 2012.

33. Ayman al-Zawahiri, "Letter to Abu Musab al-Zarqawi". Datada de 9 jul. 2005 e liberada pelo Office of the Director of National Intelligence em 11 out. 2005.

34. Ver Khaled Abou ElFadl, "Islamic Law and Muslim Minorities: The Juristic Discourse on Muslim Minorities from the Second/ Eight to the Eleventh/ Seventeenth Centuries" (*Islamic Law and Society*, v. 1, n. 2, pp. 142-63, 1994).

O significado de "território muçulmano" é controverso. Um levantamento recente feito por Feisal Abdul Rauf, por exemplo, tentou descobrir qual é o governo mais islâmico vigente, por critérios de comprometimento com ideais islâmicos sobre vida, família, propriedade e honra. Os países escandinavos, que são alvos frequentes de imigração de muçulmanos mas não de *hijrah* no sentido religioso, figuraram tão alto na lista que Abdul Rauf os excluiu do índice. Ver Imam Feisal Abdul Rauf, *Defining Islamic Statehood: Measuring and Indexing Contemporary Muslim States* (Basingstoke: Palgrave Macmillan UK, 2015).

35. A *fatwa* é traduzida em Alan Verskin, *Oppressed in the Land? Fatwās*

on Muslims Living under Non-Muslim Rule from the Middle Ages to the Present (Princeton: Markus Wiener, 2013, pp. 151-2).

36. James Dowling e Laura Banks, "Sydney Psychiatrist Allegedly Knew About Extremist Robert Cerantonio's Plan to Leave Australia to Fight Islamic State [sic]". *The Daily Telegraph*, Sydney, 22 set. 2016.

37. Sahih Muslim, 1915a.

38. Para mais informações sobre a jurisprudência zahirista, ver Ignác Goldziher, *Die Zahiriten: Ihr Lehrsystem Und Ihre Geschichte* (Leipzig: Otto Schulze, 1884, [trad. ing.: *The Zahiris*. Leiden: Brill, 2008]); Adam Sabra, "Ibn Hazm's Literalism: A Critique of Islamic Legal Theory" (*Al-Qantara*, n. 28, p. 1, jan.-fev. 2007).

39. Entrevista com Maribel Fierro por telefone, 1 out. 2016.

40. José Miguel Puerta Vílchez, "Abu Muhammad 'Ali Ibn Hazm: A Biographical Sketch". In: Camilla Adang, Maribel Fierro e Sabine Schmidtke (Orgs.), *Ibn Hazm of Cordoba: The Life and Works of a Controversial Thinker*. Leiden: Brill, 2013, pp. 3-25.

41. Alguns traduzem *zahir* como "literal", mas os zahiristas resistem ao rótulo de literalistas. A distinção é pequena, mas razoável. Eles não rejeitam metáforas; uma leitura rigorosamente "literal" poderia produzir consequências idiotas que uma leitura evidente, mas figurativa, evitaria. Se a escritura diz que um pássaro na mão vale mais do que dois voando, não está determinando uma taxa de troca fixa para aves. Os zahiristas diriam que o significado "evidente" é o significado metafórico, e que o significado literal não tem sentido.

42. Alcorão, 6:38, 16:89.

43. A única escola legal que rivaliza com o zahirismo em seu ódio à "opinião" [*ra'y*] é o hambalismo — que, não por coincidência, é a escola legal de Ibn Taymiyya e dos wahabitas da Arábia Saudita. Ibn Hanbal declarou que ninguém jamais usa a opinião "exceto quando tem em seu coração algum ressentimento íntimo. Uma narração não confiável, portanto, é para mim mais valiosa do que o uso da razão". Citado em Jonathan A. C. Brown, *Hadith: Muhammad's Legacy in the Medieval and Modern World* (Oxford: Oneworld, 2009, p. 17).

44. Os zahiristas gostam de frisar que os fundadores de outras escolas legais também não eram favoráveis ao *qiyas*. Ahmad ibn Hanbal usava-o apenas de modo restrito (e os hambalitas atuais comparativamente recorrem pouco a esse tipo de raciocínio), e Malik ibn Anas disse que usou *qiyas* uma única vez e se arrependeu.

45. Muslim, 279, 280.

46. Ver Avner Giladi, *Infants, Parents and Wet Nurses: Medieval Islamic Views on Breastfeeding and Their Social Implications* (Leiden: Brill, 1999, p. 85);

ver também Raymond Ibrahim, "New Fatwa Calls on Men to Drink Women's Breast-Milk" (*Middle East Forum*, 4 jun. 2010).

47. Israfil Yilmaz, em postagem no Tumblr (depois deletada).

48. "Open Letter to al-Baghdadi", p. 17.

49. William McCants e Andrew March, "Experts Weigh In (Part 3): How Does Isis Approach Islamic Scripture?". Brookings Institution (blog de Markaz), 5 maio 2015. Disponível em: <brookings.edu/blog/markaz/2015/05/05/experts-weigh-in-part-3-how-does-isis-approach-islamic-scripture/>. Acesso em: 20 mar. 2017.

50. Alcorão, 4:29.

51. Os zahiristas aliam-se ao hanafitas (a escola legal predominante na Turquia) nessa opinião, e discordam da aplicação da pena capital por sodomia preconizada pelos malikitas, hambalitas e (em alguns casos) chafistas. Ver Camila Adang, "Ibn Hazm on Homosexuality: A Case Study of Zahiri Methodology" (*Al-Qantara*, v. 24, n. 1, pp. 9-11, 21-3, 2003).

52. O ecumenismo islamita do Estado Islâmico tem sido subestimado. Para uma noção da variedade de influências aceitas pela entidade, ver Jacob Olidort, "Inside the Caliphate's Classroom: Textbooks, Guidance Literature and Indoctrination Methods of the Islamic State" (*Policy Focus 147*, Washington Institute for Near East Policy, ago. 2016).

53. Ibn Hazm não é, de modo algum, a única fonte de um sentimento de urgência no panteão de estudiosos do Estado Islâmico. Ibn Taymiyya, por exemplo, repreendeu seus correligionários muçulmanos por mostrarem uma atitude indolente em relação às suas obrigações religiosas só porque não existia um califado, e clamou pelo avivamento do governo por um califa. Ver Mona Hassan, "Modern Interpretations and Misinterpretations of a Medieval Scholar: Apprehending the Political Thought of Ibn Taymiyya", em Yossef Rapoport e Shahab Ahmed (Orgs.), *Ibn Taymiyya and His Times* (Karachi: Oxford University Press, 2010, pp. 338-41).

4. YAHYA, O AMERICANO [pp. 191-232]

1. Griff Witte, Sudarsan Raghavan e James McAuley, "Flow of Foreign Fighters Plummets as Islamic State Loses Its Edge". *Washington Post*, 9 set. 2016.

2. Esse relato sobre sua vida foi extraído de informações publicadas em sites de redes sociais e no próprio site de Yahya por ele mesmo, sua mulher e seus fãs da internet, e também de entrevistas que fiz com pessoas que conhecem Yahya e sua família.

3. Entrevista com Frank Lindh por telefone, 3 nov. 2014.

4. Evan Thomas, "A Long, Strange Trip to the Taliban". *Newsweek*, 16 dez. 2001.

5. Carta de John Walker Lindh, 15 jun. 2016.

6. Ibid.

7. "Obituary: John George Georgelas". *Washington Post*, Washington, 12 fev. 2007.

8. Esse perfil é especificado em descrições abrangentes e persuasivas encontradas em obras de ciências sociais, direito e aplicação da lei. Como escreveu Peter Bergen, a previsibilidade da criação de classe média-alta e educação acima da média nos terroristas é tamanha que perguntar "quem se torna terrorista?" é "mais ou menos como indagar 'quem possui um Volvo?'". Peter Bergen, *United States of Jihad: Investigating America's Homegrown Terrorists*. Nova York: Crown, 2016. Para um breve resumo dos perfis de terroristas em obras americanas especializadas, ver Mitchell D. Silber e Arvin Bhatt, *Radicalization in the West: A Homegrown Threat* (New York Police Department Intelligence Division, 2007).

9. A hipótese de que a grande maioria dos jihadistas são tipos quantitativos agora foi confirmada pelas ciências sociais, e isso não surpreendeu ninguém que observa as personalidades atraídas pela jihad global. Nada menos do que 60% dos jihadistas ocidentais têm formação em engenharia. Em segundo lugar na lista das disciplinas mais estudadas vêm as ciências islâmicas. Pouquíssimos tornaram-se soldados do califado depois de estudar artes ou humanidades. Ver Diego Gambetta e Steffen Hertog, *Engineers of Jihad: The Curious Connection Between Violent Extremistm and Education* (Princeton: Princeton University Press, 2016).

10. Ainda estão incompletos os levantamentos sobre os gêneros mais comuns de cogumelos neurotrópicos, embora no mínimo um deles indique que eles não são encontrados na Arábia. Ver Gaston Guzman, J. W. Allen e Jochen Gartz, "A Worldwide Geographical Distribution of Neurotropic Fungi" (*Ann. Mus. Civ. Rovereto*, n. 14, p. 207, 2007). Esses cogumelos crescem bem em esterco, e o esterco de camelo poderia ser um meio de cultura, embora na literatura especializada não haja menção de espécies aparentadas do cogumelo mágico crescendo em dejetos de camelo na Arábia. Ver Abdulkadir E. Elshafie, "Coprophilous mycobiota of Oman" (*Mycotaxon*, n. 93, pp. 355-8). Por outro lado, micologistas encontram cogumelos mágicos por onde quer que procurem, e parece que ninguém procurou muito bem na península Arábica, ao menos não desde o tempo dos *sahaba*. Agradeço a Jack Murphy e Jochen Gartz por essa informação.

11. Alcorão, 4:34. Ver também um hadith que discorre sobre a esposa favorita de Maomé, Aisha, que pediu permissão para ir combater ao lado dele.

Nesse hadith, citado por Ibn Hazm, Maomé não a proíbe, mas diz que "para vós [mulheres], a melhor jihad é a peregrinação". Ibn Hazm, *Al-Ihkam fi usul alahkam*, 1:344-6 (trad. para o inglês por Davi Vishanoff).

12. Entrevista com Kévin Jackson por telefone, 15 dez. 2015.

13. Kévin Jackson, "The Forgotten Caliphate". Jihadica, 14 dez. 2014.

14. Alguns supõem que talvez Baghdadi tenha adiado seu anúncio do califado para depois da morte de Abu 'Issa, a fim de evitar a possibilidade de um duelo de califados (embora seja duvidoso que alguém levasse a sério o califado de Abu 'Issa, uma vez que ele não foi um homem livre nos últimos anos de vida).

Nos primeiros tempos do Estado Islâmico, vários dos antigos seguidores de Abu 'Issa prometeram lealdade a Baghdadi. O mais proeminente deles, Abu Omar al-Kuwaiti, era um conhecido de Yahya e estivera presente em sua reprimenda pública em Londres. Mais tarde, Abu Omar destacou-se como líder de um subgrupo (também chamado de Jama'at al-Muslimin) que atuava a noroeste de Aleppo. Ele se tornou juiz do Estado Islâmico, mas acabou executado por seu extremismo. Segundo relatos, ele alçou o *takfir* a novos níveis, pronunciando sentenças de morte por apostasia para aqueles que não conheciam a escritura, e então pronunciando *takfir* para os que relutavam em pronunciar *takfir*. Ver Abdallah Suleiman Ali, "IS Disciplines Some Emirs to Avoid Losing Base" (*Al-Monitor*, 2 set. 2014).

15. Thomas Jefferson, Letter to Judge William Johnson, 12 jun. 1823.

16. "Former Data Technician at Local Internet Hosting Company and Self-Admitted Supporter of Pro-Jihad Website Sentenced to 34 Months for Attempting to Cause Damage to a Protected Computer", US Department of Justice Press Release, 15 ago. 2006.

17. Goldziher discute essa ideia, atribuída a Ibn Hazm. Ver *The Zahiris*, op. cit., pp. 142-3.

18. Alcorão, 4:97-9.

19. Os papéis das mulheres em organizações terroristas são vários, mas certas generalidades são aplicáveis. Na maioria dos casos, elas não são líderes, e algumas parecem ser uma espécie de bucha de canhão, como nos grupos terroristas curdos e, talvez, no Boko Haram atualmente. No entanto, elas são úteis por sua capacidade para chocar, pois o público global para os ataques terroristas associa as mulheres a um comportamento maternal, por isso o espanto é máximo quando elas matam. Ver Mia Bloom, *Bombshell: Women and Terrorism* (Filadélfia: University of Pennsylvania Press, 2011, pp. 22-3, 136-7).

No caso do Estado Islâmico, observei conversas em redes sociais nas quais mulheres recrutas expressam o desejo de matar, mas são repreendidas por outras. "O que você acha que pode fazer no campo de batalha que um irmão não seja capaz de fazer melhor?", indagou uma. Em vez disso, elas são direcionadas para a vida doméstica e os deveres da procriação. ("A posição das mulheres no movimento é deitada", disse Stokely Carmichael.) Algumas assumem tarefas no departamento de mídia do Estado Islâmico, por exemplo, Umm Sumayyah, uma colunista assídua da *Dabiq* que escreve sobre temas femininos.

As mulheres do Estado Islâmico continuam a ser voluntárias para a violência mesmo assim. Khadijah Dare, uma convertida britânica de 22 anos, anunciou pelo Twitter, depois da decapitação do jornalista americano James Foley: "Eu quero ser a 1ª mulher do Reino unido a matar um terrorista do RU ou dos EUA!" (Usuário do Twitter muhajirah fi Sham (@Ash_Shamiyyah, 20 ago. 2014). Ver também Erin Marie Saltman e Melanie Smith, "'Till Martyrdom Do Us Part': Gender and the Isis Phenomenon" (Institute for Strategic Dialogue, 2015).

20. Ver "Kill the Imams of Kufr in the West" (*Dabiq*, n. 14, 13 abr. 2016).

A referência ao arrependimento pode parecer inesperadamente clemente. Na verdade, o Estado Islâmico fez do arrependimento por apostasia uma pedra fundamental de sua estratégia militar: qualquer um que se arrependa e corrija seu comportamento, segundo a propaganda do Estado Islâmico (e possivelmente sua prática), tem "anistia garantida, mesmo se tiver matado um milhão de *mujahidin*".

Yahya não menciona no artigo a prática do arrependimento formal [*istitabah*], que tradicionalmente os juízes da Xaria concedem aos apóstatas independente de terem ou não sido presos em estado de apostasia. Pensadores respeitados da tradição islâmica, com destaque para Ghazali, argumentaram contra *istitabah*. Yahya pode muito bem ter esse tipo de argumento — talvez salientando que *istitabah* não têm base na revelação —, mas não o apresenta nesse artigo.

21. "Contemplate the Creation". *Dabiq*, n. 15, jul. 2016.

5. UM SONHO ADIADO [pp. 233-74]

1. Dois dos filhos de Bakri, Mohammed Omar Bakri Mohammed e Bilal Omar Bakri, morreram recentemente na Síria e no Iraque. Alguns relatos dizem que o primeiro foi executado pelo Estado Islâmico por apostasia ou blasfêmia, outros, que ele foi morto no campo de batalha, lutando pelo Estado Islâmico em Homs. Bilal morreu na província iraquiana de Salahuddin, combatendo pelo Estado Islâmico. "Son of Radical Cleric Omar Bakri Believed Killed in Iraq Fighting for Isis", Agence France Presse, 29 dez. 2015.

2. Jytte Klausen, Eliane Tschaen Barbieri, Aaron Reichlin-Melnick e Aaron Y. Zelin, "The YouTube Jihadists: A Social Network Analyis of Al-Muhajiroun's Propaganda Campaign". *Perspectives on Terrorism*, v. 6, n. 1, 2012.

3. "Deus fará surgir para esta comunidade ao fim de cada centena de anos aquele que renovará sua religião." Abu Dawud, *Kitab Al-Malahim*, livro 37, n. 4278. Ver também Ella Landau-Tasseron, "The 'Cyclical Reform': A Study of the Mujaddid Tradition" (*Studia Islamica*, n. 70, pp. 79-117, 1989).

4. Ver Raffaello Pantucci, *"We Love Death as You Love Life"*: *Britain's Suburban Mujahedeen* (Londres: Hurst, 2015).

5. Vikram Dodd e Jamie Grierson, "Revealed: How Anjem Choudary Influenced at Least 100 British Jihadists". *The Guardian*, 16 ago. 2016.

6. Alcorão, 5:38.

7. Em casos de crimes sexuais, o veredito de culpa requer quatro testemunhas oculares fidedignas da penetração ou a confissão do acusado. Cada testemunha tem de declarar que viu um pênis entrar em uma vagina — como disse um erudito egípcio no século XVI, "como um pincel em um frasco de kohl". (Além disso, o falso testemunho é um crime *hadd*.) "Louvado seja Aquele que tornou tão grande a pena por esse ato obsceno e depois tornou extremamente oneroso e trabalhoso provar!", escreveu Abu al-Qasim al-Qushayri. Citado em Marion Holmes Katz, "The Hadd Penalty for Zina: Symbol or Deterrent", em Paul M. Cobb (Org.), *The Lineaments of Islam: Studies in Honor of Fred McGraw Donner* (Leiden: Brill, 2012, p. 351).

8. Alcorão, 8:60.

9. Ver Majid Khadduri, "Hudna". In: P. Bearman et al. (Orgs.), *Encyclopaedia of Islam*. 2. ed. Leiden: Brill, 2012.

10. O Estado Islâmico não é o único grupo jihadista com essa noção sobre seu papel no desenvolvimento moral. Theo Padnos, um jornalista que passou quase dois anos cativo de Jabhat al-Nusra, disse-me coisa parecida. Os torturadores faziam questão de que seus filhos participassem quando lhe infligiam tormentos. Os adultos dizem que eles próprios eram uma geração poluída pela vida em um estado secular. Mas que seus filhos seriam criados sem conhecer outra vida além do islã.

11. O Estado Islâmico fundou seu próprio serviço de saúde, inspirado no National Health Service britânico. Ver "Health Service in the Islamic State — Wilāyat al-Raqqah", 24 abr. 2014. Uma confirmação de atendimentos hospitalares gratuitos para *mujahidin* pode ser encontrada em Azadeh Moaveni, "For Isis Women, Fraught Chores" (*The New York Times*, Nova York, 22 nov. 2015).

12. Jamie Hansen-Lewis e Jacob N. Shapiro, "Understanding the Daesh Economy". *Perspectives on Terrorism*, n. 9, p. 4, 2005.

13. Alguns dados apoiam seu argumento. Mais de metade dos detentos em presídios americanos afirmam que estavam bêbados ou drogados no momento do crime. Dylan Matthews, "Mark Kleiman on Why We Need to Solve Our Alcohol Problem to Solve Our Crime Problem". *Washington Post*, 28 mar. 2013.

14. Alcorão, 23:6.

15. Ver Haroon Mogul, "Why It (Still) Makes Little Sense to Cal Isis Islamic" (*Religious Dispatches*, 24 ago. 2015).

16. No entanto, os muçulmanos somente são obrigados a oferecer essa opção enquanto os cristãos e judeus ainda não tiverem sido vencidos. Se resistirem à conquista, podem ser escravizados.

17. Em uma edição especial, a *Dabiq* publicou um artigo que aborda a questão de classificar ou não os yazidis (membros de uma antiga seita curda que adota elementos do islã e foi atacada por forças do Estado Islâmico no norte do Iraque) como muçulmanos degenerados, portanto marcados para morrer, ou meramente pagãos e passíveis de ser escravizados. Por ordem do governo, um grupo de estudo de eruditos do Estado Islâmico reuniu-se para decidir a questão. Se eles são pagãos, escreveu o autor anônimo do artigo,

> As mulheres e crianças yazidis [devem ser] divididas de acordo com a Xaria entre os combatentes do Estado Islâmico que participaram das operações de Sinjar [no norte do Iraque]. [...] Escravizar as famílias dos *kuffar* e tomar suas mulheres como concubinas é um aspecto da Xaria firmemente estabelecido, que, se alguém negar ou ridicularizar, estará negando ou ridicularizando os versículos do Alcorão e as narrações do Profeta [...] portanto sendo apóstata do islã.

18. Vi um único indício de que o Estado Islâmico se constrange com a escravidão sexual: uma diretriz aos combatentes na província de Aleppo que proíbe especificamente "postar na internet fotos de *sabaya* [escravas sexuais]" (Aleppo Province, fev.-mar. 2015. Disponível em: <justpaste.it/aleppogeneralnote>. Acesso em: 20 mar. 2017). Esse documento foi encontrado e traduzido para o inglês por Aymenn J. Al-Tamimi.

19. "Report on the Protection of Civilians in the Armed Conflict in Iraq". *UNAMI/ OHCHR*, n. 37, p. 18, 11 jan. 2016.

20. Essa forma de argumentação baseada no "espírito da lei", que apela para os objetivos da Xaria [*maqasid al-shari'ah*], e não na letra da lei, contradiz claramente o literalismo do qual eles fazem questão em outras situações.

21. "Slave Girls or Prostitutes?". *Dabiq*, n. 9, 22 maio 2015.

22. A defesa de Al-Baraa faz eco à teoria feminista moderna: a relação senhor-escrava é inerentemente desigual, ele reconheceu. Mas não poderíamos dizer o mesmo sobre todas as relações homem-mulher? O consentimento é uma ficção. Os homens são fisicamente mais fortes do que as mulheres. Contudo, as mulheres são capazes de dar o consentimento. "Não dizemos que Lois Lane não pode consentir em ter relações sexuais como o Superman", ele disse, depois que sugeri essa analogia.

23. "'Claim Jobseeker's Allowance and Plan Holy War': Hate Preacher Pocketing £25,000 a Year in Benefits Calls On Fanatics to Live Off the State". *Daily Mail*, 17 fev. 2013.

24. Jürgen Todenhöfer, *Inside IS — 10 Tage im "Islamischen Staat"*. Munique: C. Bertelsmann, 2015, p. 210; e na página de Todenhöfer no Facebook: <facebook.com/video.php?v+10152723644958338&fref=nf>.

25. Ver Michael Weiss, "Confessions of an Isis Spy" (*Daily Beast*, 15 nov. 2015) e Rukmini Callimachi, "A Global Network of Killers, Built by a Secretive Branch of Isis" (*The New York Times*, Nova York, 4 ago. 2016).

26. Peter R. Neumann, "Victims, Perpetrators, Assets: The Narratives of Islamic State Defectors". *ICSR*, 12 out. 2015.

27. Entrevista com Horst Dickhäuser, Dinslaken, 27 mar. 2015.

28. Ver Graeme Wood, "Wrestlemaniac" (*The Atlantic*, jul. 2012).

29. 私はなぜイスラーム教徒になったのか [Why I Became a Muslim], Tóquio, Ohta Shuppan, 2015.

30. O fato de Hassan ter comido um último naco de carne de porco de despedida será interpretado equivocadamente como prova de que sua conversão não foi sincera. Acontece que a literatura sobre a conversão traz uma infinidade de exemplos de convertidos cujo sayonara à sua ex-religião foi complicado e que se concederam prazeres de despedida. O caso mais famoso é o de Santo Agostinho ("Dai-me castidade e continência, mas não agora". *Confissões*, livro 3, cap. 1).

Conheço um muçulmano (finalmente) convertido que postergou sua conversão por causa do que ele mesmo descreve como "amor por bacon". Se isso parece absurdo — e eu não diria o contrário —, veja o caso da islamização de Sulawesi:

> O hábito de comer carne de porco foi um grande obstáculo à conversão em todos os casos para os quais há evidências diretas. [...] Segundo uma lenda devota, um chefe militar de Makassar declarou que nem se os rios corressem com sangue ele aceitaria o islã enquanto houvesse porcos para comer nas florestas de Bulo-bulo. [...] Mesmo quando os governantes eram convencidos da necessidade de converter-se, muitas vezes pediam um prazo para que pudessem desfrutar de um grande banquete com todos os seus porcos domesticados.

Anthony Reid, "Continuity and Change in the Austronesian Transition to Islam and Christianity", em Peter Bellwood, James J. Fox e Darrell Tryon (Orgs.), *The Austronesians: Historical and Comparative Perspectives* (Canberra: Australian National University Press, 2006).

31. O grande historiador e filósofo Ibn Khaldun, do século XIV, argumentou que o califa não precisava ser da linhagem coraixita, pois, na escritura, o

termo "Quraish" fora usado para referir-se à tribo mais forte e mais unificada, que na época podia ser a tribo coraixita, mas hoje poderia ser outra. Ver Ibn Khaldun, *The Muqaddimah* (trad. de Francis Rosenthal. Princeton: Princeton University Press, 1967, p. 397). Nem é preciso dizer que os zahiristas e outros rigorosos não aceitam essa interpretação.

32. "O campo da sinceridade congregou-se no Levante e Iraque e se espalhou por outras partes da Terra, revivendo assim o Califado, que estivera ausente por séculos, desde o colapso do estado abássida." O autor do artigo é "Abul Harith ath-Thaghri", provavelmente um pseudônimo de Yahya. "Contemplate the Creation", *Dabiq*, n. 15, jul. 2016. Cabe notar, porém, que outros documentos aceitam até o califado otomano mais recente (e sem dúvida não coraixita). Um documento, traduzido por Aymenn Jawad Al-Tamimi, refere-se ao "estado do califado cujas fortalezas caíram nas mãos do sionismo global em al-Astana [Istambul] cem anos atrás". Abu Abdullah al-Masri, "Principles in the Administration of the Islamic State". *The Guardian*, 7 dez. 2015.

33. Para mais informações, ver Suha Taji-Farouki, *A Fundamental Quest: Hizb Al-Tahrir and the Search for the Islamic Caliphate* (Londres: Grey Seal, 1996).

34. Hassan Ko Nakata, *The Mission of Islam in the Contemporary World: Aiming for the Liberation of the Earth Through Reestablishment of the Caliphate*. Kuala Lumpur: Sabah Islamic Media, 2009.

35. A autoridade corânica para essa ética da privacidade é 49:12 (que também especifica a punição — canibalismo forçado — por falar mal de alguém ausente: "Não vos espreiteis, nem vos calunieis mutuamente. Quem de vós seria capaz de comer a carne do seu irmão morto? Tal atitude vos causa repulsa!"). Além disso, o Alcorão (2:189) proíbe entrar em uma casa a não ser pela porta da frente, e em 24:27 proíbe entrar em uma casa "a menos que peçais permissão e saudeis os seus moradores". Nem todos os que procuram governar segundo o islã interpretam esses versos no sentido de proteger a privacidade. Ver Intisar Rabb, *Doubt in Islamic Law: A History of Legal Maxims, Interpretation, and Islamic Criminal Law* (Cambridge: Cambridge University Press, 2014, pp. 107-10); Eli Alshech, "'Do Not Enter Houses Other Than Your Own': The Evolution of a Notion of a Private Domestic Sphere in Early Sunni Islamic Thought" (*Islamic Law and Society*, v. 11, n. 3, 2004).

O Estado Islâmico viola flagrantemente a privacidade. Ver, por exemplo, o filme *Men of the Hisba* (Information Office of Raqqa Province, jan. 2015), que mostra a invasão e revista da casa de um acusado de feitiçaria. Ele foi decapitado em seguida. O grupo também proíbe a movimentação entre fronteiras quando o movimento é de saída do califado.

36. David Thomson, *Les Français jihadistes*. Paris: Éditions Les Arènes, 2014, p. 205.

37. Antonio Slodkowski, "Radical Scholar Provided Japan With Channel to IS at Hostage Crisis Peak". Reuters, 8 fev. 2015.

6. DISSENSÃO [pp. 275-312]

1. Entrevista com Thomas Hegghammer, Stansted, Reino Unido, 22 ago. 2015.

2. Entrevista com Aimen Dean, Doha, 2 jun. 2015.

3. "The Extinction of the Grayzone". *Dabiq*, n. 7, fev. 2015; "Apostates in the West". *Dabiq*, n. 14, maio 2016.

4. Yusuf aconselhou Bush a descartar o nome "Operação Justiça Infinita", pois a justiça infinita pertence somente a Deus. Posteriormente, Yusuf afirmou que a principal finalidade desse conselho foi evitar violência e guerra desnecessárias, e que Bush não o atendeu.

5. Post em Aks.fm, pelo usuário "AskaDhahiri".

6. Hamza Yusuf, "The Plague Within", post no Facebook, 5 jul. 2016.

7. Obviamente, alguns muçulmanos dirão que o Estado Islâmico não é muçulmano. No entanto, essas declarações de excomunhão quase sempre provêm de muçulmanos leigos que desconhecem as tremendas consequências do *taqfir*. Entre os eruditos muçulmanos, o consenso de que os seguidores do Estado Islâmico são muçulmanos é amplo e robusto, abrangendo as mais diversas correntes, como os sufistas, os seguidores de Madkhali, o ideólogo jihadista Abu Muhammad al-Maqdisi. Ver Hélène Sallon, "Abou Mohammed Al-Maqdissi, un théoricien du jihad contre l'organisation Etat Islamique" (*Le Monde*, 23 set. 2016).

8. Sobre a Igreja Batista de Westboro: entrevista com Megan Phelps Roper, 1 mar. 2015; sobre Mel Gibson: Peter J. Boyer, "The Jesus War" (*The New Yorker*, Nova York, 15 set. 2003); sobre o movimento 969: Graeme Wood, "A Countryside of Concentration Camps" (*The New Republic*, 21 jan. 2014).

Para uma discussão sensata sobre a questão de o Estado Islâmico ser ou não islâmico, ver Amarnath Amarasingam e Aymenn Jawad al-Tamimi, "Is Isis Islamic, and Other 'Foolish' Debates" (Jihadology.net, 3 abr. 2015).

9. Quão minoritária? Segundo um levantamento do centro de pesquisas Pew, no mínimo de 50 a 70 milhões de muçulmanos (do total dos 1,6 bilhão de muçulmanos do mundo) veem favoravelmente o Estado Islâmico. "Spring Survey 2015: Global Attitudes & Trends", Pew Research Centre, 23 jun. 2015.

10. Para uma discussão adicional sobre o perigo de criticar o Estado Islâmico com base em sua condição de minoria, ver Kecia Ali, *Sexual Ethics and Islam: Feminist Reflections on Qu'ran, Hadith, and Jurisprudence* (2. ed., Londres: Oneworld, 2015, pp. 67-8).

11. A figura mais proeminente que declarou que o Estado Islâmico "não é islâmico" é Barack Obama. Em seu pronunciamento à nação de 10 de setembro de 2014, Obama disse: "O Isil não é islâmico. Nenhuma religião tolera o assassinato de inocentes". Ele estava sendo político. Mas obviamente estava enganado nessas duas afirmações. É bastante comum religiões e religiosos tolerarem o assassinato de inocentes. Os cristãos não tiveram, historicamente, dificuldade para tolerar as Cruzadas. O Deus da Bíblia hebraica clama explicitamente pela matança de inocentes (1 Samuel 15:3: "homens e mulheres, crianças e recém-nascidos") do povo de Amalec.

Em fevereiro de 2015, Obama abrandara sua posição: "A Al-Qaeda e o Isil [...] tentam retratar-se como líderes religiosos, guerreiros santos em defesa do islã", ele disse, com acerto. "Não devemos jamais aceitar a premissa que eles declaram, pois é mentira. [...] [Eles] não são líderes religiosos; são terroristas".

12. Abu Ammaar Yasir Qadhi (Org.), *An Explanation of Muhammad ibn 'Abd al Wahhab's Kashf al-Shubuhat: A Critical Analysis of Shirk*. Birmingham: Al-Hidaayah, 2003.

13. Andrea Elliott, "A Marker Man in America". *The New York Times Magazine*, Nova York, 20 mar. 2011.

14. "Cometi algumas graves asneiras históricas", ele escreveu, sete anos mais tarde. "Quase uma década se passou desde esse equívoco; admito que foi um erro e que um 'fato' incorreto foi propagado." Yasir Qadhi, "GPU 08 With Yasir Qadhi: When Islamophobia Meets Perceived Anti-Semitism". Muslimmatters.org, 10 nov. 2008.

15. Id., "To Blair or not to Blair?". Muslimmatters.org, 4 fev. 2009.

16. Yasir Qadhi e Daniel Haqiqatjou, "What is 'Islamic'? A Muslim Response to Isis and *The Atlantic*". Muslimmatters.org, 23 fev. 2015.

17. Edward Gibbon, *History of the Decline and Fall of the Roman Empire*. Londres: Joseph Ogle Robinson, 1830, cap. L, p. 931. v. 3. Giorgio Levi Della Vida classifica os detalhes da conspiração como "quase certamente apócrifos"; porém, como se trata de uma boa história e continua a ser um elemento do mito dos carijitas, reproduzi a narrativa aqui. Ver Giorgio Della Vida, "Khāridjites", em P. Bearman et al., *Encyclopaedia of Islam* (2. ed. Leiden: Brill, 2012).

18. Keith Lewinstein, "Azāriqa". In: Kate Fleet et al. (Orgs.), *Encyclopaedia of Islam*. 3. ed. Leiden: Brill, 2012. Sobre o debate a respeito de orar cinco vezes nos primórdios do islã, ver Uri Rubin, "Morning and Evening Prayer in Early Islam", (*Jerusalem Studies in Arabic and Islam*, n. 10, 1987).

19. Apenas uma seita hoje existente pode ser considerada remanescente do carijismo: os ibaditas, um ramo do islã praticado em Omã, Zanzibar e em bolsões da África setentrional. É uma seita relativamente benigna e mais preocupada em não pecar contra as demais seitas muçulmanas.

20. A associação entre os carijitas e o hadith do "escravo etíope" é mais um exemplo de não carijitas arrogando-se o direito de falar por seus inimigos derrotados. Patricia Crone afirma que esse hadith não é caracteristicamente carijita e que foi, de fato, usado para gerar polêmica em torno da seita. Patricia Crone, "'Even an Ethiopian Slave': The Transformation of a Sunni Traditition". *Bulletin of the School of Oriental and African Studies*, v. 57, n. 1, pp. 60-2, 1994.

21. Estudiosos muçulmanos debatem se o hadith que diz que um grupo carijita "deixará o islã e não voltará" significa indubitavelmente que os carijitas não são muçulmanos. O erudito saudita 'Abd al 'Aziz bin Baz afirma que a maioria dos juristas considera-os muçulmanos, embora ele discorde. Ver "Who Are the Khawarij, Are They Believers or Muslims?", YouTube, 25 nov. 2014. Disponível em: <youtube.com/watch?v=Bpw5Umi4EYQ>. Acesso em: 20 mar. 2017.

22. Shayk Abu Sufyan As Sulami, "Sind wir Khawarij?", carregado no YouTube por Al-Ghuraba Media, 25 jul. 2013.

23. Ver Abu Ismael, "Are the Islamic State Khāwārij?", 15 jul. 2015.

24. Abu Omar al-Kuwaiti, o seguidor de Abu 'Issa que se juntou ao Estado Islâmico e se tornou juiz, provavelmente foi morto em razão desse tipo de acusação. (Ver p. 376, n. 14.)

25. Para mais dados sobre Yusuf e Qadhi, ver Zareena Grewal, *Islam is a Foreign Country: American Muslims and the Global Crisis of Authority* (Nova York: New York University Press, 2013).

26. Ver capítulo 2.

27. Se avaliada como um argumento, a "Carta a Baghdadi" é gravemente deficiente. Ella Landau Tasseron apresenta a melhor síntese das objeções em "Delegitimizing Isis on Islamic Grounds: Criticism of Abu Bakr Al-Baghdadi by Muslim Scholars" (*Memri Inquiry and Analysis*, n. 1205, 9 nov. 2015). A análise de Landau Tasseron salienta que muitos dos versículos corânicos citados pelos autores da carta são, na verdade, geralmente considerados desbancados por outros versículos corânicos e que muitas das interpretações do Estado Islâmico são mais condizentes com textos históricos e acadêmicos do que as dos autores da carta.

Kecia Ali comentou, separadamente, que a declaração antiescravidão da carta — que alega um consenso dos eruditos muçulmanos contra a prática da escravidão na atualidade — baseia-se em "afirmações historicamente ridículas". Kecia Ali, *Sexual Ethics*, p. 71.

28. Saadia Gaon, *The Book of Beliefs and Opinions*. Trad. de Samuel Rosenblat. New Haven: Yale University Press, 1948, p. 5.

29. Hamza Yusuf, "The Plague Within", post no Facebook, 5 jul. 2016.

30. Para uma tentativa de reabilitar o murjiismo, ver Mustafa Akyol, "A Medieval Antidote to Isis" (*The New York Times*, 21 dez. 2015). Contudo, a tarefa de reabilitar o murjiismo é heterodoxa, pois essa categoria quase sempre foi considerada negativa. Poderíamos compará-la à apropriação do termo "bicha" pelos homossexuais.

31. Entrevista com Abdullah Pocius, Filadélfia, 20 nov. 2014.

32. Khoder Soueid, 22 jul. 2016. Disponível em: <invitetoislam.tumblr.com/post/147749122618/the-council-of-senior-scholars-in-saudi-arabia>. Acesso em: 20 mar. 2017. Como que para confirmar a acusação de egocentrismo obtuso, as autoridades religiosas sauditas publicaram em seguida uma declaração negando que houvessem emitido uma nova *fatwa* contra o game Pokémon GO que fazia tanto sucesso em 2016; contudo, um decreto de 2001 contra o jogo de *cartas* Pokémon continuava em vigor. "Saudi Arabia Denies Issuing New Fatwa Against Pokemon", Reuters, 21 jul. 2016.

33. Entrevista com Yahya Michot, Hartford, 23 set. 2015.

34. Citado em Michot, p. 77.

35. Os partidários do Estado Islâmico costumam ridicularizar o *taqlid* como "seguir cegamente" — uma frase tão obviamente pejorativa que poderíamos nos perguntar por que alguém defenderia tal prática. No entanto, suas virtudes tornam-se mais perceptíveis depois de uma análise. Mohammad Fadel descreveu como *taqlid* introduziu estabilidade no sistema legal, pois seguir as opiniões de juristas veteranos reduziu o caos inerente à necessidade de que cada juiz chegue à sua própria conclusão com base em seu próprio raciocínio. Uma visão da lei que seja pragmática, em vez de ideal, poderia favorecer um sistema acentuadamente *taqlid*. O Estado Islâmico, porém, prima pelo idealismo. Mohammad Fadel, "The Social Logic of Taqlid and the Rise of the Mukhatasar". *Islamic Law and Society*, v. 3, n. 2, pp. 193-8, 1996.

Contudo, simultaneamente a tradição islâmica recompensa a prática de *ijtihad*: um dito profético promete recompensar até mesmo um jurista que, depois de um esforço sincero e responsável, julgar incorretamente. Em outras palavras, Deus não penaliza respostas erradas, apenas os palpites.

36. Conversa, Miami Beach, 4 maio 2015. Ver também Jonathan Sacks, *Not in God's Name: Confronting Religious Violence* (Nova York: Schocken, 2015).

7. APOCALIPSE [pp. 313-40]

1. Jonathan D. Spence, *God's Chinese Son: The Taiping Heavenly Kingdom of Hong Xiuquan*. Nova York: Norton, 1996, pp. xxvii, 48, 191. As citações de Hong são uma combinação de sua poesia com éditos oficiais de Taiping, adaptadas para o inglês por Spence.
2. Ver Stian Michalson, "Islamisme på norsk — Profetens Ummahs ideologiske utvikling", em Øynstein Sørensen, Bernt Hagtvet e Nik. Brandal (Orgs.), *Islamisme: Ideologi og Trussel* (Oslo: Dreyer, 2016, pp. 282-5).
3. "A Selection of Military Operations". *Dabiq* n. 12, nov. 2015.
4. Muitos livros populares, ricamente ilustrados, catalogam esses sinais. Dois títulos recentes são: Dr. Muhammad al-'Areefi, *The End of the World: Signs of the Hour Major and Minor* (Riad: Darussalam Publishers, 2014); Muhammad bin Bayyumi, *Smaller Signs of the Day* (Riad: Darussalam Publishers, 2014).
5. Tony Ortega, "America's Most Prominent Muslim Says The Atlantic Is Doing PR for Isis". RawStpry.com, 17 fev. 2015.
6. Ver Jean-Pierre Filiu, *Apocalypse in Islam* (trad. de M. B. DeBevoise. Berkeley: University of California Press, 2011, pp. 12-23). Usei a cronologia de Filiu para preencher as lacunas nos relatos sobre o apocalipse que ouvi em conversas com partidários do Estado Islâmico.
7. Entrevista com Will McCants, 10 nov. 2014. Ver também William McCants, *The Isis Apocalypse: The History, Strategy, and Doomsday Vision of the Islamic State* (Nova York: St. Martin's Press, 2015).
8. Há indícios de que Maomé, como muitos outros visionários religiosos, acreditava que o mundo terminaria em breve, talvez em sua própria época. Ele disse aos seguidores: "Quando fui enviado, eu e a Hora éramos assim — juntou dois dedos, o do meio e o contíguo ao polegar". "Eu e a Hora fomos enviados juntos. Ela quase me precedeu." *The History of Al-Tabari*, trad. de Franz Rosenthal. Albany: SUNY Press, 2015, pp. 180-1. Ver também Stephen J. Shoemaker, *The Death of a Prophet: The End of Muhammad's Life and the Beginning of Islam* (Filadélfia: University of Pennsylvania Press, 2012, cap. 3).
9. "No Respite". Al-Hayat Media Center, dez. 2015.
10. Musa Cerantonio, "Which Nation Does Rum in the Ahadith of the Last Days Refer To?", disponível on-line, fev. 2015.
11. Ver Filiu, *Apocalypse in Islam*, op. cit., p. 15, e *Dabiq*, n. 12, p. 66.
12. A propaganda do Estado Islâmico diz que isso vai acontecer e que o confronto entre suas forças e as forças rebeldes (apoiadas pelos turcos) em Dabiq em outubro de 2016 não foi a batalha profetizada.
13. Filiu, *Apocalypse in Islam*, op. cit., p. 16.

14. O Estado Islâmico menciona frequentemente o retorno de Jesus. Em fevereiro de 2015, quando eles filmaram a decapitação de mais de vinte coptas na Líbia, o mestre de cerimônias mascarado do banho de sangue falou para a câmera em inglês norte-americano:

> Hoje estamos ao sul de Roma, na terra do islã, Líbia, mandando outra mensagem. "Ó cruzados, para vocês a segurança será apenas um desejo, ainda mais quando lutarem contra todos nós juntos. Portanto, todos juntos lutaremos contra vocês, até que a guerra deponha seus fardos e Jesus, que a paz esteja com ele, desça, quebre a cruz, mate os suínos e revogue a *jizya*."

"A Message Signed with Blood to the Nation of the Cross", Al-Hayat Media Center, 15 fev. 2015.

15. Citado em Filiu, *Apocalypse in Islam*, op. cit., p. 14.
16. Bernard Haykel, "The History and Ideology of the Islamic State", testemunho ao Comitê do Senado dos Estados Unidos sobre Segurança Interna e Assuntos Governamentais, 20 jan. 2016.
17. É irônico que grande parte dos países de maioria cristã, sobretudo os Estados Unidos, relute em levar a sério as correntes apocalípticas dos partidários do Estado Islâmico. Foi o presidente George W. Bush, e não Abu Bakr al-Baghdadi, quem informou a Jacques Chirac que "profecias bíblicas estão sendo cumpridas" e que "gogue e magogue estão agindo no Oriente Médio". (Chirac perguntou a seus assessores: "Vocês sabem do que ele está falando?".) Ver Kurt Eichenwald, *500 Days: Secrets and Lies in the Terror Wars* (Nova York: Touchstone, 2013, p. 459).
18. Ver "On the Great Slaughter of Dabiq" (*Al-Naba*, 13 out. 2016).
19. Entrevista com Jürgen Todenhöfer por telefone, 18 ago. 2015.
20. Abu Bakr al-Baghdadi, "March Forth Whether Light or Heavy". Al--Furqan Media, 14 maio 2015.
21. Musnad Ahmad, 12491.
22. Parte desse ensaio está traduzida em McCants, pp. 179-81.
23. *Although the Disbelievers Dislike It*, 16 nov. 2014.
24. "No Respite", 24 nov. 2015. Esse título provém do Alcorão (10:71), um desafio de Noé a seus inimigos para que o atacassem. "Decidi-vos, vós e vossos ídolos, e não oculteis vossa decisão; então, hostilizai-me e não me poupeis."
25. "Donald J. Trump Response to the Pope", 18 fev. 2016. Disponível em: <donaldjtrump.com/press-releases/donald-j-trump-response-to-the-pope>. Acesso em: 20 mar. 2017. Ver também Graeme Wood, "Is Donald Trump Right About Isis?" (The Atlantic.com, 22 fev. 2016).
26. Ver Will McCants, "Isis and Israel" (Jihadica, 6 nov. 2015).

27. Christopher Dickey, "Behind the Copenhagen Killings, the Isis Vision of Apocalypse". *Daily Beast*, 9 fev. 2015.

28. Norman Cohn, *The Pursuit of the Millenium*. 2. ed. Nova York: Harper Torchbooks, 1961, p. 74.

29. Ver Yaroslav Trofimov, *The Siege of Mecca* (Nova York: Anchor, 2008), e Lawrence Wight, *The Looming Tower* (pp. 88-94), para detalhes sobre a tomada da Grande Mesquita e suas consequências; e Thomas Hegghammer e Stéphane Lacroix, "Rejectionist Islam in Saudi Arabia: The Story of Juhayman al-'Utayby Revisited" (*International Journal of Middle East Studies*, n. 39, 2007), para a história dos objetivos do grupo.

30. Milenaristas amam números redondos. Jalal al-Din al-Suyuti, um erudito egípcio do século XV, predisse o fim do mundo para o ano 1500 do calendário da *hijrah* islâmica. Será o ano 2076 d.C.

31. Entrevista e aulas de Cole Bunzel na Universidade de Boston, 3 maio 2015.

32. Wagemakers, *A Quietist Jihadi*, op. cit., pp. 167-9.

33. Yasi Qadhi, "1979: When the Ka'bah Was Hijacked by the Fake Mahdi". Aula em Oslo, 12 abr. 2014.

34. Comentário no Facebook, 20 nov. 2015.

35. Leon Festinger, Henry Riecken e Stanley Schachter, *When Prophecy Fails: A Social and Psychological Study of a Modern Group That Predicted the Destruction of the World*, Minneapolis: University of Minnesota Press, 1965, p. 4. Para uma atualização e um levantamento das tentativas de replicar essa teoria, ver Lorne Dawson, "Prophetic Failure and Millenial Movements", em Catherine Wessinger (Org.), *Oxford Handbook of Millenialism* (Nova York: Oxford University Press, 2011, pp. 150-70).

36. Ver Cole Bunzel, "The Islamic State of Decline: Anticipating the Paper Caliphate" (Jihadica, 15 jun. 2016).

37. Mario Vargas Llosa, "Antonio Consejero", *Contra viento y marea*. Barcelona: Seix Barral, 1983, p. 185. v. 2.

POSFÁCIO [pp. 341-51]

1. Timothy Snyder, *Terra negra: O Holocausto como história e advertência*. São Paulo: Companhia das Letras, 2016, p. 192.

2. Abu Bakr al-Baghdadi, "So Wait, Indeed We, Along with You, Are Waiting", dez. 2015.

3. Abu Muhammad al 'Adnani, "That They Live by Proof". Al-Hayat Media Center, maio 2016.

4. "The Solid Edifice". Al-Bunyan al-Marsus, 21 jun. 2016.
5. Entrevista com Justin Richmond, Mamasapano, Filipinas, 7 out. 2016.
6. James Dowling e Laura Banks, "Sydney Psychiatrist Allegedly Knew About Extremist Robert Cerantonio's Plan to Leave Australia to Fight Islamic State [sic]". *The Daily Telegraph*, Sydney, 22 set. 2016.
7. 'Adnani, "That They Live by Proof".
8. Entrevista, Palimbang, Filipinas, 6 out. 2016.
9. A explicitação clássica dessa estratégia está em Abu Bakr Naji, *The Management of Savagery: The Most Critical Stage Through Which the Umma Will Pass*, publicado on-line em meados dos anos 2000 e traduzido por William McCants (John M. Olin Institute for Strategic Studies, 23 maio 2006). Naji argumentou que, para triunfar, a Al-Qaeda não precisava derrotar outras facções islâmicas, mas apenas conseguir apoio entre os muçulmanos do mundo todo por meio de guerra e exploração dos jovens:

> Supondo que precisamos de meio milhão de *mujahidin* para nossa longa batalha até que ela termine como desejamos (com a permissão de Deus), a possibilidade de obter esse número em uma nação de 1 bilhão de pessoas é maior do que a de obtê-lo entre os jovens dos movimentos islamitas que já estão poluídos pelas dúvidas dos xeques perversos. Os jovens da nação estão mais próximos da natureza inata do ser humano em razão da rebeldia que lhes é inerente.

Hassan Hassan relatou que esse livro foi fartamente distribuído para os integrantes do Estado Islâmico. Ver Hassan Hassan, "Isis Has Reached New Depths of Depravity. But There Is a Brutal Logic Behind It" (*The Guardian*, 8 fev. 2015). Claramente essa estratégia tem sido adotada, embora o texto seja pouco citado na propaganda do Estado Islâmico.
10. Entrevista com Lamido Sanusi, Londres, 13 nov. 2015.
11. No caso do Boko Haram, uma das figuras principais é Uthman Dan Fodio, o xeque do século XIX cujos escritos fundamentam muitas das posições do Boko Haram relacionadas à vida em terras muçulmanas. Muitas análises sobre o Boko Haram menosprezam as posições ideológicas do grupo, porém em grande medida as declarações do grupo têm sido ortodoxas da perspectiva da ideologia mais ampla do Estado Islâmico. Veja, por exemplo, as palavras de Ahmed Shekau, na época o líder do grupo:

> Eu sou o líder do [Boko Haram] nesse país chamado "Nigéria" (nome no qual não acreditamos, mas somos forçados a usar porque não há um nome melhor). Porque não existe Nigéria nenhuma, apenas o califado islâmico. [...] Ainda temos a magnanimidade de pedir a vocês que se arrependam, pois nunca terão êxito nesse caminho

pela graça de Deus, e juro por Deus que nunca iremos parar de matá-los. Se tivermos piedade e os pouparmos, um dia vocês se tornarão infiéis; assim, para nós, ter piedade é um ato de descrença.

Citado em David Cook, "Boko Haram: A New Islamic State in Nigeria" (Baker Institute for Public Policy, 11 dez. 2014). Para informações gerais sobre a ideologia do Boko Haram, ver Abdulbasit Kassim. "Defining and Understanding the Religious Philosophy of jihādī-Salafism and the Ideology of Boko Haram" (*Politics, Religion & Ideology*, 1 set. 2015).

12. Autoridade de segurança ruandense, Kigali, 7 ago. 2015.

Índice remissivo

11 de setembro de 2001, ataques terroristas de, 165, 194
969 (movimento budista da Birmânia), 280

A'maq (agência de notícias), 329
A'maq, vale de, 329
A'zaz, 219
Abaaoud, Abdelhamid, 219
abássida, califado, 89, 307
Abbottabad, 166
'Abd al 'Aziz bin Baz, 336
'Abd al 'Aziz, 123-4
'Abd al-Sattar, Jamal, 70
Abdel-Rahman, 'Abdullah, 42
Abdel-Rahman, Ahmed, 42
Abdel-Rahman, Muhammad, 42
Abdel-Rahman, Omar, 39-45, 70, 78, 94-6, 207
Abdul Muhid, 238-9, 246-8
Abdullah II, rei da Jordânia, 142
Abdullah, o Açougueiro, 258
'Abdullah 'Azzam, 207
'Abdullah ibn 'Abbas, 304
Abdülmecid II, califa, 259
Abraão, 51, 101, 336
Abu 'Issa, 206-9
Abu Aisha, 315-20, 329
Abu al-Su'ud, 96
Abu Bakr al-Siddiq, 91, 115, 140, 175, 177, 181, 294
Abu Baraa ver Rahman, Mizanur
Abu Basir ver Wuhayshi, Nasir al
Abu Hamza, 236, 242
Abu Muslim al-Turkmani, 19, 116
Abu Omar al-Baghdadi, 181, 183-5
Abu Qatadah (Christian Emde), 255
Abu Rumaysah, 235, 239, 244
Abu Sayyaf, 344-5
Abu Subhi, 223
Abu Sufyan, 78, 222
Academia da Força Aérea dos Estados Unidos, 198
'Adnani, Abu Muhammad al, 121-2,

144, 163-4, 184-5, 222, 251, 329, 342-3, 348
adúlteros, 50, 95, 237
Afeganistão, 42, 116, 194-5, 206-7, 215, 236, 277, 333
África, 93, 148, 298, 350-1
Ahmad, 59-60, 67
Ahmed, Mohammed Nahin, 109
Air Academy High School [Escola de Ensino Médio da Academia da Força Aérea], 198
alauítas, 66, 225
Al-Azhar, Universidade de, 39, 70, 311
Albani, Nasir al-Din al, 172
Al-Bayan (rádio), 225
álcool, 140, 204, 243, 247, 290, 301, 317, 336
Alcorão, 13-5, 27, 33, 35, 38, 40, 50, 54-5, 57, 68, 70, 80, 83, 91-2, 95, 109, 111-2, 115, 137, 143, 157, 159-60, 168, 171, 175-7, 180-2, 186, 198, 206, 208, 216-7, 240-1, 249, 251, 258, 280, 286, 288, 291-3, 317, 348
al-Dawla [o Estado], 12-3
Alemanha, 109, 135, 299
Aleppo, 158, 184, 189, 219, 222-4
Alexandria, 58, 61, 93, 137, 236; visita do autor a, 58-61, 67, 72
Al-Ghuraba', 151, 237
Al-Hafez, 69
Al-Hayat Media Center, 331
'Ali ibn Abi Talib, 286-9
Ali, Ayaan Hirsi, 270, 272
Al-Jazeera, 116
al-Khilafah [o califado], 13
Almamune, 40
al-Masih al-Dajjal [o Falso Messias] *ver* Dajjal

Al-Muhajiroun [os emigrantes], 237
Al-Qaeda, 18, 37, 63, 78-9, 82-4, 87-8, 92, 94, 126, 129, 165, 167, 194, 207, 216, 223, 276, 319-20, 333, 342; ataque dos Estados Unidos à, 88-9; Estado Islâmico e, 82, 125-29; na península Árabe, 166
Al-Qillawri *ver* Cerantonio, Musa
Amã, 82-3, 127, 274
amamentação de adultos, 179
América do Norte, 276
América do Sul, 351
amputação, 159-60, 240, 315
Anbar, província de (Iraque), 151, 342
Ancient Religions, Modern Politics (Cook), 120
Andaluzia, 176, 183
ansar [auxiliares], 103, 154, 289
Ansar al-Khilafah, 343-6
Ansar, brigada, 194
Anticristo, 20, 229, 323-6, 333
antimuçulmano, sentimento, 199, 283, 299
antissemitismo, 281, 299
apocalipse, 25, 205, 314, 318-9, 328-9, 331, 334-5, 337; sinais do, 320-1
apostasia, 14, 50, 62, 66, 73, 83, 104, 115, 123, 124, 167-8, 186, 267, 290, 301, 307, 309
apóstatas, 13-4, 50, 70, 83, 97, 187, 208, 224-6, 236-7, 242, 250, 270, 289-90, 303, 307, 316, 333
árabe, língua, 67, 81-2, 101
Arábia Saudita, 35, 51, 63, 79, 82-3, 86, 122, 124-5, 137, 141, 155, 244, 260, 281, 295-6, 308, 311, 322, 336; descoberta de petróleo na, 123; península Arábica como ter-

ritório exclusivamente muçulmano, 124
arbítrio judicial, 159
Arnold, Matthew, 30
arranha-céus do Golfo Pérsico, 317, 321
asharat sa'a [Sinais da Hora], 316
asharitas, 15
Ásia, 87, 162, 327, 351
Assad, Bashar al, 185, 219, 229, 243, 256
assassinato no islã, 160
assistência médica, 246-7
Associação Cristã de Moços, 153
Atatürk, Mustafa Kemal, 259
Austrália, 22, 132, 137, 146, 150-1, 154, 163-5, 170, 174, 217, 222, 278, 322, 349
Autoridade Palestina, 104
Avicena, 118, 306
Awad, Nihad, 225, 319
'Awlaqi, Anwar al, 312

Ba'quba (Iraque), 89
baathistas, 19, 115-6, 267, 351
Badawi, Sayyid Ahmad al, 61
Badr, Batalha de, 242
Bagdá, 18, 64, 87-9, 155, 176, 274, 296
Baghdadi, Abu Bakr al, 24, 31, 35-6, 79, 81, 85, 87-9, 91-2, 94, 96-100, 103, 115-6, 121-2, 133, 140, 144-6, 150, 154, 164, 180, 184, 223, 234, 243, 249, 262-3, 269, 272-3, 296, 302-4, 310, 329-30, 339-40, 342; apresentação ao público, 88-90; declaração do califado por, 89-91; discurso de posse de, 114; menções ao apocalipse por, 329-30

Bahrein, 16, 79
"Bahrumi", 188
Bakri Mohammed, Omar, 236
Banda Aceh (Indonésia), 174
Bangsamoro, Combatentes Islâmicos pela Liberdade de, 345-6
banqueiros, 247-8
Banquete (Platão), 201
barba no islã, 83, 304
Base Speicher (Iraque), 151
bay'a [juramento de lealdade], 98-9, 104, 144-5, 186, 208-9, 249, 268, 272-3, 294, 303, 337, 344
Beauty of the Husband, The (Carson), 191
Bélgica, 335
Benim, 68
Beveridge, William, 249
Bíblia, 57, 63, 157, 168, 210, 279
Bin Bayyah, Abdullah, 295, 297-8
Bin Laden, Osama, 29, 35, 37, 133, 141, 149, 166-7, 201, 206-7, 216, 308, 320, 338
Binali, Turki al, 79-87, 119, 121, 125-9, 180, 276, 290, 296, 298, 330-1, 337
Binnish (Síria), 222
Birmânia, 280
Biswas, Mehdi Masroor, 133-4
bizantinos, 322
Blair, Tony, 282
Blinn College, 198
Boko Haram, 151, 212, 350
Bouckaert, Peter, 106
Brasil, 334, 339-40
Brookings Institution, 119, 320
Brookman, Adam, 222
budismo, 58, 280
Bukhari, 233, 275

Bunzel, Cole, 78-82, 91, 119, 121-2, 124, 126, 129, 337
Busaiteen (Bahrein), 79
Bush, George W., 87, 148-50, 195, 197, 277, 285, 295
Butril (Filipinas), 343-7, 350

cães, 178
Cairo, 31-2, 36, 39, 42-3, 45, 58, 64, 68, 72, 75-6, 100, 137, 146, 213, 215, 217, 219, 259, 311; Embaixada dos Estados Unidos no, 39; Universidade do, 39, 259
Calábria, 132-3
califa [*khalifa*], 13, 22, 25, 40, 64, 79, 81, 85, 90, 92-4, 96-7, 99, 104, 138, 140-2, 144, 155, 159, 162, 164-5, 180, 183-4, 206, 208-9, 222-3, 240, 242, 259-62, 268, 287, 289, 291, 294, 303-4, 307, 325, 348; dever principal do, 157; eligibilidade para, 140-1; papel do, 260; responsabilidade do, 97
califado, 13, 20, 31, 79, 90-1, 97-102, 106-8, 112-6, 133, 136, 138-44, 155, 160-1, 164-5, 171, 174-5, 183-5, 187-8, 191, 206-8, 214-7, 222, 225, 227, 233-7, 240, 242-3, 252, 254-5, 259-64, 267-75, 285, 294-5, 300, 304, 316, 321-3, 336-9, 343, 348-9, 351
Califórnia, 195, 210, 225, 292, 299
Camboja, 243
cânabis/maconha, 198, 203-4, 213
Canadá, 211
"Cannabis" (Yahya), 203
Canudos, Guerra de, 334
carijismo, 285-91, 300, 311
Carson, Anne, 191

"Carta a Baghdadi" (documento), 180, 296
catolicismo *ver* Igreja católica
Caváfis, Konstantínos, 58
Centre for Strategic and International Studies, 272
Cerantonio, Musa, 24, 26, 131-3, 136-57, 160-85, 188, 199, 206, 213, 215, 217, 230, 233-4, 238, 250, 254, 259-60, 267, 269, 273, 277-8, 282-5, 295-6, 298, 314, 322-7, 332, 335-6, 343, 347-9; autoconfiança de, 148-9; conversão de, 137; crença no califado, 138-45; encontro do autor com, 131-2, 146-56; escolha do nome de, 132-3; Facebook de, 133; formação de, 136; leitura alternativa de *O Mágico de Oz* por, 150; não consegue chegar à Síria, 145-6; nas Filipinas, 145-6; orações da sexta-feira por, 152-6; pensamento apocalíptico de, 322-7; prisão de, 173-4; programa na TV do Cairo, 137; sobre Choudary, 237; sobre comando de violência pelo Isis, 162-4; sobre crime e punição, 157-62; sobre escravidão, 147; sobre viver entre infiéis, 170-1; talento para línguas, 137; textos do Isis traduzidos por, 144; vida após a morte segundo, 169; zairismo e, 175-84
Cerantonio, Nick, 157
Cerantonio, Paula, 156
chafitas, 128, 175
Chechênia, 35
chibatadas, 158
China, 334
Chiragh Ali, 51

Choudary, Anjem, 234-50, 253-5, 269, 271-2, 283, 295-6, 305; atos terroristas ligados a, 238; aversão dos britânicos a, 237; benefícios do estado de bem-estar social para, 254; como figura apalhaçada, 238; defesa da escravidão por, 249-53; formação de, 235-6, 245; sobre não fazer *hijrah*, 254

Choudhury, Tania, 201-5, 208-13, 217, 219-21, 228-32, 234; entrada na Síria, 219; petição de divórcio de, 230; posts no Facebook de, 231; retorno à Turquia, 220-1

Cisjordânia, 12, 82

Cockburn, Patrick, 87

cogumelos psicodélicos, 204

Cohen, Stanley, 126, 331

Cohn, Norman, 334

Comey, James, 194

Comitê de Assuntos Públicos Americanos-Israelenses, 211

comoção social, 303

Companheiros (discípulos diretos de Maomé), 152, 225, 242

Complexo Correcional Federal de Butner, 41

confissões no islã, 161-2

Congo, 351

Congregações Hebraicas Unidas da Comunidade Britânica, 312

Conselheiro, Antônio, 334, 339-40

Conselho de Relações Americanas-Islâmicas, 225, 319

Constantinopla, 322

contracepção, 251

convertidos, 44, 58, 69, 72, 109, 133, 138, 153, 189, 302

Cook, Michael, 120-1

coraixitas, 103, 105, 141-2, 144-5, 159, 168, 183-4, 206, 216-7, 259, 289, 291, 330, 336, 348

Córdoba, 176

Council on Foreign Relations, 272

Creta, 189-90

crime e punição no islã, 157-62, 240

cristianismo, cristãos, 20, 43, 47, 56, 59, 61, 63, 66, 85, 101, 114, 120, 140, 168, 180, 183, 189, 205, 227, 238, 249-50, 258, 263, 272, 279-80, 309, 311-2, 318, 322-3, 326, 332, 334, 336, 344

Cristo *ver* Jesus Cristo

Crone, Patricia, 120

crucificações, 241

curdos, 92, 166

"Da Masked Avenger" [o Vingador Mascarado, usuário do Twitter], 269

Da'esh, uso do termo, 12

Dabiq (revista do Estado Islâmico), 100-3, 127-8, 157, 168, 194, 225, 227, 251, 260, 277-8, 316, 323, 328, 331

Dabiq (Síria), 126, 321-3, 329, 331-2, 345

dahr [tempo], 214, 314

Dajjal [o Anticristo], 324

Dallas (Texas), 190-1, 197, 211-3, 221, 230

Damasco, 64, 115, 200, 204, 229, 274, 287, 306, 309, 325

dança no islã, 292

Daqahliyya (Egito), 39

Dari, Tamim al, 323

Davi, rei de Israel, 51

Davis, David Brion, 53

Dean, Aimen, 276, 310

decapitações, 50, 83, 126, 127, 134,

160, 196, 223, 238, 241-2, 244, 289, 313-5, 331, 333, 337, 344
Declínio e queda do Império Romano (Gibbon), 287
Deixados para trás (série de ficção cristã-apocalíptica), 318
Departamento de Justiça dos Estados Unidos, 211
Departamento de Segurança Interna dos Estados Unidos, 45
dervixes, 292
"despertar" sunita, 104
"Devil in Mr. Jones, The" (Smith), 78
Dhahiri, Dawud al, 176, 216
Dhar, Siddhartha ver Abu Rumaysah
Dia do Juízo Final, 25, 169, 193, 232, 316, 330
Dickhäuser, Horst, 135
Dictionary of Modern Written Arabic (Wehr), 200
dinheiro pelo sangue derramado [diyah], 150, 160
Dinslaken (Renânia), 135, 256
direita, milícias de, 299
discurso de ódio, 150
Doshisha, Universidade, 259
Douri, Izzat Ibrahim al, 19
Dover, Hanan, 174
drogas, 83, 198, 202, 207, 293
drones, 23, 42, 89, 225, 284, 342, 345
Dubai, 79
Dublin (Califórnia), 299

E1, restaurante (Whitechapel), 246
Eastwood, Clint, 283, 285
Ebert, Roger, 27
Egito, 31, 37, 39, 42-4, 58, 66, 71-2, 75-6, 82, 93-4, 110, 139, 142, 215, 217, 219, 262, 287, 335; Museu Egípcio, 38

Einstein, Albert, 275
Elashry, Hesham, 32-6, 42-9, 55-60, 63, 68-76, 92-100, 104, 134, 137, 140, 149, 213, 234, 304; conversão de, 44; Hoshi e, 71-7; programa na TV a cabo, 69, 70, 95; rotina de alfaiate de, 56; tentativas de converter o autor, 45-7
El-Naggar, Mona, 110
Embora isso desgoste os incrédulos (vídeo), 127
Emde, Christian (Abu Qatadah), 255
"Emirado de Shepherd's Bush", 208
Emirados Árabes Unidos, 292
Emwazi, Muhammad "Jihadi John", 267
Erdoğan, Recep Tayyip, 14, 37
escatologia (estudo do fim dos tempos), 318
escolástica, 48
escravidão, 49-54, 124, 147, 149, 157, 205, 214, 253, 271, 272, 300, 315, 320
escravidão sexual/escravas sexuais, 49-50, 249-53
Escudo do Deserto, operação, 125
Estado Islâmico, 31-2, 75, 78-9, 92-3, 143, 145-6, 151, 278-80, 311, 341; adoção do terrorismo pelo, 241; alcance da atratividade do, 24; alcance do apoio ao, 233; Al-Qaeda e, 125-9; alvos de assassinato do, 277; americanos no, 193; apóstatas na visão do, 13-4; ascensão do, 34-5, 82, 86-7, 121-2; ataques a alvos estrangeiros pelo, 164; autoapresentação do, 113; "avivamento" pelo, 84; baathistas no, 115-6; base religiosa do, 283-4, 292; burocracias do,

22; carijismo e, 285-91; Choudary e, 235-6; cisão da Al-Qaeda com, 83; comando de violência do, 163-5; como cumprimento de profecias, 20; como resultado de política externa dos Estados Unidos, 283-4; como retrógrados, 147; construção do Estado no, 165; crime e punição no, 240-3; crimes de guerra do, 105-7; críticas de imames australianos ao, 154; críticas de Zawahiri ao, 167-8; decapitações pelo, 126-7; declaração de califado (2014), 183; desertores do, 255; diáspora do, 350; dívida com eruditos sauditas, 122-4; emigração para, 186; erudição do, 293, 296-7; escravidão praticada pelo, 50-3, 147, 249-53, 320-1; execução de Goto e Yukawa pelo, 267; execução por imolação aprovada pelo, 128; *fatwas* emitidas pelo, 81; fontes de renda do, 247; guerra de civilizações desejada pelo, 313; Hesham e, 97; incapacidade de confrontar base religiosa do, 113-6; insultos do, 13; juramento de lealdade ao, 98; lema do, 102; Lindh sobre o, 196; lista de crimes elaborada pelo, 158; Mossul tomada pelo, 143; movimentos predecessores do, 36; mufti do, 79; Nakata e, 256-69; ocidentais reféns do, 125-6; panfleto doutrinador do, 82; partidários do, 276; pensamento apocalíptico no, 26, 319-39; posições religiosas do, 286-91; programa de bem-estar social do, 246-7; propaganda do, 100-7, 133, 215, 224-6, 228, 331; punição pública pelo, 160; Qadhi sobre o, 282-5; recrutamentos pelo, 104, 133-5, 329; recrutas do, 310; revista do, 100-4; ridicularização do, 109; salafistas quietistas e, 301-5; selfies do, 108; takfirismo no, 63-6; textos do autor sobre o, 146-7; uso errôneo de Ibn Taymiyya pelo, 306-9; vídeos de propaganda do, 105-7; zahirismo e, 179

Estado Islâmico do Iraque (ISI), 18, 88, 121, 181

Estados Unidos, 39-45, 61, 80, 88-9, 93, 104, 114, 116, 126-7, 129, 148-9, 194-5, 197-9, 210, 212, 213, 231, 235-6, 250, 273, 276, 281-4, 292, 295, 298, 322, 328, 332, 342, 344; Cinturão da Bíblia nos, 63; tentativa de encerrar cisão entre Maqdisi e Bin'ali pelos, 126

Eufrates, rio, 323

Europa, 87, 98, 115, 135, 194, 235, 255, 292, 311-2

evangélicos, 20, 318

excomunhão *ver takfir*

Exército do Iraque, 19, 341

Exército Livre da Síria, 185, 222-4, 263

Exército Simbionês de Libertação, 220

Facebook, 25, 121, 133-4, 146, 185, 190, 197, 204, 212, 230-1, 299

Farahidi, Khalil al, 200

Faraj, 'Abd al-Salam, 66

faraó, 38, 41

Fatah (partido palestino), 37, 333

Fátima (filha de Maomé), 159, 286
fatwas (determinações religiosas), 28, 66, 78, 81, 207, 213, 214, 268, 283, 309
Faubus, Orval, 86
FBI (Federal Bureau of Investigation), 126, 190, 194, 211
Festinger, Leon, 339
Fierro, Maribel, 176
Filadélfia (Pensilvânia), 301-2, 314
Filibini, Abu Abdullah al, 344
Filipinas, 24, 136-7, 142-6, 170, 218, 234, 343-4, 347-9
Filiu, Jean-Pierre, 319
Finsbury Park, mesquita de (Londres), 206, 236
Footscray (Austrália), 24, 131, 136, 148, 153, 155, 162, 168, 170, 174, 336, 343
Força Aérea Real da Jordânia, 127
fornicação [zina], 57, 140, 158-9, 161-2, 249, 252, 301, 317
França, 260
Francisco, papa, 332
French Baguette, The (café de Footscray), 131, 136, 148
Frente Islâmica de Libertação dos Moros (Milf, na sigla em inglês), 346, 348
Frente Nacional de Libertação dos Moros, 345
Freud, Sigmund, 233
fronteiras do islã, 242
Fry, Stephen, 163
futebol, 104, 136, 153, 156, 160

Gama'a al-Islamiyya [Grupo Islâmico], 37, 39, 42
Gaon, Sa'adia, 296
Gaza, 37

Gaziantep (Turquia), 219
Geller, Pamela, 283
Gêngis Khan, 65
Georgelas, John (avô), 197
Georgelas, John ver Yahya Abu Hassan
Georgelas, Martha, 192, 197, 228, 231-2
Georgelas, Timothy, 192-4, 197-200, 211-2, 228, 231-2
Ghazali, 62, 118
Ghazan, 65
Ghuraba' (site), 185, 188
Gibbon, Edward, 287
Gibson, Mel, 280
Gillard, Julia, 145
@GleamingRazor (usuário do Twitter), 269
Gogue e Magogue (criaturas do fim dos tempos), 168, 327
Goto, Kenji, 267
Grã-Bretanha, 234, 238, 243, 246, 248, 254
Granata, Hamza, 153, 156, 173
"Grande Matança" (do fim dos tempos), 321
Grande Meretriz (do fim dos tempos), 318
Grande Mesquita (Meca), 154, 337
Grande Mesquita de al-Nuri, 89
Griffel, Frank, 282
Guardian, The (jornal britânico), 114
guerra como componente da jihad, 295
Guerra do Golfo, 105
Guerra do Iraque, 83
guerra justa, tradições muçulmanas de, 295
Guerras de Apostasia, 92

hadd [limite], crimes, 158-61, 240, 271-2, 275
Hades (personagem mitológica), 46
hadiths, recitação de, 80
Hafez, 49
Hagar (escrava de Abraão), 51
Hamas (partido palestino), 14, 37, 104, 333
hambalitas, 167, 175
hanafitas, 128, 175-6
Haniya, Ismail, 104
Hannity, Sean, 237, 238
Hanson, Mark *ver* Yusuf, Hamza
Hare Krishna, 275
Harran, 64
Hartford Seminary, 305
Hassan ibn Thabit, 210
Haykel, Bernard, 52, 79-80, 328
Hearst, Patty, 220
Hegghammer, Thomas, 117-8, 165, 276
Henning, Alan, 126
Herege (Ali), 270
heresias, 125, 301, 338
Hezbollah, 12, 316
hijrah [hégira], 21, 102-3, 105, 145, 152, 171, 180, 186, 189, 194, 213, 217, 228, 234-5, 254, 269, 287-8, 336, 347-8
hinduísmo, 239
hisba [polícia da moralidade], 85, 244, 246
Hitler, Adolf, 281
Hizb ut-Tahrir [Partido da Libertação], 259-61, 269, 271-3
Hobbes, Thomas, 270
Holmes, Oliver Wendell, 148
Holocausto, negação do, 279, 281
homens bomba, 17, 37, 256, 303
homossexualidade, 158, 181
Hong Xiuquan, 313, 334
honne [sentimentos íntimos, no Japão], 261
Hoshi (mulher japonesa), 71-7
Houston, Universidade de, 281
Hudaybiyah, Tratado de, 242
Human Rights Watch, 106
Hussein, Saddam, 19, 104, 115-6, 125, 141, 243, 316, 349
Hussein, Taha, 49

Ibn 'Abd al 'Aziz, Omar (califa), 96-7
Ibn 'Abd al-Wahhab, Muhammad, 35, 80, 122-4, 281-2, 303, 309
Ibn 'Arabi, 49, 64
Ibn Baz, 'Abdullah, 125
Ibn Hanbal, Ahmad, 40, 95, 99
Ibn Hazm, 176-7, 179-83, 209-10, 216
Ibn Khaldun, 118
Ibn Qayyim, 152
Ibn Salul, 14
Ibn Sihman, Sulayman, 124, 183
Ibn Taymiyya, Taqi al-Din, 63-6, 80, 82, 123, 128, 152, 180, 259, 306-10
Ibn Ubayy, 'Abdullah, 14
idolatria, 15, 82, 137, 276, 306, 309
Iêmen, 145, 166, 236
Igreja Batista de Westboro, 279
Igreja Católica, 60, 136-7, 155, 246, 280, 297, 302, 310-2
Igreja de Jesus Cristo dos Santos dos Últimos Dias, 344; *ver também* mormonismo, mórmons
Igreja Ortodoxa Grega, 197
ijazah [permissão], 297-8
ijtihad [avaliação da lei], 311
Ilm Centre (Whitechapel), 245
Império Bizantino, 322

Império Romano, 287
impl. project (ONG), 344
impostos [zakat], 92
Independent, The (jornal on-line britânico), 87
Índia, 277
infiéis, 35, 62, 64, 82-4, 109, 124-5, 137, 143, 148-9, 159, 167, 169, 171-2, 207, 212, 225-6, 252, 261, 272, 287-90, 295, 299, 310, 325, 336
Inglaterra, 22, 109, 197, 235, 248, 262, 292, 335
Innocence of Muslims, The (vídeo do YouTube), 216
Instituto Washington de Política do Oriente Próximo, 119
International Centre for the Study of Radicalisation (ICSR), 133-4
internet, 24, 68, 72, 83, 91, 106, 108, 113, 128, 136-7, 143, 145-6, 152, 159, 173, 182, 188-9, 195, 207, 209, 224, 230, 262, 277, 298, 309, 311
intolerância, 48, 67, 123, 277, 300
Iqraa (emissora de TV), 137-8
Irã, 260
Iraque, 12, 16, 34, 83, 87-9, 92, 101, 103, 105-7, 115-6, 121, 151, 166-7, 211, 227, 234, 250, 282, 284-7, 316, 319-20, 327-8, 331, 342, 349-51; Exército do Iraque, 19, 341; Guerra do, 83
'irja [muçulmanos sem atos de piedade ou jihad], 278
Irmandade Muçulmana, 14, 32, 37, 56, 85, 93, 110, 259-60, 282, 333; não violência da, 37-8
İskenderun (Turquia), 222
islã, 13, 15, 20, 24-5, 28-9, 33, 310;

apocalipse no, 318-39; autoridade do Estado no, 120; como "estranho", 152; conversão ao, 33; convertidos ao, 138; crime e punição no, 157-9, 161-2; escravidão no, 49-53, 147; fontes de autoridade no, 283; influência de eruditos no, 81; leis no, 175-84, 240-2, 261; maneiras apropriadas no, 33; profissão de fé no, 68; proibição de tatuagens no, 153; *takfir* no, 62; uso de drogas no, 203-4
Islam for Dummies (Clark), 109
Islam4UK (grupo muçulmano), 237
Islambouli, Khalid al, 37-8, 41
islamismo, 28, 116-7, 138, 151, 236, 239, 260
islamitas, 14, 36-7, 116, 152, 178, 213, 223, 237, 257, 259, 262-3, 345
Isna (Sociedade Islâmica da América do Norte), 276
Israel, 44, 66, 172, 213, 320, 333
'Issa *ver* Jesus Cristo
istitabah (processo de apóstatas), 307, 309
Iugoslávia, 82

Jabhat al-Nusra, 79, 84-5, 88, 121, 223
Jackson, Kévin, 206-7
Jagger, Mick, 12
Jama 'at al-Muslimin, 206
Jamaat-e-Islami, 114
Japão, 258-60, 262, 265-8
Jawlani, Abu Muhammad al, 85, 88
Jefferson, Thomas, 209
jejum do Ramadã, 179
Jerusalém, 172, 325, 333

Jesus Cristo, 232, 279, 325-7, 330, 333, 341
Jibril, Ahmad Musa, 133-4, 196
jihad, 19, 36, 39, 54, 79, 84, 90, 92-3, 103, 109-12, 116-8, 121, 129, 136, 143, 170, 185-7, 190, 195, 201-2, 205, 211, 214-5, 219-20, 224, 238, 254, 262, 270, 278, 295, 306, 320, 336-7, 345, 346; "jihad ofensiva" [*jihad al-talab*], 242
Jihad Islâmica, 37, 66
Jihad Islâmica Egípcia, 39
Jihad Unspun (site islamita), 211
Jihadica.com, 121
jihadismo, 38, 104, 110, 118, 125, 135, 170, 197, 199, 210, 217, 236, 245, 305, 333; britânico, 236; correntes apocalípticas no, 320-40; estudo do, 118-9
jihadistas, 19, 32, 35-6, 38, 39, 41, 55, 66-8, 74-5, 78, 94, 101, 105, 108, 114, 116-7, 126, 133, 135, 166-8, 172, 184, 199, 204, 206-7, 211, 215, 219, 228, 232, 236, 278, 298, 300, 308, 312, 319, 333, 336, 345-7, 349; fóruns on-line de, 121
jizya [imposto], 85, 228, 250, 326
jogo no islã, 96
Johnson, Jim, 86
Johnson, Samuel, 139
Jonestown, suicídio coletivo em, 112
Jordânia, 12, 79, 82-3, 86, 127, 129, 142, 206, 242, 259; Força Aérea Real da, 127
judaísmo, 101, 139, 258
judeus, 38, 47, 58-9, 85, 139, 249-50, 272, 279-81, 299, 303, 312, 316, 325-6, 333
Juhayman al 'Utaibi, 336-8

juros [*riba*], 208, 248
Juwayriyya, 50

Kamleh, Tareq, 22
Kano (Nigéria), 350
Kasasbeh, Mu'dh al, 127-9, 293, 294
Kassig, Peter Abdul Rahman, 126-7, 331
Khan, Nusrat Fateh Ali, 49
khilafa *ver* califado
Khmer Vermelho (Camboja), 243
Khomeini, Ruhollah, aiatolá, 20, 260
King's College (Londres), 133, 196, 245, 255
Kitab al 'Ayn (Al-Farahidi), 200
Koran for Dummies, The (Sultan), 109
kufr [descrença], 49, 66, 95-6, 155, 186-7, 201, 216, 225-7, 277, 301, 303, 310, 317
Kunar, província de (Afeganistão), 207-8, 348
Kyoto (Japão), 259

Lapu-Lapu (Filipinas), 132
Lat (deidade pré-islâmica), 316
Lee, Spike, 195
letramento entre os muçulmanos, 311
Letterman, David, 302
Levítico, 157
Lewis, Bernard, 119-21
Líbano, 12, 236
liberdade de ir e vir, 261
libertários americanos, 213
Líbia, 35
Lincoln, túnel (Nova York), 195
Lindh, Frank, 195
Lindh, John Walker, 194, 196, 202, 292

Literatura e revolução (Trótski), 31
Londres, 18, 55, 129, 133, 202-3, 205, 208-9, 212-3, 221, 235-6, 238-9, 247-8, 254-5, 270, 272
Lonely Planet (guia de viagem), 136
Lutero, Martinho, 311, 334
Luxor (Egito), 44

Macabeus, revolta dos, 312
maconha *ver* cânabis
Mádi, 20, 320, 325-6, 330, 336-8
Madoff, Bernie, 41
Mágico de Oz, O (filme), 149-50
Magreb, 58, 203
Maher, Shiraz, 245
Malcolm X (filme), 195
Mal-estar na civilização, O (Freud), 233
malikitas, 175-6, 251
mamelucos, 64, 66, 308
Manchester, 209
Mannan, família, 22
Maomé, Profeta, 13-5, 20, 25, 32-5, 38-51, 53-4, 62-3, 68, 70, 80, 83, 85, 90-2, 98-9, 102-5, 112, 115, 124, 128, 137, 140-1, 143, 147, 152, 154, 157-9, 161-2, 172, 174-80, 186, 204-5, 210, 212-3, 216, 225, 230, 232, 242, 249, 252-3, 279, 286, 288, 290-1, 298, 303-4, 309, 315-8, 321-3, 325-6, 329, 348-9
Maqdisi, Abu Muhammad al, 78, 82-6, 118, 125-9, 206, 262, 298, 331, 337
Marca da Besta, 318
Marlowe, Christopher, 270
Marrocos, 141, 262
martírio, 21, 112, 174, 193, 333, 347
Marylebone, califado de, 208

masjid al-dhirar [mesquita da oposição], 154
massacre de Paris (2015), 166, 219
"Matem os imames da kufr no Ocidente" (Yahya), 225
maturiditas, 15, 167
Maududi, Abul A'la, 114-5
Mazar-e Sharif (Afeganistão), 195
McCants, Will, 118, 320
McDonald, Kevin, 114-5
Meca, 102-3, 154-5, 172, 187, 212, 242, 287, 304, 316, 323-4, 329, 337, 348
Medina, 14, 102-3, 154, 162, 172, 176, 289, 304, 322-3, 329, 348; Universidade de, 281
Medinat al-Zuhur (Alexandria), 59
Melbourne (Austrália), 24, 132, 136, 143, 154, 156, 162-3, 165, 168, 170-1, 173, 199
"Memorandos da Tortura" (Yoo), 148
Mercador de Veneza, O (Shakespeare), 240
Mesquita de Umayyad (Damasco), 325
mesquitas, 59-61, 65, 67, 89, 91, 110, 153-4, 199-200, 203, 206, 210, 236-7, 258, 268, 283, 287, 301-2, 319, 337, 343, 349
"metodologia profética", 102, 315
Metrojet, voo 9268 da, 331
México, 295
Michot, Yahya, 305-9
milenarismo, 320, 334, 338
milícias antimuçulmanas, 299
millat Ibrahim [povo de Abraão], 336-7
Minbar al-Tawhid wa'l-Jihad [Púlpi-

to do monoteísmo e jihad] (boletim na internet), 262
Mindanao, ilha de (Filipinas), 142-3, 174, 184, 343-6, 349, 351
misericórdia, 57, 126, 147, 155, 159, 264, 278, 284, 307
Mission of Islam in the Contemporary World, The (Nakata), 260-1
miswak (palito de dentes de gengibre), 33, 89
Mohandessin (Egito), 73
mongóis, 64-6, 169, 307-8
Montayre, Joan Navarro, 142
Morgan, Tracy, 302
mormonismo, mórmons, 68, 280
Morsi, Muhammad, 93, 95, 97, 99, 104, 110, 139-40, 217
Mory's, clube (Yale), 282, 285
Mossul, 16, 87, 89, 93, 96, 105, 114, 151, 181, 184, 189, 234, 251, 255, 329, 341-3, 345, 349; ataque do Isis a, 88; retomada de, 341; tomada pelo Estado Islâmico, 143
mouros, 133
movimentos messiânicos, 334
Mu'awiyya, 286-7, 289
Mubarak, Hosni, 32, 36-9, 42, 44, 70, 93, 97, 104
mudança climática, 324
muhajirun [emigrantes], 103, 136
Muhammad VI, rei do Marrocos, 141, 262
mujahidin [combatentes], 90, 105, 107, 174, 219, 220, 246, 266, 331, 334
munafiqun [hipócritas], 14; família real saudita como, 124
murjiitas, 300-1
Museu Egípcio, 38
Musharraf, Pervez, 178

mushrikin [politeístas], 14
Musta'sim Billah, Al, 64

Nabhani, Taqi al-Din al, 259-60
nacionalismo, 103, 207, 260
Nações Unidas, 43, 243, 250, 316
Nada, escola de ensino médio (Kobe), 258
Nafi' ibn Azraq, 287
Nakata, Hassan Ko, 256-71, 273, 295, 300; conversão de, 257-9; jornalista acompanhado por, 262; viagem à Síria, 262
Nasrani, 'Assaf al, 63
Nasser, Gamal Abdel, 37, 39, 67
Nawaz, Maajid, 55, 272
neoplatonismo, 48
Neturei Karta (culto judaico ultraortodoxo), 279
Neumann, Peter R., 134-6, 255-6
New Jersey, 41, 61, 118
New Republic (revista), 147
New York Times, The, 110, 113, 246
Newman, Paul, 44-5, 99-100
Nigéria, 151, 350-1; Talibã Nigeriano, 212
Norwich (Inglaterra), 292
Nova York, 41-4, 99, 194
Nur al-Din al-Zengi, 89

Obama, Michelle, 251
Occupy, movimento, 249
ofensa racial, crime de, 150
Office of Legal Counsel (EUA), 148
Okayama, 258
Olidort, Jacob, 119
Omar al-Gharib, 263
Omar, califa, 180-1, 294
Omar, mulá, 141, 167-8, 262
omíada, califado, 97, 183

403

Operação Escudo do Deserto, 125
orações islâmicas, 301
"Organização, A" (grupo proselitista muçulmano), 72, 74-5
Oriente Médio, 87, 100, 102, 105, 118-9, 137, 141, 292, 350
originalismo legal, 176
Oslo, 315, 318
otomano, califado, 259, 322
óvnis, culto a, 338

Pacto de Omar, 181
padrão-ouro no islã, 213, 248
Palestina, 104, 143, 172, 327
palestinos, 172
Paquistão, 41, 165, 178, 206, 260
Paris, 163, 260, 318-9; massacre de 2015 em, 166, 219
Partido da Justiça e Desenvolvimento (Turquia), 37
Pátio dos Doutos, O (programa de TV), 70, 96
"patrulhas da Xaria", 239, 244
Paul, Ron, 212-3
pecadores, 47, 141, 303
península Arábica, 123-4, 166, 300, 320; *ver também* Arábia Saudita
Pergunte ao Xeque (programa de TV), 137
Perle, Richard, 119
Perséfone (personagem mitológica), 46
Peshawar, 133, 206
petróleo, 123-4, 191, 247, 317
Philips, Bilal, 175
Pickthall, Muhammad Marmaduke, 198
"Piloto mártir Mu'dh Kasasbeh, O" (programa de TV), 128-9
Plano, cidade de (Texas), 191-2, 228

Platão, 201
pobreza, 59-60, 247
Pocius, Abdullah Breton, 301, 314
Pokémon GO, 305
polícia da moralidade *ver hisba*
politeísmo, 243, 309
Popper, Karl, 350
"Por que odiamos vocês e por que combatemos vocês" (Yahya), 227
porcos, 178
pornografia, 78, 112, 243, 247
Pound, Ezra, 225
prensa, 311
Primavera Árabe, 70
Princeton, Universidade, 52, 78-9, 118-21, 328, 337
"príncipe dos crentes", uso do título de, 262
prisioneiros de guerra, 51
Profetens Ummah (grupo islamita norueguês), 315, 318
programas de trabalhadores convidados, 317
protestantes, 60, 279, 311-2
Província da Fronteira Noroeste (Paquistão), 206
psicologia do convertido, 138
psilocibina, 204
punição corporal, 49, 54
Punição dos Túmulos, 169
punição recíproca, doutrina da, 294
purificação, 167, 246, 300

Qadhi, Yasir, 276-8, 281-6, 290-2, 296, 299-300, 338
Qahtani, Muhammad ibn 'Abdullah al, 325, 336
Qaradawi, Yusuf al, 51-2
Qatar, 93, 213-4, 266, 276

qisas [punição olho por olho], 128, 294-5
qiyas [raciocínio por analogia], 177-8, 182, 238
Quatro Cavaleiros do Apocalipse, 318
Quilliam, Fundação (Londres), 55, 272
qurra' (recitadores do Alcorão), 286
Qutb, Sayyid, 333

Raba'a, praça (Cairo), 93
Rackspace, 211
Radisson Hotel (Amã), 127
rafidah [recusantes], 13
Rahman, Mizanur (Abu Baraa), 238-9, 242-3, 247-9, 254
Ramadã, 89-90, 95, 101, 179, 199, 278, 290, 300
Ramadan Fadl, xeque, 110
Ramadan, Tariq, 116
Ramadi (Iraque), 151
Ramla bint Abi Sufyan, 212
Ranstorp, Magnus, 333
Raqqa (Síria), 22, 89, 125, 181, 222, 224-5, 231, 234, 244, 246, 264-6, 286, 298, 329, 342, 349
Rasibi, 'Abdullah ibn Wahb al, 286
rawafidh [recusantes, designação pejorativa dos xiitas], 13, 106
Rebel (Ali), 270
RecWest, 153
redes sociais, 108, 112, 133, 135, 214, 229, 311, 315
reforma de finanças de campanha, 284
Reforma Protestante, 311-2
Reino Unido, 109, 129, 133, 236, 238, 248, 254
relações sexuais sem penetração, 179

Renânia, 135, 256
Rhodes College (Memphis), 276
ribat (posto avançado nas fronteiras), 104, 234
Richmond, Justin, 344-6
Ridda, guerras, 92
Rigby, Lee, 238
Rishawi, Sajida al, 127-8
roubos e o islã, 159, 290
Royal Arcade (shopping de Melbourne), 168
Rumi, 49
Rushdie, Salman, 206
Rússia, 322

Sa'ud, Casa de (linhagem real), 141, 323
Sa'ud, Muhammad al, 123
Sacks, Jonathan, 312
Sadat, Anwar: assassinato de, 37-40, 44, 66, 308
Safiyya, 50
Safran, John, 146
saj' [verso livre árabe], 81
salafismo, 34-6, 47, 49, 82, 119, 134, 195, 267, 276, 281, 299-300, 305; acusado de divisionismo, 53; Alexandria como capital do, 58; críticos do, 49; escravidão no, 49-53; hostilidade da maioria muçulmana ao, 53-4; incapacidade do islã para refutar argumentos do, 52-4; interpretação histórica do, 48-53; intolerância do, 48-9; opinião sobre a erudição, 54; punição no, 56-7, 71; quietistas *versus* jihadistas, 299-305; recrutamento pelo, 48, 54; vida após a morte segundo o, 47, 56, 60

salafistas, 34-5, 37-40, 48-50, 52-4, 58-60, 67-9, 71-2, 75, 80, 85, 89, 93, 110, 136-7, 139, 167-8, 172, 175, 180, 182, 201, 226, 234, 267, 270, 272, 276-7, 281-2, 292, 300-4
Salomão, rei de Israel, 51
Santíssima Trindade, 56-7, 137, 209
Sanusi, Lamido, 350
Sarwar, Yusuf Zubair, 109
satr [encobrimento], 161
Scalia, Antonin, 176
Sciences Po (Paris), 319
Seagoville (Texas), 211
Seal Team 6 (grupo de elite americano), 216
secularismo, 116, 119, 121
Senado dos Estados Unidos: Comitê de Segurança Interna e Assuntos Governamentais do, 328
sequestros jihadistas, 347
sexo no islã, 179
Sham (área geográfica do Levante), 12, 18, 101, 143, 145, 189, 319, 322, 334, 347
@ShamiWitness (usuário do Twitter) *ver* Biswas, Mehdi Masroor
Shapiro, Jacob, 119
Sharia4Belgium (grupo muçulmano), 237
Sharia4UK (grupo muçulmano), 237
Sherif (engenheiro americano), 61-3
shirk [politeísmo], 14-5, 35, 167, 243, 281-2, 285, 292, 299
Shreve, Larry, 258
Sibai, Hani al-, 129-30
Sicília, 58, 132-3
Siffin, Batalha de, 286, 289
Sinais Maiores, 321
Síria, 12, 21, 76, 79, 87-9, 94, 101, 103, 106, 109, 112, 121, 126-7, 132-5, 143, 145-6, 151-2, 164, 166, 174, 184, 193-4, 196, 205, 215, 217-9, 222, 229-30, 232, 235, 248, 254, 262-4, 267, 296, 312, 315, 319, 321, 328, 334, 350-1; Exército Livre da, 185, 222, 223, 224, 263; guerra civil na, 87, 218-9, 284, 334
Sisi, Abdel Fattah al, 93, 95, 104
Sly, Liz, 115
Smith, Jonathan Z., 78, 112
Sniper americano (filme), 283
Snyder, Timothy, 341
Speicher, Scott, 105, 151
Spence, Jonathan D., 313
Sudão, 41, 144, 216
sufismo, sufistas, 15, 35, 48, 61, 65, 123, 142, 200, 226, 276-7, 292, 298, 300-1, 305, 308-9
Suleiman, o Magnífico (califa otomano), 96
Suleiman, Omar, 38
sunitas, 13, 18, 34, 39-40, 60, 79, 87, 96, 99, 104, 106, 128, 140, 151, 155, 167, 175, 180, 225, 250, 255, 280, 285-7, 320, 342; "despertar" sunita, 104
surata "al-Muminun", 249
Swordsman (usuário do Twitter), 185

Tablighi Jamaat (organização muçulmana), 137
Tahrir, revolução da praça (Cairo — 2011), 32, 36, 41, 45, 271-2
Taiping, Rebelião de, 313
Taj Mahal, 49
takfir [excomunhão], 62-3, 66-7, 82-4, 86, 99, 104, 157, 187, 208, 230, 279, 288-91, 295, 303, 306, 309
Talibã, 141, 167-8, 208, 262, 266, 270

Talibã Nigeriano, 212
Tamimi, Aymenn Jawad al-, 82
tamimi, tribo (Iraque), 286
taqlid (seguir um erudito), 201, 311
tatemae [sentimentos públicos, no Japão], 261
tatuagens, 153
tawaghit [tiranos], 14, 104
Templo de Hatshepsut (Luxor), 44
Terra negra (Snyder), 341
Thaghri, Abul-Harith ath- (pseudônimo), 227; *ver também* Yahya Abu Hassan
This Is Our Creed, This Is Our Methodology (panfleto do Estado Islâmico), 82
Thomas, Clarence, 177
Thorne, Junaid, 132, 173
Three Star, alfaiataria (Nova York), 43
Tikrit (Iraque), 105-6
"To Elsie" (Williams), 191
Todenhöfer, Jürgen, 255, 329
tolerância, 48, 181, 308-9
Tomás de Aquino, São, 268
Tóquio, 76, 256-7, 262-3; Universidade de, 258
Torrance (Califórnia), 210
tortura, 37, 48, 148, 162, 170, 228, 294
tráfico de escravos, 148
Trótski, Liev, 31, 117
Trump, Donald, 332
tsunami (2004), 174
Tunísia, 335
Turquia, 14, 23, 37, 58, 93, 219-22, 242, 247, 259, 264, 322, 329, 347
Twitter, 21, 108, 121, 133-4, 145-7, 174, 185, 222, 225, 234, 263, 269, 301, 327, 331

uigures, 162, 264
Umm Kulthum, 49
Umm Sumayyah al-Muhajirah, 251
ummah [comunidade], 49, 85, 143, 155, 166, 182, 226, 252, 271, 273, 303-5
União Soviética, 109, 117
'urf [costumes e convenções da época do Profeta], 176-7, 271-2
Usmani, Muhammad Taqi Taqi, 51-2
Utrecht, Universidade de, 86

Vargas Llosa, Mario, 339
Vaticano, 139, 332
Vegemite, 172, 233
Vingador, 300
votar, 83, 243

Wagemakers, Joas, 86, 118
wahabismo, 63, 82, 123-4, 277, 281, 290, 299-300
Washington Post, The, 115
Webb, Suhaib, 225
Wehr, Hans, 200
Williams, William Carlos, 191
Wuhayshi, Nasir al (Abu Basir), 166

Xaria, lei, 19, 22, 40, 95, 104, 110, 138, 142, 155, 161, 164, 180, 187, 216, 237, 240, 243-4, 251-2, 269, 282, 330; "patrulhas da Xaria", 239, 244
"Xeque Cego" *ver* Abdel-Rahman, Omar
xiitas, 13-4, 18, 35, 66, 83, 92, 105-6, 123, 167, 250, 260, 285-7, 289, 306, 316

Yacoub, Muhammad Hussein, 110
Yahya Abu Hassan: Abu 'Issa e, 206-

8; Al-Qaeda idolatrada por, 216; aprendizado do árabe por, 200; artigos na *Dabiq*, 224-8; autoconfiança de, 188; bin Laden, eulógia de, 216; biografia no site Ghuraba', 188; casamento com Tania, 201-5; como hacker, 211; como propagandista do Isis, 224-8; conversão de, 199; divórcio de Tania, 230; e declaração de califado, 222; em Damasco, 200; emprego na Rackspace, 211; entrada na Síria, 219; escritos teológicos de, 213-4; *fatwas* traduzidas por, 213; ferido em combate, 222; formação de, 197-9; na Turquia, 219; no Cairo, 213; nome árabe de, 188-9, 192; poesias de, 218; prisão na Síria, 222-3; rebeldia juvenil de, 198; segunda mulher de, 212; tempo na prisão, 211; treinamento como soldado, 221; uso de drogas por, 198, 203

Yaken, Islam, 108, 110-2, 147, 216, 234

Yale, Universidade, 281-2
Yasir (amigo do autor), 18
Yassa (lei marcial mongol), 65-6
yazidis, 250
Yilmaz, Israfil, 180
Yoo, John C., 148
Yousafzai, Malala, 270
YouTube, 107-8, 137, 213, 216, 241, 312
Yukawa, Haruna, 263-4, 267
Yusuf, Hamza, 225, 276-9, 291-301, 304-5, 310-2

zabibah ["uva-passa", calo escuro na testa], 66
zahirismo, 175-6, 179-83, 189, 348
zakat [caridade], 247
Zamalek Marriott (resort do Cairo), 74
Zarqawi, Abu Mus'ab al, 83, 89, 116, 167, 206, 320, 331
Zawahiri, Ayman al, 37, 167-8, 320
Zaytuna College (Berkeley), 225, 276, 299, 312
Zelin, Aaron Y., 82
Zidane, Zinedine, 49

ESTA OBRA FOI COMPOSTA EM MINION PELO ESTÚDIO O.L.M. / FLAVIO PERALTA E IMPRESSA EM OFSETE PELA GEOGRÁFICA SOBRE PAPEL PÓLEN SOFT DA SUZANO PAPEL E CELULOSE PARA A EDITORA SCHWARCZ EM JUNHO DE 2017

A marca FSC® é a garantia de que a madeira utilizada na fabricação do papel deste livro provém de florestas que foram gerenciadas de maneira ambientalmente correta, socialmente justa e economicamente viável, além de outras fontes de origem controlada.